A Estrutura Ausente

Coleção Estudos
Dirigida por J. Guinsburg

Equipe de realização – Tradução: Pérola de Carvalho; Revisão: Mary Amazonas Leite de Barros; Produção: Ricardo W. Neves e Sergio Kon.

Umberto Eco

A ESTRUTURA AUSENTE
INTRODUÇÃO À PESQUISA SEMIOLÓGICA

 PERSPECTIVA

Título do original
La Strutura assente

Copyright © by
Casa Ed. Valentino Bompiani & C. S. p. A.
Milano

Dados Internacionais de Catalogação na Publicação (CIP)
(Câmara Brasileira do Livro, SP, Brasil)

Eco, Umberto, 1932- .
    Estrutura ausente : introdução à pesquisa
semiológica / Umberto Eco ; tradução Pérola de
Carvalho. — São Paulo : Perspectiva, 2013. —
(Estudos ; 6 / dirigida por J. Guinsburg)

    Título original: La struttura assente :
introduzione alla ricerca semiologica.
    4ª reimpr. da 7. ed. de 2001.
    Bibliografia.
    ISBN 978-85-273-0125-1

    1. Comunicação 2. Estruturalismo 3. Semântica
(Filosofia) I. Guisnburg, J. II. Título. III. Série.

05-0789   CDD-149.94

Índices para catálogo sistemático:
1. Semântica : Filosofia 149.94

7ª edição – 4ª reimpressão
[PPD]

Direitos reservados em língua portuguesa à
EDITORA PERSPECTIVA LTDA.

Av. Brigadeiro Luís Antônio, 3025
01401-000 – São Paulo – SP – Brasil
Telefax: (0--11) 3885-8388
www.editoraperspectiva.com.br

2019

Sumário

Umberto Eco, sempre presente IX

Algumas explicações necessárias XV

Introdução XVII

A. O SINAL E O SENTIDO 1

1. O Universo dos Sinais 3

   I. Os sistemas de signos 3
  II. Um modelo comunicacional 5
 III. A informação 10
 IV. O código 16

2. O Universo do Sentido 16

   I. O significado do "significado" — denotação e cono-
     tação 20
  II. Códigos e léxicos 28
 III. A estrutura como sistema regido por uma coesão
     interna 32
 IV. A estrutura como modelo teórico 35
  V. Semiologia da fonte 40
 VI. As diferenças dos códigos 42
 VII. A mensagem como fonte e a informação semiológica 47

3. A Mensagem Estética 51

   I. A mensagem ambígua e auto-reflexiva 51
  II. O idioleto da obra 57
 III. A codificabilidade dos níveis 62
 IV. A lógica "aberta" dos significantes 68

4. A Mensagem Persuasiva 72

   I. Retórica antiga e retórica moderna 72

II. Retórica: oscilação entre redundância e informação 76
III. A retórica como depósito de fórmulas adquiridas ... 78

5. Retórica e Ideologia 83

I. Ideologia e códigos 83
II. As interações entre retórica e ideologia 86

B. O OLHAR DISCRETO 95

1. Os Códigos Visuais 97

I. Legitimidade da pesquisa 97
II. O signo icônico 99
III. A possibilidade de codificar os signos icônicos 112

2. O Mito da Dupla Articulação 122

3. Articulação dos Códigos Visuais 127

I. Figuras, signos, semas 127
II. Analiticidade e sinteticidade dos códigos 131
III. O sema icônico 133

**4. Algumas Verificações: o Cinema e o Problema da Pintura
Contemporânea** 139

I. O código cinematográfico 139
II. Do informal às novas figurações 151

5. Algumas Verificações: a Mensagem Publicitária 156

I. Premissa 156
II. Os códigos retóricos 158
III. Registros e níveis dos códigos publicitários 160
IV. Leitura de cinco mensagens 165
V. Conclusões 183

C. A FUNÇÃO E O SIGNO 185

1. Arquitetura e Comunicação 187

I. Semiologia e Arquitetura 187
II. A Arquitetura como comunicação 188
III. Estímulo e comunicação 190

2. O Signo Arquitetônico 193

I. Caracterização do signo arquitetônico 193
II. A denotação arquitetônica 198
III. A conotação arquitetônica 202

3. A Comunicação Arquitetônica e a História 204
I. Funções primeiras e funções segundas 204

II. Os significados arquitetônicos e a história 207
III. Consumo e recuperação das formas 210

4. Os Códigos Arquitetônicos **216**

   I. O que é um código em Arquitetura? 216
   II. Classificação dos códigos arquitetônicos 220

5. A Arquitetura: Comunicação de Massa? **224**

   I. A persuasão arquitetônica 224
   II. A informação arquitetônica 226

6. Os Códigos Externos **228**

   I. A Arquitetura deve prescindir dos próprios códigos 228
   II. Os códigos antropológicos 232
   III. Conclusão 243

D. A ESTRUTURA AUSENTE **249**

1. Estruturas, Estrutura e Estruturalismo **251**

   I. Presença do conceito de "estrutura" na história do
      pensamento 252
   II. A lição de Aristóteles: uma teoria da estrutura como
      forma concreta e como modelo formal **255**

2. Primeira Oscilação: Objeto ou Modelo. **258**

   I. O modelo estrutural como sistema de diferenças trans-
      ponível de fenômeno para fenômeno 258
   II. Estruturalismo e estruturalismo genético 262
   III. A atividade estruturalista 264
   IV. Estruturalismo e fenomenologia 267
   V. Estruturalismo e crítica 269
   VI. A obra como estrutura e como possibilidade 277

**3. Segunda Oscilação: Realidade Ontológica ou Modelo Opera-
cional?** **284**

   I. O modelo estrutural como procedimento operacional 284
   II. A metodologia de Lévi-Strauss: do modelo operacio-
      nal à estrutura objetiva 288
   III. A filosofia de Lévi-Strauss: as leis constantes do
      espírito 294

4. Pensamento Estrutural e Pensamento Serial **302**

   I. Estrutura e "série" 302
   II. A crítica de Lévi-Strauss à arte contemporânea 306
   III. A possibilidade de estruturas gerativas 311
   IV. O engano das constantes 316
   V. Estrutura como constante e história como processo 318

5. A Estrutura e a Ausência 322

  I. A autodestruição ontológica da estrutura 322
  II. Lacan: a lógica do outro 324
  III. Lacan: a estrutura da determinação 328
  IV. O caso Lacan: as conseqüências na "nouvelle critique" 331
  V. Lacan: a hipóstase da ausência 335
  VI. Lacan e Heidegger 339
  VII. A liqüidação do estruturalismo (Derrida e Foucault) 343
  VIII. Do extremo subterfúgio da ausência 350
  IX. ...E do modo de contestá-lo 354

6. Os Métodos da Semiologia 362

  I. A ficção operacional 362
  II. Estrutura e processo 363
  III. Os universais da linguagem 368
  IV. A verificação psicolingüística 370
  V. A arbitrariedade dos códigos e a provisoriedade do
     modelo estrutural 373
  VI. A gênese epistemológica da estrutura 376
  VII. Do operar como se a estrutura não existisse 380

E. A FRONTEIRA SEMIOLÓGICA 383

1. Um Sistema em Sistematização 385

  I. Semiologia e semióticas 385
  II. Projeto para uma lista provisória 389

2. As Semióticas 392

  I. Códigos considerados "naturais" 392
  II. Paralingüística 393
  III. Cinésica e prossêmica 396
  IV. Os códigos musicais 400
  V. Linguagens formalizadas 401
  VI. Línguas escritas, alfabetos desconhecidos, códigos se-
     cretos 402
  VII. Línguas naturais 402
  VIII. Comunicações visuais 403
  IX. Semântica 404
  X. As estruturas do enredo 406
  XI. Códigos culturais 407
  XII. Códigos e mensagens estéticas 408
  XIII. As comunicações de massa 410
  XIV. Códigos retóricos e códigos ideológicos 412

3. Os Limites da Semiologia e o Horizonte da "Praxis" 414

Índice dos Autores 421

Umberto Eco sempre presente

Vinda depois de *Obra Aberta* (1962) e de *Apocalípticos e Integrados* (1964), encaminhando-se insensivelmente para uma síntese crítica do pensamento contemporâneo, *A Estrutura Ausente* (de 1968) reacentua e amplia os traços contrastantes que têm marcado a presença por isso mesmo sempre renovada e ímpar de Umberto Eco.

Em primeiro lugar, de sua italianidade: italianidade atual e atuante que lhe colore e peculiariza o modo de pensar e escrever. Ciente, embora, de que escreve para o mundo, é em primeiro lugar no seu mundo que pensa e para ele que escreve: para a Itália dos Enzo Paci, das Maria Corti, dos Pareyson, dos Pasolini, dos Vattimo; que também é a Itália dos *comics* de um Jacovitti e das chanchadas de Franchi e Ingrassia. E tudo isso num escrever que como fita magnética devolve viva a sua voz, o falar entremeado de adendos, exuberante, ora fluente ora bruscamente sincopado, enformando um pensamento iterativo que avança em espiral, fazendo de cada recuo um impulso para a frente.

Essa intencional vinculação ao solo e ao tempo, porém, nem o desliga do passado nem o isola territorialmente. Ao contrário. Eco discute Lévi-Strauss e Barthes, assimila Jakobson e Saussure. Cita Hjelmslev, Lacan, Heidegger, Peirce, Ricoeur, Merleau-Ponty, Derrida, Foucault, Sartre, Chomsky ... — impossível uma enumeração completa. Mas proclama e celebra Aristóteles. Lembra Platão e Espinosa, alude a Jean-Jacques. E não esquece Locke. E se no calor da explanação, certas palavras lhe chegam à frase diretamente importadas dos idiomas de origem, é conscientemente que ele assim as conserva, como a dar testemunho, através da linguagem, do seu cosmopolitismo de homem culto que desconhece fronteiras.

Também tem, evidentemente, os seus moinhos de vento, e contra eles investe, implacável, mas sempre bem humorado. "Comunicação" e "Estrutura" são hoje duas palavras mágicas ao som das quais se vão abrindo, uma a uma, todas as portas de uma cultura até há pouco submetida a um processo de setorização crescente. Eco estuda-lhes o alcance, o interrelacionamento; define, esmiúça, redefine a terminologia que as rodeia, em busca de um vocabulário preciso para as suas formulações de base; estabelece as condições de funcionamento do mecanismo que implicam, e conseqüentemente delimita-lhes a área de aplicação. Bate-se, sobretudo, contra a tendência que as reduz a rótulos e mitos perigosos quando paralisam ou adormecem o trabalho de investigação, vivo e sem peias, a que se deve dedicar o pensamento.

Filho de nosso tempo, seu objeto de estudo é o mundo como fato de cultura, mensagem a desvendar. Não aceita, portanto, nem as soluções fáceis da mística nem a comodidade do derrotismo. Mas desconfia das uniformidades esquematizantes, e vendo nas constantes o ponto de referência para a mudança e a diferença, parte, num movimento contrário, em busca do que muda e faz mudar, do que diferencia e pluraliza, e assim dinamiza esse objeto, nele revalorizando os aspectos circunstanciais que o condicionam e os móveis ideológicos que veicula.

Não foge, porém, às controvérsias. Antes sublinha-as e atiça-as com as próprias argumentações. E embora nem sempre as resolva em conclusões definitivas, aponta caminhos ou simplesmente deixa aberta a questão a futuras indagações. Mais. Resultado de seu temperamento essencialmente polêmico, o discordar é, para Eco, uma forma de pensar. Nesse sentido é importante entre todas, nesta obra, a presença deste Outro pensante que se chama Claude Lévi-Strauss: a todo momento lembrado, citado, contraposto, contestado, é em seus escritos que Eco vai encontrar a beberagem estimulante que alenta muitas das suas páginas, ainda que pela total discordância.

Ele próprio sabe que parte de um terreno controvertido onde Semiologia e Lingüística disputam atualmente a hegemonia. Volta-se então para a poesia, a música, as divisas militares, as artes plásticas, os jogos, a sinalética, o cinema, e comprova, no exame metódico das diferenças de articulação de seus códigos específicos, a pluralidade do fenômeno *linguagem,* que abrange a linguagem verbal sem, no entanto, com ela confundir-se.

Note-se que ao estudar com os requintes da Lógica e da Logística o anúncio publicitário, retoma, agora dentro da perspectiva do universo dos signos, um de seus temas preferidos — o relacionamento entre Retórica e Ideologia. Mas é discorrendo sobre a Arquitetura como comunicação que trata, em incisivo esboço analítico, um tema que a nós, brasileiros, nos toca muito de perto.

Umberto Eco não conhece Brasília "de ouvir dizer": esteve lá quando de sua visita ao Brasil, em 1966. Sua análise, por outro lado, nada tem de gratuita, pois visa a provar as limitações comunicacionais da mensagem arquitetônica, emitida, no seu entender, não para fazer História, mas para curvar-se a ela ou a ela adaptar-se inventivamente. Ele próprio reconhece que a escolha do exemplo não poderia ter sido mais feliz, dadas as circunstâncias que envolveram a criação da nova capital; mas as frias e desencantadas conclusões a que chega vão, por certo, aborrecer e irritar muita cabeça quente de desenvolvimentista exaltado. Saliente-se então que ao Autor interessa, no caso, apenas a Brasília-cidade, com seus problemas urbanísticos vistos pelo prisma da projetação histórico-social. Se falhas houver em suas considerações, é portanto dentro dessa faixa que deverão ser apontadas, sem injustificáveis extrapolações.

Embora as extrapolações não surpreendam nem possam desagradar a um temperamento como o seu, que aprecia o debate, qualquer que seja o terreno onde o debate se instaure.

Prova suficiente é o título da obra.

Num livro como este, estruturado até os mínimos pormenores, postular a ausência da Estrutura poderá parecer uma contradição. Mas postular esssa ausência em nossos dias já é um paradoxo que raia a heresia.

Contradição e paradoxo são, no entanto, o sal da polêmica: Eco sabe disso e explora-os primorosamente. Só que não pára na casca: transforma o postulado em teorema e enfronha-se na demonstração.

Entrando pela porta do método nos domínios da Filosofia, ou seja, fazendo de uma constatação de ordem metodológica — a eficiência do emprego de "grades estruturais" na pesquisa comunicacional — o móvel que o impele a indagar a causa de tal eficiência, propicia ao leitor, no ensaio-título, um estudo medular e abrangente sobre "estrutura" e "estruturalismo". E o faz à sua maneira: evitando o discurso linear, interrogando e interrogando-se, aduzindo e contrapondo idéias opostas ou complementares de diferentes autores, na maioria contemporâneos, até a síntese catártica, sucessivamente, exaustivamente, numa extraordinária demonstração de potencialidade dialética.

Potencialidade que não se exaure nem mesmo quando o Autor, não hesitando em pôr em xeque todo o trabalho de análise e reflexão dos capítulos precedentes, suscita, na última página do último capítulo, a suspeita de que talvez "o mundo visto *sub specie communicationis* não seja o mundo todo" e o temor "de que o universo da comunicação seja apenas a tênue superestrutura de algo que acontece por trás da comunicação."

Pois é trabalhando, ainda, sobre essa suspeita e esse temor, que Umberto Eco traça, com mão de mestre, o contorno final da fronteira semiológica.

Lance teatral? — Não é impossível. Ainda mais levando-se em conta que a teatralidade também é uma arma nas mãos do polemista inteligente.

Mas Umberto Eco não é apenas um polemista inteligente.

Nestes seis anos que decorreram desde o aparecimento, na Itália, de *Obra Aberta,* até a primeira edição d'*A Estrutura Ausente,* seu amadurecimento intelectual se tem processado não só através das constantes remanipulações de seus textos reeditados e traduzidos, como na gradual e sistemática diversificação de suas preocupações dominantes.

Sobre o reelaborar constante a que sujeita os seus escritos, em contínuo devir, ele mesmo nos conta na "Introdução à edição brasileira" de *Obra Aberta.* Falemos então nas suas preocupações.

Cinema, televisão, música, estória em quadrinhos, filosofia, artes plásticas, "kitsch", publicidade, poética, teoria da informação, são alguns dentre os muitos assuntos que se sucedem ou se repetem em qualquer desses três livros publicados como coletâneas de ensaios aparentemente isolados e desconexos. Basta, no entanto, uma observação mais atenta para nos certificar de que cada um dos ensaios, dentro de cada uma das coletâneas, está regido por uma preocupação dominante que o une aos demais: se em *Obra Aberta* a criação e a fruição da obra de arte se impunham sob um novo ângulo construído pela confluência feliz de antigas e recentes experiências efetuadas no terreno da Crítica e da Poética, já em *Apocalípticos e Integrados,* o que se discutia eram os comportamentos, as linhas de conduta do intelectual dentro da sociedade de consumo, servida pelos meios de comunicação de massa.

N'*A Estrutura Ausente,* porém, a preocupação central, que percorre suas páginas de princípio a fim, ; agora o conhecer e o cogitar; testa aqui o Autor os recursos que as novas teorias fornecem ao trabalho intelectual, pesquisa-lhes as raízes no ser, assinala-lhes as limitações e as possibilidades no conhecer, e concluindo, resenha os vários campos de estudo que com elas se abrem. Demonstrando, ademais, a esterilidade das posições extremas onde se estiolam as formas estrutural e serial do pensamento, aponta como nova meta a procura corajosa dessa outra forma que as supera, daquele "mecanismo gerativo" que sob elas se estende, abrangendo-as e resolvendo-lhes as contradições.

Passa-se, assim, de um para outro livro, dos domínios da Estética aos da Ética, até chegar-se ao terreno escorregadio da Ontologia e da Epistemologia. E nessa passagem sucessiva por crivos diferentes, mas não estanques, a obra de Umberto Eco, apenas iniciada, rompe o casulo da simples polêmica e se vai revelando, progressivamente, como um sistema dinâmico-crítico dos problemas que agitam a inteligência de nossos dias.

Pérola de Carvalho

São Paulo, abril de 1971.

Algumas Explicações Necessárias

As reservas culturais do Autor e suas peculiaridades estilísticas, aliadas à diversidade dos assuntos tratados à luz de teorias recentes, impõem um cunho interdisciplinar e inovador à terminologia, dificultando por vezes, e bastante, a leitura d'*A Estrutura Ausente*.

As notas de tradução foram feitas justamente para ajudar o leitor sem violentar o texto. Não podiam, no entanto, atravancar o rodapé, já bastante ocupado pelo Autor, e tiveram por conseguinte que submeter-se a um criterio precioso, restringindo-se ao esclarecimento de termos ou de nomes que uma enciclopédia comum (ou dicionário), nacional ou estrangeira, não veicula, e que só poderiam ser encontrados na literatura especializada ou na vivência da atualidade italiana. Raras vezes recorremos ao emprego de colchetes no texto, e sempre que pudemos substituir exemplos típicos italianos por outros em nosso idioma e expressando realidades culturais nossas (como no caso, entre outros, da mensagem publicitária), fizemo-lo sem hesitar, desde que a adaptação se revelasse cabível e produtiva.

Em compensação, todas as citações, longas ou breves, que o Autor deixou no original, foram, segundo o caso, traduzidas ou interpretadas no rodapé, tendo-se o cuidado de, sempre que possível, confrontar o texto transcrito com o original, o que evitou alguns equívocos de peso.

Os endereços bibliográficos aqui mencionados constituem, sem sombra de dúvida, um tesouro de informação para quem queira aprofundar-se no assunto. Por isso, quando tais endereços ganharam em nosso idioma traduções de que se tivesse notícia, estas foram consignadas em nota, sendo a referência devidamente situada na obra traduzida. Contamos, para tanto, com o autêntico espírito universitário dos editores para quem trabalhamos.

Inútil acrescentar que a tradução de uma obra como *A Estrutura Ausente* oferece um semi-número de dificuldades que só se podem vencer, por vezes, a duras penas. Muitas delas teriam sido insuperáveis, não fora a ajuda amiga de algumas pessoas cujo nome fazemos questão de mencionar.

Mais uma vez, portanto, o meu muito obrigada a Pietro M. Bardi, Diretor do Museu de Arte de São Paulo; a Rosa Petraitis, professora e bibliotecária do Instituto Cultural Ítalo-Brasileiro ("Casa di Dante"); ao artista Waldemar Cordeiro; a Jacó Guinsburg, Professor de Estética Teatral na Escola de Comunicações Culturais da U.S.P.; ao casal Dr. José Alberto e Nelly Candeias; a Joseph Valentín Luzi, Suzanne Weil, Eva Tausk. A meu Pai e a meu irmão. E ao próprio Autor que muito gentilmente solucionou as dúvidas que lhe formulamos por carta.

A Tradutora.

Introdução

Este livro pergunta o que é e que sentido pode ter uma pesquisa semiológica, isto é, uma pesquisa que considere todos os fenômenos de cultura como fatos de comunicação, para os quais as mensagens isoladas se organizam e se tornam compreensíveis em referência a códigos.

Que sejam mensagem a comunicação lingüística, um texto em Morse ou uma placa de trânsito, e se refiram a códigos convencionais, isso não se discute: mas são as comunicações aparentemente naturais, imotivadas, analógicas e espontâneas, como o retrato de Mona Lisa ou a imagem de Franchi e Ingrassia *, e — mais ainda — os fatos de cultura cujo fim primeiro não parece ser a comunicação, tais como uma casa, um garfo ou um sistema de relações sociais, que hoje desafiam a pesquisa semiológica. Eis por que este livro tão longamente se detém nas comunicações visuais e na Arquitetura: a batalha semiológica trava-se naquela frente, ou então é mister entregar os estudos sobre a Comunicação aos lingüistas e cibernéticos, possuidores ambos de instrumentos bastante refinados. Mas embora a pesquisa semiológica deva escorar-se com insistência nas descobertas dos lingüistas e teóricos da Informação, ainda assim — é este um dos pontos polêmicos deste livro — seus instrumentos não podem reduzir-se nem aos da Lingüística nem aos da Teoria da Informação.

Naturalmente, a esta altura, o que se pergunta é se será razoável querer ver todos os fenômenos de cultura como fe-

---

(*) Dupla de comediantes do atual cinema italiano, muito semelhantes, no tipo e nas "gags", a Bud Abbot e Lou Castello. (N. da .)

XVIII A ESTRUTURA AUSENTE

nômenos de comunicação. Embora reconhecendo tratar-se da
escolha de um ponto de vista, alguém insinuou que a escolha
em si é capciosa, elaborada para fazer frente a penosos fenômenos de desocupação intelectual. Notava-se, recentemente,
em arguto panfleto, que a abordagem semiológica se parece
com um simples artifício burocrático que aplica "novos con-
troles" a objetos já controlados: à semelhança de um sistema
de taxação que gravasse de tributos adicionais como "saliên-
cias", o que a legislação vigente já taxa com "balcões". Assim
o "novo visto" se aplicaria não a um novo sujeito, mas " a um
velho objeto com novo perfil". Não há quem não veja a
malícia erística de quem destroi o inimigo aplicando-lhe conotações fiscais, estimulando o sonegador que se oculta em
cada um de nós. Mas é um pouco como se Ptolomeu tivesse
contestado Galileu por estar estudando exatamente o mesmo
Sol e a mesma Terra da astronomia clássica, salvo a pequena
e burocrática variação de querer considerar a Terra em relação ao Sol e não o Sol em relação à Terra. Ora, pode
acontecer que a abordagem semiológica não opere uma grande *revolução*, mas sua revolução pretende ser modestamente
copernicana.

Os que quiserem seguir-nos nesta aproximação, poderão
enfrentar a primeira parte do livro que só aparentemente procede como uma transcrição fiel do que foi dito nesse campo:
mas o que se disse é tão vário e contraditório que nossa
sistematização vê-se na contingência de operar escolhas e ex-
clusões. Divulgadora mas não ecumênica, sistemática mas
partidária, ela comete, ora aqui ora ali, através de uma série
de definições, suas próprias infidelidades necessárias.

Assistirão assim às discussões sobre os códigos visuais, da
sinalética marítima ao cinematógrafo, onde se contestam os
vários mitos de uma Lingüística aplicada como *clavis universalis*. Aí, o título "O olhar discreto" não se refere à dis-
crição com que o olhar se volta para o seu objeto (com o
que se sugeriria a idéia, não excluída, de "cauta abordagem")
mas é empregado no sentido técnico: "discreto" opõe-se a
"contínuo", e o problema implicado é o da individuação de
traços pertinentes na comunicação visual. Vem a seguir a
seção sobre a Arquitetura, a urbanística e o *design*.

INTRODUÇÃO   XIX

Nesse ponto o livro, que prosseguia falando nos códigos e sua "estrutura" (definindo por alto a acepção do termo), vê-se diante do problema epistemológico de todo discurso estruturalista. E o enfrenta no campo das pesquisas etnológicas, da crítica literária, das poéticas musicais, da psicanálise e da história das idéias.

O problema não é entrar no mérito das pesquisas isoladas, mas levar às extremas conseqüências filosóficas a assunção — enganosa — de uma estrutura *já dada* como fundamento último e constante dos fenômenos culturais e naturais; e mostrar que esse *primum* ontológico implica, como afirmamos, a destruição da própria noção de estrutura, que se resolve numa ontologia da Ausência, do Vazio, daquela falta ao ser que constituiria cada um dos nossos atos. Decisão filosófica essa, altíssima, radical, e quiçá "verdadeira". Mas de molde a dobrar-nos a um reconhecimento silencioso da Necessidade, e a bloquear todo projeto de contestação das coisas tais como são. Daí insinuarmos talvez ser mais sensato desconfiar de tudo quanto depressa demais se nos apresente como Definitivo. Como se provocatoriamente estabelecêssemos que "amica veritas, sed magis amicus Plato".

O fato de termos aproveitado a quarta parte da obra como título do livro tem o duplo escopo de excitar o leitor e acalmar o autor. A intenção é provocar o leitor com a declaração de ausência no tocante "à Estrutura", essa coisa que não só invade de maneira total o palco da cultura contemporânea, mas é comumente chamada à cena para constituir um ponto de referência indiscutível em face do que muda, foge, se dissolve e recompõe. O autor, por seu lado, escolheu essa fórmula para comprometer-se *coram populo* e pôr termo à dúvida que rói o livro, de princípio a fim, e o propõe como introdução à pesquisa futura. Pesquisa que só se tornará possível se a Estrutura (que — uma vez postulada como objetiva — se reabsorve, por dedução fatal, em algo que não é Estrutura) for declarada — por decisão metodológica — inexistente. Se existisse, e fosse estabelecida de uma vez por todas, a Semiologia não imporia pesquisa alguma, mas sim a assunção de alguns princípios basilares, que aplicaríamos, em seguida, a cada fenômeno, seguros de que a explicação de todo fato que ocorrer amanhã já está

XX

A ESTRUTURA AUSENTE

contida na certeza obtida ontem. Considerando dúbia tanta tranqüilidade, quis o autor precaver os leitores desde o título.

Aqueles, porém, que não estiverem preocupados com problemas filosóficos, poderão tranqüilamente saltar a quarta parte e percorrer a panorâmica da quinta seção, onde se mostram todas as direções em que hoje se movimenta uma pesquisa sobre os signos, até às fronteiras onde se presumia que não houvesse comunicação, ou em todo o caso, que não existissem códigos e convenções.

Assim, no momento mesmo em que nega polemicamente a afirmação filosófica de um Código dos Códigos, a pesquisa semiológica (tal como a propomos) cuida de mostrar que cada um dos nossos atos comunicativos está dominado pela maciça existência de códigos — social e historicamente determinados. E parece sempre querer afirmar que não falamos a linguagem, e sim, *somos falados pela linguagem*: mesmo porque os casos em que não somos falados são mais raros do que se pensa, e sempre ocorrem *sub aliqua conditione*. Nesse ínterim, contudo, através do reconhecimento das determinações, desmistificam-se os falsos atos de liberdade e, ao restringirmos as margens da invenção, reconhecemo-la *ali onde ela verdadeiramente está*.

Saber os limites dentro dos quais a linguagem *fala por nosso intermédio* significa não nos iludirmos com as falsas efusões do espírito criador, da fantasia livre de óbices, da palavra pura que comunica por força própria e persuade por magia. Significa podermos reconhecer, com realismo e cautela, os casos em que verdadeiramente a mensagem nos dá algo que ainda não era convenção; que poderá tornar-se sociedade mas ainda não estava previsto pela sociedade.

Mas a tarefa da Semiologia é ainda mais importante e radical quando visa ao conhecimento do mundo histórico e social em que vivemos. Porque ao delinear *códigos como sistemas de expectativas válidos no mundo dos signos,* a Semiologia delineia sistemas de expectativas correlatos no mundo dos comportamentos psicológicos, dos modos de pensamento. *A Semiologia mostra-nos, no universo dos signos, o universo das ideologias que se refletem nos modos comunicativos pré-constituídos.*

INTRODUÇÃO   XXI

Negando a Estrutura e afirmando *as* estruturas, este livro procede — e o autor bem o sabe — com certo cuidado. De outro modo, não se proporia como uma introdução e sim como uma conclusão.

Em particular, reproduz basicamente, nos modos da pesquisa sobre a Semiologia, o método de investigação que a ela sugere. Ao invés de começar suscitando problemas e esclarecendo-os pouco a pouco, começa sobrepondo aos fenômenos um modelo bastante simples, alicerçado na mais elementar das comunicações: a que intercorre entre duas máquinas. A seguir, os conceitos iniciais são questionados, ampliados, repropostos, negados, precipitados em armadilhas desleais, levados ao ponto máximo de ruptura. Isso para evitar-se o equívoco reducionista tendente a reduzir o mais complexo aos limites do mais simples, e a fim de, pouco a pouco, fazer-se irromper a complexidade no modelo inicial, a título de verificação. Na esperança de que o livro não tenha que assumir a divisa de Walt Whitman: "Contradigo-me? Pois muito bem, contradigo-me" (que na verdade nada tem de ignóbil), mas de que leve a reencontrar na conclusão o modelo inicial, tornado mais dúctil e abrangente, capaz de definir a comunicação não só ao seu nível mais óbvio e linear, mas ali mesmo onde se introduzem, nos processos sígnicos — e no universo da cultura —, o afastamento, a colisão, a relação interativa entre supostas constantes e variações históricas, a mutação, o impacto e a mediação dialética.

O que se pede ao leitor é que nunca se fie nas asserções de um capítulo tomado isoladamente. E se depois — impelido pelas exigências da atualidade — quiser esse leitor indagar se o livro é "estruturalista" ou antiestruturalista", previne-o o autor de que aceitará de bom grado ambos os rótulos.

Gostaríamos de lembrar que a primeira parte deste livro surgiu em tiragem limitada, não comercial, para uso universitário, com o título *Apontamentos para uma Semiologia das Comunicações Visuais*, e era dedicada a Leonardo Ricci.

Grande parte das pesquisas contidas n'*A Estrutura Ausente* foram elaboradas durante três cursos desenvolvidos nas Faculdades de Arquitetura em Milão, São Paulo e Florença. E o livro deve aos estudantes de Arquitetura a contínua preo-

cupação com uma ancoragem do universo das coisas a comunicar no universo das coisas a modificar. Os vários capítulos retomam temas debatidos em encontros e discussões:
no Instituto de Sociologia de Bruxelas, no CECMAS de Paris,
nos colóquios de Royaumont, no Instituto A. Gemelli para
o Estudo Experimental dos Problemas Sociais da Informação
Visual, no congresso "Vision 67" realizado na New York
University, no Seminário sobre o estruturalismo do Instituto
Gramsci de Bolonha, no Convênio de estudo sobre a Televisão de Perúsia 1965, na Terceira Mostra Internacional do
Cinema Novo em Pesaro, na Escola Superior de Comunicações Sociais de Bérgamo.

Do débito contraído com vários estudiosos dão fé as citações. Gostaria de lembrar aqui as acesas discussões com
Roland Barthes e o grupo de "Communications", em particu-
lar Metz, Brémond e Todorov; os diálogos com François
Wahl; as questões sobre a existência da Semiologia com Maria
Corti e Cesare Segre; os problemas sobre Arquitetura que me
foram sugeridos por Vittorio Gregotti e Bruno Zevi nas três
notas dedicadas aos "Apontamentos". E a contribuição bi-
bliográfica e problemática recebida de Paolo Fabbri, enquanto
o livro tomava forma.

Milão, 1964-1968.

A.

O SINAL E O SENTIDO

(Noções de Semiologia Geral)

1. O Universo dos Sinais

I. OS SISTEMAS DE SIGNOS

I.1. A Semiologia estuda todos os fenômenos culturais como se fossem sistemas de signos — partindo da hipótese de que na verdade todos os fenômenos de cultura são sistemas de signos, isto é, fenômenos de comunicação [1].

Ao fazê-lo, interpreta uma exigência difundida nas várias disciplinas científicas contemporâneas, que justamente procuram, aos mais variados níveis, reduzir os fenômenos que estudam a fatos comunicacionais. [*] A Psicologia estuda a percepção como fato de comunicação, a Genética ocupa-se com a transmissão *em código* dos caracteres hereditários, a Neurofisiologia explica os fenômenos sensórios como passagens de *sinais* das terminações nervosas periféricas à zona cortical; e essas disciplinas valem-se dos instrumentos fornecidos pela *teoria matemática da informação,* que nasceu para explicar fenômenos de transmissão dos sinais no campo das máquinas, mas baseou-se em princípios comuns às outras disciplinas, físico-matemáticas; gradativamente, ciências como a Cibernética, que se ocupava com os sistemas de controle e governo no âmbito das instalações automatizadas ou dos computadores eletrônicos, fundiram-se com as pesquisas bioló-

---

[*] Empregamos o adjetivo *comunicativo* na acepção de "que concorrem para a comunicação", e *comunicacional* para significar "relativo à comunicação". (N. da T.)

[1] Ver "Communications", 4, *Présentation;* ROLAND BARTHES, *Elementi di semiologia,* Turim, Einaudi, 1966. Não nos parece que a Semiologia estude apenas os fenômenos "culturais", visto que alguns de seus ramos, como a *zoossemiótica,* se dedicam à comunicação animal. A nosso ver, porém, também esses estudos (vejam-se as análises da linguagem das abelhas) visam a pôr em evidência sistemas de convenções, ainda que aceitas por instinto, e portanto formas de regulamentação social do grupo animal.

4 A ESTRUTURA AUSENTE

gicas e neurológicas [2]. Nesse ínterim, os modelos comunicacionais passavam a ser aplicados também aos fatos sociais [3], ao mesmo tempo que se verificava um encontro dos mais frutíferos entre a Lingüística Estrutural e a Teoria da Informação [4]: daí a aplicação de modelos estruturais e informacionais ao estudo das culturas humanas, das relações de parentesco, da cozinha, da moda, dos gestos, da organização dos espaços, e assim por diante; simultaneamente, também a Estética acolhia as sugestões das várias teorias da comunicação, cujas categorias aplicava ao seu próprio campo [5].

I.2. Mas se todo fato de cultura é comunicação e pode ser explicado segundo os esquemas que presidem a qualquer fato de comunicação, *convirá então individuar a estrutura elementar da comunicação onde essa comunicação existe — por assim dizer — nos seus termos mais elementares.* Isto é, ao nível da passagem de informação entre dois aparelhos mecânicos. E isso não porque os fenômenos de comunicação mais complexos (inclusive os da comunicação estética) sejam redutíveis à passagem de um sinal de uma máquina a outra, mas porque é útil individuar a relação comunicacional, na sua dinâmica essencial, ali onde se delineia com maior evidência e simplicidade, sugerindo-nos a construção de um *modelo* exemplar. Só se conseguirmos individuar esse modelo (essa *estrutura* da comunicação) capaz de funcionar também

(2) Ver J. R. PIERCE, *La teoria dell'informazione*, Milão, Mondadori, 1963; AAVV, *Filosofia e informazione*, "Archivio di Filosofia", Pádua, 1967; ROSS ASHBY, *Design for a Brain*, Londres, Chapman & Hall, 1960; W. SLUKIN, *Mente e macchine*, Florença, Editôra Universitaria, 1964; AAVV, *Kibernetik*, Francforte, Umschau Verlag, 1966 (tradução italiana em fase de preparo); AAVV, *La filosofia degli automi*, Turim, Boringhieri, 1965; A. GOUDOT-PERROT, *Cybernétique et biologie*, Paris, P.U.F., 1967.

(3) Ver, p. ex., GIORGIO BRAGA *La rivoluzione tecnologica della comunicazione umana*, Milão, Angeli, 1964, e *Comunicazione e società*, Milão, Angeli, 1961.

(4) Muito especialmente o trabalho de ROMAN JAKOBSON, *Lingüística e Comunicação* (em trad. bras. de Isidoro Blikstein e José Paulo Paes, S. Paulo, Edit. Cultrix, 1969), extraído dos seus *Essais de Linguistique Générale* (Paris, Eds. de Minut, 1963), todos eles importantes para consulta; ver, em seguida, COLIN CHERRY, *On Human Communication* Nova Iorque J. Wiley & Sons, 1961; GEORGE A. MILLER, *Language and Communication*, Nova Iorque, Mc Grow Hill, 1951; ANDRÉ MARTINET, *Elementi di linguistica generale*, Bari, Laterza, 1966 (em part. o c. 6, III); GIULIO C. LEPSCHY, *La linguistica strutturale*, Turim, Einaudi, 1966 (apêndice); S. K. SAUMJAN, *La cybernétique et la langue*, in *Problèmes du langage*, Paris, Gallimard, 1966.

(5) Os dois exemplos mais conhecidos nesse campo são A.A. MOLES, *Théorie de l'information et perception esthétique*, Paris, Flammarion, 1958 [em tradução brasileira de Helena Parente Cunha, Rio, Eds. Tempo Brasileiro Ltda. 1969. (N. da T.)], e MAX BENSE, *Aesthetica*, Baden Baden, Agis Verlag. 1965 (que reúne todos os estudos dêsse autor, e será, em breve, traduzido para o italiano); uma bibliografia a propósito pode ser consultada no capítulo "Abertura, informação, comunicação", de UMBERTO ECO, *Obra Aberta*, trad. bras. de Giovanni Cutolo, São Paulo, edit. Perspectiva, 2ª ed., 1971.

O UNIVERSO DOS SINAIS 5

aos níveis de maior complexidade (embora através de diferenciações e complicações de vários gêneros), só então poderemos falar de *todos* os fenômenos de cultura sob o aspecto comunicacional.

Fique bem claro, finalmente, que quando se fala em "cultura", o termo é entendido no sentido que lhe confere a antropologia cultural: é cultura toda intervenção humana sobre o dado natural, modificado de modo a poder ser inserido numa relação social [6].

II. UM MODELO COMUNICACIONAL

II.1. Estabeleçamos uma situação comunicacional das mais simples [7]. Quer-se saber, na central instalada no vale, quando uma represa, situada na depressão entre duas montanhas, atinge um certo nível de saturação que definiremos como nível de alarma.

Definamos o nível de alarma como ponto 0.

Se a água existe ou não existe; se está acima ou abaixo do ponto 0; quanto acima ou quanto abaixo; qual a sua velocidade de subida; tudo isso — e mais ainda — constitui uma série de *informações* que me podem vir da represa, a qual será considerada, portanto, como uma Fonte ou Nascente de informação.

Suponhamos que na represa exista um aparelho (identificável com uma espécie de bóia) que, atingindo o nível 0, sensibiliza um aparelho *transmissor,* capaz de emitir um *sinal* (um sinal elétrico, por exemplo). Esse sinal viaja através de um *canal* (fio elétrico, ondas de rádio etc.) e é captado na central do vale por um aparelho receptor; esse *receptor* reconverte o sinal numa forma dada que constitui a *mensagem* dirigida ao *destinatário.* No nosso caso, o destinatário é outro aparelho, oportunamente instruído, que, recebendo a mensa-

---

(6) Para uma iniciação ao conceito antropológico de "cultura", ver KARDINER & PREBLE, *Lo studio dell'uomo,* Milão, Bompiani, 1963; CLYDE KLUCKHOHN, *Mirror for man,* Nova Iorque, Mc Grow, 1944 (tr. it. esgotada, *Specchiati uomo,* Milão, Garzanti); TULLIO TENTORI, *Antropologia culturale,* Roma, Studium, 1960; RUTH BENEDICT, *Modelli di cultura,* Milão, Feltrinelli, 1960; AAVV, *La ricerca antropologica,* Turim, Einaudi, 1966; REMO CANTONI, *Il pensiero dei primitivi,* Milão, Saggiatore, 2ª ed., 1963; CARLO TULLIO ALTAN, *Antropologia funzionale,* Milão, Bompiani, 1968.

(7) O exemplo que segue foi extraído do ensaio apresentado por TULLIO DE MAURO, *Modelli semiologici — L'arbitrarietà semantica,* in "Lingua e stile", I.1. É uma das mais claras e úteis iniciações aos problemas da codificação.

6   A ESTRUTURA AUSENTE

gem, entra em funcionamento, corrigindo a situação inicial (por exemplo, um mecanismo de *feed-back* que providencia o escoamento da água na represa).

Uma cadeia comunicativa desse tipo opera em muitos aparelhos designados como homeostatos, os quais impedem, por exemplo, que uma dada temperatura ultrapasse um limite prefixado, predispondo sucessivas correções da situação térmica na fonte tão logo recebem uma mensagem oportunamente codificada. Cadeia idêntica, entretanto, podemos identificar numa comunicação radiofônica: a fonte da informação é o remetente da mensagem, que, identificado um dado conjunto de eventos a comunicar, encaminha esses eventos ao transmissor (o microfone) que os converte em sinais físicos; estes viajam ao longo de um canal (ondas hertzianas), e são recolhidos por um transmissor que os reconverte em *mensagem* (sons articulados) recebida pelo *destinatário*. Quando falo com outra pessoa (como diz Warren Weaver)[8], o meu cérebro é a fonte da informação, o dela, o destinatário; meu sistema vocal é o transmissor, e sua orelha, o receptor.

Mas, como veremos, no momento em que inserimos na relação dois seres humanos, um de cada lado da cadeia comunicativa, a relação em si se complica; voltemos, pois, ao nosso modelo que diz respeito a duas máquinas polarmente opostas.

II.2. Para prevenir o destinatário no momento em que a água atinge o nível 0, é preciso enviar-lhe uma mensagem. Pensemos nessa mensagem nos termos de uma lâmpadazinha que se acende no momento exato — mas é claro que o aparelho destinatário, desprovido de órgãos sensórios, não tem necessidade de "ver" uma lâmpada acesa; pode bastar-lhe um fenômeno diferente, como o soltar de um interruptor, a abertura de um circuito. Continuemos, em todo o caso, a imaginar a mensagem — por comodidade — sob forma de lâmpada.

A lâmpada já constitui o princípio de um código: "lâmpada acesa" significa "nível 0 atingido", ao passo que "lâmpada apagada" significa "abaixo do 0". O código já estabelece uma correspondência entre um *significante* (a lâmpada acesa e apagada) e um *significado*. No caso em exame, o significado é apenas *a disposição de que o aparelho está do-*

---

(8) WARREN WEAVER, *The Mathematics of Communication*, in "Scientific American", 181, 1949 (tr. it. in AAVV, *Controllo automatico*, Milão, Martello, 1956).

tado para responder de determinado modo ao significante. De qualquer forma, mesmo nesse sentido, o significado distingue--se do *referente*, isto é, do fenômeno real a que o signo se refere (isto é, o nível 0), porque o aparelho não "sabe" que a água atingiu um certo nível, mas foi programado para atribuir determinado valor ao sinal "lâmpada acesa" e responder de acordo [9].

Existe, contudo, um fenômeno conhecido como *ruído*. O ruído é um distúrbio que se insere no canal e pode alterar a estrutura física do sinal. Pode ser uma série de descargas elétricas, uma imprevista interrupção no fornecimento de energia que dá lugar a que o acidente "lâmpada apagada" (por interrupção de corrente) seja entendido como mensagem ("água abaixo de 0").

Delineou-se aqui, portanto, uma situação comunicacional correspondente ao esquema reproduzido na página seguinte.

II.3. *Para reduzir ao mínimo os riscos do ruído devo complicar o código.* Digamos que eu instale duas lâmpadas, A e B. Quando A está acesa, significa que tudo vai bem, quando A se apaga e B se acende, significa que a água está acima de 0. Nesse caso, dobrei a "despesa" da comunicação, mas reduzi as possibilidades de ruído. Uma interrupção de corrente apagaria ambas as lâmpadas, e como o código que adotei não diz respeito à possibilidade "duas lâmpadas apagadas", estarei, portanto, habilitado a distinguir os não-sinais dos sinais.

Por outro lado, ainda existe o perigo de que um defeito elétrico incomum faça com que A se acenda em lugar de B e vice-versa; para evitar esse risco terei que complicar ulteriormente as possibilidades combinatórias do código. Introduzirei outras duas lâmpadas e disporei de uma série ABCD, com base na qual poderei estabelecer que $AC = $ *nível de segurança* e $BD = $ *nível 0*. Desse modo terei reduzido as possibilidades de que uma série de distúrbios no canal possa alterar-me a mensagem.

Introduzi, assim, no código, elementos de "redundância": o uso de duas lâmpadas opostas a outras duas, para dizer o que podia ser dito com uma simples alternância de aceso-apagado numa só lâmpada, permite-me reiterar a mensagem, apoiá-la numa forma de repetição.

(9) A questão será desenvolvida em A.2.I.2.

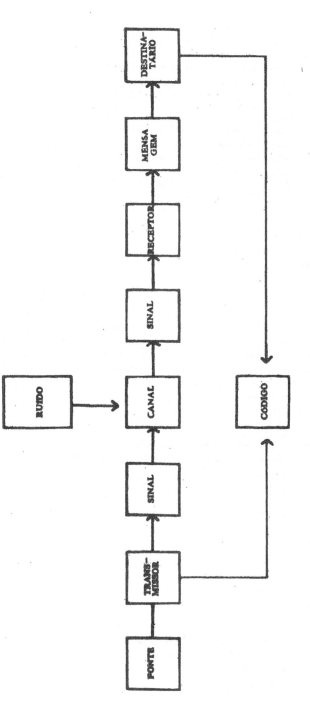

Esquema. 1. O PROCESSO COMUNICATIVO ENTRE DUAS MÁQUINAS

O UNIVERSO DOS SINAIS

9

Mas a redundância não significa apenas que posso repetir a mensagem para torná-la mais segura: significa também que o código, assim complicado, poderia *permitir-me* comunicar outros tipos de mensagem. De fato o código, dispondo dos elementos ABCD, permite diversas combinações; por exemplo: A — B — C — D — AB — BC — CD — AC — BD — AD — ABC — BCD — ACD — ABD e também as formas alternadas "AB — CD", ou então, "A — C — B — D", e assim por diante. O código fixa um *repertório de símbolos*, entre os quais posso escolher aqueles que serão atribuídos a dados fenômenos. Os demais podem permanecer como *reserva*, como possibilidades não significantes (reconhecíveis caso se verifiquem por ruído), prontos a indicar outros fenômenos que eventualmente me pareçam dignos de comunicação.

Já com as possibilidades preordenadas acima indicadas, eis, portanto, o meu código apto a indicar-me algo mais do que o simples nível de perigo 0. Posso assinalar uma série de níveis que vão da tranquilidade absoluta ao pré-perigo (chamando-os níveis −3, −2, −1 etc.) e uma série de níveis acima de 0 (+ 1, + 2, + 3), da situação de alarma à de perigo máximo; e posso fazer corresponder a cada um desses níveis uma combinação do código (que se realize com base em oportunas instruções dadas aos mecanismos transmissores e receptores).

II.4. Com um código desse tipo, no que se baseia a transmissão de um sinal? Respondemos: numa *escolha alternativa* que podemos indicar como uma *oposição entre "sim" e "não"*. Ou a lâmpada está acesa ou está apagada (ou a corrente elétrica passa ou não passa). Mesmo no caso de o aparelho destinatário ter que responder com base em instruções recebidas ao acionar de um interruptor, à comunicação de um impulso, o processo não se modifica. Continuamos a ter uma oposição binária, uma oscilação máxima entre 1 e 0, entre sim e não, entre aberto e fechado.

Não se trata aqui de estabelecer se o método binário — que, como veremos, é adotado pela Teoria da Informação — surge como o artifício mais simples para descrever a passagem de uma informação, ou se todo tipo de comunicação repousa sempre, de um modo ou de outro, numa mecânica binária (isto é, se todas as nossas formas de comunicação se reduzem a uma série sucessiva de escolhas alternativas).

10 A ESTRUTURA AUSENTE

O fato de que várias disciplinas, da Lingüística à Neuropsicologia, se apóiem no método binário para explicarem os processos de comunicação, já aponta, em todo o caso, nesse método, razões de economia que o tornam preferível a outros.

III. A INFORMAÇÃO

III.1. Quando, entre dois eventos, sabemos qual deles irá acontecer, temos uma informação. Suponha-se que ambos tenham iguais probabilidades de ocorrer, e que portanto a nossa ignorância com respeito à disjunção de probabilidades seja total. A probabilidade é a relação entre o número dos casos favoráveis à ocorrência do evento e o número dos casos possíveis. Se jogo para o alto uma moeda (e aposto cara ou coroa) tenho uma probabilidade de 1/2 para cada lado da moeda.

No caso do dado e suas seis faces, tenho para cada face uma probabilidade de 1/6 (no caso de jogar dois dados, a probabilidade de que dois eventos independentes se verifiquem conjuntamente — que eu consiga fazer, por exemplo, seis e cinco — é dada pelo produto das probabibilidades individuais: e terei, nesse caso, 1/36).

A relação entre uma série de eventos e a série das probabilidades conexas é a relação entre uma progressão aritmética e uma progressão geométrica, e a segunda série representa o logaritmo da primeira.

Isso significa que, dado um evento e 64 probabilidades de diferentes realizações (por exemplo: qual das casas do tabuleiro de xadrez será a escolhida?), quando venho a saber qual dos eventos se realizou obtive uma informação igual a $\log_2 64$ (que é igual a 6). Isto é, para individuar um dentre sessenta e quatro eventos eqüiprováveis foram-me necessárias seis disjunções ou escolhas binárias.

Esse mecanismo pode ser melhor explicado pelo esquema ao lado. Reduzindo o número dos elementos em jogo para facilitar a operação, o referido esquema nos mostra que, dados 8 eventos cuja ocorrência é impossível predizer, pois contam com iguais probabilidades de realização, a individuação de um deles mediante escolhas binárias comporta três movimentos de escolha, três opções, três alternativas.

Indicaram-se com letras do alfabeto os pontos de disjunção binária. Vê-se então que para identificar, por exemplo,

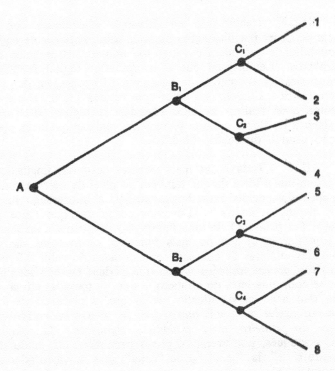

o evento número 5, são necessárias três escolhas binárias. 1) partindo de A, escolho entre B_1 e B_2; 2) de B_2, escolho a direção para C_3; 3) de C_3, prefiro ir para 5 ao invés de para 6.

Visto que se tratava de individuar um evento entre oito, a expressão logarítmica da situação dá:

$$\log_2 8 = 3$$

A teoria da informação chama unidade de informação ou *bit* (de "binary digit", isto é, "sinal binário") à unidade de disjunção binária que serve para individuar uma alternativa. Dir-se-á então que, no caso da individuação de um entre oito elementos, recebi 3 bits de informação; no caso dos sessenta e quatro elementos, eu recebera 6 bits.

Pelo método da disjunção binária é possível individuarmos um evento entre um número infinito de eventos possíveis. Basta procedermos com constância numa série de bifurcações sucessivas, eliminando as alternativas à medida que elas se apresentam. Os cérebros eletrônicos chamados "numéricos"

12 A ESTRUTURA AUSENTE

ou "digitais", trabalhando em altíssimas velocidades, conseguem proceder por disjunções binárias sobre sistemas de eqüiprobabilidade que põem em jogo um número astronômico de elementos. Lembremos que o computador digital funciona com a simples alternativa de passagem/não-passagem de corrente elétrica, simbolizável pelos dois valores 1 e 0. E nesses termos pode realizar as mais variadas operações, visto que a álgebra de Boole permite justamente realizar qualquer operação usando disjunções binárias.

III.2. Todavia, as mais recentes pesquisas lingüísticas sugerem-nos a idéia de que também ao nível de sistemas mais complicados, como o da língua verbal, a informação surge por disjunção binária [10]. Devemos considerar que todos os signos (as palavras) de uma língua são construíveis mediante a combinação de um ou mais *fonemas*; os fonemas são as unidades mínimas de emissão vocal dotadas de valor diferencial; são breves emissões vocais que podem ou não identificar-se com uma letra do alfabeto, e que — tomadas em si — não têm nenhum significado: salvo que *a presença de um fonema exclui a de um outro que, se tivesse aparecido em lugar do primeiro, teria mudado o significado da palavra.* Em português, por exemplo, posso pronunciar de modo diferente o "e" de "bem" ou de "cena", mas as variedades de pronúncia não constituem oposição fonemática. Em inglês, ao contrário, os dois modos diferentes com que pronuncio o "i" em "ship" e em "sheep" (diferentemente indicados no vocabulário como "ʃip" e "ʃi:p") constituem *oposição* entre dois fonemas diversos (e de fato, no primeiro caso, tenho o significado "navio" e no segundo, o significado "ovelha"). Aqui se teria, portanto, uma informação que nasce da escolha efetuada entre os dois pólos de uma oposição.

III.3. Mas voltemos ao nosso modelo comunicacional. Falamos de "unidade de informação" e estabelecemos que quando, por exemplo, me indicam qual evento se verificará dentre oito eventos possíveis, recebo 3 bits de informação. Mas o valor "informação" *não se identifica com a noção que me é comunicada,* mesmo porque na Teoria da Informação o significado do que me é comunicado (o fato de que o evento entre os oito possíveis seja um número, um nome de pessoa, um bilhete de loteria ou um símbolo gráfico) não importa.

(10) Ver bibliografia in LEPSCHY, op. cit., e in JAKOBSON, op. cit.

O UNIVERSO DOS SINAIS

Para a Teoria da Informação o que importa é o número de alternativas necessárias para definir o evento sem ambigüidade, e as alternativas que — na fonte — se apresentam como co-possíveis. A informação não é tanto o que é dito, *mas o que pode ser dito*. A informação *é a medida de uma possibilidade de escolha na seleção de uma mensagem*. Uma mensagem computável num bit (a escolha entre duas possibilidades eqüiprováveis) e uma computável em 3 bits (a escolha entre oito possibilidades eqüiprováveis) distinguem-se pelo número maior de escolhas possíveis que a segunda situação apresentava — na fonte — em relação à primeira. No segundo caso, a mensagem informa mais, porque — na fonte — havia maior incerteza acerca da escolha que iria ser feita. Para darmos um exemplo fácil e compreensível: num romance policial, maior será o "suspense" quanto maior for o número de personagens entre os quais se suspeita estar o assassino e quanto mais imprevista for a solução. *A informação representa a liberdade de escolha que se tem ao construir uma mensagem, e deve, portanto, ser considerada como uma propriedade estatística da nascente das mensagens.* Em outras palavras, a informação é aquele valor de eqüiprobabilidade entre muitos elementos combináveis, valor esse tanto maior quanto mais numerosas forem as possibilidades de escolha. De fato, num sistema em que estivessem em jogo não duas, ou oito, ou sessenta e quatro, mas *n* bilhões de eventos eqüiprováveis, a expressão

$$I = \log_2 10^9 n$$

daria uma cifra mais alta. E quem recebesse uma mensagem de uma nascente desse tipo, receberia, ao individuar um evento entre os *n* bilhões possíveis, muitos bits de informações. Está claro, porém, que a informação *recebida* já representaria uma redução, um empobrecimento daquela extraordinária riqueza de escolhas possíveis que existia *na fonte*, antes que o evento fosse escolhido e a mensagem emitida.

A informação mede, portanto, uma situação de eqüiprobabilidade, de distribuição estatística uniforme existente na fonte; e esse valor estatístico é o que os teóricos da informação, dessumindo-o da termodinâmica, chamam de *entropia* [11].

---

(11) Ver NORBERT WIENER, *Cibernetica*, Milão, Bompiani, 1953; C.E. SHANNON, W. WEAVER *The mathematical theory of information*, Urbana, 1949; COLIN CHERRY, *On human communication*, op. cit.; A. G. SMITH, ed., *Communication and Culture* (parte 1), Nova Iorque, Holt, Rinehart & Winston, 1966; assim como outros estudos citados nas notas 2 e 4.

14 A ESTRUTURA AUSENTE

Com efeito, *a entropia de um sistema é o estado de eqüiprobabilidade para o qual tendem seus elementos*. A entropia é, por outro lado, identificada com um estado de *desordem*, no sentido em que *a ordem é um sistema de probabilidades* introduzido no sistema para poder prever-lhe o andamento. Na teoria cinética dos gases prevê-se a seguinte situação: dado um recipiente dividido em dois compartimentos unidos por uma passagem, a existência puramente teórica de um aparelho, chamado demônio de Maxwell, deveria permitir que as moléculas gasosas mais velozes passassem todas para um desses compartimentos, ficando as mais lentas no outro; inserir-se-ia, desse modo, um princípio de ordem no sistema e seria possível prever uma diferenciação térmica. Na realidade, o demônio de Maxwell não existe, e as moléculas de gás, ao chocarem-se desordenadamente, nivelam as suas respectivas velocidades criando, por assim dizer, uma situação "média" que tende para a eqüiprobabilidade estatística: o sistema é, assim, de altíssima entropia, não sendo possível prever o moto de uma única molécula.

Ora, se todas as letras do alfabeto formáveis com o teclado de uma máquina de escrever constituíssem um sistema de altíssima entropia, teríamos uma situação de informação máxima. Seguindo um exemplo de Guilbaud, diremos que, visto que numa página datilografada posso prever a existência de 25 linhas, cada uma com 60 espaços, e visto que o teclado da máquina de escrever (à qual o exemplo se refere) possui 42 teclas — podendo cada uma produzir dois caracteres — e que, somando-se espacejamento (que tem valor de signo), pode o teclado produzir assim 85 diferentes signos, eis que surge o problema: se 25 linhas multiplicadas por 60 espaços tornam possíveis 1 500 espaços, quantas seqüências diferentes de 1 500 espaços podem produzir-se escolhendo-se cada um dos 85 signos disponíveis no teclado?

Podemos obter o número total das mensagens de comprimento L fornecíveis por um teclado de C signos, elevando C à potência L. No nosso caso, sabemos que poderíamos produzir 85^{1500} mensagens possíveis. Tal é a situação de eqüiprobabilidade existente na fonte; as mensagens possíveis são expressas por um número de 2 895 cifras.

Mas quantas escolhas binárias são necessárias para individuarmos uma das mensagens possíveis? A resposta é: um número altíssimo, cuja transmissão requereria um extraordinário dispêndio de tempo e energias, tanto mais que cada

O UNIVERSO DOS SINAIS   15

mensagem possível, como se sabe, compõe-se de 1500 espaços e cada um desses signos deve ser individuado pelas sucessivas escolhas binárias entre os 85 signos previstos pelo teclado... A informação na fonte, como liberdade de escolha, é extraordinária, mas a possibilidade de transmitir essa informação possível, individuando-se uma mensagem completa, torna-se bastante difícil [12].

III.4.   É então que intervém a função ordenadora do código.

O que se obtém introduzindo um código? Limitam-se as possibilidades de combinação entre os elementos em jogo e o número dos elementos que constituem o repertório. Introduz-se na situação de eqüiprobabilidade da fonte um sistema de probabilidades: certas combinações são possíveis e outras, menos possíveis. A informação da fonte diminui, a possibilidade de transmitir mensagens aumenta.

Shannon [13] define a informação de uma mensagem que implica N escolhas entre h símbolos, como

$$I = N \log_2 h$$

(fórmula que lembra a da entropia).

Ora, uma mensagem que tenha que ser selecionada entre um número altíssimo de símbolos, entre os quais seja possível um número astronômico de combinações, apesar de muito informativa, seria intransmissível por requerer uma quantidade excessiva de escolhas binárias (e as escolhas binárias têm um custo, porque podem ser impulsos elétricos, movimentos mecânicos, ou então, simplesmente, operações mentais: e cada canal de transmissão só deixa passar determinado número de tais escolhas). Portanto, para que a transmissão seja possível, e se possam formar mensagens, é preciso reduzir os valores de N e h. É mais fácil de transmitir uma mensagem que me deve fornecer informações sobre um sistema de elementos cujas combinações são regidas por um sistema de possibilidades prefixadas. As alternativas são menores, e a comunicação, mais fácil.

O código introduz, com seus critérios de ordem, essas possibilidades de comunicação; *o código representa um sis-*

---

(12) G. T. GUILBAUD, *La Cybernétique*, P.U.F., 1954.

(13) Mas a primeira formulação das leis acha-se em R.V.L. HARTHLEY, *Transmission of Information*, in "Bell System Tech. J.", 1928. Ver, também (além de CHERRY, op. cit.), ANATOL RAPAPORT, *What is Information?*, in "ETC", 10, 1953 (agora em *Communication and Culture*, op. cit.).

16 A ESTRUTURA AUSENTE

tema de probabilidades sobreposto à eqüiprobabilidade do sistema inicial, permitindo dominá-lo comunicacionalmente. Em todo o caso, não é o valor estatístico "informação" que requer esse elemento de ordem, e sim sua transmissibilidade.

Com a sobreposição do código, uma fonte de alta entropia, como no caso o teclado da máquina de escrever, reduz suas possibilidades de escolha; no momento em que eu, de posse do código língua italiana, começo a escrever, a fonte possui uma entropia menor: em outros termos, do teclado não podem nascer 85^{1500} mensagens possíveis por lauda datilografada, mas um número bastante menor, regido por leis de probabilidade, e respondendo a um sistema de expectativas; logo, bem mais previsível. Ainda que o número de mensagens possíveis por lauda datilografada continue muito alto, todavia o sistema de probabilidade introduzido pelo código exclui que minha mensagem possa comportar seqüências de letras como "wxwxxsdewvxvxc" (que a língua escolhida não admite — exceto no caso de formações metalingüísticas como o presente); exclui que depois da seqüência de símbolos "ass" possa estar a letra "q", e deixa, ao contrário, prever o surgimento de uma das cinco vogais (de cuja apariação poderia a seguir depender, com uma probabilidade computável com base no vocabulário, a palavra "asse" [eixo] ou "assimilare" ou "assumere" e assim por diante). A existência do código, embora permitindo combinações de vários tipos, limita enormemente o número das escolhas possíveis.

Concluindo, definiremos o código como o sistema que estabelece 1) *um repertório de símbolos que se distinguem por oposição recíproca;* 2) *as regras de combinação desses símbolos;* 3) *e, eventualmente, a correspondência termo a termo entre cada símbolo e um dado significado* (mas não que um código deva necessariamente possuir todas essas três características juntas)[14].

IV. O CÓDIGO

IV.1. Tudo o que dissemos permite-nos voltar ao modelo inicial.

---

(14) A máquina do nosso modelo exclui, por exemplo, o item 3. Os sinais que recebe não correspondem a um significado, a não ser, quando muito, para quem estabeleceu o código.

O UNIVERSO DOS SINAIS

Na represa poderiam acontecer fenômenos de vários tipos. A água poderia atingir inúmeros níveis, com diferenças infinitesimais. Se eu tivesse que comunicar todos os níveis possíveis, precisaria lançar mão de um repertório bastante vasto de símbolos, e na verdade de nada me adiantaria saber se a água aumentou ou diminuiu um ou dois milímetros. Escolho então situações descontínuas, discretas, recortadas no *continuum* dos fatos possíveis, e as erijo em *traços pertinentes* aos fins da comunicação que me interessa. Quando estabeleci que me interessa saber se a água passa do nível -2 para o nível -1, o fato de que depois a água esteja alguns centímetros ou alguns milímetros acima de -2 não me interessa. O nível não será mais -2 senão quando já for -1. O resto não me importa, não é pertinente. Posso, então, elaborar um código que, em meio às numerosas combinações possíveis entre os quatro símbolos A, B, C, e D, considere só algumas delas como as mais prováveis. Por exemplo:

A		AB = -3	BCD	
	elementos	BC = -2	ACD	
D	desprovidos	CD = -1	ABD	combinações
	de significado,	ABC = 0		não
B	com valor	AC = $+1$	AB-CD	previstas
	puramente	BD = $+2$	A-C-B-D-	
C	diferencial	AD = $+3$	etc.	

Nesse sentido, o aparelho destinatário pode ser instruído para responder adequadamente às combinações previstas e não responder às combinações não previstas, interpretando-as como ruído. Nada exclui, como ficou dito, que as combinações não previstas possam ser utilizadas quando se quiser obter uma diferenciação maior dos níveis, identificando, assim, outros traços pertinentes no código.

IV.2. Convém agora observar que, já aí, o conceito de informação como possibilidade e liberdade de escolha na fonte cindiu-se em dois conceitos, formalmente iguais (trata-se de uma medida de liberdade de escolha) mas denotativamente diferentes. Temos, de fato, uma *Informação da fonte*: esta (à falta de elementos hidrográficos e meteorológicos que

18 A ESTRUTURA AUSENTE

me permitam adiantar previsões) deve ser considerada como eqüiprobabilidade; a água pode encontrar-se em todas as posições possíveis.

Essa informação da fonte é corrigida pelo código que estabelece um sistema de probabilidade. A desordem estatística da fonte é substituída por uma ordem probabilística.

. Temos, porém, uma *Informação do código*: de fato, baseado no código, posso elaborar sete diferentes mensagens, em situação de eqüiprobabilidade entre si. O código introduziu uma ordem dentro do sistema físico e reduziu as possibilidades de informação, mas relativamente às mensagens que pode gerar, ele próprio constitui, embora de modo reduzido, um sistema eqüiprovável (que só pode ser limitado pela emissão de uma mensagem única). A mensagem única, representando uma forma concreta, uma escolha de uma e não de outra seqüência de símbolos, constitui uma ordem definitiva (veremos, adiante, até que ponto) que se sobrepõe à (parcial) desordem do código.

Diremos, portanto, que noções como a de informação (oposta à mensagem), de desordem (oposta à ordem), de eqüiprobabilidade (oposta a sistema de probabilidades) são todas noções *relativas*. A fonte é entrópica no que concerne ao código que lhe limita os elementos pertinentes aos fins da comunicação, mas o código possui uma entropia relativa no que respeita às inúmeras mensagens que pode gerar.

Ordem e desordem são conceitos relativos; somos ordenados em relação a uma desordem precedente, e desordenados em relação a uma desordem precedente, e desordenados em relação a uma ordem subseqüente, exatamente como somos jovens em relação aos nossos pais e velhos em relação ao nosso filho, libertinos em relação a um sistema de regras morais e retrógrados em relação a outro mais dúctil.

IV.3. Todas as observações que fizemos valem na medida em que:

1) há uma fonte de acontecimentos (de informações) distinta do transmissor enquanto elemento que seleciona, com base em códigos, os traços pertinentes aos fins da informação, desprezando outros fenômenos;

2) o aparelho destinatário é uma máquina que responde de modo unívoco às mensagens que recebe;

O UNIVERSO DOS SINAIS

3) há um código comum ao aparelho transmissor e ao destinatário;

4) a máquina — enquanto transmissor e enquanto destinatário — não põe em discussão o código.

O problema muda, se variarmos a situação da seguinte maneira:

1) pondo-se em lugar do destinatário um ser humano; mesmo se mantivermos inalterada a situação na fonte (ver A.2.I-IV);

2) pondo-se em lugar da fonte um ser humano; nesse caso, fonte e transmissor identificam-se (eu sou a fonte e o transmissor da informação que pretendo comunicar); e não só isso, mas amiúde fonte e código se identificam, no sentido de que a única informação de que disponho é o sistema de eqüiprobabilidade que me é permitido pelo código empregado (ver A.2.V.);

3) assumindo-se que ocorram casos em que transmissor e destinatário ponham o código em discussão (ver A.3.).

Como veremos, aceitas essas condições, passa-se do *universo dos sinais ao universo do sentido*.

2. O Universo do Sentido

I. O SIGNIFICADO DO "SIGNIFICADO" — DENOTAÇÃO
E CONOTAÇÃO

I.1. Digamos que o destinatário da mensagem oriunda da reprêsa não seja mais uma máquina *mas um ser humano*.

Instruído segundo o código, ele sabe que ABC corresponde a "ponto zero" e que outros sinais correspondem a outros níveis de mínimo e máximo perigo.

Digamos agora que o homem recebe o sinal ABC. Nesse caso ele compreenderá que a água atingiu o nível 0 (perigo), mas não se limitará a isso. *Poderia assustar-se*, por exemplo. Esse susto não pode ser catalogado entre as reações emotivas independentes dos fenômenos de comunicação, porque se baseia num fenômeno de comunicação. O símbolo ABC, puro evento físico, na verdade, além de ser para ele o significante do significado denotativo "nível 0", também lhe conota "perigo". O que não acontecia com a máquina: a máquina recebia ABC e, segundo instruções, reagia devidamente; recebia uma informação, mas não um significado: a máquina não sabia o que significava ABC, não compreendia nem "nível 0" nem "perigo". Recebia tantos bit computáveis pelo engenheiro encarregado de cuidar das possibilidades de transmissão ao longo do canal, e operava de acordo.

Ao nível da máquina, ainda estávamos no universo da Cibernética, que se interessa pelo *sinal*. Introduzindo o homem, passamos para o universo do *sentido*. Abriu-se um *processo de significação*, porque o sinal não é mais uma série de unidades discretas computáveis em bits de informação, e sim uma forma significante que o destinatário humano terá que suprir de significado.

I.2. A essa altura convém, todavia, estabelecer as condições de emprego do termo "significado" — pelo menos no âmbito das páginas que se irão seguir. [15]

Para tanto impõe-se, antes de mais nada, arrançar do terreno a daninha identificação entre *significado* e *referente*.

Recorremos, para isso, ao conhecido triângulo de Ogden e Richards [16], formulável nestes termos:

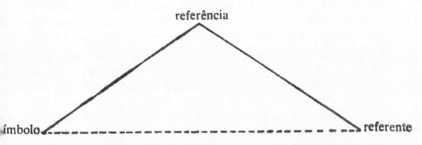

Por símbolo podemos entender, por exemplo, um signo da língua verbal como a palavra "cão". Esse símbolo tem uma relação imotivada e não natural com a coisa que indica, isto é, o cão propriamente dito (na língua inglêsa do lado esquerdo do triângulo teremos "dog" em lugar de "cão" sem que a relação mude). Mas a mediação entre o símbolo e o referente é dada pela "referência", que não é senão — como diz Ullman [17] — "a informação que o nome transmite ao ouvinte". Essa definição pode bastar provisoriamente para indicar algo que para alguns será um *conceito*, para outros, uma *imagem mental*, para outros ainda, a *condição de emprego* do símbolo em questão, etc. Em qualquer dos casos está claro que, enquanto a relação entre símbolo e referente

---

(15) Uma primeira orientação e uma rica bibliografia sobre o assunto podem ser encontradas in ADAM SCHAFF, *Introduzione alla semantica*, Roma, Editori Riuniti, 1965 já em tradução brasileira de Célia Neves, Rio de Janeiro, Civilização Brasileira, 1968 (N. da T.) ; PIERRE GUIRAUD, *La semantica*, Milão, Bompiani, 1966; TULLIO DE MAURO, *Introduzione alla semantica*, Bari, Laterza, 1965; STEPHEN ULLMANN, *La semantica*, Bolonha, Mulino, 1966; W.V.O. QUINE, *Il problema del significato*, Roma, Ubaldini, 1966; L. ANTAL, *Problemi di significato*, Milão, Silva, 1967.

(16) C. K. OGDEN, I. A. RICHARDS, *Il significato del significato*, Milão, Saggiatore, 1966.

(17) Ver todo o c. III da op. cit., p. 90-130, onde se discutem, sobretudo, as posições de BLOOMFIELD (*Language*, Nova Iorque, 1933).

22 A ESTRUTURA AUSENTE

é discutível, e em todo o caso, indireta e não natural, a relação que se estabelece entre símbolo e referência é imediata, recíproca e reversível; quem emprega a palavra "cão" pensa no significado "cão", e quem a ouve é levado mentalmente a individuar a mesma ordem de fenômenos definível como "cão"; quem quer, destarte, indicar um cão, empregará o símbolo "cão".

I.3. Infinitas são as discussões sobre as relações entre símbolo, referente e referência. Aqui assumiremos tão-somente que, dentro de uma perspectiva semiológica, *o problema do referente não tem nenhuma pertinência* [18]. As críticas correntes sobre a noção de referente mostram muito bem que um símbolo não pode ser verificado com base no contrôle efetuado sobre o referente: há símbolos que têm uma referência e não têm um referente (como "unicórnio", que se refere a um animal fantástico mas inexistente; o que não impede que quem ouve a palavra "unicórnio" saiba muito bem do que se está falando); há símbolos diferentes com significado diferente que dizem respeito ao mesmo referente: exemplo célebre é o das duas entidades astronômicas conhecidas pelos antigos, a "estrela da tarde" e a "estrela da manhã", cujos significados são bastante diferentes, ao passo que o referente, como sabe a astronomia moderna, é um só. O mesmo ocorre com as expressões "meu padrasto" e "o pai de meu meio-irmão" que, apesar de dizerem respeito a um mesmo referente, têm dois significados distintos e podem ser usadas em contextos diversos para indicarem situações afetivas opostas. Em alguns sistemas semânticos, indica-se como *denotação* de um símbolo a classe das coisas reais que o emprego do símbolo abarca ("cão" denota a classe de todos os cães reais), e como *conotação* o conjunto das propriedades que devem ser atribuídas ao conceito indicado pelo símbolo (entender-se-ão como conotações de "cão" as propriedades zoológicas mediante as quais a ciência distingue o cão de outros mamíferos de quatro patas). Nesse sentido, a denotação identifica-se com a *extensionalidade* e a conotação

(18) Entre os autores que, ao contrário, procuram enfatizar o problema do referente, além do já citado Bloomfield, lembraremos todos os estudiosos de tendência materialista (não dizemos "marxista" porque sua posição se liga ao *Materialismo e empiro-criticismo*, de Lenin), como SCHAFF, já citado, e L. O. REZNIKOV, *Semiótica e marxismo*, Milão, Bompiani, 1967.

O UNIVERSO DO SENTIDO 23

com a *intencionalidade* do conceito [19]. Em todo o caso, *não usaremos*, nas páginas que se seguem, "denotação" e "conotação" nessa acepção.

I.4. A presença do referente, sua ausência, ou sua inexistência *não incidem no estudo de um símbolo enquanto usado numa certa sociedade em relação a determinados códigos*. Não é da alçada da Semiologia saber se o unicórnio existe ou não: essa tarefa pertence à Zoologia e a uma História da cultura que queira enfocar o papel do imaginário na civilização de uma época; mas é importante saber como, num dado contexto, a forma significante "unicórnio" recebe um determinado significado com base num sistema de convenções lingüísticas; e que associações mentais, baseadas em hábitos culturais adquiridos, provoca a palavra "unicórnio" em determinados destinatários da mensagem.

Nesse sentido, portanto, *a Semiologia só leva em conta o lado esquerdo do triângulo de Ogden-Richards.* Mas considera-o em profundidade, ciente de que, ao longo daquele lado esquerdo, ocorrem numerosos fenômenos de significação. Por exemplo: entre o significado e o símbolo intercorrem relações *onomasiológicas* (conferem-se determinados nomes a determinados significados), ao passo que entre o símbolo e o significado intercorrem relações *semasiológicas* (determinados símbolos designam determinados significados) [20]. Ademais — e isto veremos nas páginas que se seguem — a relação entre um símbolo e os seus significados pode mudar, crescer, deformar-se; o símbolo permanece constante e o significado torna-se mais rico ou mais pobre. Esse processo dinâmico contínuo será chamado de "sentido". Nessa acepção é que usaremos tais termos, definidos de uma vez por todas, embora para alguns autores devam eles ser empregados de maneira oposta [21].

(19) Quanto a esse uso dos termos, ver A. PASQUINELLI, *Linguaggio, scienza e filosofia*, Bolonha, Mulino, 2ª ed., 1964 (Apêndice A), onde se discutem e confrontam as posições de Russell, Frege, Carnap, Quine, Church Ver também LUDOVICO GEYMONAT, *Saggi di filosofia neorazionalistica*, Turim, Einaudi, 1953, c. III. (Para uma bibliografia completa, consultar SCHAFF).

(20) Além de ULLMANN, op. cit., consultar KLAUS HEGER, *Les bases méthodologiques de l'onomasiologie et du classement par concepts*, in "Travaux de linguistique et de littérature", III, 1, 1965, onde se discutem os estudos de Baldinger, Weinrich, Ogden e Richards, Coseriu, Pottier etc.

(21) Ullmann, por exemplo, propõe um uso oposto, colocando o "sentido" no vértice do triângulo e o "significado", comparado ao "meaning", ao longo do lado esquerdo, como contínuo processo de significação que se enriquece. De nossa parte, preferimos ater-nos ao uso mais comum entre os semiólogos franceses.

24 A ESTRUTURA AUSENTE

I.5. Mas, para empregarmos os termos com maior propriedade, apoiar-nos-emos numa série de distinções introduzidas pela Lingüística saussuriana e que nos parecem as mais adequadas para alicerçarem uma pesquisa semiológica (na verdade, os capítulos seguintes só visam a verificar a utilizabilidade dessas categorias para enformar outros tipos de fenômenos, tais como os visuais, por exemplo.

Segundo noção proposta por Saussure, o signo lingüístico surge como um objeto que apresenta estreita unidade (como as duas faces de uma fôlha de papel) entre *significante e significado*: o signo lingüístico une não uma coisa e uma palavra, mas um conceito e uma imagem acústica"[22]. O significado não é a coisa (o significado "cão" não é o objeto real cão, estudado pela Zoologia); o significante não é a forma fônica do nome (a emissão vocal "cão" estudada pela Fonética e passível de registro em aparelhos eletromagnéticos). O significante é a imagem da forma fônica, ao passo que o significado é uma imagem mental da coisa, a que pode ter relação onomasiológica com outros significados (tais como arbor, tree, baum, arbre, etc.).

I.6. O elo entre significante e significado é *arbitrário*, mas na medida em que é impôsto pela língua (que é, como veremos, um código), o significado torna-se necessário para quem fala. Antes, é justamente essa imposição, exercida pelo código sobre o falante, que nos permite não interpretar necessàriamente o significado como um conceito, uma imagem mental (perigosa concessão "mentalista" que valeu à semiologia saussuriana todo tipo de críticas)[23]; e, à medida que, mais adiante, formos definindo a natureza dos códigos, poderemos também escapar à identificação do significado com o *uso corrente* que se faz de um significante (definição mais empírica do que a precedente, permitindo escapar à hipostatização de um significado como entidade platônica, mas ainda passível de outras objeções). *O significado deve, ao contrário, surgir para nós como aquilo que o código coloca em relação*

(22) FERDINAND DE SAUSSURE, *Cours de linguistique générale*, Paris, Payot, 1915 (o livro, como se sabe, reconstrói as aulas ministradas de 1906 a 1911), trad. ital. de T. de Mauro, Bari, Laterza, 1967 e tradução brasileira de Antonio Chelini, José Paulo Paes e Izidoro Blikstein, São Paulo, Edit. Cultrix e U.S.P., 1969, p. 80. (N. da T.)

(23) Ver, por exemplo, as objeções de RICHARDS e OGDEN, op. cit., cap. 1.

O UNIVERSO DO SENTIDO 25

semasiológica com o significante. Em outras palavras: o código estabelece que um dado significante denota um determinado significado. O fato de que depois esse significado se cristalize na mente do falante sob forma de conceito, ou na sociedade, sob forma de média dos usos concretos, concerne, porém, a disciplinas como a Psicologia ou a Estatística. Paradoxalmente, no momento em que começa a definir o significado, a Semiologia corre o risco de deixar de ser Semiologia para tornar-se Lógica, Psicologia ou Metafísica. Em certo sentido, o fundador da ciência dos signos, Charles Sanders Peirce, procurava evitar esse risco introduzindo a noção de "interpretante", noção essa que merece aqui um exame mais detido [24].

I.7. Numa forma que lembra o triângulo richardsiano, Peirce entendia o signo ("alguma coisa que está para alguém em lugar de outra sob algum aspecto ou capacidade") como uma estrutura triádica, em cuja base se acha o símbolo ou *representâmen,* colocado em relação com um *objeto* que representa; no vértice do triângulo, o signo tem o *interpretante,* que muitos foram levados a identificar com o significado e a referência. De qualquer modo, o *interpretante não é o intérprete,* isto é, aquele que recebe o signo (embora às vezes, em Peirce, se gere uma confusão desse tipo). O interpretante é aquilo que garante a validade do signo mesmo na ausência do intérprete.

Poderia ser entendido como o significado porque é definido como "aquilo que o signo produz na quase mente que é o intérprete"; mas foi também encarado como a definição do representâmen (e portanto, a conotação-intenção). Todavia, a hipótese aparentemente mais fecunda é a que vê o *interpretante como outra representação relativa ao mesmo objeto.* Em outros termos: para estabelecermos o que seja o interpretante de um signo, é mister designá-lo mediante outro signo, o qual tem, por sua vez, outro interpretante, designável por

(24) Os textos semióticos de CHARLES SANDERS PEIRCE estão nos *Collected Papers of C. S. P.,* Harvard Un. Press, 1931, 1936. Dada a dificuldade em reconstruir-se o pensamento de Peirce, valemo-nos, para a nossa explanação, de NYNFA BOSCO, *La filosofia pragmatica di Ch. S. Peirce,* Turim, Edizioni di "Filosofia", 1959; ver também OGDEN e RICHARDS, op. cit., Ap. D. e M. BENSE op. cit. (onde, porém, a noção de "interpretante" está totalmente submetida à de "intérprete").

26 A ESTRUTURA AUSENTE

outro signo, e assim por diante. Abrir-se-ia, a essa altura, um processo de *semiose ilimitada* que, embora paradoxal, é a garantia única para a fundação de um sistema semiológico capaz de dar conta de si, com seus próprios meios e apenas com eles. *A linguagem seria então um sistema que se esclarece por si mesmo, através de sucessivos sistemas de convenções que se explicam reciprocamente* [25].

Pareceria fácil sair desse círculo vicioso tendo-se em mente que, se eu quiser indicar o significado do significante "cão", basta-me apontar com o dedo um cão qualquer. Mas, pondo-se de parte o fato de que o significado de "cão" pode ser bem mais rico, e mudar de cultura para cultura (um hindu apontaria como nós uma vaca de verdade para estabelecer o significado do significante "vaca", e no entanto o significado de "vaca" é, para ele, infinitamente mais complexo do que para nós), é preciso não esquecer que, diante de significantes como "beleza", "unicórnio", "todavia", ou "Deus", não podemos *apontar* para nada. O esclarecimento do significado desses significantes, excluído o recurso às idéias platônicas, às imagens mentais e à média dos usos, só advirá do recurso a outros signos da língua empregada, signos esses que o traduzam, que lhe definam as condições de emprego, que recorram, em suma, ao sistema da língua para explicarem um elemento da língua e ao código para esclarecerem o código. Nesse sentido, já que a linguagem que fala sobre a linguagem é uma metalinguagem, a Semiologia levaria apenas a uma hierarquia de metalinguagens. Como veremos, certas teorias rigorosamente estruturalistas limitam-se a definir um significado nos termos de sua diferença e oposição relativamente a significados vizinhos no âmbito da mesma língua, ou em comparação com significados de outras línguas [26]. Cumpre esclarecer, todavia, que a Semiologia não estuda os procedimentos mentais do singular mas apenas as convenções comunicacionais como fenômeno de *cultura* (no sentido antropológico do termo). Não exaure, nesse sentido, o problema

---

(25) Isso então explicaria em que sentido (ver BARTHES, op. cit.) a Lingüística seria não um ramo da Semiologia, mas a Semiologia um ramo da Lingüística, porque os signos não verbais só se carregam de significado quando recorrem à linguagem verbal. Provavelmente, no jogo subseqüente dos interpretantes de um signo, a definição verbal é a que intervém com mais peso. Mas o interpretante de um significado verbal pode muito bem ser um signo figurativo.

(26) Ver § A.2.III.2.

O UNIVERSO DO SENTIDO 27

da comunicação, mas limita-se a individuá-lo onde pode ser reconhecido e descrito.

I.8. Com base num dado código, um significante *denota*, portanto, um significado. A relação de denotação é uma relação direta e unívoca, rigidamente fixada pelo código; como, no exemplo da represa, ABC denotava "nível 0". Vimos, porém, que nosso hipotético destinatário humano da mensagem, ao receber ABC, também a interpreta como "perigo". Nesse caso diremos que o significante, além de denotar "nível 0", também *conota* "perigo".

A relação de conotação se estabelece quando um par formado pelo significante e pelo significado denotado, conjuntamente, se torna o significante de um significado adjunto [27].

O termo "cão", por exemplo, denota certo tipo de animal (o interpretante poderia ser a imagem de um cão, a definição "animal quadrúpede que ladra para a lua à noite", etc.), mas, para o italiano, também conota "mau tenor". Porém o significado "cão" não se acha no mesmo tipo de relação com o conceito de cão e com o de mau tenor. O italiano chama de "cão" um mau tenor porque associa o conceito de cantor inábil não a uma imagem acústica, mas a outro conceito, o de animal de voz desgraciosa. Portanto, a conotação se estabelece, não com base no simples significante, mas no significante e no significado denotativo unidos. Poderá, depois, acontecer que essa conotação gere uma segunda, em relação à qual o significado já conotado se torne o significante do novo significado. Por exemplo, numa expressão como: "no seu dueto com a oposição, o ministro X portou-se como um cão", o jogo das metáforas e dos símiles ("dueto" é metáfora, "como um cão" é símile) baseia-se em mecanismos conotativos; decomposta nos seus componentes semiológicos, a expressão nos dá uma denotação primária, da qual se gera uma primeira conotação (cão = mau tenor), da qual se

(27) Ver, sobretudo, BARTHES, *Elementi*, op. cit., c. IV. O problema é retomado e aprofundado in ROLAND BARTHES, *Système de la Mode*, Paris, Seuil, 1967. Para outra acepção de conotação (entendida, principalmente, como auréola emotiva que se cria em torno do termo por evocação individual) ver CHARLES BALLY, *Linguistica generale*, Milão, Saggiatore, 1963 (sobretudo a Segunda Parte). Mas, como frisa muito bem CESARE SEGRE na *Nota Introduttiva*, a Linguística de Bally é Linguística da *fala*, e não só da *língua*, enfatiza os valores afetivos que se estabelecem no exercício concreto, processual da linguagem, e tende, portanto, a individuar o movimento gerador de significados justamente onde ainda não existe um código que lhes fixe as correspondências; mas o procedimento linguístico, sintético, "aproxima-se da nebulosa primitiva, isto é, do pensamento não comunicado" (p. 171).

gera uma segunda conotação (mau tenor = mau político), conforme o esquema seguinte:

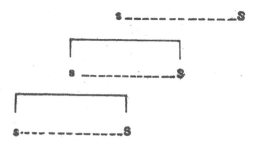

II. CÓDIGOS E LÉXICOS

II.1. Ora, todos os que usam o código língua italiana sabem o que significa a palavra "cane" [cão]. Mas não se pode dizer que todos saibam que ela conota "mau tenor", e muitas vezes tal conotação só se torna evidente pelo contexto do enunciado. É, pois, muito possível que certos destinatários não apreendam a comparação entre tenor e homem político, evidenciada pela palavra "dueto", e percam essa segunda conotação. Diremos, portanto, que, *enquanto os significados denotativos são estabelecidos pelo código, os conotativos são estabelecidos por subcódigos ou "léxicos" específicos,* comuns a certos grupos de falantes e não necessariamente a todos; até o limite extremo em que, num discurso poético, uma conotação é instituída pela primeira vez (uma metáfora ousada, uma metonímia inusitada), deve no caso o destinatário inferir do contexto o uso conotativo proposto (salvo se depois a expressão "pegar") integrando-se aquela modalidade de emprego nas normas de uso consueto, e portanto num léxico conotativo aceito por um grupo de falantes).

No caso do nosso homem que recebe a mensagem ABC, a correspondência entre "nível 0" (significado denotado) e "perigo" (significado conotado) é estabelecida por um sistema de convenções de tal maneira forte que quase se identifica com o código denotativo. Mas ao receber ABC, o destinatário humano pode ligar o significado denotativo a outros significados coligados: pode abrir-se para ele o que variamente se define como "campo semântico", "constelação associativa", "campo associativo" ou "campo nacional" ou

O UNIVERSO DO SENTIDO 29

"*carrefour* lingüístico" [28]; daí porque a palavra "vaca leiteira" pode fazer-me evocar a idéia de pasto, leite, trabalho, serenidade agreste, mugido, enquanto que para um hindu despertará as idéias de ritualidade, religiosidade, respeito, e assim por diante. Assim também o nosso destinatário da mensagem ABC pode ligar a esse signo (significante mais significado) as idéias de morte iminente, ruína para aldeia do vale, casas destruídas, alarma, insuficiência dos sistemas de controle e socorro, conforme a isso o predisponha sua experiência anterior. Na medida em que essa experiência, traduzida em um sistema de expectativas, for compartilhada por outros, a conotação será prevista por um léxico conotativo (vale dizer que, convencionalmente, proverbialmente, ABC pode conotar alarma ou casas destruídas pela aluvião).

O significante apresenta-se, então, e cada vez mais, como forma geradora de sentido, que se preenche de montes de denotações e conotações graças a uma série de códigos e léxicos que estabelecem as correspondências entre ele e grupos de significados.

II.2. Convirá aqui dedicar mais algumas palavras ao conceito de código. No caso do modelo proposto, encontramo-nos diante de um código bastante simples que funciona com base num sistema de combinações limitado a quatro símbolos. Indubitavelmente, cada símbolo se distingue do outro pela sua posição e como pólo de uma oposição. O código é um sistema de diferenças, onde A se qualifica como o que não é B, C, e D, e vice-versa. "A" sozinho nada comunicaria se não estivesse relacionado com a presença ou com a ausência dos demais símbolos. O mesmo acontece com códigos mais complexos como a língua. As definições de língua dadas pela Lingüística Estrutural correspondem à noção de código por nós proposta.

Ao lembrarmos a forma pela qual Saussure distingue oportunamente a *langue*, como o depósito de regras no qual se baseia o falante, da *parole*, como o ato individual através do qual o falante usa a *langue* e se comunica com seus semelhantes, teremos encontrado o par código-mensagem; e à semelhança do par código-mensagem, também o par *langue-parole* [língua-fala] define a oposição entre um sistema teórico (a *langue* não existe fisicamente, é uma abstração, um

---

(28) São as teorias de Trier, Matoré, Sperber, etc., examinadas em GUIRAUD, *La semantica*, op. cit.

modelo criado pelo lingüista) e um fenômeno concreto (a minha mensagem de agora, a sua mensagem de resposta e assim por diante).

"A língua é o produto social da faculdade da linguagem, e ao mesmo tempo um sistema de convenções necessárias, adotadas pelo corpo social a fim de permitir o exercício dessa faculdade nos indivíduos" [29]. A língua é um sistema, isto é, tem uma *estrutura* suscetível de ser descrita em abstrato, e representa um conjunto de relações. A idéia de uma língua como estrutura já cintilara aos olhos de muitos lingüistas do passado. Já Humboldt [30] afirmava: "não podemos conceber a linguagem como algo que tenha início na designação dos objetos mediante as palavras e proceda, em segunda instância, dessas mesmas palavras. Na realidade, o discurso não se compõe das palavras que o precedem, mas, pelo contrário, são as palavras que têm origem nesse mesmo discurso." Dentro da perspectiva saussuriana, "a língua é um sistema do qual todas as partes podem e devem ser consideradas em sua solidariedade sincrônica. Como as alterações jamais ocorrem no bloco do sistema e sim num ou noutro de seus elementos, só podem ser estudadas fora do sistema. Sem dúvida, toda alteração tem sua repercussão no sistema; o fato inicial, porém, afetou um ponto apenas: e não tem nenhuma relação com o complexo de conseqüências que podem atingir o conjunto. Essa diferença de natureza entre termos sucessivos e termos coexistentes, entre fatos parciais e fatos relativos ao sistema, impede que se faça de uns e de outros a matéria de uma única ciência" [31].

O exemplo típico oferecido por Saussure é a partida de xadrez. O sistema das relações recíprocas entre as peças muda a cada movimento. Cada perturbação do sistema muda o sentido das outras peças em correlação. Cada mutação *diacrônica* estabelece uma nova relação *sincrônica* entre os elementos [32]. As mutações diacrônicas de um sistema-código

---

(29) *Cours*, op. cit., p. 15 na trad. bras.: p. 17. (N. da T.)

(30) WILHELM VON HUMBOLDT, *Gesammelte Werke*, VII, 1.

(31) *Cours*, p. 124 [na trad. bras.: p. 102. (N. da T.)]

(32) Segundo explica SAUSSURE no *Cours*, p. 117, na trad. bras.: p. 96. (N. da T.)] entende-se por estudo sincrônico de um sistema a análise das suas relações encaradas estaticamente; o estudo diacrônico, pelo contrário, ocupa-se com o desenvolvimento e a evolução do sistema. Naturalmente, a oposição entre diacrônico e sincrônico não pode ser absoluta, já que uma perspectiva implica também a outra. Porém é certo que ao definir-se uma estrutura, um código, começa-se por imobilizar o jôgo das correspondências entre significantes e significados, e as suas regras de combinação, *como* se essas relações não estivessem sujeitas a mutação. Uma vez definido o sistema em exame, e só então, é possível individuar-lhe as mutações e identificar suas causas e conseqüências.

O UNIVERSO DO SENTIDO

(como veremos mais adiante) ocorrem mediante atos de fala que põem a *langue* em crise — embora Saussure sustente que dificilmente um falante pode, sozinho, influir sobre as tendências equilibradoras do sistema. Mas quanto ao mais, é o sistema que determina o falante, impondo-lhe regras combinatórias que deve observar.

No caso da língua, o código estabelece-se por cristalização social, é o produto de uma média estabelecida pelo uso; e do momento em que o código se estabelece, todos os falantes utilizarão os mesmos signos em relação aos mesmos conceitos, combinando-os segundo regras determinadas [33]. Um código também pode ser instituído por autoridade e imposto a um grupo (o código Morse) e destarte o grupo o usa conscientemente reconhecendo-o como tal. Outros códigos, entre os quais a língua, embora tendo valor coercitivo, são usados inconscientemente pelos falantes, que a eles obedecem sem se darem conta de que se sujeitam a um sistema de relações impostas.

Discute-se, na Lingüística de nossos dias, se esse código deve ser entendido como *sistema fechado* ou como *sistema aberto;* isto é, se falamos obedecendo a um sistema de relações definitivamente estabelecido, e inconscientemente possuído, ou se falamos com base numa *competência* congenita sobre a qual se geram, a seguir, seqüências lingüísticas (*execuções*, mensagens) alicerçadas em alguns princípios elementares de combinação que permitem as mais variadas relações [34]. Os chamados sistemas e códigos (a língua, por exemplo) seriam então apenas as estruturas *superficiais* geradas por uma estrutura *profunda* — um sistema de regras, mas talvez não articulável em torno de oposições como as demais estruturas. Todavia, posta de lado a vasta discussão [35] ainda em curso sobre a natureza da estrutura profunda, os códigos semiológicos que nos interessam podem muito bem ser considerados como estruturas superficiais; e para elas, as considerações que se seguem, inspiradas nos critérios estruturalis-

(33) Ver *Cours*, p. 29 [na trad. bras.: p. 21. (N. da T.)] Mas sobre as diferenças entre *norma, uso, função*, ver as importantes distinções de LUIGI ROSIELLO, *Struttura, uso e funzioni della lingua*, Bolonha, onde se discutem as teses de Hjelmslev, Brondal e outros.

(34) Aqui se abriria o capítulo da gramática gerativa de Noam Chomsky. Pelo que só nos cabe recomendar, para um primeiro contacto, LEPSCHY, op. cit.; o ensaio de NICHOLAS RUWET, *"Introduction"* à *La grammaire générative*, in "Langages", dezembro de 1966, número único dedicado a Chomsky com uma riquíssima bibliografia; e NOAM CHOMSKY, *De quelques constantes de la théorie linguistique*, in *Problèmes du langage*, Paris, Gallimard, 1966; *Aspects of the Theory of Syntax*, M.I.T., 1965; *Syntactic Structures*, Haia, Mouton, 1957.

(35) Esses problemas serão retomados nas Seções D e E.

32 A ESTRUTURA AUSENTE

tas de derivação saussuriana, são, por ora, perfeitamente válidas.

II.3. Também Lévi-Strauss se refere à noção saussuriana de "estrutura" quando (falando dos sistemas sociais, por ele encarados como sistemas de comunicação) escreve: "Só é estrutura o arranjo que corresponde a duas condições: a de ser um sistema regido por uma coesão interna; e a de que essa coesão, inacessível ao observador de um sistema isolado, se revele no estudo das transformações, graças às quais se encontram propriedades similares em sistemas aparentemente diferentes" [36].

Tal afirmação cinde-se, a bem dizer, em duas noções igualmente importantes:

1) *a estrutura é um sistema regido por uma coesão interna;*

2) *a estrutura só aparece quando posta em evidência pela comparação de fenômenos diferentes entre si e pela redução desses fenômenos ao mesmo sistema de relações.*

Esses dois itens deverão ser examinados mais a fundo porque deles depende uma definição mais exata da noção de estrutura que — como veremos — identifica-se com a noção de código.

III. A ESTRUTURA COMO SISTEMA REGIDO POR UMA COESÃO INTERNA

III.1. Várias correntes da Lingüística contemporânea reconhecem uma dupla articulação da língua [37]. Na língua, articulam-se entre si unidades de *primeira articulação*, unidades essas dotadas de significado (a lingüística européia chama-as "monemas" e a lingüística norte-americana, "morfemas") e identificáveis, embora nem sempre, com a palavra, *tout court* [38]. Tais unidades combinam-se entre si e formam unidades mais vastas chamadas "sintagmas".

---

(36) CLAUDE LÉVI-STRAUSS, *Elogio dell'antropologia*, 1960, agora em *Razza e storia*, Turim, Einaudi, 1967.

(37) Ver MARTINET, op. cit.

(38) "Há monemas que coincidem com o que, na linguagem corrente, chamamos de 'palavras': por exemplo, *dor, de, cabeça*. Daí não se conclui, porém, que 'monema' seja simplesmente um termo erudito para designar 'palavra'. Numa palavra como *escrevemos*, há dois monemas: *escrev-/eskrev/* que designa certo tipo de ação, e *-emos*, que designa quem fala e uma ou várias outras pessoa.s Tradicionalmente se faz a distinção entre *escrev-* e *-emos*, dizendo que o primeiro é um *semantema* e o segundo, um *morfema*, mas "seria preferível designar como *lexemas* os monemas que encontram lugar no léxico e não na gramática, e reservar *morfema* para designar os que, como *-emos*, aparecem nas gramáticas" (MARTINET, op. cit., p. 20).

O UNIVERSO DO SENTIDO

Mas as unidades de primeira articulação, que podem ser numerosíssimas no interior de uma língua, como o demonstram os dicionários, constroem-se combinando entre si unidades de *segunda articulação,* os fonemas, dotados de valor diferencial uns em relação aos outros, mas desprovidos de significado. Tanto que com um número reduzido de fonemas (algumas poucas dezenas para cada língua) podem-se formar inúmeros monemas; e não passam ao todo de pouco mais de quarenta os fonemas que presidem à segunda articulação de toda língua conhecida [39].

O fonema é a unidade mínima dotada de características sonoras distintivas; seu valor é estabelecido por uma *posição* e por uma *diferença* em relação aos demais elementos. De uma oposição fonológica podem advir *variantes facultativas,* que mudam de um para outro falante, mas que não eludem a diferença da qual salta o significado.

O sistema dos fonemas constitui um sistema de diferenças que pode subsistir homologamente em diferentes línguas, ainda que os valores fonéticos (a natureza física dos sons) sejam outros. Assim como o código elaborado no nosso modelo pode funcionar sendo A, B, C, D lâmpadas, impulsos elétricos, furos num cartão perfurado, ou qualquer outro tipo de sistema sígnico.

Ora, o mesmo critério diferencial e oposicional funciona ao nível das unidades dotadas de significado.

III.2. Com efeito, no âmbito de um código, uma palavra tem um significado na medida em que não existe outra carregada de significado aproximado mas diferente. Na língua portuguesa a palavra "neve" carrega-se de vários significados (neve branca, suja, neve fofa, neve caindo e neve no chão, neve congelada e neve quase liqüefeita), mas parece que para certos grupos esquimós os vários significados são contrapostos por uma série de palavras diferentes. É, portanto, o sistema, a estrutura relacional entre os termos que, tirando de um o que é *trazido* pelo outro, diferencia o valor significante desses termos [40].

(39) Ver N.S. TRUBETSKOI, *Principes de phonologie,* Paris, Klincksieck, 1949 (trad. por Cantineau); e *Il circolo linguistico di Praga, le tesi del 29,* Milão, Silva, 1966 (ver a introdução de EMILIO GARRONI).

(40) Ver GUIRAUD, op. cit., c. V. No que diz respeito às mais recentes posições da Semântica Estrutural, ver A. J. GREIMAS, *Sémantique Structurale,* Paris, Larousse, 1966; *Recherches sémantiques,* número único de "Langages", março de 1966; *Logique et linguistique,* número único de "Langages", junho de 1966.

34 A ESTRUTURA AUSENTE

Há, assim, um estudo rigorosamente estrutural da Semântica que cataloga os significados sem necessidade de recorrer à relação significante-significado.

Para Hjelmslev, introduzir a atitude estrutural a nível semântico significa estudar não o significado mas o *valor posicional* do signo. O significado verifica-se por meio de provas de *comutação* (mudando o significante, muda o significado) e *substituição* (mudando o significante, o significado não muda); na primeira experiência aparecem as invariantes do sistema, na segunda, as variantes contextuais.

No esquema que se segue podemos ver que a palavra francesa "arbre" cobre o mesmo âmbito de significados da alemã "Baum", enquanto que a palavra francesa "bois" serve tanto para "madeira" como para "bosque", confiando-se a "forêt" a designação de uma seqüência de árvores mais densa e mais vasta; já a palavra alemã "Holz" indica "madeira" mas não "bosque" e deixa os significados "bosque" e "floresta" sob a denominação geral de "Wald". Outras diferenças se criam com os equivalentes dinamarqueses e é fácil realizar as comparações com o italiano ou o português [41].

Numa tabela desse tipo não tratamos mais com "idéias" mas com valores que emanam do sistema. Os valores correspondem a supostos conceitos, mas delineiam-se e são controláveis como *puras diferenças;* definem-se não pelo conteú-

Francês	Alemão	Dinamarquês	Português
arbre	Baum	trae	árvore
bois	Holz		madeira
		skov	bosque
forêt	Wald		floresta

(41) LOUIS HJELMSLEV, *Essais linguistiques,* Copenhague, Nordisk Sprog-og Kulturforlag, 1968, p. 104.

O UNIVERSO DO SENTIDO 35

do, mas pelo modo com que se opõem a outros elementos do sistema.

Aqui também, como no caso dos fonemas, temos uma série de escolhas diferenciais que podem ser estabelecidas e descritas com métodos binários. E nesse sentido, não é necessário saber o que seja (física ou ontologicamente falando) o significado: basta poder afirmar, com base num código, que a certos significantes se prendem certos significados. Que depois esses significados sejam vistos comumente como "conceitos", ou melhor, como "pensamentos", é normal; e que possam ser induzidos através de uma média dos usos, é legítimo. Mas a partir do momento em que a Semiologia estabelece a existência de um código, o significado não é mais uma entidade psíquica ou ontológica ou sociológica: *é um fenômeno de cultura descrito pelo sistema de relações que o código define como aceito por determinado grupo em determinada época.*

IV. A ESTRUTURA COMO MODELO TEÓRICO

IV.1. Neste ponto, convém estabelecermos *o que é uma estrutura.* E aqui não podemos mais que aflorar um problema vastíssimo, ainda aberto, e sobre o qual existe numerosa literatura. Só diremos, portanto, como pretendemos usar a noção de estrutura no âmbito do presente discurso [42].

Daremos um exemplo muito simples, cujo único escopo é esclarecer alguns processos mentais que realizamos quando, a níveis mais complexos, individuamos estruturas.

Observo vários seres humanos. E estabeleço que, para individuar algumas características comuns, que me permitam falar de vários fenômenos usando instrumentos homogêneos, devo proceder a uma simplificação. Posso, assim, reduzir o corpo humano a uma rede de relações, que identifico no esqueleto, e dar do esqueleto uma representação graficamente simplificada. Individuei, destarte, uma estrutura comum ao maior número de seres humanos, um sistema de relações, de posições e de diferenças entre elementos discretos, representáveis em linhas de diferente comprimento e posição. Está claro que essa estrutura já é um *código;* um sistema de regras a que um corpo se deve submeter, mesmo através das varia-

---

(42) Para um discurso mais amplo sobre o conceito de estrutura, ver AAVV, *Usi e significati del termine struttura,* Milão, Bompiani, 1965; o Prefácio à *Obra aberta,* op. cit.; todavia, o problema é inteiramente reexaminado na Seção D.

ções individuais, para que eu possa entendê-lo como corpo humano.

IV.2. Mas também está claro que minha estrutura não é só uma simplificação, um empobrecimento da realidade: é uma simplificação que *nasce de um ponto de vista*. Reduzo o corpo humano à estrutura do esqueleto simplificado porque quero estudar mais corpos humanos sob o ângulo da estrutura esquelética, ou sob o ângulo da característica "animal em posição erecta", ou "bípede com dois membros superiores e dois inferiores". Se quisesse estudar o corpo humano sob o ângulo da estrutura celular, elaboraria outros modelos. *Uma estrutura é um modelo construído segundo certas operações simplificadoras que me permitem uniformar fenômenos diferentes com base num único ponto de vista.*

Assim um código fonológico me permite, por exemplo, uniformar diferentes tipos físicos de emissão vocal do ponto de vista da transmissão de determinado sistema de significados; para fazê-lo, elaboro, digamos, relações fonêmicas, e ponho de lado, como variantes facultativas, variações de tom que, à luz de outros códigos (o da língua chinesa, por exemplo), tem valor diferencial e constituem variações de significado.

Se depois eu quisesse falar do homem e da árvore segundo a mesma perspectiva operacional (tendo, por exemplo, que comparar situações humanas e situações vegetais, para estudar a relação de altura e número entre homens e árvores num dado *habitat*), poderia recorrer a ulteriores simplificações estruturais: poderia identificar no esqueleto humano uma estrutura ainda mais elementar, redutível a um signo deste tipo:

e poderia confrontá-la com uma modelização da árvore, realizada mediante um signo deste tipo:

reduzindo ambas a um modelo comum, formulável deste modo:

Teria, destarte, identificado, através da abstração e da modelização subseqüente, um código comum à árvore e ao corpo humano, uma *estrutura homóloga* que posso reconhecer em ambos (e que dificilmente reconheceria numa serpente; e esse modelo servir-me-ia para realizar algumas operações de confronto sob determinado ângulo [43].

IV.3. É óbvio que a estrutura assim individuada *não existe em si*, porque é o produto de minhas operações orientadas numa determinada direção. *A estrutura é um modelo por mim elaborado para poder nomear de maneira homogênea coisas diferentes*. Fica eliminado deste nosso discurso a preocupação de saber se, para elaborar estruturas, recorro ou não a operações mentais estruturalmente homólogas às relações reais que as coisas ostentam. Nesse ponto delineia-se a diferença entre um *estruturalismo ontológico* e um *estruturalismo metodológico*, sendo mais conveniente, aqui, reconhecermos como válido o segundo, mesmo porque ele nos basta para prosseguirmos em nosso discurso.

(43) Ver tôda a Seção D, "A estrutura ausente".

38 A ESTRUTURA AUSENTE

IV.4. Vimos que passei de uma estrutura-código válida para muitos homens a uma estrutura-código válida para muitos homens e muitas árvores. Em ambos os casos eu tinha uma estrutura, mas a segunda resulta de uma simplificação da primeira.

Portanto, toda vez que identifico uma estrutura homóloga no interior de uma dada ordem de fenômenos, *devo perguntar-me se não existe uma estrutura daquela estrutura,* um código, que me permita ampliar a área de predicabilidade a uma ordem mais vasta de fenômenos.

Assim também os fonólogos e lingüistas, depois de terem individuado o sistema de relações de uma língua, passam a indagar se tal sistema não poderá ser comparado ao de outra língua, através de um código que dê conta de ambos. E, feito isso, se não existirá um código que permita comparar as relações no interior de uma língua com as que regem os sistemas de parentesco, e estas com as relações que regem a disposição dos sinos na aldeia estudada. Operação desenvolvida, e com êxito, pela Antropologia Estrutural.

E, de simplificação em simplificação, o sonho do estruturalista é, no limite, individuar o Código dos Códigos, o *Ur-Código,* que permita encontrar ritmos e cadências análogas (as mesmas operações e relações elementares) no interior de todo comportamento humano, cultural e biológico. Este Ur-Código consistiria no próprio mecanismo da mente humana tornado homólogo ao mecanismo que preside aos processos orgânicos. E, no fundo, a redução de todos os comportamentos humanos e de todos os acontecimentos orgânicos à comunicação, e a redução de todo processo de comunicação a uma escolha binária não visa a outra coisa senão a reduzir todo fato cultural e biológico ao mesmo mecanismo gerativo [44].

IV.5. Não que se chegue a uma rarefação dos modelos estruturais por sucessiva simplificação do *já conhecido;* antes, a operação estruturalista, o mais das vezes (visto que a apreciação sumária das coisas conhecidas levaria a pesquisa ao infinito), ao invés de *achar* a estrutura, *estabelece-a,* inventa-a *como hipótese e modelo teórico* e postula que todos os fenômenos que estuda devem corresponder ao arranjo estrutural teorizado. As verificações virão depois (e será tare-

(44) Ver CLAUDE LÉVI-STRAUSS, *Il crudo e il cotto,* Milão, Il Saggiatore, 1966 e JACQUES LACAN, *Écrits,* Paris, Seuil, 1969.

O UNIVERSO DO SENTIDO 39

fa do estudioso evitar querer que os fenômenos entrem a todo custo na gaiola que hipotizou, permanecendo aberto às correções e aos arrependimentos); tal procedimento, porém, revela-se fecundo em muitas disciplinas e permite superar certas pesquisas empíricas que se prolongariam ao infinito, sobrepondo-lhes hipóteses estruturais diretamente controladas nos pontos presumivelmente mais débeis [45].

Ora, a identificação de um código é exatamente um ato semelhante de posição e postulação teórica. É certo que o lingüista, antes de identificar as leis de uma língua, estuda muitos comportamentos lingüísticos concretos; mas não poderia exaurir todas as possíveis variações, os possíveis atos de fala, as possíveis mensagens que o falante pode emitir. Deve, portanto, saltar por cima da acumulação dos dados e *construir* o sistema da língua.

Assim se procederá (e assim se entenderá que tenha ocorrido o processo) toda vez que falarmos de um código determinado. *O código é o modelo de uma série de convenções comunicacionais que se postula existente como tal, para explicar a possibilidade de comunicação de certas mensagens.*

IV.6. Eis por que não se terá que necessariamente reportar os significados a determinados acontecimentos psíquicos, a um mundo de idéias platônicas, a usos concretos (embora a observação dos usos concretos e sua média aproximativa nos norteie ao imaginarmos o código). Estabelece-se um código assumindo que quem comunica tem à disposição um repertório de símbolos dados, entre os quais escolhe os que quer combinar e combina, obedecendo a certas regras. Estabelece-se, assim, uma espécie de ossatura de cada código, representável por meio de dois eixos, um vertical e outro horizontal, que são os eixos do *paradigma* e do *sintagma*. O eixo do paradigma é o eixo do repertório de símbolos e regras (*o eixo da seleção*), o eixo do sintagma é o *eixo da combinação* dos símbolos em cadeias sintagmáticas sempre mais complexas que constituem o discurso propriamente dito. Veremos, a seguir, que essa impostação serve também para identificar as leis de articulação de códigos não verbais.

Concluindo: *um código é uma estrutura elaborada sob forma de modelo e postulada como regra subjacente a uma*

---

(45) Posição lucidamente expressa nos dois escritos introdutórios, um, ao número único de "Langages" sobre a gramática gerativa, de RUWET, o outro, ao de "Communications", sobre a análise estrutural da narrativa, de autoria de BARTHES.

40 A ESTRUTURA AUSENTE

*série de mensagens concretas e individuais que a ela se ade-
quam e só em relação a ela se tornam comunicativas. Todo
código pode ser comparado com outros códigos' mediante a
elaboração de um código comum, mais esquelético e abrangente.*

IV.7. Recapitulando tudo quanto se tem afirmado
acerca dos códigos denotativos e dos léxicos conotativos, diremos que, enquanto os primeiros são facilmente individuáveis, construíveis segundo regras precisas, estáveis, e portanto
fortes, os outros são variáveis, *débeis,* amiúde diferentes de
falante para falante, ou de um pequeno grupo de falantes
para outro, devendo, portanto, ser postulados com maior
audácia hipotética na verificação do funcionamento de determinadas mensagens.

IV.8. Mas é preciso ainda distinguirmos entre repertório, código e léxico — pelo menos segundo a acepção por
nós adotada nestas páginas. Um *repertório* prevê uma lista
de símbolos, e eventualmente fixa a equivalência entre eles e
determinados significados. Um *código* erige esses símbolos
num sistema de diferenças e oposições e fixa-lhes as regras
de combinação. Um *léxico* constitui-se como sistema de oposições significativas, mas pode não abarcar as regras de combinação, e no tocante a elas remeter ao código do qual é
léxico. Assim um léxico conotativo atribui outros valores aos
significados do código denotativo subjacente, mas aceita as
regras de articulação por ele previstas. Muitas vezes, no
curso da investigação semiológica, dá-se o caso de supormos
a existência de um código, onde, na verdade, funciona apenas
um léxico; ou, como veremos a propósito dos vários códigos
figurativos (como o código iconográfico), de definirmos como
léxicos os simples repertórios. Em tais casos não se dirá que
não existem as condições da comunicação porque não existe
um código, mas sim, que léxicos e repertórios funcionam com
base num código subjacente no qual se apóiam [46].

V. SEMIOLOGIA DA FONTE

V.1. Tudo quanto dissemos de A.2.I à A.2.IV concerne ao que ocorre se, em lugar de um destinatário-má-

(46) Ver, p. ex., os problemas tratados em B.3.III.

O UNIVERSO DO SENTIDO 41

quina, colocarmos um destinatário-homem. Passa-se, como vimos, do *mundo do sinal* (computável em unidades de informação física transmitida) ao *mundo do sentido* (qualificável em termos de denotação e conotação). Mas tudo quanto dissemos também nos ajuda a compreender o que acontece se, em lugar da fonte-evento físico e do transmissor-máquina colocarmos igualmente um ser humano.

A esta altura, poderemos dizer que fonte e transmissor se identificam no homem, que se torna o *remetente* da mensagem (embora se possam distinguir, no remetente, o seu cérebro como fonte e o aparelho fonador como transmissor).

Mas aí também somos forçados a indagar se, quando o homem fala, está livre para comunicar tudo quanto livremente pensa, ou se é determinado pelo código. A própria dificuldade em identificarmos os "nossos pensamentos" exclusivamente através de termos lingüísticos, faz nascer legitimamente a suspeita de que o remetente da mensagem *seja falado pelo código*. Os mecanismos, os automatismos da linguagem compeliriam o falante a dizer certas coisas e não outras. Nesse sentido, a verdadeira fonte da informação, a reserva de informação possível, seria o próprio código — o código (recordemo-lo) como sistema de probabilidades sobreposto à eqüiprobabilidade da fonte, colocando-se, contudo, por sua vez, como sistema de eqüiprobabilidade relativamente à série não infinita (no sentido de um *infinito discreto*) mas, em todo o caso, muitíssimo ampla das mensagens que permite.

V.2. Esse problema atinge o cerne da reflexão filosófica sobre a linguagem, e foi enfrentado sob vários aspectos. Mas por enquanto preferimos pô-lo de lado, definindo o remetente como um falante submetido a todos os condicionamentos biológicos e culturais do acaso, passível de, na maioria das situações, ser falado pelos automatismos do código [47]. Todavia, *quando falarmos em remetente identificá-lo-emos com a fonte da informação* (pelo menos no sentido de que o falante, mesmo quando falado pelo código, sobrepõe as regras e o sistema de probabilidades do código à riqueza de infor-

---

(47) Quanto a essa posição extrema, ver as páginas de LACAN, in *Ecrits*, óp. cit.; entre as várias críticas à posição lacaniana, citamos a de FRANÇOIS VAN LAERE, *Lacan ou le discours de l'inconscient*, in "Synthèse", abril-maio de 1967.

42 A ESTRUTURA AUSENTE

mações possíveis que *teria podido* gerar caso o código não o houvesse controlado)[48].

VI. AS DIFERENÇAS DOS CÓDIGOS

VI.1. O terceiro ponto que nos propuséramos examinar (ver A.1.IV.3.) era o de saber *se remetente e destinatário sempre comunicam e recebem com base no mesmo código*. E a resposta, dada não só por uma Teoria da Comunicação mas por toda a história da cultura e pelas experiências de uma Sociologia da comunicação, é: *não*.

Para melhor compreendermos como acontece esse fenômeno, reconstruamos o esquema comunicacional que nos serviu de ponto de partida, levando em conta o fato de que agora não mais nos interessa distinguir entre fonte e transmissor (um único ser humano), nem estabelecer como é transmitido o sinal inicial e ao longo de que tipo de canal (problema que diz respeito à engenharia das comunicações), mas interessa-nos, isso sim, estabelecer *o que acontece*.

Consideremos, por exemplo, a emissão de um sinal como "I vitelli dei romani sono belli". Esse sinal pode estar composto de sons vocais ou de signos gráficos, e o canal pode ser constituído por ondas acústicas ou pelo papel em que está escrito; o receptor pode ser o ouvido, que converte vibrações acústicas em imagens sonoras, ou o olho, que converte traços de tinta de imprensa em percepções visuais... O que a esta altura nos interessa é a mensagem no ponto de chegada. É mister, porém, estabelecermos aqui uma diferença entre a mensagem como *forma significante* e a mensagem como *sistema de significados*. A mensagem como forma significante é a configuração gráfica ou acústica "I vitelli dei romani sono belli", que pode subsistir mesmo se não for recebida, ou se for recebida por um japonês que não conheça o código língua italiana. Ao contrário, a mensagem como sistema de significados é a forma significante que o destinatário, baseado em códigos determinados, preenche de sentido.

Muitos leitores talvez já saibam que a frase citada constitui um enigma proposto aos alunos das escolas médias ita-

(48) Os determinismos do código lingüístico sobre o falante remetem à questão de ser a Lingüística parte da Semiologia, ou ser a Semiologia parte da Lingüística, reduzindo-se, neste caso, o código, como fonte de toda informação possível, à linguagem verbal. Mas em Lacan a própria linguagem verbal aparece como codificável com base num mecanismo binário mais profundo que a supera e reduz "ao osso" (ver, em todo o caso, a Seção D.5).

O UNIVERSO DO SENTIDO

lianas, porque pode ser lida (decodificada) tanto em latim como em italiano. A forma significante permanece imutada, mas o significado varia conforme o código usado. Em latim é "Vai, Vitélio, ao som de guerra do deus romano", e em italiano, se quisermos realmente reportar a mensagem ao *interpretante* que lhe compete, significa que os nascidos de vacas criadas pelos nossos antigos progenitores (ou pelos atuais habitantes da capital italiana) são agradáveis de ver [49].

Por outro lado, pode muito bem acontecer que o remetente emita a mensagem referindo-se ao código língua latina e que o destinatário a decodifique reportando-a à língua italiana. A situação é, indubitavelmente, paradoxal, mas — embora sendo uma situação limite — define a condição da comunicação entre seres humanos. Ora o código denotativo pode mudar de modo radical, dando origem a mensagens polissêmicas do tipo citado; ora a polissemia pode ser reduzida, como quando digo "aquele caríssimo cãozinho", onde não está claro se o cachorrinho é querido ou custa um preço demasiadamente alto. Naturalmente, esses elementos de polissemia são esclarecidos (a decodificação é orientada) por vários elementos:

— um é o *contexto interno* do sintagma (isto é, o sintagma como contexto) que pode fornecer as chaves para a interpretação do resto;

— o outro é a *circunstância de comunicação*, que me permite compreender a que código o remetente se está referindo (assim a frase sobre os vitelos, do momento em que aparece nas gramáticas latinas, ou num contexto geral escrito inteiramente em latim, é mais facilmente decodificada em relação ao código língua latina);

— finalmente, pode subsistir uma *explícita indicação de código* contida na própria mensagem (por ex.: "o significado, no sentido que lhe confere Saussure...").

VI.2. A propósito da *circunstância*, cumpre dizer que esse elemento desloca e resolve a questão conexa à existência ou inexistência do referente de um signo (ver A.2.I.3.). De fato, como dissemos, a Semiologia dedica-se a reconhecer processos de codificação pelos quais a determinados signifi-

---

(49) Naturalmente, uma interpretação desse tipo reporta-nos a um léxico conotativo particular, para o qual, tradicionalmente, "pulchra dicuntur quae visa placent". Com efeito, embora entendida em relação à língua italiana, a mensagem ainda dá ensejo a muitas leituras.

44 A ESTRUTURA AUSENTE

cantes correspondem determinados significados, não a estabelecer se os significantes também se referem a uma realidade objetiva (visto que a Semiologia é ciência da cultura e não da natureza). Mas permanecia a dúvida de que, em muitos casos, importaria saber até que ponto o signo se refere a algo experimentável, e se isso realmente acontece.

Ora, é a própria circunstância da comunicação (que a Semiologia não codifica nas suas várias possibilidades de realização, mas prevê como elemento fundamental no processo de recepção da mensagem) que se apresenta como uma espécie de referente da mensagem. No sentido, porém, de que *a mensagem não indica o referente, mas se desenvolve no referente,* na situação concreta que contribui para dar-lhe sentido. Se digo a palavra "porco", não importa que ao termo corresponda ou não determinado animal, importa, isso sim, o significado que a sociedade em que vivo atribui a esse termo, e as conotações com que o envolve (pode ser um animal impuro, pode ser usado em sentido translato como insulto); a existência real do porco-referente importa, com respeito à natureza semiológica do signo, tanto quanto o fato de existirem ou não bruxas quando insulto uma mulher chamando-a de bruxa. Mas se o enunciado "aquele é um belo porco" se pronuncia na circunstância "criação suína", ou então na circunstância "discurso sobre um amigo", vemos que o alcance do termo se modifica consideravelmente de um para outro caso. A presença do referente induz-me a identificar o léxico conotativo mais apto; a realidade orienta-me para os *códigos adequados.* Mas nem sempre a circunstância se identifica com o suposto referente do signo, porque pode constituir uma situação global de onde o referente está ausente e que, no entanto, me orienta para o significado coligado. A circunstância é a presença de uma realidade à qual, por experiência, fui habituado a aliar o emprego de certos significados em lugar de outros.

Resumindo, diremos que a circunstância muda a escolha do código; e portanto:

1) a circunstância muda o sentido da mensagem (uma bandeira vermelha na praia não tem o mesmo significado de uma bandeira vermelha numa manifestação de rua; as nervuras internas da Igreja da Rodovia* conotam elevação mística, ao passo que

---

(*) Situada na Rodovia do Sol, entre Bolonha e Florença, a Igreja da Rodovia ("Chiesa dell'Autostrada") é obra recente (sua consagração data de 1964) e das mais representativas da moderna arquitetura italiana. (N. da T.)

O UNIVERSO DO SENTIDO

45

num pavilhão industrial exprimiriam valores tecnológicos e funcionais);

2) a circunstância muda a *função* da mensagem[50]: um sinal de contramão, na rodovia, tem um impacto emocional e um valor imperativo bem maior do que um sinal de contramão dentro de um pátio de estacionamento;

3) a circunstância muda a *cota informativa* da mensagem (ao passar do rótulo da garrafa para o distintivo do homem corajoso o signo da caveira sofre uma mutação parcial de sentido; mas o mesmo signo, colocado numa cabina elétrica, apresenta-se mais redundante, mais previsível, do que quando damos com ele numa garrafa de cozinha).

Em suma, a circunstância introduz-se no universo semiológico, que é um universo de convenções culturais, com o peso de uma realidade inelimicável; ancora a abstrata vitalidade dos sistemas de códigos e mensagens no contexto da vida cotidiana; alimenta a gélida auto-suficiência das relações de sentido com os influxos da história, da sociedade e da natureza.

VI.3. Mas embora ao nível do código denotativo de base possamos (graças ao controle do contexto e da circunstância) reduzir as hesitações, estas subsistem sem entraves ao nível dos léxicos conotativos.

A esse nível, inserem-se as oscilações de sentido que cada um de nós experimenta não só durante a leitura e a comunicação de mensagens de alta temperatura conotativa, como as mensagens poéticas, mas também no decorrer das comunicações normais. Uma metáfora ousada, embora já codificada, uma ironia, uma alusão, a sugestão de uma série de imagens coligadas mediante a citação de um único significado, tudo isso gera cumplicidades e incompreensões entre os falantes.

Vejamos, por exemplo, uma frase como: "os operários devem permanecer em seu posto". No plano denotativo, seu sentido afigura-se unívoco para quem compreenda a língua portuguesa, mas o código não me esclarece qual seja o *posto* dos operários. Devo recorrer, para decodificar o enunciado, a léxicos conotativos que abarquem o segundo sentido de expressões como "permanecer em seu posto" ou "o posto dos operários". E percebo que posso usar dois diferentes léxicos conotativos' que (como veremos em A.4.) se referem a duas situações culturais e a duas posições ideológicas distintas.

(50) Sobre a função da mensagem, falaremos em A.3.I.2.

46 A ESTRUTURA AUSENTE

Posso ler a frase em chave conservadora, conferindo-lhe estas conotações: "Os operários devem permanecer no posto que a sorte lhes destinou, sem tentarem forçar o equilíbrio social"; ou então posso lê-la em chave revolucionária, no sentido de: "Os operários devem permanecer no posto que a dialética da história lhes atribui, isto é, no vértice do poder, realizando a ditadura do proletariado."

Assim também uma mensagem visual que mostre um negro no ato do amor com uma mulher branca, embora denote a mesma coisa tanto para um racista quanto para um integracionista, para o primeiro conota "violência carnal", "eventualmente temível" e "contaminação entre raças diferentes", enquanto que para o outro, pode significar "integração", "possibilidade auspiciável de um entendimento sexual entre raças diferentes", "amor livre de preconceitos". Naturalmente o contexto pode acentuar certas conotações (a mulher traz uma expressão de terror no semblante), sugerindo o léxico conotativo adequado; e a circunstância de comunicação pode orientar o destinatário (se a imagem aparecer numa revista de fanáticos racistas ou se — como ocorreu — numa revista como "Eros", que se propunha lutar contra os vários preconceitos sexuais). Não fora isso, os processos de comunicação seriam quase impossíveis, quando na verdade costumeiramente comunicamos com certa facilidade; mas também é verdade que com igual facilidade se realizam comunicações destorcidas e enriquecidas pelo destinatário.

Diremos então que na medida em que remetente e destinatário se referem a uma cadeia de léxicos conotativos de grau e força vários, e na medida em que, se não o código, pelo menos grande parte desses léxicos diferem, a *mensagem como forma significante surge como uma forma vazia a que se podem atribuir os mais diferentes significados* [51].

(51) Sobre a mensagem (estética) como forma que a história passa o tempo preenchendo, ver ROLAND BARTHES, *Saggi critici*, Turim, Einaudi, 1966; sobre a mensagem como "vazio" (idéia de origem lacaniana), ver, especialmente, GERARD GENETTE, *Figures*, Paris, Seuil, 1966; sôbre uma mensagem que se torna "disponível" por acidentes conexos aos circuitos de comunicação de massa ver UMBERTO ECO, *Para uma investigação semiológica sobre a mensagem televisional*, in *Apocalípticos e Integrados*, (trad. bras. de Pérola de Carvalho, São Paulo, Editôra Perspectiva, 1970); no presente ensaio, naturalmente, acentuamos a disponibilidade da mensagem-significante: nos parágrafos dedicados à mensagem estética, essa disponibilidade da forma será reduzida às determinações do contexto, a uma "lógica dos significantes". Discorremos sobre o mesmo assunto in *Obra aberta*. op. cit., embora em termos menos homogêneos e rigorosos.

O UNIVERSO DO SENTIDO   47

VII A MENSAGEM COMO FONTE E A INFORMAÇÃO SEMIOLÓGICA

VII.1. Nesse sentido, a mensagem como forma signi-ficante, que devia constituir uma redução da informação (e o é, como sinal físico) — visto que representa uma escolha de alguns e não outros dentre os vários símbolos eqüiprová-veis (embora em relação ao código como sistema de proba-bilidades) —, na verdade repropõe-se, tal como sai do canal e é traduzida pelo receptor numa forma física reconhecível pelo destinatário, *como fonte de mensagens-significados pos-síveis.* Possui então as mesmas características (não o mesmo grau) de desordem, ambigüidade e eqüiprobabilidade pró-prias da fonte. *Nesse sentido podemos falar em informação como valor que consiste na riqueza de escolhas possíveis, in-dividuável ao nível da mensagem-significante*; informação que só se reduz quando a mensagem-significante, reportada a de-terminados léxicos, transforma-se em mensagem-significado, e portanto, em *escolha definitiva realizada pelo destinatário.*

Essa informação da mensagem não se confunde com a informação da fonte: aquela era *informação física,* computá-vel quantitativamente, e esta é *informação semiológica,* não computável quantitativamente, mas definível através da série de significados que pode gerar, uma vez posta em contacto com os códigos. Aquela era eqüiprobabilidade estatística, esta é leque de probabilidades bastante amplo mas não indeter-minado. Aquela era reduzida pelo código, como correção em termos probabilísticos (e ainda assim sempre abertos a saídas possíveis); esta está definitivamente reduzida pela elaboração, pela escolha de uma mensagem-significado.

Mas ambas são definíveis como *estado de desordem em relação a uma ordem subseqüente; como situação ambígua em relação a uma enformação ulterior; como possibilidade de escolhas alternativas, escolha a efetuar em relação a um sis-tema de escolhas efetuadas dela decorrente.*

Uma vez estabelecido que a informação semiológica não é do mesmo grau que a física, não será, contudo, nem ino-portuno nem ilegítimo chamar a ambas de "informação", pois ambas constituem um estado de liberdade em relação a deter-minações ulteriores [52].

<hr>

(52) Essas explicações também pretendem responder às objeções levanta-das à primeira edição italiana de *Obra aberta,* e à noção de "informação" que aí se propunha por EMILIO GARRONI, in *La crisi semantica delle arti,* Roma, Officina, 1964, p. 233-262. Acreditamos que a impostação que estamos dando ao problema nestas páginas corrige o ângulo de enfoque de Garroni, mas precisamos admitir que, sem suas objeções, não teríamos conseguido precisar o

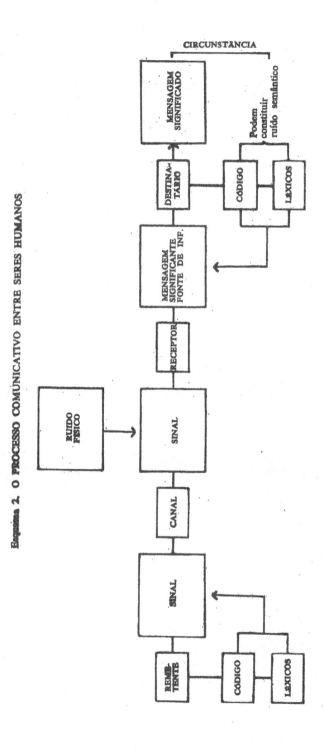

Esquema 2. O PROCESSO COMUNICATIVO ENTRE SERES HUMANOS

O UNIVERSO DO SENTIDO

VII.2. Quais os graus de informação semiológica e sobre o que informam?

Voltemos ao nosso modelo e apresentemos alguns exemplos.

1) O destinatário que recebe a mensagem da fonte, ao invés de um dos sinais previsíveis compreendidos na faixa de probabilidade do código (ver A.1.IV.1.) — isto é, sinais como ABC, AC ou BD — recebe um sinal que, segundo o código, não deveria significar nada; digamos "A — A — B — A — A — C".

Se a fonte for máquina, o destinatário humano está autorizado a pensar que se trate de ruído. Mas se for um ser humano remetente, o destinatário, supondo uma intenção na formulação da mensagem, passa a indagar sobre a natureza dessa mensagem. A forma da mensagem parece-lhe *ambígua*. Até que ponto tal ambigüidade não lhe parecerá ruído, compelindo-o a aprofundar a investigação da mensagem? Essa pergunta abre a problemática da mensagem ambígua e da mensagem com função estética (ver A.3.I.).

2) A mensagem ambígua indica ao destinatário que era possível empregar o código de modo inusitado. *O que se questiona, portanto, é o código.* Também este item está ligado à problemática da mensagem estética (ver A.3.II.3.)

3) Diante de uma mensagem, seja ela ambígua, ordenada ou redundante, o destinatário recorre a certos códigos e léxicos de interpretação: baseado em que (além das determinações da *circunstância*, do *contexto* e das *indicações de código* explicitadas pela mensagem), escolhe o destinatário os seus códigos? Essa pergunta faz-nos atentar para a problemática de uma relação entre universo dos signos e universo do "saber" complexivo do destinatário, entre universo dos sistemas retóricos e universo das ideologias (ver A.5.).

4) Suponhamos que a mensagem que chega seja, alternativamente, "AB - AD". Visto que, segundo o código, AB significa nível - 3 (o mais baixo possível) e AD significa + 3 (o mais alto possível), a mensagem está, portanto, indicando que na represa a água oscila violentamente da cota mínima à máxima. Se o destinatário for máquina, a máquina registra e provê; pode, quando muito, quebrar-se na tentativa de corrigir de modo tão violento, rápido e contraditório, a situação hídrica. Mas a máquina não tem opiniões; recebe e age.

Se, ao contrário, o destinatário for um homem, esse comportamento da água, contrária a todas as leis físicas e a todas as

---

nosso. É preciso reconhecer a sutileza e a rica documentação com que Garroni procedeu a uma crítica da categoria de "informação" no terreno semântico, em geral, e estético em particular. Na verdade, a maioria das outras objeções a esse emprego são apenas *emotivas* e *imotivadas.* isto é, são do tipo "o uso desenvolto da Teoria da Informação..." ou então "a indébita tradução dos instrumentos matemáticos para campo estético" ou ainda (e aí já estamos a nível goliardesco) "os que se empavonam com as penas de Markov — ou de Shannon...". Infelizmente, em nenhuma dessas críticas nos é dado ler *por que* o uso é desenvolto, indébito, ilegítimo; de modo que a objeção trai, por sob uma crítica aparente e inexistente, a irritação do humanista ante o aparecimento de termos que lhe recordam confusas e desagradáveis experiências ginasianas, sentimentos de inferioridade ainda não de todo removidos.

50 A ESTRUTURA AUSENTE

experiências precedentes, provocará uma crise do seu sistema de expectativas. Reparem que o código prevê ambas as mensagens, e portanto não estamos diante de um uso ambíguo do código; observamos, quando muito, um emprego inconsueto mas muitíssimo legítimo. *O que entra em crise não é o código como sistema de expectativas semiológicas* (como ocorria no item 2) *mas o patrimônio de saber do destinatário, como sistema de expectativas psicológicas, históricas, científicas.* Estamos, portanto, diante de um caso em que determinado emprego do código se torna informativo na ordem do patrimônio extra-semiológico e não na ordem do patrimônio semiológico. Na ordem do universo ideológico e não na do universo sígnico. *Desorganiza-se não uma retórica mas uma ideologia.* Esse problema abre a questão sobre as várias cotas de informatividade que pode ter uma mensagem, seja em relação ao sistema dos signos seja em relação ao das expectativas extra-sígnicas.

Os capítulos que se seguem serão dedicados ao exame desses itens. O capítulo 3 (dedicado à mensagem estética) abrange a resposta aos itens 1 e 2; o capítulo 5 (dedicado à relação entre Retórica e Ideologia) responde aos itens 3 e 4.

3. A Mensagem Estética

I. A MENSAGEM AMBÍGUA E AUTO-REFLEXIVA

I.1. Sempre apresentado como o ponto extremo de uma estética da expressão, há um aspecto da doutrina crociana que, mais do que definir a mensagem poética e sua natureza, sugere seus efeitos através de um imaginoso jogo de metáforas. É a teoria da cosmicidade da arte. Segundo Croce, respirar-se-ia, na representação artística, a vida inteira do cosmo, o único palpitaria com a vida do todo e o todo manifestar-se-ia na vida do único: "toda genuína representação artística é em si mesma o universo, o universo naquela forma individual, aquela forma individual como o universo. Em cada cadência de poeta, em cada criatura de sua fantasia, está todo o humano destino, todas as esperanças, todas as ilusões, as dores, as alegrias, as grandezas e misérias humanas; o drama inteiro do real, que devém, cresce *in perpetuo* sobre si mesmo, sofrendo e gozando" [53].

Cumpre, porém, dizer que, embora vaga e insatisfatória, essa definição do efeito poético corresponde a certas impressões por nós provadas em nossa experiência de fruidores de obras de arte. Trata-se agora de ver se a perspectiva semiológica permite explicar melhor, nos termos dos processos comunicacionais analisados, esse efeito.

I.2. Valer-nos-emos, por ora, de uma conhecida subdivisão das funções da linguagem, proposta por Jakobson e já assimilada pela consciência semiológica [54]. Uma mensa-

---

(53) *Breviario di estetica*, p. 134. Ver também, in *Obra aberta*, cap. II.
(54) *Lingüística e Comunicação*, op. cit.

52 A ESTRUTURA AUSENTE

gem pode desempenhar, isolada ou conjuntamente, as seguintes funções:

a) *referencial*: a mensagem tenciona denotar coisas reais (inclusive realidades culturais: "isto é uma mesa", e "a existência de Deus é para Kant um postulado da razão prática" são, portanto, duas mensagens referenciais);

b) *emotiva*: a mensagem visa a suscitar reações emocionais (p. ex.: "atenção!", "imbecil!", "amo você"),

c) *imperativa*: * a mensagem representa uma ordem ("faça isto", "vá embora");

d) *fática ou de contacto*: a mensagem finge expressar ou suscitar emoções, mas na verdade pretende unicamente verificar e confirmar o contacto entre os dois interlocutores (são mensagens de contacto os "bem", os "certamente", que emitimos durante uma conversa telefônica, e a maioria dos cumprimentos, saudações, votos [55]);

e) *metalingüística*: a mensagem elege para seu objeto outra mensagem (p. ex.: "a expressão 'como vai?' é uma mensagem com função fática") [56];

f) *estética*: a mensagem assume uma função estética quando se apresenta estruturada de modo ambíguo e surge como auto-reflexiva, isto é, quando pretende atrair a atenção do destinatário primordialmente para a forma dela mesma, mensagem.

Numa só mensagem podem coexistir todas essas funções, e na maior parte da linguagem cotidiana, observam-se contínuas interrelações e acavalamentos, embora uma das funções predomine [57].

I.3. *A mensagem com função estética é, antes de mais nada, estruturada de modo ambíguo em relação ao sistema de expectativas que é o código.*

(*) Ou "conativa", na terminologia de R. Jakobson. [Ver *Lingüística e Comunicação*, op. cit., p. 129. (N. da T.)]

(55) Para uma interpretação dos discursos fáticos em termos da Teoria dos jogos e Análise psicológica transacional, ver ERIC BERNE, *A che gioco giochiamo*, Milão, Bompiani, 1967.

(56) A função metalingüística adquire particular importância em toda a pesquisa do neopositivismo lógico, de Carnap a Tarski, de Wittgenstein a Russell. Como uma primeira introdução ao problema, ver JULIUS R. WEINBERG, *Introduzione al positivismo logico*, Turim, Einaudi, 1950, e AAVV, *Neopositivismo e unità della scienza*, Milão, Bompiani, 1958.

(57) Poder-se-ia analisar uma obra de arte complexa como a *Divina Comédia* e nela individuar as várias funções da linguagem que se cruzam: Dante fala *referindo-se* a objetos e coisas com o intuito de *comover* seus leitores e *compeli-los* a determinadas decisões, mantendo com eles *contactos* verbais feitos de apóstrofes e apelos, *explicando o sentido* em que toma certas coisas que diz, e construindo toda uma mensagem com uma intenção *estética* básica.

A MENSAGEM ESTÉTICA 53

Uma mensagem totalmente ambígua manifesta-se como extremamente informativa porque me dispõe a numerosas escolhas interpretativas, mas pode confinar com o ruído, isto é, pode reduzir-se a pura desordem. Uma ambigüidade produtiva é a que me desperta a atenção e me solicita para um esforço interpretativo, mas permitindo-me, em seguida, encontrar direções de decodificação, ou melhor, encontrar, naquela aparente desordem como não-obviedade, uma ordem bem mais calibrada do que a que preside às mensagens redundantes [58].

Com a mensagem estética acontece o mesmo que acontecia com o enredo trágico construído segundo as regras da poética aristotélica: o enredo deve fazer acontecer algo que nos surpreenda, algo que vá além das nossas expectativas e seja, portanto, *parà tèn dóxan* (contrário à opinião comum); mas para que esse evento seja aceito e possamos nos identificar com ele, é preciso que, embora sempre parecendo incrível, obedeça a condições de credibilidade; deve ter certa verossimilhança, deve ser *katà tò eikòs* [59]. É estupeficante e incrível que um filho volte para casa depois de longos anos de guerra e queira assassinar brutalmente a própria mãe, no que é estimulado pela irmã (e diante de um fato tão contrário a toda expectativa, o espírito do espectador aproximar-se-á, atraído pelo fulgor da ambígua carga informacional da situação). Mas para que o fato não seja repelido como aloucado, é mister que seja crível: o filho quer matar a mãe porque esta compeliu o amante a matar o marido.

A tensão informativa, o arquear-se da linha narrativa até o ponto extremo da improbabilidade, além da qual o espírito do espectador reclama uma conclusão que lhe relaxe a atenção demasiadamente tensa, requer bases de normalidade, de obviedade. Para ser talhada em toda a sua força de suspensão "aberta", a informação tem que apoiar-se em faixas de redundância.

I.4. Assumida essa função, *a mensagem ambígua pede, conseqüentemente, para ser intencionada como fim primeiro*

---

(58) É o problema da coloração dos ruídos, isto é, do mínimo de ordem a inserir na desordem para torná-la receptível; problema tratado por MOLES (ver *Obra aberta*, c. III).

(59) ARISTÓTELES, *Poética*, 1452 a; ver também LUIGI PAREYSON, *Il verisimile nella poetica di Aristotele*, Turim, 1950 (agora in *L'Estetica e i suoi problemi*, Milão, Marzorati, 1961); GUIDO MORPURGO TAGLIABUE, *Aristotelismo e Barocco*, in "Retorica e Barocco", Roma, Bocca, 1955; GALVANO DELLA VOLPE, *Poetica del Cinquecento*, Bari, Laterza, 1954.

54 A ESTRUTURA AUSENTE

da comunicação. Uma mensagem como "o trem chega às dezoito horas à plataforma 3", na sua função referencial, desloca minha atenção para o significado contextual dos termos e daí para o referente; estamos fora do universo dos signos, o signo consumiu-se, restando uma série de seqüências comportamentais que a ele respondem.

Mas uma mensagem que me faça oscilar entre informação e redundância, que me obrigue a perguntar o que quer dizer, enquanto nela vislumbro, por entre as brumas da ambigüidade, algo que, na base, dirige minha decodificação, é uma mensagem que começo a observar *para ver como está feita.*

Naturalmente, se chego a isso é porque a mensagem apresenta algumas características que nada mais são do que uma exata decorrência das características principais da ambigüidade e da auto-reflexibilidade:

1) Os significantes adquirem significados apropriados só pelo *interagir contextual*; à luz do contexto, eles continuamente se revivificam através de clarezas e ambigüidades sucessivas; remetem a um determinado significado, mas, tão logo feito isso, surgem ainda mais prenhes de outras escolhas possíveis [60]. Se altero um elemento do contexto, também os demais perdem seu peso.

2) A *matéria* que compõe os significantes não é arbitrária no que concerne aos significados e à relação contextual desses significantes; o parentesco entre duas palavras ligadas pelo significado é reforçado pelo parentesco sonoro realizado pela rima; os sons parecem repropor o sentido evocado, como na onomatopéia; o complexo físico dos significantes, uma sucessão e relação dadas, realiza um ritmo sonoro ou visual não arbitrário em relação aos significantes: quando emprego uma figura retórica como a anáfora e, para descrever um desfile, digo: "chegam os cavaleiros, chegam os infantes, chegam as bandeiras" — o processo paralelístico da idéia, representado pelo processo paralelístico dos significantes, estrutura-se homologamente ao processo paralelístico dos homens em desfile que represento; estou usando o código de modo inusitado,

---

(60) Sobre o valor do contexto, que tornaria unívocos signos de outra forma equívocos (aqui, porém, a noção de univocidade é só aparentemente oposta à nossa noção de informação e ambigüidade), ver GALVANO DELLA VOLPE, *Critica del Gusto*, Milão, Feltrinelli, 1960).

A MENSAGEM ESTÉTICA

e esse emprego inusitado obriga-me a captar um parentesco entre referentes, significados e significantes [61].

3) A mensagem pode pôr em jogo *vários níveis de realidade*: o nível técnico-físico da substância de que são feitos os significantes; o nível da natureza diferencial dos significantes; o nível dos significantes denotados; o nível dos vários significados conotados; o nível dos sistemas de expectativa psicológicos, lógicos e científicos a que os signos me remetem: e a todos esses níveis estabelece-se como que um sistema de relações estruturais homólogas, *como se todos os níveis fossem definíveis, e o são, com base num só código geral que a todos estrutura.*

I.5. Entramos, aqui, no cerne do fenômeno estético, suscetível de ser definido até mesmo nos lugares onde se verifica em proporções mínimas, onde uma mensagem, sem pretender ser obra de arte (complexo sistema em que as funções estéticas se realizam a todos os níveis), já aparece orientada para a função estética. Na sua célebre análise de um chavão político como "I like Ike", observa Jakobson que esse *slogan*, "na sua estrutura sucinta, é constituído por três monossílabos e contém três ditongos /ai/, cada um dos quais seguidos simetricamente por um fonema consonantal, /...l...k...k/. A disposição das três palavras apresenta uma variação: nenhum fonema consonantal na primeira palavra, dois em torno do ditongo na segunda, e uma consoante final na terceira... Ambas as terminações da forma trissilábica *I like/Ike* rimam entre si, e a segunda das duas palavras rimadas está inteiramente incluída na primeira (rima em eco): /laic/—/aic/, imagem paronomástica de um sentimento que envolve totalmente seu objeto. Ambas as terminações formam uma aliteração vocálica, e a primeira das duas palavras aliterantes está

---

(61) JAKOBSON analisa magistralmente a rima como fator relacional pelo qual "a equivalência dos sons, projetada na seqüência como seu princípio constitutivo, implica inevitavelmente a equivalência semântica" (*Ling. e Com.*, op. cit., p. 146-147), e assim fazendo também reduz a fatores relacionais os que muitos são levados a reconhecer, ainda que dentro de uma perspectiva semântico-estrutural, como "signos expressivos". Ver C. BARGHINI, *Natura dei segni fisiognomici*, in "Nuova Corrente", 31, 1963, e PIERO RAFFA, *Estetica semiologica, linguistica e critica letteraria*, ibidem, 36, 1965. Sobre os temas de uma Estética estruturalista, ver também GILLO DORFLES, *Pour ou contre une esthétique structuraliste?*, in "Revue internationale de philosophie", 73-74, 1965. Sobre a análise estrutural da poesia, ver R. JAKOBSON e C. LÉVI-STRAUSS, *"Les Chats" de Charles Baudelaire*, in "L'Homme", janeiro de 1962; SAMUEL R. LEVIN, *Linguistic Structures in Poetry*, Haia, Mouton, 1962; SEYMOUR CHATMAN, *On the Theory of Literary Style*, in "Linguistics", 27; NICOLAS RUWET, *L'analyse structurale de la poésie*, in "Linguistics", 2; *Analyse structurale d'un poème français*, in "Linguistics", 3; *Sur un vers de Ch. Baudelaire*, in "Linguistics", 17.

56 A ESTRUTURA AUSENTE

incluída na segunda: /ai/—/aic/, imagem paronomástica do sujeito amante envolvido pelo objeto amado. A função poética secundária desse "slogan" eleitoral reforça-lhe a expressividade e a eficácia". [62]

Uma leitura desse tipo faz-nos compreender a direção que pode tomar a investigação semiológica da mensagem estética.

Naturalmente, à medida que a mensagem se faz mais complexa e a sua esteticidade mais intensa, a imagem se complica e fragmenta aos diversos níveis. Assim numa mensagem estética como o conhecido enunciado de Gertrud Stein: *"a rose is a rose is a rose is a rose"*, podemos notar:

1) um emprego indubitavelmente inconsueto do código. A mensagem mostra-se ambígua justamente por um *excesso de redundância* ao nível do emprego dos significantes; e o uso da redundância gera, portanto, obrigatoriamente, tensão informativa;

2) a mensagem mostra-se *redundante* também ao nível dos significantes denotados; nenhuma informação pode ser menos passível de equívoco; o princípio de identidade (nível mínimo da denotação — o representâmen recebe-se a si mesmo como interpretante) é, assim, acintosamente reforçado de maneira a tornar-se ambíguo, a despertar suspeita (pergunta: em cada uma das suas aparições terá o significante sempre o mesmo significado?);

3) emite-se uma *informação* ao nível dos léxicos definicionais (científicos e filosóficos); isto é, estamos acostumados a ouvir articular as definições de modo diferente; a novidade do processo quase nos impede de reconhecer o significado denotado;

4) emite-se uma *informação* ao nível dos léxicos alegóricos e místicos: sistemas de expectativas retóricas, baseada nos quais a "rosa" conota habitualmente vários significados simbólicos aqui concomitantemente sugeridos e eludidos;

5) emite-se uma *informação* ao nível dos léxicos estilísticos, isto é, de sistemas de expectativas que se estabelecem quase como norma, em decorrência de hábitos estilísticos adquiridos no curso de outras leituras poéticas (somos levados a esperar empregos metafóricos do termo "rosa", afirmações emotivas sobre a beleza da rosa, etc.).

(62) JAKOBSON, op. cit., trad. bras.: p. 128-129 . (N. da T.)

A MENSAGEM ESTÉTICA   57

Até uma simples inspeção desse tipo nos mostra que informação e redundância se estabelecem a diferentes níveis, interagindo entre si.

I.6. Integrando e articulando de modo diverso uma classificação proposta por Max Bense, diremos que numa mensagem estética podemos individuar os seguintes níveis de informação:

a) nível dos *suportes físicos:* na linguagem verbal, os tons, as inflexões, as emissões fonéticas; nas linguagens visuais, as cores, os fenômenos matéricos; na musical, os timbres, as freqüências, as durações temporais, etc.;

b) nível dos *elementos diferenciais no eixo da seleção:* fonemas; semelhanças e dessemelhanças; ritmos; comprimentos métricos; relações de posição; formas acessíveis em linguagem topológica, etc.;

c) nível das *relações sintagmáticas:* gramáticas; relações de proporção; perspectivas; escalas e intervalos musicais, etc.;

d) nível dos *significados denotados* (códigos e léxicos específicos);

e) nível dos *significados conotados:* sistemas retóricos, léxicos estilísticos; repertórios iconográficos; grandes blocos sintagmáticos, etc.;

f) nível das *expectativas ideológicas* como *connotatum* global das informações precedentes (ver A.5).

Bense, contudo, fala de uma "informação estética" global, que não se efetua a nenhum desses níveis em particular, mas ao nível do que chama a "co-realidade" que todos os níveis correlatos denotam. Em Bense, essa "co-realidade" aparece como a situação contextual de improbabilidade que a obra patenteia em relação aos códigos subjacentes e à situação de eqüiprobabilidade à qual estes se sobrepuseram; mas amiúde o termo, graças à matriz hegeliana de seu autor, colore-se de conotações idealistas. E então a "co-realidade" parece denotar uma "essência" — e resumir-se-ia na Beleza — realizada na mensagem, mas impossível de determinar com instrumentos conceptuais. Impossibilidade essa que é mister ratificar dentro de uma perspectiva semiológica coerente, mediante a postulação do que chamaremos *idioleto estético.*

II. O IDIOLETO DA OBRA

II.1. Poderíamos levar avante algumas investigações estilísticas para mostrarmos que, na medida em que a mensagem se complica, a auto-reflexibilidade se estabelece quando, a cada um dos níveis, as soluções se articulam *segundo um*

58 A ESTRUTURA AUSENTE

sistema de relações homólogo. O jogo das diferenças e oposições, ao nível rítmico, equivale ao das oposições, ao nível dos significados conotados, ou seja, do jogo de idéias trazido à baila, etc. Que outra coisa significa a afirmação estética da unidade de conteúdo e forma numa obra bem acabada, se não que *o mesmo diagrama estrutural preside aos seus vários níveis de organização?* Estabelece-se uma espécie de rede de formas homólogas que constitui como que o *código particular daquela obra,* e que nos surge como medida calibradíssima das operações efetuadas no sentido de destruir o código preexistente para tornar ambíguos os níveis da mensagem. Se a mensagem estética, como quer a crítica estilística, se realiza ao *transgredir a norma*[63] (e essa transgressão da norma não é outra coisa senão a estruturação ambígua em relação ao código), todos os níveis da mensagem transgridem a norma segundo a mesma regra. Essa regra, esse código da obra, em linha de direito, é um *idioleto* (definindo-se como idioleto *o código privado e individual de um único falante*); de fato, esse idioleto gera imitação, maneira, consuetude estilística e, por fim, novas normas, como nos ensina toda a História da arte e da cultura.

Quando a Estética afirma que podemos entrever a legitimidade e a totalidade de uma obra, no ponto mesmo em que a obra está mutilada, arruinada, corroída pelo tempo, isso ocorre porque, do código que se delineia, ao nível dos estratos ainda perceptíveis, infere-se o código gerador das partes que faltam e são adivinhadas[64]. Indiscutivelmente a arte da restauração se baseia nessa possibilidade de deduzir das partes existentes da mensagem, as que devem ser reconstituídas, caso que em si deveria ser impossível, visto estarem-se reconstituindo partes que o artista inventara superando todos os sistemas de normas e previsões válidos em sua época (salvo se tiver executado obra maneirista): mas o restaurador, assim como o crítico (e como o intérprete, em relação à partitura

---

(63) Sobre essa noção e todas as possibilidades de análise estilística que dela derivam, consultar a obra de LEO SPITZER; especialmente *Critica stilistica e semantica storica,* Bari, Laterza, 1966, é as sutilíssimas análises contidas em *Marcel Proust e altri saggi di letteratura francese,* Turim, Einaudi, 1959. Toda a atividade da grande crítica estilística (e recomendamos, pelo menos, algumas leituras fundamentais como: ERIC AUERBACH, *Mimesis,* Turim, Einaudi, 1956 [trad. portuguesa, Ed. Perspectiva, 1971 (N. da T.) ; WILLIAM EMPSON, *Sette tipi di ambiguità,* Turim, Einaudi, 1965; DÁMASO ALONSO, *Saggio di metodo e limiti stilistici,* Bolonha, Mulino, 1965; BENVENUTO TERRACINI, *Analise stilistica,* Milão, Feltrinelli, 1966) pode dar úteis contribuições a uma reconsideração estrutural e semiológica da obra de arte, constituindo mesmo uma de suas forças inspiradoras.
(64) Ver LUIGI PAREYSON, *Estetica,* Bolonha, Zanichelli, 2ª ed., 1959 e sobretudo o capítulo "Compiutezza dell'opera d'arte — Le parti e il tutto".

A MENSAGEM ESTÉTICA 59

musical), é exatamente aquele que descobre a lei que governa aquela obra, o seu idioleto, o diagrama estrutural que preside a todas as suas partes [65].

II.2. Poderia, todavia, parecer que a noção de idioleto entra em choque com a noção de ambigüidade da mensagem. A mensagem ambígua me dispõe a numerosas escolhas interpretativas. Cada significante carrega-se de significados novos, mais ou menos precisos, não mais à luz do código de base (que é violado), mas do idioleto, que organiza o contexto, e à luz dos outros significantes que reagem uns sobre os outros como que para encontrarem aquele apoio que o código transgredido não mais oferece Destarte a obra *transforma continuamente suas denotações em conotações,* e seus significados em significantes de outros significados.

A experiência de decodificação torna-se aberta, processual, e nossa primeira reação é acreditar que tudo quanto fazemos convergir para a mensagem está de fato nela contido. Pensamos, assim, que a mensagem "exprime" o universo das conotações semânticas, das associações emotivas, das reações fisiológicas que sua estrutura ambígua e auto-reflexiva suscitou.

Mas se a obra-mensagem, na sua dialética de auto-reflexividade e ambigüidade, nos abre para um leque de conotações tão vasto e dinâmico que acreditamos encontrar "expresso" nela o que, graças à sua forma, nela colocamos, não estaremos aqui ante o esboçar-se de uma aporia? De um lado, temos uma mensagem com uma estrutura tal que permite uma leitura "aberta"; do outro, uma leitura de tal modo "aberta" que nos impede de reconhecer uma estrutura formalizável para a mensagem.

(65) Aqui se introduz a noção de *estilo* como *modo de formar* (Ver PAREYSON, *Estetica,* op. cit.) Entre o idioleto da obra, o estilo e a maneira pela qual se codifica existem como que generalizações estruturais progressivas. Para uma consideração lingüístico-semiológica do estilo, ver os ensaios de I.A. RICHARDS, R. M. DORSON, SOL SAPORTA, D. H. HYMES, S. CHATMAN, T. A. SEBEOK, in AAVV, *Style and Language,* M.I.T., 1960. Consultar, igualmente, LUBOMIR DOLEZEL, *Vers la stylistique structurale,* in "Travaux linguistiques de Prague", 1, 1966; TOMA PAVEL, *Notes pour une description structurale de la métaphore poétique,* in "Cahiers de ling. théorique et appliquée", Bucarest, 1, 1962; CESARE SEGRE, *La synthèse stylistique,* in "Information sur les sciences sociales" VI, 5; A ZARECKIJ, *Obraz kak informacija.* (A figura como informação), in "Voprosy Literatury", 2, 1963 (trad. ital. inédita de Remo Faccani). Sobre a obra como *sistema de sistemas:* RENÉ WELLEK & AUSTIN WARREN, *Teoria della letteratura,* Bolonha, Mulino, 1956 [trad. port. de José Palla e Carmo, Lisboa, Publicações Europa — América, Biblioteca Universitária, 1962. (N. da T.)], e (organizada por T. TODOROV) AAVV, *Théorie de la littérature,* Paris, Seuil, 1965.

60 A ESTRUTURA AUSENTE

Ora, temos aqui em jogo dois problemas, nitidamente separáveis, e todavia profundamente ligados e complementares:

a) no decorrer da comunicação estética, realiza-se uma experiência impossível de reduzir seja a medida quantitativa seja a sistematização estrutural;

b) essa experiência, todavia, é possibilitada por algo que, a todos os seus níveis, *deve ter uma estrutura*, pois de outro modo não haveria comunicação, mas pura estimulação ocasional de respostas aleatórias.

Estão em jogo, portanto, de um lado, *o modelo estrutural do processo de fruição*, e de outro, a *estrutura da mensagem a todos os seus níveis*.

II.3. Examinemos o primeiro item (a). É óbvio que quando contemplamos um palácio renascentista com sua fachada de bossas, o objeto-palácio é alguma coisa mais do que a planta, a seção, ou os desenhos da fachada; a própria matéria, com suas rugosidades, com os apelos tácteis que nos sugere, acrescenta algo à nossa percepção e esse algo não pode ser definido por meio de uma fórmula que o esgote. É possível que a estrutura da obra venha a definir-se nos termos de um sistema de relações espaciais realizadas *na bossagem*. Não será, no entanto, *aquela* pedra isolada que se poderá submeter à análise, mas a relação entre o sistema geral de relações espaciais e a presença da bossagem; só essa relação poderá ser remetida a um nexo relacional ulterior; e sobre essa série de nexos relacionais fundar-se-á a estrutura singular da obra, tanto que, teoricamente, as pedras isoladas são substituíveis e pode o jogo da sua consistência matérica sofrer algumas variações sem que se modifique a relação de conjunto.

Contudo, olhando e tocando a pedra, experimento sensações não sujeitas a verificação que passam a fazer parte da minha fruição. Efeito da ambigüidade da mensagem, esses acontecimentos são *previstos* pelo contexto, e a mensagem é auto-reflexiva na medida em que posso contemplá-la como forma que *possibilita* as várias experiências individuais. Mas em todo o caso a Semiologia só considera a obra enquanto mensagem-fonte, e portanto enquanto idioleto-código, como ponto de partida para uma série de livres escolhas interpretativas possíveis: *a obra como experiência individual é teorizável, mas não mensurável*.

A MENSAGEM ESTÉTICA 61

Portanto, o que se tentou chamar de "informação estética" é uma série de possibilidades realizadas que nenhuma Teoria da Comunicação pode dominar em sua totalidade. A Semiologia e uma Estética de fundamentação semiológica *podem sempre dizer-nos o que uma obra poderá tornar-se, nunca o que se tornou.* Quando muito no-lo poderá dizer a Crítica, à guisa de relato de uma experiência de leitura.

II.4. Chegamos agora ao segundo item (b). Dizer que o livre movimento de atribuição de sentido à mensagem, fruto de sua cota de conotatividade, se apóia na presença, dentro da mensagem, de signos de certo modo "expressivos" [66], significa apenas retraduzir a questão (b) na questão (a). Já sabemos que a mensagem estética permite uma interpretação aberta e progressiva. Pode-se muito bem elaborar uma Estética que se detenha nesse reconhecimento, podendo uma Estética filosófica chegar a essa afirmação como limite máximo do seu rigor teorético. Vem em seguida, as falsas Estéticas normativas que prescrevem indebitamente o que a arte deve sugerir, provocar, inspirar, e assim por diante [67].

No momento, porém, em que a mensagem estética é submetida à pesquisa semiológica, cumpre traduzir os artifícios chamados "expressivos" em artifícios de comunicação baseados em códigos (observados ou postos em crise).

Do contrário, somos obrigados a distinguir entre uma *informação semântica* e uma *informação estética"* [68]: a pri-

---

(66) Não estão em pauta, obviamente, as explícitas Estéticas da expressão, mas as Estéticas de fundamento semiótico em que o problema da expressão ainda não está resolvido. Por exemplo, toda a Estética morrisiana estabelecendo a iconicidade do signo estético, detém-se nessa vertente. Ver, além das obras citadas, os *Scritti di Ch. Morris sulla semiotica estetica*, coligidos in "Nuova Corrente", 42-43, 1967. Ver também PIERO RAFFA, *Avanguardia e realismo*, Milão, Rizzoli, 1967, em especial o último capítulo; e *Per una fondazione dell' estetica semantica*, in "Nuova Corrente", 28-29, 1963; aí mesmo, ABRAHAM KAPLAN, *Il significato riferitivo nelle arti;* e as respostas de E. GARRONI, *"Estetica antispeculativa" ed "estetica semantica"*, também na mesma publicação, nº 34, 1964.

(67) Ver o nosso *Il problema di una definizione generale dell'arte* ("Rivista di estetica", maio de 1963), onde se examinam as posições de Luigi Pareyson e Dino Formaggio — ambas em polêmica, embora de modos diversos, com as Estéticas normativas. E sobre os limites de "cientificidade" de uma Estética filosófica vejam-se os vários ensaios da primeira parte de UMBERTO ECO, *La definizione dell'arte*, Milão, Mursia, 1968.

(68) É a posição de ABRAHAM MOLES, *Analisi delle strutture del linguaggio poetico*, in "Il Verri", 14; e de modo geral no já citado *Théorie de l'information et perception esthétique*. Em *Obra aberta*, cit., aceitáramos essa distinção para definirmos o gozo complexo que o fruidor experimenta ante as detonações informativas efetuadas aos vários níveis da obra: mas a expressão, nesse sentido, só pode ser metafórica. O prazer estético, experiência não ignorada, não é, contudo, determinável com instrumentos semiológicos, como já indicamos em A.3.II.3. Para uma crítica à noção de "informação estética", bem como para muitas considerações sobre a aplicabilidade da Teoria da Informação à Estética, ver GIANNI SCALIA, *Ipotesi per una teoria informazionale e seman-*

meira traduzível como sistema de relações transponível de um suporte físico para outro, a segunda radicada na própria natureza dos suportes materiais postos em jogo, e transponível apenas aproximativamente. É certo que a presença dos níveis que Bense define como *sensoriais* joga com a estruturação de todos os outros níveis e determina-lhes o poder comunicativo, mas o problema consiste exatamente em ver *se também a esses níveis se podem determinar códigos.* Ora, a noção de idioleto estético, embora entenda a mensagem de função estética como uma forma em que os vários níveis de significado se incorporam ao nível dos suportes físicos, reforça o fato de que a todos os níveis é mister realizar-se uma estrutura homóloga. Tal estrutura deveria permitir que também os elementos materiais da obra se definissem em termos de oposições e diferenças.

Não se trata só (como definimos em A.3.I.6.) de postular que a obra estabelece uma relação entre os outros níveis de relações e a *presença* dos suportes materiais. Trata-se de estruturar, até onde for possível, essa presença ainda *bruta.* Erigindo-a também em sistema de relações, elimina-se o conceito equívoco de "informação estética".

III. A CODIFICABILIDADE DOS NÍVEIS

III.1. Enquanto se considera o nível puramente físico dos suportes sensoriais, o problema parece solúvel. O próprio Bense desenvolve em sua estética uma série de fórmulas (a partir da medida estética de Birkhoff, vista como relação entre ordem e complexidade [69]) aptas para medirem as distribuições e relações de ordem entre fenômenos físicos. Ca-

---

tica della letteratura, in "Nuova Corrente", 28-29, 1963. Na nossa opinião muitas das críticas feitas por Scalia são pertinentes; pelo menos, tocavam nos pontos em que se baseiam as diferenças entre êste livro e *Obra aberta.*

(69) Bense procura fazer funcionar a fórmula de Birkhoff ($M = \dfrac{O}{C}$) tanto ao nível *microestético* (relações entre ritmos, metros, relações cromáticas, palavras, partículas sintáticas, etc.) quanto ao nível *macroestético* (narrações, ações, conflitos, etc.). Ver *Aesthetica,* Baden Baden, Agis Verlag, 1965. Na esteira das pesquisas bensianas (mas inspirando-se em outros filões da Teoria da Informação), trabalha a nova escola crítica brasileira. Vejam-se, entre as várias contribuições, HAROLDO E AUGUSTO DE CAMPOS, DÉCIO PIGNATARI, *Teoria da poesia concreta,* São Paulo, 1965; MARIO CHAMIE, Posfácio a *Lavra Lavra,* São Paulo, 1962; e em geral a revista "Invenção". A um nível de alta formalização matemática está a "Grundlagenstudien aus Kibernetik und Geisteswissenschaft", onde são freqüentemente publicados estudos de assunto estético. Ver também M. R. MAYENOWA, *Poetijka i matematika,* Varsóvia, 1965; H. KREUZER e R. GUZENHÄUSER, *Mathematik und Dichtung,* Nymphenburger Verlagstandlung, 1965.

A MENSAGEM ESTÉTICA 63

bem nesse gênero de análise as medições em termos de teoria estatística do sinal das várias relações — numa mensagem visual — entre elementos de uma *texture*, entre linhas, pontos, intervalos espaciais, entre todos aqueles sinais — não ainda signos — analisáveis e produzíveis por programação eletrônica; sinais que na mensagem verbal comportam as recorrências de letras alfabéticas, de fenômenos fonéticos, acentos, ritmos, cesuras, e assim por diante, também eles mensuráveis estatisticamente; sinais que na mensagem musical são as linhas espectrais reveladas pelos oscilógrafos, as freqüências, as durações, os intervalos, bem como suas programações estocásticas [70].

Que dizer, porém, quando se trata de valores tradicionalmente mais inapreensíveis, como as esfumaturas tonais, as intensidades colorísticas, as consistências ou as rarefações da matéria, os apelos tácteis, as associações sinestésicas, e aqueles fenômenos que também na linguagem verbal, ainda aquém da organização semântica, são chamados "emotivos" — os traços supra-segmentais, os "gestos sonoros", as inflexões, as variantes facultativas, os coloridos mímicos, a apojatura da voz; ou então os *rubato* musicais, e assim — progredindo na ordem da complexidade — todos aqueles que, em bloco, se definem como comportamentos estilísticos, variações individuais no uso do código, idiossincrasias significativas? [71]

Dados esses fenômenos, não deveria parecer razoável a resposta dos que os catalogam entre os signos expressivos, fisionômicos, analógicos, não redutíveis a medida discreta, não regulados por um código que lhes considere o sistema em termos de diferenças e oposições?

No entanto, a validade de um discurso semiológico terá que ser medida justamente pela possibilidade de operar essa

---

(70) Vejam-se as análises de fenômenos visuais, realizadas por FRED ATTNEAVE, *Stochastic Composition Processes*, in "Journal of Aesthetics", XVII-4, 1959; E. COONS e D. KRAEHENBUEHL, *Information as Measure of Structure in Music*, in "Journal of Music Theory", II, 2, 1958; L. B. MEYER, *Music, the Arts, and Ideas*, Un. of Chicago Press, 1967; ANTONIN SYCHRA, *Hudba ocina vedy*, Ceskonslovensy Spisovatel, Praga, 1965; e sobre os já citados "Grundlagenstudien" (outubro de 1964) VOLKER STAHL, *Informationswissenschaft und Musikanalyse*. Vejam-se ainda: R. ABERNATHY, *Mathematical Linguistics and Poetics;* T. SEBEOK, *Notes on the Digital Calculator as a Tool for Analyzing Literary Information;* I. FONAGY, *Informationsgehalt von Wort und Laut in der Dichtung;* todos na parte sobre a aplicação da matemática à "poética", in *Poetics*, Haia, Mouton, 1961. Consultar, também, JURIJ LOTMAN, *Metodi esatti nella scienza letteraria sovietica*, in "Strumenti critici", 2, 1967, com bibliografia.

(71) Ver EDWARD STANKIEWICZ, *Problems of emotive language*, in *Approaches to Semiotics*, aos cuidados de Th. A. Sebeok, Haia, Mouton, 1964. Quanto à atenção sempre voltada dos estudiosos de estilística para o uso expressivo da "língua individual", ver, por exemplo, GIACOMO DEVOTO, *Studi di stilistica*, Florença, 1950, e *Nuovi studi di stilistica*, Florença, 1962.

64

A ESTRUTURA AUSENTE

redução do motivado, do contínuo, do expressivo, ao arbitrário, ao discreto, ao convencional.

Como veremos na segunda parte deste livro, o problema do signo icônico torna-se a pedra de toque da Semiologia justamente pelo fato de tradicionalmente não se prestar à codificação em termos estruturais. Cumpre, no entanto, à Semiologia ver se essa incodificabilidade se efetiva, ou se constitui apenas o ponto de parada aonde chegara uma ciência da comunicação menos rica de instrumentos e experiências do que hoje o são as disciplinas semióticas.

III.2. Antes de atingir esse índice de totalização de sua problemática, a investigação sobre os signos teve que fazer algumas escolhas. Uma delas, extremamente coerente na sua polêmica contra as Estéticas do inefável — e sob muitos aspectos antecipadora de muitas problemáticas recentes — foi a de Galvano Della Volpe. A *Crítica do Gosto* partia do princípio de que a pesquisa estética não devia versar unicamente sobre os fenômenos da "fala" mas sobre os fenômenos sociais da "língua", e portanto dos códigos em relação dialética com as mensagens. E para poder reportar a linguagem poética aos códigos, devia resolver a mensagem poética num sistema de diferenças exprimíveis num desenho "racional", a isso reduzindo o mecanismo que em seguida podia gerar as conotações e toda a riqueza significativa da mensagem plurissêmica. Conseqüentemente, a atenção preferencial concentrava-se nos valores codificáveis, encarando-se com desconfiança os valores "musicais" que se mostravam irredutíveis a código e fugiam à regra da arbitrariedade e imotivação do signo lingüístico; esses eram mesmo relegados à categoria de fatos "hedonísticos", de "comprazimento anômalo, extra-estético". Daí o repúdio dos fenômenos fonéticos que, no dizer de muitos críticos, constituíam o fascínio principal de certos versos; a desconfiança para com o ritmo desligado do significado a que serve; e o parâmetro de grandeza poética confiado à traduzibilidade da mensagem em outros suportes materiais, ali mesmo onde os artifícios musicais mudam de chofre, permanecendo, porém, uma espécie de desenho racional próprio do discurso capaz de conservar, em outra língua, ou reduzido da poesia para a prosa, seu jogo de relações significantes. Assim se centrava, definitivamente, a atenção sobre a estrutura dos significados, considerando-se

A MENSAGEM ESTÉTICA

ritmo e som como "externos-instrumentais, ou seja, da ordem do significante e, por isso, acidentais e mutáveis com o transpassar do texto poético de um sistema semântico para o outro" [72].

Escolha necessária, dissemos, em determinada fase do discurso estruturalista sobre a mensagem estética; mas fase que a Semiologia precisa superar, visto que é de todo contraditório aceitar o conceito de oposição fonológica como modelo para todas as estruturas semânticas superiores, e ao mesmo tempo menosprezar o papel desempenhado pela cadeia significante; ou aceitar a codificação dos significantes ao nível dos traços pertinentes e excluir os traços supra-segmentais como não codificáveis. E isso porque se é verdade que não se pode desprezar a língua como instituição histórico-social, "isto é, aquele sistema objetivo e unitário de signos (verbais) que é a norma preexistente sem a qual nenhuma mútua compreensão seria possível entre os sujeitos falantes" [73], surge, por conseguinte, o problema de saber se também é possível individuar elementos normativos, históricos e sociais ao nível daqueles signos expressivos que, de outro modo, interviriam pesadamente para determinar a comunicação (agrade isso ou não ao teórico da Estética) sem que, no entanto, uma Teoria da Comunicação possa considerá-los.

III.3. Nesse sentido, revelam-se de grande importância os estudos efetuados sobre o que chamaremos, por comodidade, de *níveis inferiores* da comunicação (e que se tornam determinantes na comunicação estética). Na segunda parte deste livro (B.I.3.5.) examinamos, por exemplo, as pesquisas de Ivan Fonagy sobre a "informação do estilo verbal" e sobre a possibilidade de codificação (reconhecimento de convencionalidade) dos traços *supra-segmentais* e das *variantes facultativas*. Questiona-se aí a existência de um *código pré-linguístico*, que, quando mais não seja, existe como código pós-linguístico em certas traduções puramente tonais da linguagem verbal, como acontece com as linguagens percutidas e assobiadas [74]. E lembraremos as pesquisas soviéticas sobre os níveis inferiores da poesia, ou as análises estatísticas for-

(72) GALVANO DELLA VOLPE, *Critica del Gusto*, cit., p. 142 (1ª ed., 1960), cap. II.15.

(73) *Ibidem*, p. 91.

(74) Ver os vários problemas da Paralinguística, in *Approaches to Semiotics*, cit. Em particular WESTON LA BARRE, *Paralinguistics, Kinesics and Cultural Anthropology*, Ver a Seção E.2.

66   A ESTRUTURA AUSENTE

malizadas dos fenômenos rítmicos [75], bem como a questão conjunta da expressão vocal da emotividade e do problema de encontrar traços pertinentes também no universo aparentemente contínuo dos "gestos sonoros". Como dizia Hjelmslev, "é perigoso estabelecer por princípio uma distinção entre elementos gramaticais, de um lado, e outros chamados extragramaticais, de outro; entre uma linguagem intelectual e uma linguagem afetiva. Os elementos chamados extragramaticais ou afetivos podem, com efeito, obedecer às regras gramaticais, e talvez em parte a regras gramaticais que ainda não se conseguiram individuar" [76]. É o problema de como as soluções "configuracionais" ou "expressivas" podem organizar-se num sistema significante de oposições convencionalizadas; e para alguns é — inversamente — o mesmo problema enfrentado por Trubetskoi a propósito das entidades fonológicas que chama de "enfáticas" e que, embora convencionais, têm funções expressivas [77]. Definitivamente, sejam tais fenômenos codificáveis em sistemas de oposições ou em simples seqüências graduadas [78], resta todavia estabelecer como organizar *subcódigos emotivos* dentro dos modos rigorosos em que são organizados os códigos cognitivos. [79] É-nos lícito pensar que muitas das atuais pesquisas semióticas sobre os níveis inferiores da comunicação poética podem levar a resultados interessantes, os quais, por sua vez, fundir-se-ão com os resultados de uma estilística estrutural, dedicada a descobrir em muitas soluções artísticas *consideradas originais* a presença de esquemas retóricos convencionalizados, embora empregados em situações inéditas (veja-se, para isso, o capítulo seguinte — "A mensagem persuasiva"). Mas mesmo onde a análise estilística parte em busca dos desvios da norma, podem-se identificar desvios que "não devem ser vistos como licenças poéticas e criações individuais", sendo antes "o resultado de manipulações do material lingüístico

(75) Ver V. N. TOPOROV, *K opisaniju nekotorych struktur, charakterizujušcich preimušcestvenno mžie urovni, v neskoľkich poètičeskich tekstach* (Sobre as estruturas dos níveis inferiores na poesia), in "Σημιοτική", Tartu, 1965, p. 306-319; e A. N. KOLMOGOROV, A. M. KONDRATOV, *Ritmika poèm Majakovskogo*, in "Voprosi Jazykoznanija", 3, 1962 (para ambos os ensaios, ver a tradução, ainda inédita, de Remo Faccani).

(76) LOUIS HJELMSLEV, *Principes de grammaire générale*, Copenhague, 1928, p. 240.

(77) *Principes de phonologie*, cit., IV.4.c. (p. 144 e ss.).

(78) Ver o problema dos códigos analógicos por graus em B.1.III.7.

(79) Ver STANKIEWICZ, cit., p. 259.

A MENSAGEM ESTÉTICA 67

disponível e hábeis utilizações das possibilidades inerentes à linguagem falada" (o discurso vale, porém, para todo sistema de regras artísticas); de modo que a liberdade criadora do artista se afigura mais relativa do que pensamos, e a maioria das soluções "expressivas" podem ser encaradas como o produto de complexas transações entre os membros do corpo social, que fixam matrizes combinatórias convencionadas, aptas para gerarem variações individuais e inesperadas de um código reconhecido [80].

Tudo isso serve, indubitavelmente, para reconduzir ao social muitas manifestações até então apressadamente atribuídas à genialidade individual: mas um estudo desse gênero é indispensável também no tocante à operação inversa. Visto que só quando se tiver codificado todo o codificável é que se poderá individuar a inovação onde ela realmente ocorreu pondo em crise todos os códigos preexistentes.

III.4. Assim uma investigação semiológica sobre a mensagem estética deverá tender, de um lado, para a identificação dos *"sistemas de convenções* que regulam o tratamento dos diversos níveis· e de outro, para a análise das *descargas informativas,* dos tratamentos originais a que são submetidas as convenções iniciais, e que agem a cada um dos níveis da mensagem, instituindo-lhes o valor estético através da atuação daquele isomorfismo global que é o idioleto estético. Um estudo desse tipo, enfocando os sistemas de determinação em contraposição aos fenômenos de invenção, no seu duplo aspecto de estudo dos códigos e estudo das mensagens, é o que as escolas semiótico-estruturalistas chamam (usando um termo que na Itália tem outras acepções) de "poética" [81].

---

(80) EDWARD STANKIEWICZ, *Linguistics and the Study of Poetic Language,* in AAVV, *Style in Language,* M.I.T., 1960, p. 69-81.

(81) "A tarefa básica da Poética consiste em responder a esta pergunta: *o que faz de uma mensagem verbal uma obra de arte?...* A Poética trata de problemas de estrutura verbal, examinase como a análise da pintura se ocupa com a estrutura pictórica... Em suma, muitos traços da Poética pertencem não só à ciência da linguagem, mas à teoria dos signos no seu conjunto, isto é, à Semiótica Geral" (ROMAN JAKOBSON "Lingüística e Poética", in *Ling. e com.,* trad. bras. cit., p. 118-119). Considerada parte integrante da Lingüística, nascida dos estudos literários dos formalistas russos e dos estruturalistas de Praga, a Poética pode, no entanto constituir um modelo de pesquisa para todos os sistemas de signos; torna-se, nesse caso, como agora a propomos, o estudo semiológico da comunicação de função estética. Veja-se, como resenha de estudos de Poética, AAVV, *Poetics* (Atas da Primeira Conferência Internacional sobre Poética, Varsóvia, agosto de 1960), Haia, Mouton, 1961.

68 A ESTRUTURA AUSENTE

IV. A LÓGICA "ABERTA" DOS SIGNIFICANTES

IV.1. O estudo dos níveis da mensagem poética é o estudo daquela *lógica dos significantes* através da qual a obra desenvolve a sua dupla função de estimulação das interpretações e controle do campo de liberdade dessas interpretações[82]. Como veremos em D.6., essa lógica dos significantes também não deve ser entendida como algo de absolutamente objetivo que precede o movimento de atribuição de sentido e o predetermina; não foi por acaso que falamos em códigos, e portanto, mais uma vez, em convenções que regulam os vários níveis; também o reconhecimento de um traço pertinente ou de uma relação geométrica é decorrência da posse — embora incônscia — de um código fonológico ou de uma *forma mentis euclidea,* e só com base nesse recurso ao código estamos em situação de reconhecer uma lógica — doravante objetiva — aos níveis significantes sobre os quais se efetua a decodificação. Mas — vista como "dada" sob o ângulo da relação estética — essa lógica dos significantes determina o processo aberto da interpretação, no sentido de que a mensagem, como fonte oferecida ao destinatário, propõe, também, como forma significante a preencher, os níveis que já articulam grupos de significados (denotados e conotados). Estruturando-se ambiguamente em relação ao código e transformando continuamente suas denotações em conotações, a mensagem estética compele-nos a experimentar sobre si léxicos e códigos sempre diferentes. Nesse sentido, fazemos continuamente confluir para dentro da sua forma vazia novos significados, controlados por uma lógica dos significantes que mantém tensa uma dialética entre a liberdade da interpretação e a fidelidade ao contexto estruturado da mensagem. E só assim se compreende por que, em todo o caso, a contemplação da obra de arte suscita em nós aquela impressão de riqueza emotiva, de conhecimento sempre novo e aprofundado, que impelia Croce a falar em cosmicidade.

Sobre o tipo de respostas emotivas que a mensagem estética suscita, já discorremos no parágrafo precedente. Resta agora lembrarmos em que sentido a mensagem ambígua e auto-reflexiva pode ser considerada um *instrumento de conhecimento,* conhecimento esse que se efetua seja em relação ao código que deu origem à mensagem, seja em relação aos

---

(82) Estamos ante o problema da dialética entre "forma e abertura", estudada in *Obra aberta,* cit.

A MENSAGEM ESTÉTICA 69

referentes a que remetem seus significantes através do anteparo dos significados.

IV.2. No momento em que desencadeia o jogo das interpretações sucessivas, *a obra nos compele, antes de mais nada, a reconsiderar o código e suas possibilidades* (como dissemos no item 2 em A.2.VII.2.).

Toda obra põe em crise o código, mas ao mesmo tempo o potencializa; revela seus aspectos insuspeitados, suas ductilidades ignotas; transgredindo-o, integra-o e reestrutura-o (depois da *Divina Comédia,* a língua italiana enriqueceu-se de novas possibilidades), modifica a atitude dos falantes em relação a ele. Mas também permite que se entrevejam no código, reconsiderado criticamente, possibilidades de alusão, coisas a dizer, coisas dizíveis, coisas já ditas que se reviçam e redescobrem, e que até então haviam permanecido despercebidas ou obliteradas. E essa é outra razão da suposta impressão de cosmicidade. Numa estreita interrelação dialética, a mensagem remete para o código, a fala para a língua, e disso se alimentam mensagem, código, fala e língua [83]. O destinatário passa a atentar para a nova possibilidade lingüística e *pensa,* através dela, toda a língua, todas as suas possibilidades, todo o patrimônio do a dizer e do já dito que a mensagem poética arrasta atrás de si como possibilidade entrevista.

IV.3. Tudo o que dissemos nos remete a uma característica da comunicação estética teorizada pelos formalistas russos: o *efeito de estranhamento.*

O efeito de estranhamento ocorre *desautomatizando-se* a linguagem: a linguagem habituou-nos a representar certos fatos segundo determinadas leis de combinação, mediante fórmulas fixas. De repente um autor, para descrever-nos algo que talvez já vimos e conhecemos de longa data, emprega as palavras (ou os outros tipos de signos de que se vale) de modo diferente, e nossa primeira reação se traduz numa sensação de *expatriamento,* numa quase incapacidade de reconhecer o objeto, efeito esse devido à organização ambígua da mensagem em relação ao código. A partir dessa sensação de "estranheza", procede-se a uma reconsideração da mensagem, que nos leva a olhar de modo diferente a coisa representada mas, ao mesmo tempo, como é natural, a encarar

(83) Ver, igualmente, as observações (em outra chave, mas análogas) de DELLA VOLPE in *Critica del Gusto,* cit., p. 91 (sobre os condicionamentos recíprocos de fala e língua).

70 A ESTRUTURA AUSENTE

também diferentemente os meios de representação e o código a que se referiam. A arte aumenta "a dificuldade e a duração da percepção", descreve o objeto "como se o visse pela primeira vez" (como se não existissem já fórmulas para o descreverem) e "o fim da imagem não é tornar mais próxima da nossa compreensão a significação que veicula, mas criar uma percepção particular do objeto"; isso explica o uso poético dos arcaísmos, a dificuldade e a obscuridade das criações artísticas que se apresentam pela primeira vez a um público ainda não adestrado, e as próprias violações rítmicas que a arte efetua no momento mesmo em que parece eleger as suas regras áureas: "Na arte existe 'ordem'; e no entanto, não há uma única coluna do templo grego que obedeça à risca esse preceito, e o ritmo estético consiste num ritmo prosaico violado... trata-se não de um ritmo complexo, mas de uma violação do ritmo, e de uma violação tal que se torna imprevisível; se essa violação faz-se cânone, perde a força que tinha como procedimento-obstáculo". Assim escrevia Chklovski, em 1917, antecipando de alguns decênios as conclusões — análogas — de uma estética baseada na Teoria da Informação [84].

(84) VICTOR CHKLOVSKI, *Una teoria della prosa*, Bari, De Donato, 1966; e VICTOR ERLICH, *Il formalismo russo*, Milão, Bompiani, 1966. Aqui, porém, levanta-se o problema de uma explicação estrutural da "criatividade" artística. De um lado, a análise formalista de Chklovski pede para ser integrada numa perspectiva estrutural mais rigorosa, com recurso mesmo aos métodos estatísticos da Teoria da Informação que ele não podia conhecer. De outro, a problemática do desvio da norma — ao mesmo tempo que mostra como o ato criador ofendeu o código — deve igualmente perguntar-se como, em todo o caso, a ofensa *é aceitável*, e, o mais das vezes, reabsorvida pelo sistema das normas vigentes. Avança-se a hipótese de que o mecanismo "invenção-aceitação-absorção" não pode ser totalmente esclarecido por um método estrutural tradicional, devendo ser explicado em termos de Gramática gerativa chomskiana. Veja-se, por ex., GUALTIERO CALBOLI, *Rilevamento tassonomico e "coerenza" grammaticale*, in "Rendiconti" (15-16, 1967. Em especial as p. 312-320, onde se repropõe definitivamente o problema da legitimidade do *idioleto estético*: "Isto é: quando um poeta desempenha sua função e na medida em que põe em ação a função poética da linguagem, afasta-se do padrão lingüístico, mas por que ele mesmo recria um?" Segundo que regras se realizam os desvios da norma adquirida que, todavia, constituíam virtualidades do sistema? Um critério gerativo que permita prever a série finita das novas proposições geráveis por um conjunto finito de regras, levaria a reexaminar-se o problema da invenção artística e das possibilidades "abertas" do código visto como "estrutura profunda" que gera as estruturas "superficiais" usualmente apontadas como códigos últimos (problema que retomamos em D.4.). É o problema dos empregos futuros de um código, de um estudo da liberdade da *performance* em relação à *competence* (e é ainda o problema de uma lingüística da "fala"). "A novidade dos usos lingüísticos mede-se pela taxonomia das recorrências estatísticas ao nível da estrutura superficial, mas a coerência, pelo contrário — e por "coerência" entendo a relação solidária com o sistema precedente (especialmente com sua gramática), tão solidária a ponto de a nova forma não sair do sistema e estar, portanto, em "coerência" com ele —, está baseada na Lógica Transformacional, na passagem da "deep" à "surface structure" e nos procedimentos específicos da Gramática Gerativa" (Calboli, p. 320). Mas está claro que uma problemática desse tipo ensaia apenas os seus primeiros passos, e para que uma Semiologia Geral seja assumida em um campo estético, é preciso esperar pelo desenvolvimento daquele seu ramo específico que é a Gramática Transformacional.

A MENSAGEM ESTÉTICA   71

IV.4. A compreensão da mensagem estética também se baseia numa dialética entre aceitação e repúdio dos códigos e léxicos do remetente — de um lado — e introdução e repulsa de códigos e léxicos pessoais, de outro. É uma dialética entre fidelidade e liberdade interpretativa, onde, de um lado, o destinatário procura captar os convites da ambiguidade da mensagem e preencher a forma incerta com códigos próprios; e de outro, é reconduzido pelas relações contextuais a ver a mensagem tal como foi construída, num ato de fidelidade ao autor e à época em que essa mensagem foi emitida [85].

Nessa *dialética entre forma e abertura* (ao nível da mensagem) e entre *fidelidade e iniciativa*, ao nível do destinatário, estabelece-se a atividade interpretativa de qualquer fruidor e, numa proporção mais rigorosa e inventiva, e concomitantemente, mais livre e mais fiel a atividade de leitura típica do crítico — numa recuperação arqueológica das circunstâncias e dos códigos do remetente, num ensaiar a forma significante para ver até que ponto suporta a inserção de novos sentidos, graças a códigos de enriquecimento, num repúdio de códigos arbitrários que se insiram no curso da interpretação e não saibam fundir-se com os demais.

---

(85) Para uma dialética entre *fidelidade* e *iniciativa*, ver PAREYSON, *Estetica*, cit. Mas esse passar da nossa situação interrogativa para o mundo da obra e vice-versa, é o que LEO SPITZER chamava de "círculo filológico" (ver a introdução de ALFREDO SCHIAFFINI ao volume citado, *Critica stilistica e semantica storica*); e apresenta muitas analogias com outro movimento circular, este teorizado por ERWIN PANOFSKY como constitutivo de toda pesquisa histórico-crítica, em "La teoria dell' arte come disciplina umanistica", in *Il significato nelle arti visive*, Turim, Einaudi, 1962. Para uma retradução desse movimento circular em termos de teoria da comunicação, ver o esquema 3.

4. A Mensagem Persuasiva

A função estética dá-nos, portanto, alguma coisa que ainda desconhecíamos e pela qual não esperávamos: e isso porque realiza cotas de informação aos vários níveis da mensagem, porque funde de modo inesperado os níveis entre si, porque nos obriga a individuar um novo idioleto que é a lei estrutural da obra isolada, porque questiona o código, ou melhor, os códigos de base, cujas possibilidades insuspeitadas nos revela.

Como ficou visto, a função estética fundamenta-se numa dialética entre informação e faixas de redundância que a sustêm, mas a redundância tem como objetivo dar maior realce à informação. A mensagem estética contrapõe-se à referencial, moderadamente redundante, tendente a reduzir ao máximo toda ambigüidade e a eliminar toda tensão informativa a fim de não encorajar a contribuição pessoal do destinatário. Mas na maioria das nossas relações comunicacionais, as várias funções, dominadas pela emotiva, tendem a realizar uma mensagem *persuasiva*.

I. · RETÓRICA ANTIGA E RETÓRICA MODERNA

I.1. Durante séculos, tem sido o discurso suasório codificado pelas várias *Retóricas*.

Na antigüidade clássica reconhecia-se a existência de um raciocínio de tipo *apodítico*, onde as conclusões eram tiradas por silogismo de premissas indiscutíveis, fundadas nos *princípios primeiros*: esse discurso não devia dar margem a discussão e devia impor-se pela própria autoridade dos seus

A MENSAGEM PERSUASIVA 73

argumentos. Vinha a seguir o discurso *dialético*, que argumentava com base em premissas prováveis, sobre as quais eram permitidas pelo menos duas conclusões possíveis, esforçando-se o raciocínio por definir qual das duas conclusões seria a mais aceitável. Vinha por fim o discurso *retórico*, o qual, como o dialético, partia de premissas prováveis e delas tirava conclusões não apodíticas com base no silogismo retórico (*o entimema*); porém a Retórica visava não só a obter um assentimento racional, mas também consenso emotivo, e propunha-se, destarte, como uma técnica dirigida no sentido de arrastar o ouvinte [86].

Nos tempos modernos foi-se reduzindo cada vez mais a área atribuída aos discursos apodíticos, fundados na autoridade indiscutível da dedução lógica; e hoje somos levados a admitir a apodicidade unicamente para certos sistemas lógicos que deduzem de axiomas tidos como indiscutíveis. Todos os outros tipos de discurso, que outrora pertenciam à Lógica, à Filosofia, à Teologia etc., são hoje também reconhecidos como discursos suasórios, os quais tendem a sopesar argumentos não indiscutíveis e a inclinar o interlocutor para um determinado tipo de consenso, obtido com base não tanto na autoridade de uma *Razão Absoluta,* quanto na concorrência de elementos emocionais, de avaliações históricas, de móveis práticos.

A redução à Retórica da Filosofia, juntamente com outras formas de argumentação que outrora se postulavam como indiscutíveis, constitui uma conquista se não da razão, pelo menos da *razoabilidade,* que se fez cauta em face do fanatismo e da intolerância das crenças [87].

Nesse sentido, a Retórica, de *arte da persuasão* que era, — quase entendida como *fraude* sutil — está sendo mais e mais encarada como técnica de um raciocinar humano con-

---

(86) ARISTÓTELES, *Retórica.* Para algumas informações sobre a Retórica na Antiguidade, ver ARNALDO PLEBE, *Breve storia della retorica antica,* Milão, Nuova Accademia, 1961. Ver também RENATO BARILLI, *La retorica di Cicerone,* in "Il Verri", 19. AUGUSTO ROSTAGNI, *Scritti minori — Aesthetica,* Turim, Bottega d'Easmo, 1955. Sobre a Retórica medieval (além de ERNST ROBERT CURTIUS, *Europäische Literatur und Lateinisches Mittelalter,* Berna, 1948, e EDGAR DE BRUYNE, *Études d'esthétique médtévale,* Bruxelas, 1948), veja-se o estudo de RICHARD McKEON, *La retorica nel Medioevo,* in AAVV, *Figure e momenti di storia della critica,* Milão, Feltrinelli, 1967. Sobre a Retórica renascentista, ver *Testi umanistici sulla retorica,* Roma, Bocca, 1953 (com textos e estudos de E. Garin, P. Rossi, C. Vasoli). Sobre a Retórica barroca, ver G. MORPURGO TAGLIABUE, *Aristotelismo e Barocco,* in *Retorica e Barrocco,* Roma, Bocca, 1953 (juntamente com toda a coletânea desses ensaios).

(87) Consultar CHAIM PERELMAN e LUCIE OLBRECHTS-TYTECA, *Trattato dell'argomentazione,* Turim, Einaudi, 1966, com o importante prefácio de NORBERTO BOBBIO.

74 A ESTRUTURA AUSENTE

trolado pela dúvida e submetido a todos os condicionamentos históricos, psicológicos, biológicos de qualquer ato humano.

Mas há vários graus do discurso suasório. E entre eles desenha-se como que uma série de esfumaturas contínuas que vão da persuasão honesta e cauta à persuasão como fraude. Diremos nós, do discurso filosófico às técnicas da *propaganda* e da *persuasão de massa.* [88]

I.2. Aristóteles distinguia três tipos de discurso: 1) o *deliberativo,* que versava sobre o que seria útil ou não ao andamento da vida associada; o *judiciário,* que versava sobre o justo e o injusto; e o *epidítico,* que se desdobrava em loas ou em vitupérios ao que quer que fosse.

Para convencer o ouvinte, o orador tinha que conseguir demonstrar-lhe que sua conclusão derivava de algumas *premissas* inquestionáveis, e isso mediante um tipo de *argumento* cuja obviedade não fosse posta em dúvida. Premissas e argumentos apresentavam-se, portanto, como modos de pensar de cuja razoabilidade o ouvinte já estivesse convencido. Para tanto, a Retórica procedia a um recenseamento desses modos de pensar, dessas opiniões comuns e adquiridas, e desses argumentos já assimilados pelo corpo social, correspondentes a sistemas de expectativas pré-constituídos [89].

Só como exemplo, poderíamos apresentar o seguinte tipo de premissa: "todas as pessoas amam suas mães" — afirmação essa que não deveria suscitar oposições visto corresponder a modos de pensar quase universalmente difundidos. Pertencem ao mesmo tipo premissas como "Antes ser virtuoso que corrupto". E como premissas podem funcionar exemplos comprobatórios, recursos a autoridade (especialmente usados nos discursos de propaganda e — hoje — nos discursos publicitários, não sendo outra coisa o argumento que diz: "nove entre dez estrelas de cinema usam o sabonete Lux."

(88) Insistindo particularmente no aspecto emotivo da persuasão (o que em A.4.III.1 definiremos aristotelicamente como "provas extratécnicas") temos o capítulo "Persuasion", in CHARLES L. STEVENSON, *Ethics and Language,* Yale Univ. Press, 1944 (trad. para o ital. com o título de *Etica e Linguaggio,* Longanesi). Sobre as técnicas de propaganda na política contemporânea e na cultura de massa, ver ROBERT K. MERTON, *Teoria e struttura sociale,* Bolonha, Mulino, 1959 (especialmente a Parte III, XIV, "Studi sulla propaganda radiofonica e cinematografica"). Outra bibliografia sobre as comunicações de massa pode ser encontrada in UMBERTO ECO, *Apocalípticos e integrados,* op. cit.

(89) Nesse sentido, o estudo da Retórica, hoje, deveria tornar-se um capítulo fundamental de toda Antropologia cultural. Ver GERARD GENETTE, *Insegnamento e retorica in Francia nel secolo XX,* in "Sigma", 11-12, 1966.

A MENSAGEM PERSUASIVA   75

Baseados nas premissas, articulam-se os argumentos, que a antiga Retórica reunia em *lugares,* isto é, sob rubricas gerais, armazéns de argumentações possíveis, fórmulas gerativas de *entimemas* ou silogismos retóricos. Perelman, no seu *Tratado sobre a argumentação* (onde não se faz distinção entre lugares e premissas — obedecendo, nisso, a uma tradição pós--aristotélica muito acertada) cita alguns lugares que, postos em confronto, parecem contraditórios, mas, tomados isoladamente, podem revelar-se plenamente convincentes. Vejam-se, por exemplo, os *lugares da quantidade* (onde o que é estatisticamente normal deve aparecer como normativo) e os *lugares da qualidade* (onde só o que é exceção se torna regra) [90]. Em nossa vida de todos os dias, da propaganda política à exortação religiosa, da publicidade ao discurso diário, somos levados a empregar lugares opostos ou somos por eles convencidos. Um exemplo: "não há ninguém no mundo que não faça isso: logo, você também deve fazê-lo" e — contrariamente — "todos agem desse modo; se você agir diferentemente, será o único capaz de distinguir-se (era, aliás, na capacidade que se tem de aceitar com desenvoltura em momentos diferentes argumentos opostos, que se baseava certo projeto de anúncio publicitário ao conclamar ironicamente: *"pouquíssimas* pessoas no mundo lerão este livro: venham *todos* fazer parte desse *restrito número* de eleitos!").

Todavia, para obrigar o leitor a prestar atenção a premissas e argumentos, é preciso estimular-lhe a atenção; e para tal concorrem as *translações* e as *figuras retóricas,* embelezamentos mediante os quais o discurso surge, de repente, inusitado e novo, ostentando uma imprevista cota de informação. Todos conhecem os mais célebres desses artifícios retóricos, como a *metáfora,* que designa um objeto por meio de outro, posto em relação ao primeiro como termo de uma comparação subentendida; a *metonímia,* que designa um objeto por meio de outro que tem com o primeiro relações de contigüidade ("o discurso da Coroa" por "o discurso do Rei"; "a reação de Paris" por "a reação do governo francês"); a *litotes,* que afirma negando o contrário ("ele não era excessivamente inteligente" por "era burro"); a *preterição,* que finge não nomear a coisa que nomeia, lembrando o quanto é de todos sabida ("para não falarmos do caso em que. . ."); a *hipotipose,* que torna de súbito presente, no fluxo do dis-

(90) PERELMAN, op. cit., p. 89 e ss.

76 À ESTRUTURA AUSENTE

curso a coisa de que se fala, mudando, por exemplo, o emprego dos tempos do passado para o presente; a *anástrofe,* que inverte a ordem habitual dos termos ("excetuadas as condições...); o *rol* ou enumeração; a *ironia;* o *sarcasmo;* e mais as centenas e centenas de possíveis alterações dos modos habituais do discurso [91].

II. RETÓRICA: OSCILAÇÃO ENTRE REDUNDÂNCIA E INFORMAÇÃO

II.1. A esta altura cumpre salientar uma curiosa contradição da Retórica:

— de um lado, a Retórica tende a fixar a atenção sobre um discurso que de modo inusitado (informativo) quer convencer o ouvinte a respeito de algo que ele *ainda não sabia;*

— de outro, obtém esse resultado partindo de algo que o ouvinte *já sabe e quer,* procurando demonstrar-lhe que a conclusão daí decorre naturalmente.

Mas para resolvermos essa curiosa oscilação entre redundância e informação, cumpre-nos distinguir três sentidos da palavra "Retórica":

1) A Retórica como *estudo das condições gerais do discurso suasório* (argumento que diz respeito à Semiologia porque, como veremos, mais uma vez está em jogo a dialética entre códigos e mensagens);

2) A Retórica como *técnica gerativa,* isto é, como posse de mecanismos argumentativos que permitem gerar argumentações suasórias baseadas numa dialética moderada entre informação e redundância (terreno que abrange várias disciplinas voltadas para o estudo dos mesmos mecanismos do pensamento e da emoção);

3) A Retórica como *depósito de técnicas argumentativas já provadas* e assimiladas pelo corpo social. Nesta última acepção, a Retórica é um depósito de *soluções codificadas,* atendo-se às quais a persuasão reconfirma, com uma redundância final, os códigos de onde se origina.

II.2. Costumamos identificar a Retórica com a terceira acepção. Com efeito, definimos como retórico um raciocínio que empregue frases feitas e opiniões estabelecidas,

---

(91) Uma exemplificação irônica de quase todos os artifícios retóricos pode ser vista no capítulo VII do *Ulisses,* de Joyce. Manual que esgota o assunto é o de H. LAUSBERG, *Handbuch den Literarisches Rhetorik,* Munique, M. Hueber Verlag, 1960).

A MENSAGEM PERSUASIVA   77

apelos à emoção já desgastados e consumidos e no entanto ainda eficazes para ouvintes mais despreparados. E isso porque uma secular tradição de manualística retórica, sempre que definia um mecanismo gerativo (acepção 2), exemplificava-o através de uma solução fossilizada (acepção 3).

Mas quando a Retórica, por exemplo, com a teoria das figuras, codifica formas de inexpectatividade, não codifica diretamente *certas* formas de inexpectatividade, mas certas *relações gerais de inexpectatividade*. A Retórica não diz "é metonímia designar o rei por meio da coroa", mas sim: "é metonímia designar um objeto por meio de outro que tenha com o primeiro relações de contigüidade". Qualquer um pode *preencher* de modo inesperado a relação de inexpectatividade codificada. Se lermos os exemplos de figuras e lugares retóricos arrolados por Perelman em seu estudo, que abrange alguns séculos de literatura, filosofia, teologia e oratória sacra, veremos que nos grandes autores as soluções retóricas, mesmo correspondendo aos critérios estabelecidos por uma Retórica como técnica gerativa, afiguram-se novas e inusitadas: a tal ponto que é preciso um esforço para identificá-las no seio de um discurso de aspecto livre e inovador.

Por outro lado, a Retórica não codifica relações de inexpectatividade que se oponham a *todos* os sistemas de expectativas do código ou da psicologia dos ouvintes: codifica apenas as relações de inexpectatividade que, conquanto inusitadas, *possam integrar-se no sistema de expectativas do ouvinte*. Difere, portanto, do discurso poético. Este, apoiando-se em faixas mínimas de redundância (respeitando o mínimo possível as expectativas do destinatário), impõe ao fruidor um esforço interpretativo, um redimensionamento dos códigos que (na arte contemporânea) pode atingir pontos extremos de tolerabilidade, enquanto que a Retórica codifica um tipo de informação *sensata,* uma inexpectatividade *regulada,* de modo que o inesperado e o informativo intervenham não para provocarem e porem em crise tudo o que se sabe, mas para persuadirem, isto é, reestruturarem em parte o que já se sabe.

II.3. Naturalmente, nesse ponto, ainda há espaço para uma Retórica *nutritiva,* que persuade reestruturando ao máximo o já conhecido. É a Retórica que parte de premissas adquiridas, mas para discuti-las, submetê-las ao crivo da razão, quiçá apoiando-se em outras premissas (como quem critica o lugar da quantidade recorrendo ao lugar da quali-

78　　　　　　　A ESTRUTURA AUSENTE

dade: "Vocês não devem fazer isso. Afinal é o que todos fazem, e se vocês também o fizessem, seriam conformistas; devem, isto sim, fazer o que os distinga dos demais, porque o homem só se realiza nos atos de responsabilidade inovadora").

Em contrapartida, também existe uma Retórica *consolatória,* que se vale da retórica no sentido 3, como depósito de coisas já conhecidas e adquiridas, e finge informar, inovar, simplesmente para atiçar as expectativas dos destinatários, mas na verdade reconfirmando os seus sistemas de expectativas e convencendo-os a concordar com o que já estavam consciente ou inconscientemente de acordo.

Assim se delineia um dúplice uso e uma dúplice acepção da Retórica:

1) Retórica como *técnica gerativa,* Retórica *heurística,* cuja mira é discutir para convencer;

2) Retórica como *depósito de formas mortas e redundantes, Retórica consolatória,* cuja mira é reconfirmar as opiniões do destinatário, fingindo discutir, mas na verdade resolvendo-se em movimentação de sentimentos.

A segunda tem um movimento *aparente*: parece induzir-nos a decisões novas (adquirir um produto, concordar com uma opinião política), mas, ao fazê-lo, parte de premissas, argumentos e cadências estilísticas que pertenciam ao universo do já-aceito, e portanto, impele-nos a fazer, embora de modo aparentemente diverso, o que sempre fizemos.

A primeira tem um movimento *efetivo*: parte de premissas e argumentos adquiridos, critica-os, reconsidera-os e procede inventando cadências estilísticas que, embora obedecendo a algumas tendências gerais do nosso sistema de expectativas, na verdade o enriquecem.

III. A RETÓRICA COMO DEPÓSITO DE FÓRMULAS ADQUIRIDAS

III.1. Considerada na acepção 3, como depósito de fórmulas adquiridas, a Retórica é um *imenso armazém de soluções codificadas,* isto é, de "fórmulas", também reunindo códigos tradicionalmente não catalogados no âmbito das convenções retóricas, a saber:

1) *soluções estilísticas* já experimentadas e que justamente por isso conotam em bloco, aos olhos dos destinatários, "artisticidade" (no uso desses sintagmas de valor estilístico adquirido baseia-se a

A MENSAGEM PERSUASIVA 79

arte *Kitsch*, que, ao invés de propor formas novas, lisonjeia o seu público repropondo-lhe formas já experimentadas e carregadas de prestígio)[92].

2) *sintagmas de valor iconográfico fixo*, como aparecem nas mensagens figurativas, onde a "natividade" é conotada por certa disposição das personagens obedecendo a regras e convenções; a "realeza" sugerida pelo recurso a posições e elementos de arranjo que constituem "lugar-comum", etc.[93]

3) *conotações preestabelecidas de valor emocional fixos:* a bandeira num campo de batalha, o apelo à família ou ao amor materno, termos como "honra", "Pátria", "coragem". A prova de que o termo tem valor emocional prefixado está no fato de que uma simples comutação do significante não chega a alterar sensivelmente o significado, como quando se diz "País" ao invés de "Nação".

4) *provas extratécnicas* (como as chama Aristóteles), isto é, recursos a soluções de efeito emotivo certeiro, ultrapassando o valor comunicacional dos signos.

III.2. Os artifícios próprios para suscitarem emoções não deveriam ser catalogados fora dos sistemas de signos, visto que provocar emoções é também uma das funções dos signos; além dos sistemas de signos, não deveria haver mais do que *estímulos*. Uma cebola me faz chorar, a título de estímulo, mas a imagem de uma cena dilacerante só me fará chorar depois que eu a tiver percebido como signo.

Existem, todavia, especialmente nas artes visuais, sistemas de estímulos que funcionam como tais, suscitando reações emotivas sem que se possam aparentemente codificar como signos. Esses estímulos podem provocar: 1) reações incônscias (e são aqueles "símbolos" que a psicanálise classifica seja como signos de uma linguagem pessoal do enfermo, seja como símbolos arquétipos); 2) reações sensomotoras (estímulos violentos, como uma luz que me obriga a piscar ou um grito repentino que me faz estremecer).

Esses tipos de estímulo podem ser considerados: a) do ponto de vista do destinatário; b) do ponto de vista do remetente.

---

(92) Sobre o Kitsch, ver: HERMANN BROCH, "Note sul problema del Kitsch" in *Poesia e conoscenza*, Milão, Lerici, 1965; UMBERTO ECO, "A estrutura do mau gosto", in *Apocalípticos e integrados*, op. cit. (com bibliografia), GILLO DORFLES, *Nuovi riti, nuovi miti*, Turim, Einaudi, 1966.

(93) Como iniciação aos estudos iconográficos, ver E. PANOFSKY, *Il significato nelle arti visive*, op. cit.; E. PANOFSKY, *La prospettiva come forma simbolica*, Milão, Feltrinelli, 1961; ALOIS RIEGL, *Industria artistica tardoromana* (segunda edição italiana com o título *Arte tardoromana*, Turim, Einaudi, 1959); A. RIEGL, *Industria artistica tardoromana* (segunda edição italiana com o título *Arte tardoromana*, Turim, Einaudi, 1959); A. RIEGL, *Problemi di stile*, Milão, Feltrinelli, 1963; FRITZ SAXL, *La storia delle immagini*, Bari, Laterza, 1965; EUGENIO BATTISTI, *Rinascimento e Barocco*, Turim, Einaudi, 1960. Outra bibliografia pode ser localizada nos volumes citados.

80 A ESTRUTURA AUSENTE

a) do ponto de vista do destinatário, constituem, indubitavelmente, condicionamentos extra-sígnicos, mas intervêm para determinar a escolha dos léxicos conotativos com os quais se deverão decodificar os aspectos sígnicos da mensagem: isto é, predispõem emotivamente para determinada inpretação, e assim se incluem no circuito comunicacional.

b) do ponto de vista do remetente, cumpre-nos supor que este articula tais estímulos porque lhes conhece os efeitos. Articula-os, portanto, como signos aos quais atribui uma resposta codificada, e os dispõe de modo que promovam no destinatário escolhas interpretativas específicas. Embora na destinação não apareçam como signos, é como signos que tais estímulos são manipulados na fonte, e conseqüentemente sua organização será estudada segundo uma lógica do signo. Provavelmente se verá que até mesmo eles poderão ser definidos em termos de oposições e diferenças (som agudo contra som grave; vermelho-fogo contra verde-esmeralda; excitação contra calma; etc.).

Devem, num e noutro caso, ser considerados como sistemas de *estímulos pré-significantes* e empregados justamente porque já codificados como tais.

Em outras palavras: quando, num intervalo de TV, transmitem-se imagens de água corrente e borbulhante, essas imagens, além de denotarem "água", valem, sem dúvida alguma, como estímulos que dispõem para a calma e a distensão; mas a Semiologia só os poderá levar em conta se o remetente tiver usado o estímulo considerando-o *como convencionalmente suscetível de produzir certos efeitos*. Ao mesmo tempo não se exclui que até mesmo certos eventuais arquétipos já bastante teorizados sejam interpretados pelo destinatário como signos convencionais, constituindo o efeito incônscio decorrência do seu reconhecimento.

Em todo o caso diremos que a comunicação é vaga (e a diferença entre os significados visados pelo remetente e os introduzidos pelo destinatário aumenta) na medida em que o sistema ou o pseudo-sistema dos estímulos pré-significantes não for controlado ou controlável.

Tudo isso, prescindindo-se da hipótese de que os sinais sensomotores e a própria dinâmica do inconsciente sejam descritíveis em termos de Teoria da Comunicação. Pois nesse caso, a lógica de tais estímulos seria a mesma dos signos explícitos e convencionais, e deveríamos analisar tanto uns

A MENSAGEM PERSUASIVA 81

quanto outros independentemente da intenção e da consciência do remetente e do destinatário.

Certas correntes do estruturalismo de base psicanalítica (como a de Jacques Lacan) podem, destarte, procurar nos comportamentos do inconsciente o mesmo tipo de regras que presidem aos códigos convencionais (que se tornariam, portanto, profundamente *motivados*), na tentativa, a que já nos referimos, de reduzirem todo comportamento humano à mesma estrutura fundamental.

Sem nos adequarmos a tais interpretações (ainda passíveis de ampla verificação), diremos então que *os estímulos nos interessam na medida em que se codificam com base em convenções históricas e sociais,* e — dentro dessa perspectiva semiológica — é unicamente sob esse ângulo que os consideramos. Isto é, a nosso ver, não existe persuasão "oculta" para ambos os pólos do processo comunicativo; um dos dois — remetente ou destinatário — sabe que o sinal recebido tem um sentido. E — na medida em que houver comércio cultural e difusão de cultura — julgamos que os estímulos chamados ocultos tenderão sempre mais e mais a aparecer para os destinatários como fenômenos sígnicos [94].

III.3. Não seria difícil mostrar (longa e pormenorizadamente) que todos os artifícios retóricos não funcionam apenas no âmbito da língua verbal, mas podem ser encontrados ao nível, por exemplo, das mensagens visuais.

Um exame das técnicas comunicativas da publicidade mostra-nos que são inúmeras as figuras retóricas clássicas reconstituídas no âmbito das imagens, onde encontramos habitualmente metonímias, litotes, oxímoros e assim por diante [95].

Mas é interessante notar que uma imagem publicitária sempre se vale de signos de valor iconográfico adquirido para acionar a conotação de premissas retóricas compartilhadas pela comunidade. Por exemplo: um signo iconográfico que conote "jovem casal com criança" conota a premissa "nada

---

(94) O mesmo se pode dizer no que concerne às teorias da simpatia simbólica (*Einfühlung*), ver RENATO DE FUSCO, *L'idea di architettura*, Milão, Communità, 1964 (cap. 2); DINO FORMAGGIO, *Fenomenologia della tecnica artistica*, Milão, Nuvoletti, 1953 (cap. 2); GUIDO MORPURGO-TAGLIABUE, *L'esthétique contemporaine*, Milão, Marzorati, 1960 (c. I, com bibl.).

(95) Para uma análise retórica da publicidade, ver GUY BONSIEPE, *Rettorica Visivo verbale*, in "Marcatre" 19-22. Essa análise é por nós reexaminada em B.5: "Algumas verificações: a mensagem publicitária".

82 A ESTRUTURA AUSENTE

mais belo do que uma pequena família feliz" e, como decorrência, o argumento "se uma pequena família feliz usa este produto, por que não vocês?" [96].

A mesma ordem de pesquisa seria possível no setor da imagem cinematográfica, do discurso televisional, da música, até chegarmos a unidades semiológicas mais vastas, hoje conhecidas como grandes blocos sintagmáticos e nas quais se baseia, por exemplo, a construção dos enredos narrativos.

---

(96) Até um signo visual como a placa avisando "Cuidado escola", pode ser traduzido numa premissa retórica do tipo: "é preciso respeitar as criançás que vão à escola, indefesas diante do tráfego da grande cidade".

5. Retórica e Ideologia

I. IDEOLOGIA E CÓDIGOS

I.1. Dissemos, num dos últimos exemplos, que o uso do termo "País", em lugar do termo "Nação", pode mudar todo o sistema de reações emotivas do destinatário. Esse problema reporta-nos ao item 3 do § A.2.VII.2., onde nos havíamos perguntado *o que orientaria o destinatário para a escolha de certos léxicos de decodificação em detrimento de outros.*

Ora, se reconsiderarmos o modelo comunicacional de onde partimos, acima da linha que vai do remetente à mensagem carregada de significados (linha que abrange, abaixo do universo dos códigos e dos léxicos, o que chamaremos de *universo retórico*, por ser o universo das soluções comunicativas codificadas), teremos que hipotizar uma entidade que se acha aquém do universo semiológico. A essa entidade denominaremos *"ideologia"* [97].

O termo "ideologia" presta-se a numerosas decodificações. Há uma ideologia como *falsa consciência*, qua mascara as relações reais entre as coisas, e há uma ideologia como *tomada de posição* filosófica, política, estética, etc. em face da realidade. Nosso intuito é conferir ao termo *ideologia*, e a par dele ao de *retórica*, uma acepção muito mais ampla:

---

(97) Visto que usaremos aqui o termo "ideologia" num sentido muito lato, englobando os vários sentidos mais restritos, para uma análise destes últimos, recomendamos a leitura de KARL MANNHEIM, *Ideologia e utopia*, Bolonha, Mulino, 1957; verbete "Ideologia", in M. HORKHEIMER e T. W. ADORNO, *Lezioni di sociologia*, Turim, Einaudi, 1966; REMO CANTONI, "Crisi delle ideologie", in *Illusione e pregiudizio*, Milão, Saggiatore, 1967; M. HORKHEIMER, T. W. ADORNO, *Dialettica dell'illuminismo*, Turim, Einaudi, 1966.

84 A ESTRUTURA AUSENTE

entendemos por ideologia *o universo do saber do destinatário e do grupo a que pertence,* os seus sistemas de expectativas psicológicas, suas atitudes mentais, a experiência por ele adquirida, os seus princípios morais (diríamos a sua "cultura", no sentido antropológico do termo, se da cultura assim entendida não fizessem parte também os sistemas retóricos).

I.2. O que um indivíduo pensa e quer, escapa à análise semiológica: só podemos identificá-lo quando o indivíduo *o comunica.* Mas ele só pode comunicá-lo *quando o reduz a sistema de convenções comunicativas,* isto é, quando o que pensa e quer é socializado, passível de ser compartilhado pelos seus semelhantes.

Para consegui-lo, porém, é mister que o *sistema de saber* se torne *sistema de signos*: a ideologia é reconhecível quando, socializada, se torna código. Nasce, assim, uma estreita relação entre o mundo dos códigos e o mundo do saber preexistente. Esse saber torna-se visível, controlável, comerciável, quando se faz código, convenção comunicativa.

I.3. A palavra "Nação" conota todo um universo de atitudes morais e políticas porque determinado modo de pensar as relações associativas e o peso do Estado traduziu-se em determinado modo de designá-lo. Um nacionalista fascista reconhece seus semelhantes pelo fato de indicarem o "País" onde vivem chamando-o de "Nação". Naturalmente intervém aí a circunstância de comunicação, tendo em vista que o termo "Nação", pronunciado no âmbito de um discurso sobre o Ressurgimento *, permite que o léxico conotativo acionado seja de tipo diferente e remeta a outro universo ideológico que não aquele dos nacionalismos da nossa época. Mas a ideologia também interage com a circunstância de comunicação e pode desfigurar-lhe o alcance: um nacionalista fascista pode, destarte, decodificar o termo "Nação", pronunciado no âmbito de um discurso sobre o Ressurgimento, reportando-o aos ideais do nacionalismo do século XX.

Uma frase como a citada em A.2.VI.3., "os operários devem permanecer em seus postos", pode ser decodificada com base num léxico conservador ou revolucionário, depen-

---

(*) Assim se denomina (em italiano: "Risorgimento") o movimento político militar iniciado pelos carbonários em Nápoles, no ano de 1820, e que, prolongando-se até a segunda década do nosso século, conquistou para a Itália a unidade e independência políticas. (N. da T.)

RETÓRICA E IDEOLOGIA   85

dendo da ideologia do destinatário; ou, se o destinatário tiver
preocupações de fidelidade em relação à mensagem, depen-
dendo da ideologia que, com base na circunstância de comunicação, o destinatário *pressupõe* no remetente.

O aparato sígnico remete ao aparato ideológico e vice-
-versa, e a Semiologia, como ciência da relação entre códigos
e mensagens, transforma-se concomitantemente na atividade
de identificação contínua das ideologias que se ocultam sob
as retóricas.

*A Semiologia mostra-nos no universo dos signos, siste-
matizado em códigos e léxicos, o universo das ideologias, que
se refletem nos modos pré-constituídos da linguagem.*

I.4. Daí devemos, portanto, concluir que amiúde uma
variação do código corresponde a uma variação da ideologia
que lhe é correlata, pelo menos nos casos em que uma Retórica se incorporou formalmente a uma ideologia determinada. No caso da frase "os operários devem permanecer em
seus postos", é verdade que, em teoria, posso lê-la segundo
dois léxicos distintos; mas ser-me-á de fato bastante difícil
encontrá-la nas páginas de um jornal revolucionário
(no sentido revolucionário) e mais fácil vê-la empregada num jornal conservador (no sentido conservador): isso
porque *determinado modo de empregar a linguagem identi-
ficou-se com determinado modo de pensar a sociedade.* A
ideologia gerou uma premissa retórica que assumiu uma forma estilizada e reconhecível. E a tal ponto que hoje nem
mesmo um jornal conservador, na medida em que procura
ostentar um conservadorismo mais ágil e moderno, utilizá-
-la-ia, tentando, quando muito, dizer a mesma coisa mediante
artifícios retóricos diferentes, menos comprometidos.

I.5. Esses conúbios entre formas retóricas e moti-
vações ideológicas também se desenvolvem no campo dos
signos visuais. Indubitavelmente o barrete goliárdico * denota
"estudante universitário" (acrescenta-se-lhe depois o léxico
específico das cores que denotam as várias faculdades), mas
já denotou também "despreocupação", "idade feliz", "juven-
tude", e tantas outras coisas devidamente codificadas no ima-
giário coletivo por mensagens que posteriormente iriam pro-

(*) O chapéu ou barrete goliárdico, muito em moda durante o Renascimento, era uma peça simples, de um só bico, com a ponta voltada para a
frente. É usado ainda hoje pelos estudantes universitários, variando de cor
segundo a Faculdade cursada. (N. da T.)

86   A ESTRUTURA AUSENTE

duzir uma obra-código como *Addio giovinezza,* de Camasio e Oxilia. Mas a certa altura, na vida universitária, distinguiram-se os estudantes politicamente empenhados nos problemas de autogestão (primeiramente conselhos interfaculdades, e depois assembléias, comissões), dos estudantes que entendem o período universitário como um parêntese feliz, um compasso de espera antes de enfrentarem as responsabilidades da vida adulta. Imediatamente, o uso do signo "barrete goliárdico" passou, portanto, a conotar uma específica ideologia da vida universitária, e seria difícil desligar o signo dos significados conotativos que lhe foram atribuídos pela sua utilização ideológica.

II. AS INTERAÇÕES ENTRE RETÓRICA E IDEOLOGIA

II.1. Os códigos são sistemas de expectativas no universo dos signos. As ideologias são sistemas de expectativas no universo do saber. Há mensagens informativas que revolucionam os sistemas de expectativas no universo dos signos. E há decisões comportamentais, aprofundamentos de pensamento que revolucionam os sistemas de expectativas no universo do saber.

Mas se retórica e ideologia estão tão intimamente ligadas, poderão os dois movimentos proceder independentemente um do outro?

É possível, certamente, propor uma revisão das expectativas ideológicas recorrendo a um uso redundante, a uma função puramente referencial das mensagens. Desse modo, quem quisesse denunciar a imoralidade da união familiar (conturbando, indubitavelmente, sistemas de expectativas ideológicas) poderia comunicar essa sua decisão através de mensagens construídas segundo todas as regras de previsibilidade retórica (do tipo: "sustento que a família não é um núcleo natural e desenvolve função corruptora").

Existem, igualmente, usos aparentemente informativos do código que induzem o destinatário a interpretar uma mensagem sem que, no entanto, os significados conotativos que lhe atribui consigam conturbar seu sistema de expectativas ideológicas. As poesias de Burchiello * subvertem o léxico e,

---

(*) Domenico di Giovanni, cognominado *Il Burchiello* (1404-1449), poeta satírico florentino e barbeiro de profissão, notabilizou-se por seus sonetos com estrambote ("caudati"), onde o vulgar e o requintado se mesclam, dando lugar a um estilo muito especial, às vezes hermético, que fez escola na literatura italiana com o nome de "burchiellesco". (N. da T.)

RETÓRICA E IDEOLOGIA 87

muitas vezes, a sintaxe, mas não induzem o destinatário a entrever, nessa renovada ductilidade do código, uma renovada visão do mundo. Quando Jacovitti * desenha, contra todas as expectativas iconográficas, um salame com pernas ou uma minhoca de cartola, subverte certos sistemas de expectativas visuais, mas não faz com que a esta operação (que tem funções lúdicas) corresponda nenhuma remeditação acerca do nosso modo de ver o mundo.

II.2. Isso nos ajuda a compreender um ponto importante: a ideologia não é o significado. É bem verdade que na medida em que se traduz em sistema de signos, a ideologia passa a fazer parte dos códigos como significado daqueles significantes. Mas é uma forma de significado conotativo último e global: *total*. Com efeito, o significante "minhoca de cartola" denota um significado inesperado; e conota alguns significados ironicos, realiza iconograficamente uma zoologia fantástica: todavia — como vimos — não muda a visão ideológica global. *A ideologia é a conotação final da totalidade das conotações do signo ou do contexto de signos*[98].

II.3. Mas toda verdadeira subversão das expectativas ideológicas é efetiva na medida em que *se traduz em mensagens que também subvertam os sistemas de expectativas retóricas*. E *toda subversão profunda das expectativas retóricas é também um redimensionamento das expectativas ideológicas*. Nesse princípio se baseia a arte de vanguarda, mesmo nos seus momentos definidos como "formalistas", quando, usando o código de maneira altamente informativa, não só o põe em crise, mas obriga a repensar, através da crise do código, a crise das ideologias com as quais ele se identificava [99].

(*) Benito Jacovitti, "cartoonista" italiano da atualidade, tornou-se conhecido por seu humor "delirante" e um tanto sádico, sendo o criador de vários personagens de estórias em quadrinhos, entre os quais se destacam "Coco Bill", e "Cip, o Arquipolicial". (N. da T.)

(98) Nesse sentido, veja-se o tipo de análise das estruturas do conteúdo realizada por LUCIEN GOLDMANN em obras como *Recherches dialectiques*, Paris, Gallimard, 1959; *Le dieu caché*, Paris, Gallimard, 1956 (também em trad. ital. com o título *Pascal e Racine*, Milão, Lerici); *Per una sociologia del romanzo*, Milão, Bompiani, 1967; *Le due avanguardie*, Urbino, Argalia, 1967. Ver também o ensaio de GEORGE GERBNER, *On Content Analysis and Critical Research in Mass Communication*, "Audiovisual Comm. Rev.", Spring, 1958 (agora in Dexter & White ed., *People, Society and Mass Communications*, Glencoe, Free Press).

(99) Ver EDOARDO SANGUINETI, *Ideologia e linguaggio*, Milão, Feltrinelli, 1965; ANGELO GUGLIELMI, *Avanguardia e sperimentalismo*, Milão, Feltrinelli, 1964; FAUSTO CURI, *Ordine e disordine*, Milão, Feltrinelli, 1965; AAVV, *Il gruppo 63*, Milão, Feltrinelli, 1964; AAVV, *Il romanzo sperimentale*

88 A ESTRUTURA AUSENTE

II.4. Mas a investigação semiológica não nos mostra apenas as modalidades de renovação que as mensagens informativas executam em face dos códigos e ideologias. *Mostra-nos, ao mesmo tempo, o movimento contínuo pelo qual a informação redimensiona códigos e ideologias e se retraduz em novo código e nova ideologia.* A obra de arte que ensina a pensar a língua de modo diferente e a ver o mundo com olhos novos, no momento mesmo em que se estabelece como inovação, torna-se *modelo.* Institui novos hábitos na ordem dos códigos e das ideologias: depois do aparecimento daquela obra, será mais normal pensar a língua da maneira com que ela a usara e ver o mundo da maneira com que ela o mostrara. Reestruturam-se novos códigos e novas expectativas ideológicas. O movimento recomeça. O leitor sensível que queira colher a obra de arte em todo o seu viço, não deve apenas lê-la à luz dos seus próprios códigos (já alimentados e redimensionados com o aparecimento da obra e sua assimilação por parte da sociedade): deve procurar o universo retórico e ideológico e as circunstâncias de comunicação de onde a obra partiu. A *Filologia* realiza esse trabalho de informação que nos leva não a dissecar a obra numa leitura acadêmica, mas a reencontrá-la nas condições de novidade em que nascera: *a reconstruir em nós a situação de virgindade em que se encontrava quem dela se aproximou pela primeira vez.* (Ainda que a assimilação dos seus modos comunicativos, estratificada durante séculos, nos tenha tornado indubitàvelmente mais preparados, mais documentados em relação a sistemas favoráveis de expectativas para lermos a obra sem ceder ao impacto de uma informação demasiado forte, como pode ter sido o caso dos seus contemporâneos que a rejeitaram).

II.5. Freqüentemente, portanto, a obra, como qualquer outra mensagem, *contém seus próprios códigos*: quem hoje lê os poemas homéricos extrai dos significados denotados pelos versos uma tamanha massa de noções sobre o modo de pensar, de vestir, de comer, de amar ou de guerrear daqueles povos, que está apto a reconstruir seus sistemas de expectativas ideológicas e retóricas. Encontram-se, assim, na obra, as chaves que nos possibilitam vê-la inserida no am-

Milão, Feltrinelli, 1966; ALFREDO GIULIANI, *Immagini e maniere*, Milão, Feltrinelli 1965; RENATO BARILLI, *La barriera del naturalismo*, Milão, Mursia, 1964; AAVV, *Avanguardia e neo-avanguardia*, Milão, Mursia, 1966; UMBERTO ECO, "Do modo de formar como compromisso com a realidade" in *Obra aberta*, op. cit.

RETÓRICA E IDEOLOGIA 89

biente do qual saiu, as chaves com que relacionarmos a mensagem aos seus códigos de origem (reconstruídos num processo de interpretação contextual).

II.6. A leitura da obra desenvolve-se, pois, numa *oscilação contínua*, pela qual se vai da obra à descoberta dos códigos de origem que ela sugere, dessa descoberta a uma tentativa de leitura fiel da obra, para daí voltarmos aos nossos códigos e léxicos de hoje e experimentá-los sobre a mensagem; procede-se, destarte, a um confronto contínuo, a uma integração entre as várias chaves de leitura, fruindo-se a obra também através desta sua ambigüidade, oriunda não só do uso informativo dos significantes em relação ao código de partida, mas do uso informativo dos significantes reportados aos nossos códigos de chegada.

E cada interpretação da obra, preenchendo de novos significados a forma vazia e aberta da mensagem original (forma física mantida inalterada durante séculos), dá origem a novas mensagens-significado, as quais passam a enriquecer nossos códigos e nossos sistemas ideológicos, reestruturando-os e dispondo os leitores de amanhã a uma nova situação interpretativa em relação à obra. Isso, num movimento contínuo, sempre renovado, que a Semiologia define e analisa nas suas várias fases, *mas não pode prever* quanto às formas concretas que irá assumir.

II.7. A Semiologia sabe que a mensagem cresce, mas não sabe como poderá crescer. Pode, quando muito, comparando a mensagem-significante, que não muda, com as mensagens-significado que gerou, extrapolar certo *campo de liberdade* que as leituras não poderão ultrapassar, e reconhecer na obra como mensagem-significante, um *campo de determinação* que constitui sua orgânica necessidade, a força do seu diagrama estrutural, sua capacidade de oferecer, juntamente com uma forma vazia, as indicações para preenchê--la.[100] Nada exclui, porém, que numa civilização futura, em que os códigos da época homérica sejam irrecuperáveis e novos códigos não previstos passem a intervir para nutrirem o universo da comunicação, esses mesmos poemas homéricos venham a ser lidos de um modo que a Semiologia é atualmente incapaz de imaginar.

(100) Veja-se a dialética forma-abertura, in *Obra aberta*, cit. Quanto ao que ficou dito nestes últimos parágrafos, ver o esquema 3.

Esquema 3. MODELO DO PR(

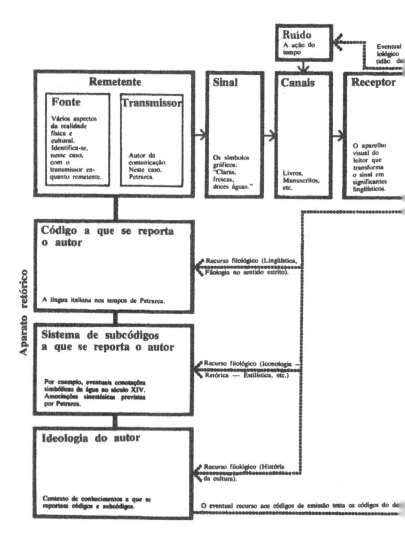

Neste modelo prevê-se um processo de decodificação que pode ir do máximo de casualidade a um máximo de fidelidade. Verifica-se casualidade quando o significante é reportado a códigos arbitrários (ex.: "água", como composto químico; "água" como aluvião, através de experiência haurida em outro contexto, etc.). Por outro lado, a fidelidade só é possível numa contínua dialética entre códigos do

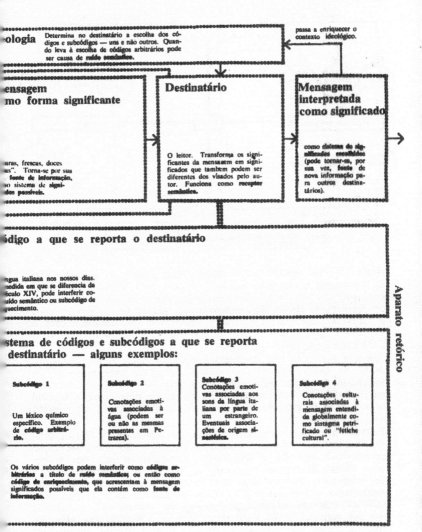

destinatário e códigos de emissão, numa espécie de aproximação-
-afastamento contínuo. Ao ser interpretada, a mensagem oferece-se,
pois, à comunidade dos fruidores como uma nova forma significante,
suscetível, por sua vez, de ser também interpretada (o Petrarca de
De Sanctis, o Petrarca de Flora, etc.), e passa a constituir códigos
de interpretação crítica.

Esquema 4. DECODIFICAÇÃO "ABERRANTE" NAS COMUNICAÇÕES DE MASSA

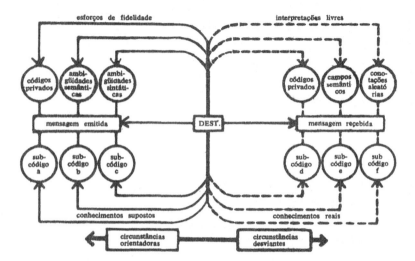

Neste modelo, quando o destinatário não resolve as *ambigüidades* da mensagem e não sabe praticar os atos de fidelidade necessários para encontrar os *códigos do remetente* (por falha de conhecimentos ou presença de *circunstâncias desviantes*), vale-se de *códigos privados* e introduz *conotações aleatórias*. Vejamos o que acontece com o seguinte enigma proposto por "Il Trovatore", no DOMENICA DEL CORRIERE, 4, 1968:
"*Stecche nei canti, ma studiato ed abile — gioco di movimenti — acché le forme eburnee — risaltin nei vivaci abbigliamenti.*" A mensagem comporta dois níveis semânticos (ou *isotopias*): recebida na circunstância "café-concêrto", diz respeito a uma graciosa e inábil cantorazinha de cabaré; recebida na circunstância "bar", diz respeito ao jogo de bilhar.*
Isoladamente, os significantes podem ser reportados a léxicos diferentes ("formas ebúrneas" como metáfora ou então como denotação geométrica), conexos a significados homonímicos previstos ambos pelo código denotativo ("stecche" e "canti" — a escolha depende do contexto), interpretados seja como termo comum seja como neologismo ("abbigliamenti"). Para os fins de uma comunicação unívoca (não da comunicação poética ou logogrífica), a segunda isotopia constitui *ruído semântico*. Mas se o destinatário, além de não individuar os códigos de emissão, não conseguir substituí-los por códigos privados, a mensagem permanecerá na fase de puro e simples *ruído físico*.

(*) Vejamos as duas traduções principais que essa frase comporta: 1) "Notas desafinadas nos cantos, mas estudado e hábil jogo de movimento para que as formas ebúrneas ressaltem nas roupas vistosas"; 2) "Tacos nos cantos, mas estudado e hábil jogo de movimentos para que as formas ebúrneas ricocheteiem em vivazes tabelas". (N. da T.)

RETÓRICA E IDEOLOGIA

Esquema 5. CLASSIFICAÇÃO DOS SIGNOS

Nas páginas que se seguem será oportuno manter presentes algumas distinções acerca da natureza e função do signo, segundo as configura Charles Sanders Peirce: o signo pode ser visto em relação a si mesmo, em relação ao objeto a que se refere e em relação ao interpretante.

Signo

— em rel. a si mesmo
- *quali-signo*: sensação cromática, tom vocal.
- *sinsigno*: objeto ou evento; uma palavra isolada é sinsigno enquanto réplica individual de um legi-signo.
- *legi-signo*: convenção, lei, nome enquanto relação lingüística convencional.

— em rel. ao obj.
- *ícone*: imagem mental, pintura, diagrama com a mesma forma da relação representada, metáfora. Tem uma semelhança nativa com o objeto.
- *índice*: escala graduada, operador lógico, sinal, grito, pronome demonstrativo. Dirige a atenção para um objeto por meio de um impulso cego.
- *símbolo*: substantivo, conto, livro, lei, instituição. Ao contrário das outras duas, é convencional.

— em rel. ao interpretante
- *rema*: função proposicional. Mas também termo, em relação ao dici-signo, que é um enunciado, e ao argumento, que é um raciocínio.
- *dici-signo*: enunciado. Um rema* preenchido. Definição.
- *argumento*: silogismo.

(*) No texto de Peirce (v. *Collected Papers II — Elements of Logic*, Cambridge, Harvard University Press, 1932 — p. 146 e ss.) adota-se a grafia latina da forma grega σημα ("rhema"), que significa, originalmente, "palavra", "verbo". Eco transcreve-a na forma simplificada, que aqui reproduzimos, assim como acatamos o critério por ele adotado ao traduzir o segundo elemento de composição ("sign") dos térmos utilizados por Peirce. (N. da T.)

94 A ESTRUTURA AUSENTE

II.8. Quando muito, e assim mesmo no limite (trata-se, porém, de pesquisas cuja possibilidade apenas se entrevê), a Semiologia reconhece, no modo pelo qual se articulam os significantes, leis que correspondem a *mecanismos constantes da mente humana,* cotejáveis como homogêneos em todas as culturas e civilizações, e pode, portanto, estabelecer — a título de hipótese — que uma mensagem sempre contém em si uma força de determinação para uma dada leitura, graças à articulação de mecanismos imutáveis, de *esquemas gerativos constantes,* aos quais nenhum leitor, em nenhuma época ou sociedade, se poderá subtrair por completo. Nessa utopia de uma constância da mente baseia-se a esperança semiológica de uma *constância da comunicação.* Porém essa tarefa de pesquisa geral não deve desviar a Semiologia da outra tarefa complementar, que é estabelecer de contínuo os modos pelos quais a comunicação se modifica, os códigos se reestruturam, as ideologias geram e encorajam novos modos de comunicação.

A Semiologia encontra, portanto, diante de si, dois caminhos: um que a leva a *uma teoria dos universais da comunicação;* outro que a transforma em *técnica de descrição das situações comunicativas,* tanto no tempo quanto no espaço.

B.

O OLHAR DISCRETO

(Semiologia das mensagens visuais)

1. Os Códigos Visuais

I. LEGITIMIDADE DA PESQUISA

I.1. Ninguém põe em dúvida que ao nível dos fatos visuais ocorram fenômenos de comunicação; duvida-se, isso sim, de que tais fenômenos sejam de caráter lingüístico.

Comumente, porém, a sensata contestação da lingüisticidade dos fenômenos visuais faz com que muitos neguem o valor de signo a tais fatos, como se só existissem signos ao nível da comunicação verbal (da qual, e tão-somente da qual deve ocupar-se a Lingüística). Uma terceira solução, intimamente contraditória mas habitualmente praticada, consiste em negar aos fatos visuais o caráter de signo e mesmo assim interpretá-los em termos lingüísticos.

Mas se a Semiologia é uma disciplina autônoma, ela o é justamente porque consegue enformar diversos acontecimentos comunicacionais elaborando categorias próprias, como por exemplo as de *código* e *mensagem,* que abrangem os fenômenos indicados pelos lingüistas sob os rótulos de *língua* e *fala* sem, contudo, reduzirem-se a eles. Vimos que naturalmente a Semiologia se vale dos resultados da Lingüística, que, de todos os seus ramos foi o que com mais rigor se desenvolveu. Mas a primeira advertência que devemos ter presente, numa pesquisa semiológica, é a de que *nem todos os fenômenos comunicacionais são explicáveis pelas categorias da Lingüística.*

Conseqüentemente, a tentativa de interpretarmos semiologicamente as comunicações visuais apresenta este interes-

98   A ESTRUTURA AUSENTE

se: permite à Semiologia provar suas possibilidades de independência em relação à Lingüística.

Enfim, visto que existem fenômenos sígnicos bem mais imprecisos do que os fenômenos de comunicação visual propriamente ditos (pintura, escultura, desenho, sinalética, cinema ou fotografia), uma Semiologia das comunicações visuais poderá servir de ponte para a definição semiológica de outros sistemas culturais, como os que tratam, por exemplo, dos objetos de uso (caso da Arquitetura ou do desenho industrial).

I.2. Se tornarmos a examinar as distinções triádicas do signo propostas por Peirce (Ver Esquema 5), observaremos que a cada uma das definições do signo pode corresponder um fenômeno de comunicação visual.

EM SI	*quali-signo:* mancha de cor num quadro abstrato, a cor de uma roupa, etc. *sinsigno:* o retrato da Gioconda, a transmissão direta de um acontecimento pela televisão, um sinal de trânsito... *legi-signo:* convenção iconográfica, o modelo da cruz, o tipo "templo de planta circular"...
EM REL. AO OBJ.	*ícone:* o retrato da Gioconda, um diagrama, a fórmula de estrutura... *índice:* flecha indicadora, mancha d'água no chão... *símbolo:* o sinal de contramão, a cruz, uma convenção iconográfica.
EM REL. AO INTERPRET.	*rema:* qualquer signo visual tomado como termo de um possível enunciado *dici-signo:* dois signos visuais associados de molde a daí originar-se uma relação *argumento:* um complexo sintagma visual que põe em relação signos de vários tipos. O conjunto, por exemplo, das comunicações de trânsito: "(se temos) pista derrapante (logo) velocidade limitada a 60 km."

É fácil intuir dessa rápida catalogação que poderão, em seguida, ocorrer diferentes combinações (previstas por Peirce), por exemplo: um sinsigno icônico, um legi-signo icônico etc.

Apresentam particular interesse para nossa pesquisa as classificações referentes ao signo em relação com o seu objeto, e a esse respeito jamais ocorrerá a ninguém declarar

OS CÓDIGOS VISUAIS

que os *símbolos* visuais não fazem parte de uma "linguagem" codificada, problema esse já mais discutível no que concerne a *índices* e *ícones*.

I.3. Peirce observava que um índice é algo que dirige a atenção para o objeto indicado por meio de um impulso cego. E indubitavelmente quando vejo uma mancha de molhado, deduzo imediatamente que ali caiu água; assim como quando vejo uma seta sinalética, sou levado a dirigir-me na direção sugerida (desde que, naturalmente, esteja interessado naquela comunicação; mas em todo o caso, apreendo a sugestão de direção). Todavia, todo índice visual me comunica alguma coisa através de um impulso mais ou menos cego, com base num sistema de convenções ou num sistema de experiências apreendidas. Dos rastros deixados num terreno só induzo a presença do animal se tiver sido adestrado no sentido de estabelecer uma relação convencionalizada entre aquele signo e aquele animal. Se os traços forem de algo que nunca vi (e de que jamais me disseram o tipo de rastros que deixa), não reconhecerei o índice como índice, mas interpretá-lo-ei como um acidente natural.

Pode-se, portanto, afirmar com certa tranqüilidade que todos os fenômenos visuais interpretáveis como índices podem ser entendidos como *signos convencionais*. Uma luz imprevista que me faz piscar leva-me a determinado comportamento por um impulso cego, mas sem que ocorra nenhum processo de semiose; trata-se, simplesmente, de um estímulo físico (visto que até um animal fecharia os olhos). Ao passo que quando, pela luz rosada que se espalha no céu, deduzo que o sol está prestes a nascer, já respondo à presença de um signo reconhecível por aprendizagem. Diferente e mais duvidoso é, pelo contrário, o caso dos signos icônicos.

II. O SIGNO ICÔNICO

II.1. Peirce definia os ícones como *aqueles signos que têm certa nativa semelhança com o objeto a que se reportam.*[1] Em que sentido entendia a "nativa semelhança" entre um retrato e a pessoa retratada, é fácil intuir; quanto, por exemplo, aos diagramas, ele afirmava que são signos icônicos porque reproduzem a forma das relações reais a que se referem.

(1) *Collected Papers*, II.

100 A ESTRUTURA AUSENTE

A definição de signo icônico gozou de certo favor e foi retomada por Morris (a quem se deve sua difusão, mesmo porque constitui uma das tentativas mais cômodas e aparentemente satisfatórias para definir-se semanticamente uma *imagem*). Para Morris, é icônico o signo que *possui algumas propriedades do objeto representado*, ou melhor, que "tem as propriedades dos seus *denotata*"[2].

II.2. Nesse ponto o bom senso, conforme, na aparência, com tal definição, revela-se enganoso, porque nos damos conta de que, aprofundada à luz desse mesmo bom senso, a referida definição não passa de pura tautologia. O que significa dizer que o retrato da Rainha Isabel II da Inglaterra, pintado por Annigoni, tem as mesmas propriedades da Rainha Isabel? O bom senso responde: porque tem a mesma forma dos olhos, do nariz, da boca, o mesmo colorido, o mesmo tom dos cabelos, a mesma estatura... Mas o que quer dizer "a mesma forma do nariz?" O nariz tem três dimensões, ao passo que a imagem do nariz tem duas. Visto de perto, o nariz tem poros e protuberâncias minúsculas, de modo que sua superfície não é lisa, mas desigual, diferentemente do nariz do retrato. Finalmente, o nariz tem na base dois furos, as narinas, ao passo que o nariz do retrato tem na base duas manchas negras que não perfuram a tela.

O recuo do bom senso identifica-se com o da semiótica morrisiana: "o retrato de uma pessoa é icônico até certo ponto, mas não o é completamente, porque a tela pintada não tem a estrutura da pele, nem a faculdade de falar e mexer-se que tem a pessoa retratada. Uma película cinematográfica é mais icônica, mas ainda não o é completamente." É natural que, levada ao extremo, uma verificação desse tipo só pode conduzir Morris (e o bom senso) à destruição da noção: "Um signo completamente icônico denota sempre, porque ele próprio é um *denotatum*": o que equivale a dizer que o verdadeiro e completo signo icônico da Rainha Isabel não é o retrato de Annigoni, mas a própria Rainha (ou um seu eventual "duplo" de ficção científica). O próprio Morris, nas páginas seguintes, corrige a rigidez da noção e afirma: "Um signo icônico, não esqueçamos, é o signo semelhante, em alguns aspectos, ao que denota. Conseqüentemente, a

---

(2) CHARLES MORRIS, *Segni, linguaggio e comportamento*, Milão, Longanesi, 1949, p. 42. Sobre Morris veja-se de FERRUCCIO ROSSI-LANDI, *Charles Morris*, Roma, Bocca, 1953.

OS CÓDIGOS VISUAIS 101

iconicidade é uma questão de grau"[3]. E já que ao prosseguir, refere-se a signos icônicos não visuais, falando até de onomatopéias, está claro que a questão de grau surge como extremamente elástica, porque a relação de iconicidade entre "cocorocó" e o canto do galo é muito tênue; tanto isso é verdade que os italianos adotam o signo onomatopaico "chicchirichi" [leia-se: "quiquiriqui"], e os franceses, "cocquérico" [leia-se: "coquericô"].

Todo o problema reside no sentido que se dá à expressão "em alguns aspectos". Um signo icônico é semelhante à coisa denotada *em alguns aspectos*. Eis uma definição que pode satisfazer o bom senso, mas não a Semiologia.

II.3. Examinemos um anúncio publicitário. A mão estendida me oferece um copo do qual transborda, espumejante, a cerveja recém-vertida, enquanto sobre a superfície externa do vidro se estende um fino véu de vapor, produzindo imediatamente (como um *índice*) a sensação do gelo.

É difícil não convir que esse sintagma visual não seja um signo icônico. E no entanto vejamos *quais* as propriedades do objeto denotado que nele existem. Na página não há cerveja, não há vidro, não há película úmida e gelada. Mas na realidade, quando vejo o copo de cerveja (velha questão psicológica já solucionada pela História da Filosofia), *percebo* cerveja, vidro e gelo, mas não os *"sinto"*: sinto, isso sim, alguns estímulos visuais, cores, relações espaciais, incidências de luz, etc. (ainda que já coordenados num determinado campo perceptivo), e os coordeno (numa complexa operação transativa) até gerar-se uma *estrutura percebida* que, baseada em experiências adquiridas, provoca uma série de sinestesias e me permite pensar em "cerveja gelada num copo". Coisa semelhante me acontece com o desenho: percebo alguns estímulos visuais e os coordeno em estrutura percebida. Trabalho sobre os dados da experiência fornecidos pelo desenho do mesmo modo que trabalho sobre os dados da experiência fornecidos pela sensação: seleciono-os e estruturo-os baseado em sistemas de expectativas e assunções oriundas da experiência precedente, e portanto com base em técnicas aprendidas, *com base em códigos*. Mas aqui a relação código-mensagem não diz respeito à natureza do signo icônico, e sim *à própria mecânica da percepção que, no limite, pode ser vista como um fato de comunicação*, como um processo que só se gera quando, com

(3) MORRIS, op. cit., p. 257.

102   A ESTRUTURA AUSENTE

base em aprendizagem, conferiu significado a determinados estímulos e não a outros [4].

Eis então uma primeira conclusão possível: *os signos icônicos não "possuem as propriedades do objeto representado", mas reproduzem algumas condições da percepção comum, com base nos códigos perceptivos normais e selecionando os estímulos que — eliminados os estímulos restantes — podem permitir-me construir uma estrutura perceptiva que possua — com base nos códigos da experiência adquirida — o mesmo "significado" da experiência real denotada pelo signo icônico.*

Tal definição, aparentemente, não deveria deslocar de maneira apreciável a noção de signo icônico ou de imagem como algo dotado de uma nativa semelhança com o objeto real. Se "ter uma nativa semelhança" significa não ser um signo *arbitrário,* mas sim um signo *motivado,* que deduz o seu sentido da própria coisa representada e não da convenção representativa — nesse caso, falar em semelhança nativa ou em signo que reproduz algumas condições da percepção comum, deveria ser a mesma coisa. A imagem (desenhada ou fotografada) ainda seria algo "radicado no real", exemplo de "expressividade natural", imanência do sentido na coisa [5], presença da realidade na sua significatividade espontânea [6].

Mas se se pôs em dúvida a noção de signo icônico foi justamente porque a Semiologia tem o dever de não deter-se

(4)   Sobre a natureza transacional da percepção, ver AAVV, *La psicologia transazionale,* Milão, Bompiani, 1967, AAVV, *La perception,* P.U.F., 1955; JEAN PIAGET, *Les mécanismes perceptifs,* P.U.F., 1961; U. ECO, *Modelli e strutture,* in "Il Verri", 20.

(5)   "L'image n'est pas l'indication d'autre chose qu'elle-même, mais la pseudo-présence de ce qu'elle-même contient... Il y a expression lorsqu'un 'sens' est en quelque sorte immanant à une chose, se dégage d'elle directement, se confond avec sa *forme* même... L'expression naturelle (le paysage, le visage) et l'expression esthétique (la mélancolie du hautbois wagnérien) obéissent pour l'essentiel au même mécanisme sémiologique: le 'sens' se dégage naturellement de l'ensemble du signifiant, sans recours à un code" (CHRISTIAN METZ, *Le cinéma: langue ou langage?,* in "Communications", 4). Essas afirmações sobre a expressividade da imagem não sobressairiam tanto em relação a todas aquelas a que nos tem habituado uma estética intuitivista e romântica, se não aparecessem no contexto de um discurso semiológico, e, conseqüentemente, não se apresentassem como a rendição da pesquisa semiológica diante de algo que não consegue agarrar. As páginas que se seguem querem justamente impostar um discurso que vá além desse compasso de espera, observação que vale também para a nota seguinte.

Assim traduzimos a citação de Metz: "A imagem não é a indicação de nada além de si mesma, mas sim a pseudo-presença do que ela própria contém... Existe expressão quando um 'sentido' é, de algum modo, imanente a uma coisa, dela se depreende diretamente e se confunde com sua própria *forma*... A expressão natural (a paisagem, o rosto) e a expressão estética (a melancolia do oboé wagneriano) obedecem no que concerne ao essencial, ao mesmo mecanismo semiológico: o 'sentido' depreende-se naturalmente do conjunto do significante, sem recurso a um código." (N. da T.)

(6)   A realidade não passa de *cinema ao natural;* "a primeira e a principal das linguagens humanas pode ser a própria ação"; e portanto "as unidades

OS CÓDIGOS VISUAIS

nas aparências e na experiência comum. À luz da experiência comum não é necessário perguntarmo-nos baseados em que mecanismos comunicamos: comunicamos e basta. Mas à luz da experiência comum não é nem mesmo necessário perguntar baseados em que mecanismos percebemos: percebemos e basta. Porém a Psicologia (a propósito da percepção) ou a Semiologia (a propósito da comunicação) instauram-se justamente no momento em que se quer imprimir inteligibilidade a um processo aparentemente "espontâneo".

É um dado de experiência comum o fato de podermos comunicar, não só mediante signos verbais (arbitrários, convencionais, articulados com base em unidades discretas), mas também por meio de signos figurativos (que aparecem como naturais e motivados, intimamente ligados às coisas e desenvolvendo-se ao longo de uma espécie de *continuum* sensível): o problema da Semiologia das comunicações visuais é saber como é que nos pode parecer *igual às coisas* um signo gráfico ou fotográfico sem nenhum elemento material em comum com essas coisas. Ora, se não tem elementos materiais comuns, pode suceder que o signo figurativo comunique, mediante suportes estranhos, *formas relacionais iguais*. Mas o problema está justamente em saber o que são e como são essas relações, e de que maneira são comunicadas. Do contrário, todo reconhecimento de motivação e espontaneidade efetuado em relação aos signos icônicos se transforma numa espécie de consenso irracional a um fenômeno mágico e misterioso, inexplicável e aceitável só por aquilo que dele aparece, em espírito de devoção e reverência.

II.4. Por que é icônica a representação da camada gelada sobre o vidro? Porque diante do fenômeno real, percebo, sobre uma dada superfície, a presença de um estrato uniforme de matéria transparente que, batida pela luz, produz reflexos prateados. Tenho, no desenho, sobre uma superfície preexistente, uma camada de matéria transparente que, no contraste entre dois tons cromáticos distintos (gerando a impressão de luminosidade incidente), produz reflexos prateados. Manteve-se uma certa relação entre os estímulos, que é igual no caso efetivo e no desenho, ainda que o *suporte material*, por meio do qual se realizou a estimulação,

mínimas da língua cinematográfica são os vários objetos reais que compõem um enquadramento". Assim se expressa P. P. PASOLINI in *La lingua scritta dell'azione*, conferência realizada na cidade de Pesaro, em junho de 1966, e publicada em "Nuovi Argomenti", abril-junho de 1966. Responderemos a essas posições de modo mais completo em B.4.I.

104 A ESTRUTURA AUSENTE

seja diferente. Poderíamos dizer que mudou a matéria da estimulação, mas não mudou sua relação formal. Porém, se refletirmos melhor, veremos que também essa suposta relação formal é um tanto ou quanto vaga. Por que a camada desenhada, que não é batida pela luz incidente, mas sim *refigurada* como batida por uma luz *refigurada,* parece produzir reflexos prateados?

Se eu desenhar numa folha de papel com uma caneta, resolvendo numa linha contínua e elementar a silhueta de um cavalo, toda a gente estará disposta a reconhecer no meu desenho um cavalo; e no entanto a única propriedade que tem o cavalo do desenho (um traço preto contínuo) é a única propriedade que o cavalo de verdade *não tem.* Meu desenho consiste num desenho que delimita o "espaço dentro = cavalo", separando-o do "espaço-fora = não cavalo", ao passo que o cavalo não possui essa propriedade. Logo, no meu desenho, *não reproduzi condições de percepção,* porque percebo o cavalo com base numa grande quantidade de estímulos, nenhum dos quais é nem de longe comparável a uma linha contínua.

Diremos então: *os signos icônicos reproduzem algumas condições da percepção do objeto, mas depois de tê-las selecionado com base em códigos de reconhecimento e anotado com base em convenções gráficas* — daí porque um dado signo ou denota arbitrariamente uma dada condição de percepção ou denota globalmente um *perceptum* arbitrariamente reduzido a uma configuração gráfica simplificada [7].

II.5. Selecionamos os aspectos fundamentais do *perceptum* com base em *códigos de reconhecimento*: quando, no jardim zoológico, vemos uma zebra de longe, os elementos que reconhecemos imediatamente (e que retemos na memória) são as listras, e não o perfil que se assemelha vagamente ao do asno ou do mulo. Assim, ao desenharmos uma zebra, preocupamo-nos com tornar reconhecíveis as listras, mesmo que a forma do animal seja aproximativa, e possa — sem as listras — ser confundida com a de um cavalo. Mas suponhamos que exista uma comunidade africana onde os únicos quadrúpedes conhecidos sejam a zebra e a hiena, desconhecendo-se por completo os cavalos, asnos e mulos: então, para reconhecer-se a zebra, não será mais necessário

(7) Se bem que a impostação e o objetivo sejam diferentes, podem-se encontrar inúmeras observações úteis ao nosso discurso in HERBERT READ, *Educare con l'arte,* Milão, Comunità, 1954. O mesmo discurso vale para RUDOLF ARNHEIM, *Arte e percezione visiva,* Milão, Feltrinelli, 1962.

OS CÓDIGOS VISUAIS 105

perceber as listras (ela será reconhecível até de noite, como sombra, sem se lhe individuar o pelo), e para desenhar-se uma zebra será mais importante, ao contrário, insistir na forma do focinho e no comprimento das pernas, para distingui-la do quadrúpede representando a hiena (que por seu turno também tem listras: e por conseguinte, as listras já não constituem fator de diferenciação).

Portanto, também os códigos de reconhecimento (como os códigos da percepção) abrangem aspectos *pertinentes* (o que acontece em todos os códigos). Da seleção desses aspectos depende a recognoscibilidade do signo icônico.

Mas os traços pertinentes devem ser comunicados. Existe, portanto, um código icônico que estabelece a equivalência entre determinado signo gráfico e um traço pertinente do código de reconhecimento.

Observemos um garoto de quatro anos: lá se põe ele de barriga para baixo, estendido sobre a mesa, e, fazendo de eixo sua própria bacia, começa a rodar com os braços e as pernas estirados como o ponteiro de uma bússola, dizendo: "Sou um helicóptero." De toda a complexa forma do helicóptero, ele, baseado em códigos de reconhecimento, reteve: 1) o aspecto fundamental, pelo qual o helicóptero se distingue de outras máquinas: as pás rotativas; 2) das três pás rotativas reteve apenas a imagem de duas pás contrapostas, como a estrutura elementar mediante cuja transformação se têm as várias pás; 3) das duas pás reteve a relação geométrica fundamental: uma linha reta com perno central e área giratória de 360 graus. Captada essa relação básica, reproduziu-a no e com o próprio corpo.

Peço-lhe então que desenhe um helicóptero, pensando que, já que apreendeu sua estrutura elementar, irá reproduzi-la no desenho. Mas, ao invés disso, ele desenha um pesado corpo central, em torno do qual *finca* formas paralelepipedais, como esporões, em número indeterminado, e que ele vai acrescentando mais e mais, sem ordem, como se o objeto fosse um porco-espinho. E em plena atividade, explica: "Aqui ficam aquelas asas todas".

Quando, portanto, usava o próprio corpo, reduzia a experiência a uma estrutura extremamente simples, mas ao usar o lápis, transformou o objeto numa estrutura bastante complexa.

Ora, de um lado, — indubitavelmente — ele também mimava com o corpo o movimento, coisa que não conseguia

106 A ESTRUTURA AUSENTE

representar no desenho, tendo, portanto, que fazê-lo mediante a implantação multiplicada das asas aparentes; mas o movimento poderia também ter sido representado como o faria um adulto, desenhando, por exemplo, numerosas linhas retas cruzadas no centro, dispostas em estrela. O fato é que ele ainda não é capaz de pôr em código (gráfico) o tipo de estrutura que tão bem conseguiu representar com o corpo (visto que já a individuou, já a "modelizou"). Percebe o helicóptero, elabora dele modelos de reconhecimento, mas *não sabe estabelecer a equivalência entre um signo gráfico convencionado e o traço pertinente do código de reconhecimento.*

Só quando conseguir realizar essa operação (o que naquela idade já acontece em relação ao corpo humano, às casas, ou ao automóvel), desenhará de modo reconhecível. Suas figuras humanas já fazem parte de uma "língua". Seu helicóptero, no entanto, é uma imagem ambígua, necessitando ancorar-se numa explicação verbal que fornece as equivalências e funciona como código [8].

II.6. Quando se adquirem os instrumentos, então determinado signo gráfico denotará "membro inferior", outro, "olho", e assim por diante. Sobre o caráter convencional desses signos gráficos não vale mais a pena insistir, ainda que, indubitavelmente, pareçam estruturados homologamente a algumas relações que constituem o objeto representado. Mas também aqui é mister não confundir relações convencionalmente representadas como tais com relações ontológicas. A representação esquemática do sol constituída por um círculo de onde partem algumas retas em simetria irradiada, poderia fazer-nos pensar que o desenho reproduz *verdadeiramente* a estrutura, o sistema de relações que se interpõem entre o sol e os raios de luz que saem dele. Mas de repente nos damos conta de que nenhuma teoria física nos permite representar o conjunto dos raios de luz emitidos pelo sol como uma auréola raiada descontínua. Nosso desenho é dominado pela imagem *convencional* (a abstração científica) do raio de luz isolado que se propaga em linha reta. A convenção gráfica exprime-se num sistema de relações que *não reproduz de modo algum* o sistema de relações típico de uma hipótese quântica nem de uma hipótese ondulatória da luz.

(8) Aqui falamos num uso referencial do signo icônico. Sob o ângulo estético, o helicóptero pode, a seguir, ser apreciado pelo vigor e o imediatismo com que, sem possuir um código, o menino soube inventar os próprios signos.

OS CÓDIGOS VISUAIS 107

Portanto, quando muito, a *representação icônica esquemática reproduz algumas das propriedades de outra representação esquemática*, de uma imagem convencional, que faz do sol uma esfera de fogo de onde saem linhas de luz dispostas em auréola.

A esta altura, definir o signo icônico como aquele que possui *algumas propriedades do objeto representado*, faz-se ainda mais problemático. Essas propriedades comuns serão as que se *vêem* ou as que se *conhecem?* Um menino desenha um automóvel de perfil com todas as quatro rodas visíveis: identifica e reproduz as propriedades que *conhece;* depois, aprende a pôr em código os seus signos e representa o automóvel com duas rodas (as outras duas, explica, não se vêem): agora reproduz apenas as propriedades que *vê*. O artista renascentista reproduz as propriedades que vê, o pintor cubista aquelas que sabe (mas o público normal está habituado a reconhecer apenas as que *vê* e não reconhece no quadro as que *sabe*). O signo icônico pode, portanto, possuir, entre as propriedades do objeto, as ópticas (visíveis), as ontológicas (pressupostas) e as convencionadas (modelizadas, sabidamente inexistentes mas eficazmente denotantes, exemplo: os raios de sol em forma de vareta). *Um esquema gráfico reproduz as propriedades relacionais de um esquema mental.*

II.7. *A convenção rege todas as nossas operações figurativas.* Diante do desenhista que representa o cavalo por meio de uma linha filiforme contínua, inexistente na natureza pode o aquarelista considerar-se como bem mais apegado aos dados naturais; com efeito, se este desenha uma casa sobre um fundo de céu, não circunscreve a casa num contorno, mas reduz a diferença entre figura e fundo a uma diferença de cores, e portanto de intensidade luminosa (que é o próprio princípio a que se atinham os impressionistas, vendo, na diferença de tons, variações de intensidade luminosa). Mas de todas as propriedades "reais" do objeto "casa" e do objeto "céu", o nosso pintor escolhe, na verdade, a menos estável e a mais ambígua: sua capacidade de absorver e refletir a luz. E o fato de que uma diferença de tom reproduz uma diferença de absorção da luz por parte de uma superfície opaca, ainda uma vez depende de uma convenção. Observação que vale tanto para os ícones gráficos quanto para os fotográficos.

108   A ESTRUTURA AUSENTE

Esse caráter convencional dos códigos imitativos foi muito bem sublinhado por Ernest Gombrich no seu *Arte e ilusão,* onde explica, por exemplo, o fenômeno que ocorreu a Constable ao elaborar uma nova técnica para representar a presença da luz na paisagem. O quadro de Constable, *Wivenhoe Park,* foi inspirado por uma poética da representação científica da realidade, e a nós nos parece puramente "fotográfico", com sua representação minuciosa das árvores, dos animais, da água e da luminosidade de uma nesga de prado batida de sol. Mas sabemos, também, que sua técnica dos contrastes tonais, quando suas obras apareceram pela primeira vez, não era, absolutamente, encarada como uma forma de imitação das "reais" relações de luz, mas como um arbítrio bizarro. Constable inventara, portanto, um novo modo de *pôr em código a nossa percepção da luz,* e de transcrevê-la na tela.

Gombrich, para mostrar o caráter convencional dos sistemas de notação, refere-se também a duas fotografias do mesmo ângulo de Wivenhoe Park, e que mostram, antes de mais nada, como o parque de Constable pouco tinha em comum com o da fotografia; sem, contudo, em segunda instância, demonstrar que a fotografia possa constituir o parâmetro sobre o qual julgar a iconicidade da pintura. "O que 'transcrevem' essas ilustrações? Não há certamente nem um centímetro quadrado da fotografia que seja idêntico, por assim dizer, à imagem que se poderia obter *in loco* usando um espelho. E isso se compreende. A fotografia em branco e preto só dá gradações de tom dentro da gama limitadíssima dos cinzas. Nenhum desses tons, obviamente, corresponde ao que chamamos de 'realidade'. De fato, a escala depende em grande parte da escolha do fotógrafo no momento da revelação e da impressão do negativo, e é, em grande parte, questão de técnica. As duas fotografias reproduzidas derivam do mesmo negativo. Uma, impressa sobre uma escala bastante limitada dos cinzas, produz um efeito de luz velada; a outra, mais contrastada, produz efeito diverso. Por isso, nem mesmo a estampa é 'mera' transcrição do negativo... Se isso é verdade para a humilde atividade de um fotógrafo, tanto mais o será para o artista. De fato, nem mesmo o artista pode transcrever o que vê: só pode traduzi-lo em termos próprios do meio à sua disposição" [9].

(9) ERNEST GOMBRICH, *Arte e illusione,* Turim, Einaudi, 1965, p. 42.

OS CÓDIGOS VISUAIS

Naturalmente, chegamos a entender uma dada solução técnica como a representação de uma experiência natural porque em nós se formou *um sistema de expectativas* codificado, que permite que nos introduzamos no mundo sígnico do artista: "Nossa leitura dos criptogramas do artista está influenciada pela nossa expectativa. Enfrentamos a criação artística com aparelhos receptores já sintonizados. Esperamos defrontar-nos com determinado sistema de notações, em determinada situação sígnica, e nos preparamos para nos sintonizar com ela. A esse respeito, a escultura oferece exemplos ainda melhores do que a pintura. Quando chegamos diante de um busto, sabemos o que nos espera e, de regra, não o vemos como uma cabeça decapitada... Talvez pela mesma razão não nos surpreenda a falta da cor, assim como essa falta não nos surpreende numa fotografia em branco e preto"[10].

II.8. Mas não havíamos definido os códigos icônicos apenas como a possibilidade de reproduzir todas as condições da percepção mediante um signo gráfico convencional; disséramos, também, que *um signo pode denotar globalmente um perceptum,* reduzido a uma convenção gráfica simplificada. Justamente porque entre as condições de percepção *escolhemos* os traços pertinentes, esse fenômeno de *redução* se verifica em quase todos os signos icônicos; mas aparece de modo mais maciço quando nos encontramos diante de estereótipos, de emblemas, de abstrações heráldicas. A silhueta do menino correndo com os livros debaixo do braço, que até há poucos anos indicava a presença de uma escola quando aparecia em placa de trânsito, denotava, por via icônica, "escolar". Mas posteriormente continuamos a identificá-la com a representação de um escolar ainda que de há muito os meninos já não usassem a boina à marinheira e calções como os que apareciam na placa. Na vida cotidiana avistávamos centenas de escolares pelas ruas, mas em termos icônicos continuávamos pensando no escolar como um menino vestido à marinheira e de calças três-quartos. Não há dúvida de que nesse caso nos encontramos diante de uma *convenção iconográfica* tacitamente aceita, mas em outros casos, a representação icônica instaura verdadeiras *cãibras da percepção,* de modo que somos levados a ver as coisas como os signos icônicos estereótipos no-las têm de há muito apresentado.

(10) GOMBRICH, op. cit., p. 70.

110 A ESTRUTURA AUSENTE

No livro de Gombrich existem exemplos memoráveis dessa aptidão. De Villard de Honnecourt — o arquiteto e desenhista do século XIII, que afirma copiar um leão do real e o reproduz segundo as mais óbvias convenções heráldicas da época (sua percepção do leão é condicionada pelos códigos icônicos em uso; ou os seus códigos de transcrição icônica não lhe permitem transcrever diversamente a percepção; e provavelmente está ele tão habituado aos seus próprios códigos que acredita estar transcrevendo suas percepções do modo mais adequado) — a Dürer, que representa um rinoceronte recoberto de escamas e lâminas imbricadas, imagem essa que permanece constante pelo menos durante dois séculos, reaparecendo nos livros dos exploradores e dos zoólogos (que viram rinocerontes verdadeiros, e sabem que eles não têm escamas imbricadas, mas não conseguem representar-lhes a rugosidade da pele senão sob forma de escamas imbricadas, porque sabem que só aqueles signos gráficos convencionalizados podem denotar "rinoceronte" ao destinatário do signo icônico)[11].

Mas também é verdade que Dürer e seus imitadores haviam tentado reproduzir de certo modo certas condições da percepção que a reprodução fotográfica do rinoceronte deixa escapar; não há dúvida que no livro de Gombrich o desenho de Dürer parece risível diante da foto do rinoceronte de verdade, que aparece com uma pele quase lisa e uniforme; mas sabemos que, se examinássemos de perto a pele de um rinoceronte, individuaríamos aí um jogo de rugosidades tal que, sob certo ângulo (no caso — por exemplo — de um paralelo entre a pele humana e a do rinoceronte), seria bem mais realista a enfatização gráfica de Dürer, que empresta uma evidência excessiva e estilizada às rugosidades, ao contrário da imagem fotográfica, que, por convenção, representa apenas as grandes massas de cor e uniformiza as superfícies opacas, distinguindo-as, quando muito, por diferenças de tom.

II.9. Dentro dessa contínua presença dos fatores de codificação, também os fenômenos de "expressividade" de um desenho têm que ser redimensionados. Uma curiosa experiência, levada a efeito sobre a representação das expressões faciais nos *comics*[12], produziu resultados inesperados.

(11) GOMBRICH, op. cit., c. II, "Verdade e fórmula estereotípica".
(12) FABIO CANZIANI, *Sulla comprensione di alcuni elementi del linguaggio fumettistico in soggetti tra i sei e i dieci anni*, in "Ikon", setembro de 1965.

OS CÓDIGOS VISUAIS

Era comum pensar-se que os desenhos dos *comics* (como os personagens de Walt Disney ou de Jacovitti) sacrificavam muitos elementos realistas por visarem ao máximo da expressividade; e que essa expressividade era imediata, de modo que a garotada, melhor do que os adultos, captava as várias expressões de alegria, medo, fome, ira, hilaridade, etc., por uma espécie de nativa participação. Mas a experiência mostrou, pelo contrário, que a capacidade de compreensão das expressões cresce com a idade e o grau de maturidade, sendo reduzida na criança pequena. Sinal, portanto, de que, também nesse caso, a capacidade de reconhecer a expressão de medo ou de cupidez estava ligada a um sistema de expectativas, a um código cultural, indubitavelmente vinculado a *códigos da expressividade* elaborados em outras épocas das artes figurativas. Em outras palavras: se levássemos adiante essa investigação, provavelmente nos daríamos conta de que certo léxico do grotesco e do cômico se apóia em experiências e convenções que remontam à arte expressionista, a Goya, a Daumier, aos caricaturistas do século XIX, a Breughel e talvez aos desenhos cômicos da pintura dos vasos gregos.

Além do mais, o signo icônico nem sempre é tão claramente representativo quanto se crê, o que se confirma pelo fato de que *o mais das vezes, é acompanhado de inscrições verbais*; mesmo porque, embora reconhecível, sempre aparece, todavia, carregado de certa ambigüidade, denota mais facilmente o universal do que o particular (o rinoceronte e não aquele determinado rinoceronte), e por isso exige, nas comunicações que visem à precisão referencial, o estar *ancorado* num texto verbal [13].

Em suma, tudo o que se disse a respeito do conceito de estrutura (ver A.2.IV) vale também para o signo icônico. A estrutura elaborada não reproduz uma suposta estrutura da realidade; articula, isto sim, segundo certas operações, uma série de relações-diferença, de modo tal que as operações mediante as quais os elementos do modelo se relacionaram são as mesmas que realizamos quando relacionamos perceptivamente os elementos pertinentes do objeto conhecido.

O signo icônico, portanto, *constrói um modelo de relações (entre fenômenos gráficos) homólogo ao modelo de relações perceptivas que construímos ao conhecer e recordar o objeto*. Se com alguma coisa tem o signo icônico proprie-

---

(13) Ver ROLAND BARTHES, *Rhétorique de l'image*, in "Communications", n. 4.

112   A ESTRUTURA AUSENTE

dades em comum, será não com o objeto, mas com o modelo perceptivo do objeto; é construível e reconhecível com base nas mesmas operações mentais que realizamos para construir o *perceptum,* independentemente da matéria em que essas relações se realizam.

No entanto, na vida cotidiana, percebemos sem estarmos cônscios da mecânica da percepção, e portanto sem levantar-mos o problema da existência ou do caráter convencional do que percebemos. Assim também, diante dos signos icônicos, é cabível assumir que *se pode apontar como signo icônico todo aquele que nos parece reproduzir algumas das proprieda-des do objeto representado.* Nesse sentido, portanto, a defi-nição morrisiana, tão afim com a do bom senso, torna-se viável, *contanto que fique claro que só é empregada como artifício cômodo,* e não no plano da definição científica. E contanto que essa definição não se hipostatize, impedindo que uma análise ulterior reconheça o caráter convencional dos signos icônicos.

III. A POSSIBILIDADE DE CODIFICAR OS SIGNOS ICÔNICOS

III.1. Vimos que para produzir equivalentes icônicos da percepção selecionam-se alguns e não outros aspectos per-tinentes. As crianças de menos de quatro anos não conside-ram o tronco humano como traço pertinente, e representam o homem só com cabeça e membros inferiores.

Ora, a presença de traços pertinentes na língua verbal permite uma catalogação precisa desses traços: dentro de uma língua trabalha um dado número de fonemas, e o jogo das diferenças e oposições significantes se articula com base neles. Tudo o mais constitui variante facultativa.

Mas ao nível dos códigos icônicos, ao contrário, estamos diante de um panorama mais confuso. O universo das comu-nicações visuais lembra-nos que comunicamos baseados em *códigos fortes* (como a língua) e mesmo *fortíssimos* (como o alfabeto Morse), e baseados em *códigos fracos,* muito pou-co definidos, continuamente mutáveis, em que as variantes facultativas prevalecem sobre os traços pertinentes.

Na língua italiana há vários modos de pronunciar a pa-lavra "cavalla": aspirando o "c" inicial à toscana ou eli-mìnando o "l" duplo à veneta, com entonações e acentos di-versos; permanecem, todavia, alguns fonemas não redundan-tes, definindo os limites dentro dos quais uma dada emissão de som significa o significado "cavalla" [égua], e além dos quais a emissão de som não significa mais nada ou significa outra coisa.

III.2. Já *ao nível da representação gráfica, disponho de inúmeros modos de representar o cavalo*, de sugeri-lo ou evocá-lo através de jogos de claro e escuro, de simbolizá-lo com uma penada caligráfica, de defini-lo com minucioso realismo (e ao mesmo tempo denotar cavalo parado, correndo, de três quartos, rampante, de cabeça baixa para comer ou beber etc.). É verdade que também verbalmente posso dizer "cavalo" em centenas de línguas e dialetos diferentes; mas as línguas e os dialetos, por muitos que sejam, são codificáveis e arroláveis, ao passo que os mil modos de desenhar o cavalo são imprevisíveis; além do mais as línguas e os dialetos só são compreensíveis para quem os aprende, ao passo que as centenas de códigos para desenhar-se um cavalo têm muito maiores possibilidades de serem utilizados até por quem jamais delas teve conhecimento (embora além de certa medida de codificação, o reconhecimento não ocorra para quem não possui o código).

III.3. Por outro lado, apuramos que as codificações icônicas existem. Achamo-nos, portanto, diante do fato de que *existem grandes blocos de codificação, cujos elementos de articulação são, porém, difíceis de discernir*. Pode-se proceder por sucessivas *provas de comunicação*, para ver, por exemplo, dado o perfil de um cavalo, quais os traços é mister alterar para que se lhe reduza a recognoscibilidade; mas a operação permite-nos codificar apenas um setor infinitesimal do processo de codificação icônica, o que concerne à representação esquemática de um objeto mediante tão-somente o contorno linear [14].

Num sintagma icônico, pelo contrário, intervêm relações contextuais tão complexas que é difícil distinguir no seu interior os traços pertinentes das variantes facultativas. Mesmo porque a língua procede por traços discretos, que se recortam no *continuum* dos sons possíveis, ao passo que nos fenômenos de iconismo procede-se, amiúde, mediante a utilização de um *continuum* cromático sem solução de continuidade.

---

(14) Vejam-se os exercícios de BRUNO MUNARI (*Arte come mestiere*, Bari, Laterza, 1966) sobre a recognoscibilidade de uma seta através de sucessivas simplificações, sobre as deformações e alterações de uma marca, sobre os cento e quarenta modos de desenhar um rosto humano visto de frente (e isso se liga ao problema suscitado no parágrafo precedente), indo até o limite da recognoscibilidade...

114 A ESTRUTURA AUSENTE

Isso ocorre no universo da comunicação visual e não, por exemplo, no da comunicação musical, onde o *continuum* sonoro foi subdividido em traços pertinentes discretos (as notas da escala); e se na música contemporânea tal fenômeno não mais se verifica (voltando-se à utilização de *continua* sonoros, onde se mesclam sons e ruídos, num magma indiferenciado), foi ele, no entanto, que permitiu aos fautores da identificação comunicação-linguagem levantarem o problema (solúvel mas existente) da comunicatividade da música contemporânea [15].

III.4. No *continuum* icônico, não se recortam traços pertinentes discretos e catalogáveis de uma vez por todas, mas os aspectos pertinentes variam: ora são grandes configurações reconhecíveis por convenção, ora até mesmo pequenos segmentos de linha, pontos, espaços brancos, como acontece num desenho de perfil humano, onde um ponto representa o olho, um semicírculo, a pálpebra; quando sabemos que em outro contexto, o mesmo tipo de ponto e o mesmo semicírculo representam, pelo contrário, digamos, uma banana e um bago de uva. Portanto, os signos do desenho não são elementos de articulação correlatos aos fenômenos da língua porque não têm valor posicional e oposicional, não significam pelo fato de aparecerem ou não aparecerem; podem assumir significados contextuais (ponto = olho — quando inscrito numa forma amigdalóide) sem terem significado próprio, mas não se constituem num sistema de rígidas diferenças pelo qual um ponto tem significado enquanto se opõe à linha reta ou ao círculo. Seu valor posicional varia conforme a convenção que o tipo de desenho institui, e que pode variar nas mãos de outro desenhista, ou no momento em que o mesmo adota outro estilo. *Encontramo-nos, portanto, diante de uma ciranda de idioletos,* alguns dos quais reconhecíveis por muitos, outros privadíssimos, onde as variantes facultativas superam de longe os traços pertinentes, ou melhor, onde as variantes facultativas se fazem traços pertinentes e vice--versa, segundo o código adotado pelo desenhista (o qual põe em crise, com extrema liberdade, um código preexistente, e constrói um novo com os detritos do outro ou de outros). *Eis em que sentido os códigos icônicos, se é que existem, são códigos fracos.*

---

(15) Ver NICOLAS RUWET *Contraddizioni del linguaggio seriale,* in "Incontri Musicali", 3, agosto de 1959.

OS CÓDIGOS VISUAIS

115

Isso também nos ajuda a compreender por que aquele que fala não nos parece por essa razão particularmente dotado, ao passo que quem sabe desenhar já surge como "diferente" dos demais. O motivo é que neste reconhecemos a capacidade de articular elementos de um código que não pertence a todo o grupo, e reconhecemos-lhe uma autonomia, relativamente aos sistemas de normas, que não outorgamos a nenhum falante, salvo ao poeta. Quem desenha surge como um técnico do idioleto, porque embora esteja usando um código que todos reconhecemos, nele introduz mais originalidade, mais variantes facultativas, mais elementos de "estilo" individual do que o faria um falante em relação à sua língua [16].

III.5. Porém, mesmo quando o desenho icônico se excede na individualização das características de "estilo", nem por isso o seu problema é diferente daquele suscitado pelas variantes facultativas e pelos elementos de entonação individual na linguagem verbal.

Num ensaio dedicado à "Informação do estilo verbal"[17], Ivan Fonagy detém-se nas variações do emprego do código ao nível fonético. Enquanto o código fonológico prevê uma série de traços distintivos catalogados e diferenciados discretamente uns dos outros, sabemos que quem fala, embora use de modo reconhecível os vários fonemas previstos pela sua língua, *colore*-os, por assim dizer, com entonações individuais, sejam elas os chamados *traços supra-segmentais* sejam as *variantes facultativas*[18]. As variantes facultativas são simples gestos de livre iniciativa na execução de determinados sons (como certas pronúncias individuais ou regionais), ao passo que os traços supra-segmentais são verdadeiros artifícios significantes: são por exemplo as entonações que damos a uma frase para fazê-la exprimir, alternativamente, temor, ameaça, pavor ou encorajamento, e assim por diante. Uma injunção do tipo "Experimente", pode ser entonada de modo que signifique "Coitado de você, se experimentar", ou então "Vamos, experimente, coragem", ou ainda "Suplico-lhe, se me quer bem, faça essa tentativa". Está claro que essas entonações não são catalogáveis por traços discretos mas pertencem a um *continuum* que pode ir do mínimo ao

(16) Ver C. METZ, ensaio citado, p. 84; "quando uma linguagem ainda não existe em sua totalidade é preciso já ser um pouco artista para falá-la, ainda que mal".

(17) *L'information de style verbal*, in "Linguistics", 4.

(18) Além do ensaio de Fonagy e dos volumes de Lingüística Geral já citados, leia-se a explanação a respeito in R. H. ROBINS, *General Linguistics*, Londres, Longmans, 1964 (Parte 4).

116 A ESTRUTURA AUSENTE

máximo de tensão, aspereza ou ternura. Fonagy define esses modos de dizer como uma segunda mensagem que se acrescenta à mensagem normal e deve ser decodificada por outros meios, como se existissem, na transmissão da informação, dois tipos de transmissor a que corresponderiam dois tipos de receptor: um, capaz de transformar em mensagem os elementos reportáveis ao código lingüístico, o outro, de fazer o mesmo com os elementos de um *código pré-lingüístico*.

Fonagy adianta, primeiramente, a hipótese de que entre esses traços não-discretos e aquilo que querem comunicar existe uma espécie de "liame natural"; a seu ver, eles não são arbitrários, e formam um *continuum* paradigmático desprovido de traços discretos, podendo, enfim, o falante, no exercício dessas variantes "chamadas livres", pôr em evidência qualidades de estilo e de autonomia executora que lhe são vedadas pelo código lingüístico. Eis-nos, portanto, na mesma situação já delineada no tocante às mensagens icônicas.

Mas o próprio Fonagy se dá conta de que essas variantes livres estão sujeitas a processos de codificação, e de que a língua trabalha continuamente no sentido de convencionalizar também as mensagens pré-lingüísticas. Todas essas observações ganham em clareza, a seu ver, se se considerar, por exemplo, que uma mesma entonação significa duas coisas diferentes em duas línguas diferentes (atingindo tal diferença os seus limites máximos no confronto entre línguas ocidentais e línguas como o chinês, onde a entonação se torna, indubitavelmente, um traço diferencial fundamental). E termina citando um trecho de Roman Jakobson, em que se avoca a uma Teoria da Comunicação (onde a Lingüística se nutre da Teoria da Informação) a possibilidade de tratar, com base em códigos rigorosos, até mesmo as variações "pretensamente *livres*"[19]. Conseqüentemente, as variantes livres, apesar de parecerem tão nativamente *expressivas,* estruturam-se como sistemas de diferenças e oposições, ainda que não tão claramente como os fonemas, dentro de uma língua de uma cultura, de um grupo que usa a língua de determinado modo; e amiúde no âmbito do uso privado de um único falante, onde os afastamentos da norma se organizam em sistema previsível de acontecimentos. De um máximo de convencionalização total a um mínimo de exercício do idioleto, *as variações de entonação significam por convenção.*

(19) JAKOBSON op. cit. c. V.

OS CÓDIGOS VISUAIS 117

O que acontece no tocante à língua, pode acontecer em relação aos códigos icônicos. E a certa altura esse fenômeno surge, mesmo, claro e sem equívocos, tanto que dá lugar a classificações na História da Arte ou na Psicologia. É quando certo modo de dispor as linhas passa a ser julgado "gracioso", aquele outro "nervoso", outro ainda "leve" ou "pesado" . . . Há configurações geométricas de que se valem os psicólogos para determinados testes e através dos quais se comunicam, indiscutivelmente, tensões e dinamismos: uma linha inclinada sobre a qual se coloque uma esfera na parte mais alta, comunica uma sensação de desequilíbrio e instabilidade, uma linha trazendo a esfera vertente abaixo comunica estase, termo de um processo. Ora, é óbvio que esses diagramas comunicam situações fisiopsicológicas porque representam tensões reais, inspirando-se na experiência da gravidade ou em fenômenos análogos; mas também é verdade que o fazem reconstruindo, sob forma de modelo abstrato, relações fundamentais. E embora, ao surgirem, se reportassem explicitamente ao modelo conceptual da relação comunicada, tais representações assumiram, em seguida, valor convencional: assim na linha "graciosa", já não observamos o senso da agilidade, da ligeireza, do movimento sem esforço, mas a "graça" *tout court* (tanto que depois ocorrem sutis fenomenologias de uma categoria estilística do gênero para buscarem, debaixo do hábito e da convencionalização, o apelo a modelos perceptivos que o signo retranscreve)[20].

Em outras palavras: se numa solução icônica particularmente informativa podemos receber a impressão "graça" porque imprevistamente descobrimos, no uso improvável e ambíguo de um signo, a reconstrução e a reproposta de experiências perceptivas (de emoções dantes imaginadas como tensões entre linhas, a linhas postas em tensão evocando-nos emoções), na realidade, na maioria das impressões de "graça" observáveis num anúncio publicitário, num ícone qualquer, lemos a conotação "graça" num signo que nos conota a categoria estética diretamente (não a emoção primeira que deu origem a uma representação informativa, a um desvio das normas icônicas, e daí a um novo processo de assimilação e convencionalização). Isto é, já estamos ao nível retórico.

Conclusão: podemos dizer que nos signos icônicos prevalece — e às vezes de maneira excessiva — o que na lin-

---

(20) Consulte-se, por exemplo, RAYMOND BAYER, *Esthétique de la grâce*, Paris, Alcan, 1934.

118

A ESTRUTURA AUSENTE

guagem verbal chamaríamos de variantes facultativas e traços supra-segmentais. Mas reconhecer tal fato não significa afirmar que os signos icônicos escapem à codificação [21].

III.6. Quando se diz que o signo gráfico é relacionalmente homólogo ao modelo conceptual, poder-se-ia daí concluir que o signo icônico é *analógico*. Não no sentido clássico do termo "analogia" (como parentesco secreto ou misterioso, e mesmo inanalisável, quando muito definível como uma espécie de proporção imprecisa), mas no sentido que dão ao termo os construtores e operadores de cérebros eletrônicos. Um computador pode ser *digital* (quando procede por escolhas binárias e decompõe a mensagem em elementos discretos) ou *analógico* (quando exprime, por exemplo, um valor numérico através da intensidade de uma corrente elétrica, instituindo uma equivalência rigorosa entre duas grandezas). Os engenheiros de comunicações preferem não falar em "código analógico" como falam em "código digital"; preferem dizer: "modelo analógico". Com o que sugeririam que a codificação analógica se rege por um fato *icônico* e *motivado*. Dever-se-á considerar tal conclusão como definitiva?

A propósito do problema, observa Barthes que "o encontro do analógico com o não-analógico parece, portanto, indiscutível, até no seio de um mesmo sistema. Todavia, a Semiologia não poderá contentar-se com uma descrição que reconheça o compromisso sem procurar sistematizá-lo, visto que não pode admitir um diferencial contínuo, uma vez que o sentido, como veremos, é articulação... É, portanto, provável que ao nível da Semiologia mais geral... se estabeleça uma espécie de circularidade entre analógico e imotivado: há a dupla tendência (complementar) de naturalizar o imotivado e intelectualizar o motivado (isto é, culturalizá-lo). Enfim, alguns asseguram que o próprio digitalismo, embora sendo, sob sua forma mais pura, o binarismo, rival do análógico, é, ele mesmo, uma "reprodução" de certos processos fisiológicos, desde que se admita que a vista e o ouvido funcionam por seleções alternativas"[22].

Pois muito bem, quando falamos em reduzir o código icônico ao perceptivo (que a Psicologia da Percepção —

(21) A propósito da imagem fílmica, na qual reconhece motivação e pregnância, METZ (op. cit., p. 88) lembra, no entanto, que "os sistemas de paradigmática incerta podem ser estudados enquanto sistemas de paradigmática incerta com meios apropriados"; gostaríamos de acrescentar que é preciso, antes de mais nada, fazer o possível para tornar menos incerta a paradigmática.

(22) *Elementi di semiologia*, cit. II,4,3.

OS CÓDIGOS VISUAIS

ver Piaget — já reduziu a escolhas binárias) e procuramos reconhecer, também ao nível das escolhas gráficas, a presença de elementos pertinentes (cuja presença e cuja ausência causam a perda ou a aquisição do significado, e isso ocorre mesmo quando o traço se manifesta como pertinente apenas com base no contexto), estamos justamente procurando tomar essa direção, a única produtiva no sentido científico. Isto é, a única que nos permite explicar *o que vemos* em termos de *algo que não vemos* (mas que permite a experiência da parecença icônica).

III.7. A falta de explicações desse tipo, podemo-nos, sem dúvida, contentar com modelos analógicos, os quais embora não se estruturem em oposições binárias, organizam-se, em todo o caso, em *graus* (isto é, não em *"sim ou não"*, mas em *"mais ou menos"*). Tais modelos poderiam chamar-se "códigos" enquanto não dissolvem o discreto no contínuo (e portanto, não anulam a codificação) mas fracionam o que aparece como contínuo *em graus*. O fracionamento em graus pressupõe, em lugar de uma oposição entre "sim" e "não", uma passagem do "mais" para o "menos". Por exemplo: num código iconológico, dadas duas convencionalizações X e Y da atitude "sorriso", pode-se prever a forma Y como mais acentuada do que X e avançando numa direção que, no grau subseqüente, resulte numa forma Z, bastante próxima de uma eventual forma X_1 que já representaria o grau inferior da convencionalização da atitude "risada". Resta perguntar se uma codificação desse tipo será absoluta e constitucionalmente não redutível à binária, representando, assim, sua alternativa constante, isto é, o outro pólo de uma contínua oscilação entre quantitativo e qualitativo, ou se, a partir do momento em que se introduzem graus no contínuo, já não funcionam eles — no que diz respeito aos seus poderes de significação — por *exclusão recíproca*, impostando, destarte, uma forma de oposição [23].

Essa oposição, contudo, entre analógico e digital, poderia resolver-se, em última análise, numa vitória do *motivado*. E

(23) A tendência corrente reconhece ainda uma oposição insolúvel entre arbitrário e motivado. Ver E. STANKIEWICZ, *Problems of Emotive Language*, in *Approaches to Semiotics*, cit.; D. L. BOLINGER, *Generality, Gradience and the All-or-None*, Haia, Mouton, 1961; T. A. SEBEOK, *Coding in Evolution of Signalling Behavior*, in "Behavioral Sciences", 7, 1962; P. VALESIO, *Iconi e schemi nella struttura della lingua*, in "Lingua e Stile", 3, 1967. Sobre os códigos visuais: R. JAKOBSON, *On Visual and Auditory Signs*, in "Phonetica", II, 1964; *About the Relation between Visual and Auditory Signs*, in AAVV, *Models for the Perception of Speech and Visual Form*, M.I.T., 1967.

120 A ESTRUTURA AUSENTE

precisamente onde, uma vez decomposto qualquer *continuum* aparente em traços discretos e pertinentes, surgisse a pergunta: de que modo reconhecemos os traços pertinentes? Resposta: *com base numa semelhança icônica.*

III.8. Vimos, porém, que a Psicologia, nas suas formas mais singelas de análise dos mecanismos perceptivos, reporta a percepção dos fatos "imediatos" a complexas operações probabilísticas em que se retorna ao problema da possível digitalização do *perceptum.*

Neste ponto, é a ciência musical que nos oferece um excelente modelo de pesquisa. A música, como gramática de uma tonalidade e elaboração de um sistema de notação, decompõe o *continuum* dos sons em traços pertinentes (tons e semitons, batidas de metrônomo, semínimas, semibreves, colcheias etc.). Articulando esses traços, podem-se fazer 'odos os discursos musicais.

Poder-se-á objetar, todavia, que, mesmo quando a notação prescreve, baseada num *código* digital, como *falar* musicalmente, a mensagem isolada (a execução) enriquece-se de numerosas variantes facultativas não codificadas. Tanto que um "glissando", um trinado, um "rubato", a duração de uma fermata, são considerados (tanto pela linguagem comum quanto pela do crítico) como *fatos expressivos.*

Mas, ao mesmo tempo em que reconhece esses fatos expressivos, a ciência da notação musical faz de tudo para codificar também as variantes. Codifica o trêmulo, o "glissato", acrescenta notações como "com sentimento", etc. Note-se que essas codificações não são digitais, mas analógicas, e procedem por graus (*mais* ou *menos*) sumariamente definidos. Mas se não são digitais, *são digitalizáveis*, só que a demonstração não ocorre ao nível da notação para o intérprete, e sim ao nível dos *códigos técnicos* de transcrição e reprodução do som.

Cada mínima variação expressiva, nos sulcos que a agulha da vitrola percorre no disco, corresponde a um signo.

Dir-se-á que também esses signos não são articuláveis em traços discretos, mas procedem como um *continuum* de curvas, de oscilações mais ou menos acentuadas. Seja. Mas consideremos agora o processo físico pelo qual, desse *continuum* de curvas graduadas, se passa — através de uma seqüência de sinais elétricos conseqüentes e de uma seqüência de vibrações acústicas — à recepção e à retransmissão do

OS CÓDIGOS VISUAIS 121

som através do ampliador. *Voltamos, aqui, à ordem das grandezas digitalizáveis.*

Do sulco à ponta da agulha, até a entrada dos blocos eletrônicos do amplificador, o som é reproduzido através de um *modelo contínuo;* mas dos blocos eletrônicos em diante, até a reconstituição física do som através do amplificador, *o processo torna-se discreto.*

A engenharia das comunicações tende, cada vez mais, mesmo nos computadores, a transferir para códigos digitais os modelos analógicos. E a transferência é sempre possível.

III.9. É certo que esse reconhecimento de discretização última só interessa aos engenheiros, e estes mesmos são muitas vezes levados, por várias razões, a considerarem como contínuo um fenômeno que se decompõe em traços discretos só ao nível dos acontecimentos eletrônicos que eles determinam mas não controlam passo a passo. Mas isso, ainda uma vez, equivale a dizer que o *reconhecimento de motivação, iconicidade, analogicidade,* que somos obrigados a operar diante de certos fenômenos, *representa uma solução comodista* — ótima para descrever tais fenômenos no plano de generalidade em que os percebemos e utilizamos, mas não no plano de analiticidade em que sucedem e *devem ser postulados.*

Cumpre distinguirmos as soluções práticas das postulações teóricas. É possível que para se elaborarem códigos semiológicos baste reconhecermos e classificarmos procedimentos analógicos (visto que a digitalização ocorre a um nível que não concerne à experiência comum). *Isso, porém, não significa que existam na realidade parentescos nativos e inanalisáveis* [24].

---

(24) Toda hesitação teórica perde, enfim, sua razão de ser desde que se acompanhem as experiências de produções de ícones complexos programando computadores *digitais.* Veja-se a obra fundamental de M. KRAMPEN e P. SEITZ, ed. *Design and Planning,* Nova Iorque, Hasting House Publishers, 1967.

2. O Mito da Dupla Articulação

1. A perigosa tendência de declarar-se "inexplicável" o que não se explica de imediato com os instrumentos disponíveis, levou a curiosas posições: entre elas a decisão de negar-se dignidade de língua a sistemas de comunicação que não possuíssem a dupla articulação reconhecida como constitutiva da língua verbal (vejam A.2.III.1.). Diante da evidência de códigos mais fracos que o da língua, decidiu-se que não eram códigos; e diante da existência de blocos de significados — como os constituídos pelas imagens icônicas — tomaram-se duas decisões opostas: ou negar-lhes a natureza de signo porque se afiguraram inanalisáveis; ou neles buscar a todo custo algum tipo de articulação que correspondesse às articulações da língua. Um dos mais insidiosos exemplos (insidiosos porque elaborados com lúcida capacidade suasória) nos é dado pelas observações de Claude Lévi-Strauss sobre a pintura abstrata e figurativa.

Sabemos que na língua existem elementos de primeira articulação, dotados de significado (os *monemas*), que se combinam entre si para formarem os sintagmas; e que esses elementos de primeira articulação são analisáveis, ulteriormente, em elementos de segunda articulação que os compõem. Estes são os *fonemas*, mais limitados que os *monemas*. De fato, numa língua entra em jogo um número infinito (ou melhor, indefinido) de *monemas*, ao passo que os *fonemas* que os compõem são em número limitado [25].

Indubitavelmente, na língua, a significação salta através do jogo desses dois tipos de elementos; mais isso não

---

(25) Sobre a primeira e a segunda articulação ver MARTINET, op. cit., I.8.

O MITO DA DUPLA ARTICULAÇÃO 123

quer dizer que todo processo de significação tenha que ocorrer do mesmo modo.

Lévi-Strauss é de parecer contrário; a seu ver, se tais condições não forem satisfeitas, não existirá linguagem.

2. Já no decorrer dos seus *Entretiens* [26] com um entrevistador do rádio, havia ele desenvolvido uma teoria da obra de arte visual, que anunciava essa tomada de posição, depois explicitada na *"Ouverture"* do seu *Le cru et le cuit*: no primeiro texto citado, reportava-se o Autor a uma noção de arte como signo icônico que já elaborara na *Pensée sauvage*, falando de arte como "modelo reduzido" da realidade. A arte é, indubitavelmente — salientava Lévi-Strauss —, um fato sígnico, mas que está a igual distancia entre o signo lingüístico e o objeto puro e simples. A arte é o domínio da natureza pela cultura; promove à categoria de significante um objeto bruto, promove um objeto à categoria de signo, e revela uma estrutura que nele se achava latente. Mas a arte comunica através de uma certa relação entre seu signo e o objeto que o inspirou; se essa relação de iconicidade não existisse, não mais estaríamos diante de uma obra de arte mas de um fato de ordem lingüística, arbitrário e convencional; e se, por outro lado, a arte fosse uma imitação total do objeto, não teria mais caráter de signo.

Se a arte conserva uma relação sensível entre signos e objetos, isso ocorre, indubitavelmente, porque sua iconicidade lhe permite adquirir valor semântico; mas se tem valor de signo é porque de um ou de outro modo apresenta os mesmos tipos de articulação da linguagem verbal. Esses princípios, que nos citados *Entretiens* vêm expostos confusamente, especificam-se mais decisiva e rigorosamente na *"Ouverture"* de *Le cru et le cuit*.

3. Aí o raciocínio é muito simples: também a pintura, à semelhança da língua verbal, articula unidades de primeiro nível providas de significado e podendo ser aproximadas aos monemas (e aqui Lévi-Strauss alude claramente às imagens reconhecíveis, e portanto aos signos icônicos); e ao segundo nível, temos equivalentes dos fonemas — as formas e cores: unidades diferenciais desprovidas de significado autônomo. As escolas "não figurativas" renunciam ao primeiro nível, "e pretendem contentar-se com o segundo para subsistirem".

---

(26) C. CHARBONNIER — C. LÉVI-STRAUSS, *Colloqui*, Milão, Silva, 1966; *Il crudo e il cotto*, cit., "Ouverture". Esses pontos são discutidos mais profundamente em nossa seção D.4.

124 A ESTRUTURA AUSENTE

Caem na mesma armadilha onde se precipita a música atonal, perdem todo poder de comunicação e resvalam para "a heresia do século": a pretensão de "quererem construir um sistema de signos sobre um único nível de articulação".

O texto de Lévi-Strauss, que se estende de modo bastante arguto sobre os problemas da música tonal (onde reconhece, por exemplo, como elementos de primeira articulação, os intervalos dotados de significado, e os sons isolados, como elementos de segunda articulação) apóia-se decididamente numa série de assunções infelizmente dogmáticas:

1) Não há linguagem se não houver dupla articulação;

2) A dupla articulação não é móvel, os níveis não são substituíveis e intercambiáveis: a dupla articulação repousa em algumas convenções culturais; estas, porém, apóiam-se em exigências naturais mais profundas.

A tais assunções dogmáticas cumpre-nos opor (a verificação nós a fazemos no próximo capítulo) as seguintes afirmações contrárias:

1) Há códigos comunicativos com vários tipos de articulação ou nenhuma, e a dupla articulação não é um dogma.

2) Há códigos onde os níveis de articulação são permutáveis [27]; e os sistemas de relações que regem um código, embora provindo de exigências naturais, a elas se ligam a um nível mais profundo, no sentido de que vários códigos podem remeter a um Ur-código que a todos justifica. Mas identificar esse código, que corresponde às exigências naturais, com o código da música tonal (por exemplo), quando todos sabem que este último nasceu num momento histórico dado e o ouvido ocidental a ele se habituou, e rejeitar os sistemas de relações atonais como não inspirados em códigos comunicacionais (isso vale também para as formas de pintura "não-figurativa") significa identificar uma língua com a possível metalinguagem que pode definir essa e outras línguas.

4. Confundir as leis da música tonal com as leis da música *tout court,* é um pouco como acreditar, diante das cinqüenta e três cartas de baralho francês (52 + coringa), que as únicas combinações possíveis entre elas sejam as previstas pelo *bridge,* que é um subcódigo e permite jogar inúmeras partidas diferentes, mas que pode ser substituído, usando-se sempre as mesmas 53 cartas, pelo pôquer, novo sub-

---

(27) Um exemplo válido com respeito à música é o que nos dá PIERRE SCHAEFFER, no *Traité des objets musicaux,* Paris, Seuil, 1966, capítulo XVI.

O MITO DA DUPLA ARTICULAÇÃO 125

código que reestrutura os elementos de articulação constituídos pelas cartas isoladas, permitindo-lhes assumir valor combinatório diferente e constituírem-se em valores significantes para os fins da partida (par, terno, seguida etc.). Está claro que um código de jogo (pôquer, *bridge,* buraco) isola apenas algumas possíveis combinações dentre as que as cartas permitem, mas incorreria em erro quem julgasse que só essas combinações poderiam ser escolhidas [28]. E na verdade as 53 cartas já constituem uma escolha operada no *continuum* dos valores posicionais possíveis — à semelhança do que ocorre com as notas da escala temperada —, mas é claro que com esse código se podem construir diferentes subcódigos (como também é verdade que existem jogos de baralho que escolhem números diferentes de cartas — as quarenta cartas da escopa, as trinta e duas cartas do "skat" alemão). O verdadeiro *código* que preside ao jogo de cartas é uma matriz combinatória que pode ser e é estudada pela Teoria dos jogos; e seria útil que alguma ciência musical se ocupasse com as matrizes combinatórias que permitem a existência de diferentes sistemas de atração; *mas Lévi-Strauss identifica o baralho com o bridge, confunde um evento com a estrutura profunda que permite eventos múltiplos.*

5. Além de tudo, a exemplo do baralho coloca-nos diante de um problema mais importante para a nossa pesquisa. Pergunta-se: o código do baralho tem duas articulações?

Se o léxico do pôquer tornou-se possível graças à atribuição de determinados significados a uma particular articulação de várias cartas (três ases de naipe diferente, igual a "terno"; quatro ases, igual a "quadra"), deveríamos considerar as combinações de cartas como verdadeiras "palavras" significantes, e ao mesmo tempo encarar como elementos de segunda articulação as cartas que se combinam.

Todavia, as 53 cartas não se distinguem apenas pela posição que assumem no sistema, mas por uma dúplice oposição. Opõem-se como valores diferentes dentro de uma escala hierárquica do mesmo *naipe* (ás, dois, três... dez, valete, dama, rei), e opõem-se como valores hierárquicos pertencentes a quatro escalas de *naipe* diferente.

---

(28) Considere-se ademais que, conforme o jogo, eliminam-se os elementos destituídos de valor oposicional (no pôquer por exemplo, os valores entre 2 e 6). Já o "tarocchi" italiano enriquece o baralho com outros valores — os "trunfos".

126 A ESTRUTURA AUSENTE

Portanto, dois "dez" combinam-se entre si para fazerem "par"; um dez, um valete, uma dama, um rei e um ás combinam-se para fazerem "seguida", mas só todas as cartas de um só *naipe* se combinam para fazerem "seguida máxima de um só naipe" ou *"royal street-flush"*.

Alguns valores, portanto, são traços pertinentes aos fins de certas combinações significantes, e outros, de outras.

Mas será a carta o termo último, inanalisável, de uma articulação possível? Se o "sete de copas" constitui valor posicional em relação aos "seis" de qualquer naipe) e em relação ao "sete de paus", o que são as copas em si, se não o elemento de uma ulterior e mais analítica articulação?

A primeira resposta possível é que o jogador (o que "fala" a "língua" das cartas) não é de fato chamado a articular a unidade de naipe mas já a encontra articulada em valores (ás, dois... nove, dez); porém tal raciocínio, embora lógico para quem joga pôquer, já se faz mais discutível para quem joga escopa, onde os pontos se somam e, portanto, onde a unidade de medida é a unidade de naipes (ainda que as adições tenham adendos pré-formados). Consultar, para uma resposta inicial, B.3.I.2.E.

6. São essas várias considerações que nos fazem reconhecer o quanto é complexo o problema das articulações de uma língua, tornando-se, portanto, necessária uma dupla decisão de método: 1) reservar o nome de "língua" aos códigos da linguagem verbal, para os quais parece indiscutível a existência da dupla articulação; 2) considerar os outros sistemas de signos como "códigos", e ver se não existem códigos de várias articulações.

3. Articulações dos Códigos Visuais

I. FIGURAS, SIGNOS, SEMAS

I.1. *É errado pensar*: 1) que todo ato comunicacional se baseia numa "língua" afim aos códigos da linguagem verbal; 2) que toda língua deva ter duas articulações fixas. *E é mais produtivo assumir*: 1) que todo ato comunicacional se baseia num código; 2) que *nem* todo código tem necessariamente duas articulações fixas (e nada mais que *duas; que não são fixas*).

Luís Prieto, ao realizar uma investigação desse gênero, recorda que a "segunda articulação" é o nível daqueles elementos que não constituem fatores do significado denotado pelos elementos de primeira articulação, mas que têm apenas valor diferencial (posicional e oposicional); e decide chamá-los *figuras* (visto que, posto de lado o modelo da língua verbal, não se pode mais chamá-los de fonemas); ao passo que os elementos de primeira articulação (monemas) serão *signos* (denotantes ou conotantes de um significado).

Mas Prieto decide chamar de *sema* um signo particular cujo significado corresponde não a um signo, mas a um enunciado da língua. O sinal de contramão, por exemplo, embora apareça como um signo visual dotado de significado unívoco, não pode ser reportado a um signo verbal equivalente, mas a um equivalente *sintagma* ("contramão"; ou então: "é proibido passar por esta rua nesta direção").

Mesmo a mais tosca silhueta de cavalo não corresponde ao signo verbal isolado "cavalo", mas a uma série de possíveis sintagmas do tipo: "cavalo em pé, de perfil", "o cavalo tem

128 A ESTRUTURA AUSENTE

quatro pernas", "lá está um cavalo", "isto é um cavalo", e assim por diante.

Achamo-nos, portanto, diante de *figuras, signos* e *semas* e veremos em seguida que todos os supostos signos visuais são, na realidade, semas.

Ainda segundo Prieto, *é possível encontrarem-se semas decomponíveis em figuras, mas não em signos*: isto é, decomponíveis em elementos de valor diferencial, e todavia, de per si, desprovidos de significado.

É claro que os elementos de articulação são as figuras (articuláveis em signos) e os signos (articuláveis em sintagmas). Como a Lingüística se detém nos limites da frase, jamais levantou para si o problema de uma combinação subseqüente (que outra coisa não seria senão o período, e portanto o discurso em toda a sua complexidade). Por outro lado, embora seja possível encontrarmos semas coligáveis entre si, não se pode falar de "articulação" subseqüente, porque então já estaremos ao nível da infinita e livre combinabilidade das cadeias sintagmáticas. Assim é possível que num trecho de rua se combinem vários semas (placas de trânsito) para nos comunicarem, por exemplo: "sentido único — proibido usar a busina — proibido o trânsito de caminhões" — mas não estamos no caso diante de uma articulação subseqüente dos semas para formar unidades semânticas codificáveis, e sim diante de um "discurso", de uma cadeia sintagmática complexa.

I.2. Mas procuremos agora, seguindo as sugestões de Prieto [29], arrolar diferentes tipos de códigos com diferentes tipos de articulações, a maioria extraído dos nossos exemplos de códigos visuais:

A. CÓDIGOS SEM ARTICULAÇÃO: prevêem semas não ulteriormente decomponíveis.

Exemplos:

1) *códigos de sema único* (por exemplo, a bengala branca do cego: sua presença significa "sou cego", ao passo que sua ausência não tem necessariamente significado alternativo, como pode, ao contrário, acontecer com os "códigos de significante zero").

2) *códigos de significante zero* (a bandeira almirante hasteada num navio: sua presença significa "presença do almirante a bordo", e sua ausência, "ausência do almirante a bordo"; as luzes de direção do automóvel, onde a ausência de luz significa "sigo em frente"...)

---

(29) LUIS PRIETO, *Messages et signaux*, P.U.F., 1966. De PRIETO, consultem-se também os *Principes de noologie*, Haia, Mouton, 1964.

ARTICULAÇÃO DOS CÓDIGOS VISUAIS 129

3) *o semáforo* (cada sema indica uma operação a realizar; os semas não são articuláveis entre si para formarem um sinal mais complexo, nem são decomponíveis).

4) *linhas de ônibus marcadas com números de um algarismo ou com letras do alfabeto.*

B. CÓDIGOS QUE POSSUEM APENAS A 2ª ARTICULAÇÃO: os semas não são decomponíveis em signos, e sim em figuras que não representam frações de significado.

Exemplos:

1) *linhas de ônibus com dois números:* por exemplo a linha "63" significa "percurso da localidade X à localidade Y"; o sema é decomponível nas figuras "6" e "3", que nada significam.

2) *sinais navais "de braço":* prevêem-se diversas figuras, representadas por diferentes inclinações dos braços direito e esquerdo: duas figuras combinam-se para formarem uma letra do alfabeto; essa letra, porém, não é um signo, porque desprovida de significado, e só adquire significado se considerada elemento de articulação da linguagem verbal e se articulada segundo as leis da língua; como, porém, pode vir carregada de um valor significativo em código, torna-se um sema que denota uma proposição complexa como "precisamos de um médico").

C. CÓDIGOS QUE POSSUEM APENAS A 1ª ARTICULAÇÃO: os semas são analisáveis em signos mas não ulteriormente em figuras.

Exemplos:

1) *a numeração dos quartos de hotel:* o sema "20" significa, habitualmente, "primeiro quarto do segundo andar"; o sema é decomponível no signo "2", que significa "segundo andar", e no signo "0", que significa "quarto 1"; o sema "21" significará "quarto 2 do 2º andar", e assim por diante.

2) *placas de trânsito de sema decomponível em signos comuns a outros sinais:* um círculo branco orlado de vermelho com o esquema de um caminhão no meio, cortado por uma barra vermelha em diagonal significa "proibida a passagem de caminhões", e é decomponível no signo "borda e barra vermelhas", que significam "proibido" e no signo "caminhão", que significa "passagem de caminhões".

3) *numeração decimal:* como a numeração dos quartos de hotel, o sema de várias cifras é decomponível em signos de uma cifra, que indicam, conforme a posição, as unidades, as dezenas, as centenas, etc.

D. CÓDIGOS DE DUAS ARTICULAÇÕES: semas analisáveis em signos e figuras.

Exemplos:

1) *as línguas:* os fonemas articulam-se em monemas e estes em sintagmas.

2) *números telefônicos de seis algarismos:* pelo menos os decomponíveis em grupos de dois algarismos, cada um dos quais indica, segundo a posição, um setor da cidade, uma rua, um quarteirão; ao mesmo tempo que cada signo de dois algarismos é decomponível em duas figuras destituídas de significado.

130 A ESTRUTURA AUSENTE

Prieto [30] arrola outros tipos de combinação, como os códigos de semas decomponíveis em figuras entre as quais algumas só aparecem num significante. De todas essas ou- tras espécies de códigos, úteis de distinguir com vistas a uma lógica dos significantes ou semio-lógica, como é a de Prieto, basta-nos por ora reter uma característica importante que apresentamos na categoria E:

E. CÓDIGOS COM ARTICULAÇÕES MÓVEIS: podem ser signos e figuras mas nem sempre do mesmo tipo; os signos podem virar figuras ou vice-versa, as figuras tranformam-se em semas; outros fenô- menos assumem valor de figura etc.
Exemplos:

1) *a música tonal:* as notas da escala são figuras que se ar- ticulam em signos dotados de significado (sintático e não semântico) como os intervalos e os acordes; estes se articulam ulteriormente em sintagmas musicais; mas, dada uma seqüência melódica, reconhe- cível qualquer que seja o instrumento (e por conseguinte, o timbre) com que é tocada, se eu mudar — de modo ostensivo — o timbre de cada nota da melodia, não mais ouvirei a melodia mas sim uma seqüência de timbres; portanto, a nota deixa de ser traço pertinente para tornar-se variante facultativa, ao mesmo tempo que o timbre se torna pertinente. Em outras circunstâncias, o timbre pode tornar-se, ao invés de figura, signo carregado de conotações culturais (do tipo: cornamusa = pastoralismo).

2) *as cartas do baralho:* nas cartas do baralho temos elementos de segunda articulação (os "semas" no sentido dos naipes, como copas ou paus) que se combinam para formarem signos dotados de significado em relação ao código (o sete de copas, o ás de espa- das...); estes combinam-se em semas de tipo *"full-hand, primeira*, royal straight flush".* Nesses limites o jogo de cartas seria um código de duas articulações: cumpre, porém, observar que no sistema existem signos sem segunda articulação, signos iconológicos como "rei" ou "dama"; signos iconológicos não combináveis em semas em união com outros signos, como o Coringa ou, em certos jogos, o Valete de Espadas; que as figuras, por sua vez, se distinguem não só pela forma como pelo naipe, podendo-se de um jogo para o outro eleger como traço pertinente ou uma ou outra; portanto, num jogo em que as copas tenham um valor preferencial sobre as espadas, as figuras deixam de ser destituídas de significado e podem ser interpretadas como *semas* ou como *signos.* E assim por diante: no sistema das cartas podem-se introduzir as mais variadas convenções de jogo (até as da adivinhação) pelas quais se rege a hierarquia das articulações.

3) *as patentes militares:* onde a segunda articulação é móvel. Por exemplo: o sargento distingue-se do sargento-mor porque o signo- -grau se articula em duas figuras representadas por dois triângulos

(30) *Messages et signaux,* capítulo *"L'économie dans le cout".*
(*) Combinação de cartas do escopone. (N. da T.)

ARTICULAÇÃO DOS CÓDIGOS VISUAIS 131

sem base*; mas o sargento se distingue do cabo não pelo número ou pela forma dos triângulos, mas pela cor. Ora a forma, ora a cor, torna-se o traço pertinente. Quanto aos oficiais, o signo "estrela", que denota "oficial subalterno", articula-se num sema "três estrelas", que denota "capitão". Mas, se essas três estrelas estiverem circundadas por um debrum de ouro, na borda da dragona, então as estrelas mudam de sentido: porque então é o filete que denota "oficial superior", ao passo que as estrelas denotam "grau na carreira de oficial superior", e três estrelas emolduradas pelo filete denotarão "coronel" (o mesmo fenômeno ocorre nas dragonas dos generais, onde desaparece o filete e surge o fundo branco). Os traços pertinentes acham-se ao nível do signo, mas mudam conforme o contexto. Poder-se-ia, naturalmente, considerar o sistema sob um prisma diferente, e até sob vários prismas diferentes. Eis algumas possibilidades:

a) existem mais códigos do que patentes: há o código para graduados, para oficiais subalternos, para suboficiais, para oficiais superiores, para generais etc.; e cada um desses códigos confere um significado diferente aos signos que emprega; neste caso, teremos códigos de primeira articulação, e basta.

b) filete e fundo branco são semas de significante zero; a ausência de filete significa então oficial subalterno, ao passo que as estrelas indicam "grau de carreira" e combinam-se formando semas mais complexos como "oficial de terceiro grau = capitão".

c) as estrelas são traços pertinentes (figuras) desprovidos de significado, do código "patentes dos oficiais". Combinando-se entre si, fornecem signos do tipo "oficial de terceiro grau ao nível denotado pelo fundo" (ou melhor, *tout court,* "terceiro"), ao passo que filete em debrum, fundo branco e ausência de estrela são semas de significante zero que estabelecem os três níveis "oficiais subalternos, oficiais superiores, generais"; e só através do sema em que está inserido, é que o signo produzido pela combinação de estrelas adquire o seu significado completo. Mas em tal caso teremos a combinação de um código sem articulação (que diz respeito a semas de significante zero) com um código de duas articulações (estrelas); ou então, a interseção, num código de duas articulações, de um sema de significante zero.

Todas essas alternativas são propostas simplesmente para indicar como é difícil estabelecer no abstrato os níveis de articulação de alguns códigos. O importante é não se pretender identificar a todo custo um número fixo de articulações em relação fixa. Um elemento de primeira articulação, conforme o ângulo pelo qual o consideramos, poderá tornar-se elemento de segunda e vice-versa.

II. ANALITICIDADE E SINTETICIDADE DOS CÓDIGOS

II.1. Depois de termos estabelecido que os códigos têm diversos tipos de articulação e que portanto cumpre não

---

(*) Note-se que as patentes e divisas militares aqui mencionadas dizem respeito ao exército italiano, diferindo em certos pormenores das patentes e divisas representativas da hierarquia militar brasileira. (N. da T.)

132 A ESTRUTURA AUSENTE

nos deixarmos dominar pelo mito da língua-modelo, cabe também lembrar que *muitas vezes um código se articula escolhendo como traços pertinentes os sintagmas de um código mais analítico;* ou que, pelo contrário, *um código considera como sintagmas, termo último das suas possibilidades combinatórias, aqueles traços que, para um código mais sintético, são traços pertinentes.*

Possibilidade semelhante se observava a propósito dos "sinais de braços" dos marinheiros. A língua considera como seus elementos últimos e inanalisáveis os fonemas; mas o código das bandeiras navais comporta figuras mais analíticas em relação aos fonemas (posições do braço direito e posições do braço esquerdo) que se combinam para fornecerem configurações sintagmáticas (*últimas* em relação àquele código) que correspondem praticamente (mesmo quando transcrevem letras do alfabeto e não fonemas) às figuras *originárias* do código-língua.

Em contrapartida, um código das funções narrativas [31] abarca grandes cadeias sintagmáticas do tipo "herói sai de casa e encontra um adversário", cadeias que para os fins do código narrativo, são traços pertinentes, mas para os fins do código lingüístico são sintagmas.

Isso significa que um código não deve escolher como traços pertinentes apenas figuras, mas pode escolher semas; e pode até ignorar a possibilidade de decomposição desses semas em signos e figuras, porque esses signos e essas figuras não pertencem ao código em questão mas a outro mais analítico. Isto é, cabe ao código decidir a que nível de complexidade individuará os seus traços pertinentes, confiando a eventual codificação interna (analítica) desses traços a outro código. Assim, dado o sintagma "herói sai de casa e encontra um adversário", o código narrativo isola-o como unidade complexa de significado, e se desinteressa: 1) da língua em que pode ser comunicado; 2) dos artifícios estilístico-retóricos com que pode ser representado.

II.2. Por exemplo, em *I Promessi Sposi*, o encontro do Padre Abbondio com os capangas constitui, indubitavelmente, uma *função narrativa codificada* [32]; mas para os fins

(31) Ver a nota 81 da Seção A.

(32) Naturalmente, até agora a codificação das funções narrativas foi mais facilmente reconhecida ao nível das narrações simples, como as estórias ou narrativas difundidas em circuitos de massa e fortemente estereotipadas; mas

ARTICULAÇÃO DOS CÓDIGOS VISUAIS   133

da estrutura do enredo manzoniano, era irrelevante que a cena
fosse contada com a argúcia e abundância de pormenores que
conhecemos ou liquidada em poucas tiradas. Em outras palavras: o relato manzoniano, no que concerne a um código
narrativo, salva-se mesmo se narrado numa estória em quadrinhos, o que, aliás, já se fez. *I Promessi Sposi* é uma grande obra de arte justamente por causa da sua complexidade,
por ser um sistema de sistemas, onde o sistema do enredo,
com o código a que se reporta e do qual às vezes se afasta,
é apenas um elemento de uma estrutura mais ampla que
compreende o sistema das personagens, o sistema dos artifícios estilísticos, o sistema das idéias religiosas etc. Mas o
episódio do Padre Abbondio com os capangas requer, para
ser analisado no plano estilístico, outro quadro de referência,
de caráter lingüístico e psicológico (entram aí em jogo dois
outros sistemas de expectativas e convenções); e pode ser
julgado, nos termos dos códigos empregados, independentemente da sua função narrativa [33]. Naturalmente, para uma
consideração global da obra, sua unidade deve surgir da homogeneidade de meios e de curva estrutural com que foram
resolvidos os problemas ao nível do enredo, das personagens,
da linguagem e assim por diante. Mas o fato de que a
grande obra de arte ponha em jogo muitos códigos não elimina o fato de que o código do relato prescinde dos outros,
mais analíticos.

III. O SEMA ICÔNICO

III.1. Essas observações nos ajudarão a compreender
alguns fenômenos de codificação *em estratos sucessivos* que
ocorrem nas comunicações visuais.

Um código iconográfico, por exemplo, codifica algumas
condições de recognoscibilidade, e estabelece que uma mulher
seminua com uma cabeça humana sobre uma bandeja conota
Salomé, ao passo que uma mulher vestida, segurando uma

é certo, ainda segundo PROPP, que a pesquisa poderá considerar-se frutuosa
quando puder ser aplicada a todas as obras narrativas, até às mais complexas.
Ver, por exemplo, o estudo realizado nesse sentido por ROLAND BARTHES
sobre Sade, in "Tel Quel", 28 (*L'arbre du crime*); Ver também o nº 8 de
"Communications" e em especial, os estudos de BRÉMOND, METZ e TODOROV.

(33) Essa possibilidade justificaria a chamada "crítica do fragmento" que
a estética pós-idealista tem acertadamente rejeitado como ofensiva à integridade da
obra. A investigação semiológica, permitindo isolar na obra diversos níveis e
considerá-los separadamente, permitiria, contudo, reintroduzir certos tipos de
leitura parcial — embora mantendo-se firme em sua posição de não considerá-los
como exercícios de juízo crítico sobre a obra, ou de redução da obra a
um dos seus níveis, mas de identificação — a um dado nível — de um modo
particular de usar o código.

134 A ESTRUTURA AUSENTE

cabeça decepada na mão esquerda, e uma espada na direita, conota Judite [34]. Essas *conotações* ocorrem sem que o código iconográfico estabeleça as condições da *denotação*. O que deve ter o sintagma visual "mulher" para representar uma mulher de verdade? O código iconográfico reconhece como pertinentes os *significados* "mulher", "cabeça degolada", "bandeja" ou "espada" mas não os elementos de articulação do significante. Estes são codificados por um código mais analítico que é o código icônico. Para o código iconográfico, que se edifica baseado no icônico, os significados do código--base tornam-se os seus próprios significantes [35].

III.2. Quanto à definibilidade dos códigos icônicos: *os signos icônicos são semas, complexas unidades de significado amiúde ulteriormente analisáveis em signos precisos, mas dificilmente em figuras.*

Diante do perfil de um cavalo feito com um contorno em linha contínua, posso reconhecer os signos que denotam "cabeça" ou "cauda", "olho" ou "crina", mas não me ocorrerá resolver o problema de quais são os traços de segunda articulação, o mesmo acontecendo diante do sema "bengala branca do cego". Não me pergunto quais as provas de comutação a que se deve submeter a bengala para individuar o limite além do qual não é mais bengala e nem é mais branca (embora cientificamente seja interessante fazê-lo); assim também não devo levantar (por prejudicial) o problema das provas de comutação a que se deveria submeter o contorno "cabeça de cavalo" para estabelecer as variações além das quais o cavalo não é mais reconhecível.

Se no caso da bengala do cego, não suscito o problema por causa da sua simplicidade, no caso do desenho do cavalo não o faço em virtude da sua complexidade.

III.3. Basta dizer que o código icônico escolhe como traços pertinentes ao nível das *figuras,* entidades consideradas por um código mais analítico — o código perceptivo. *E que os seus SIGNOS só denotam se inseridos no contexto de um SEMA.* Às vezes pode acontecer que esse sema seja por si

---

(34) Ver ERWIN PANOFSKY, "La descrizione e l'interpretazione del contenuto", in *La prospettiva come forma simbolica*, op. cit.

(35) Evidentemente também os códigos iconológicos são códigos fracos; as convenções podem ter também a vida curtíssima que lhes atribui METZ (op. cit., p. 78) quando fala dos tipos característicos de *western*, o que não impede que a codificação exista.

ARTICULAÇÃO DOS CÓDIGOS VISUAIS 135

só reconhecível (que tenha, portanto, as características de um sema iconográfico ou de um emblema convencional, considerável não mais como um *ícone*, mas como um *símbolo visual*); mas de hábito o contexto do sema me oferece os termos de um sistema onde inserir os signos em questão; só reconhecerei o signo "cabeça" — no contexto do sema "cavalo em pé, de perfil" — se ele se opuser a signos como "cascos", "cauda" ou "crina"; de outro modo esses signos apareceriam como configurações muito ambíguas, que *não se assemelham a nada* e que, portanto, *não possuem algumas das propriedades de alguma coisa*. É o que acontece quando isolamos um traço, um setor da superfície de um quadro figurativo, e o apresentamos separado do contexto: naquele ponto as pinceladas nos parecem configurar uma imagem abstrata e perdem todo valor de representatividade. Tudo isso é o mesmo que dizer, mais uma vez (ver B.1.III.4.), que *o sema icônico é um idioleto*, e constitui de per si uma espécie de código que confere significados aos seus elementos analíticos.

III.4. Tudo isso não nos induz a refutar a possibilidade de uma subseqüente catalogação do sema icônico em termos mais analíticos. Mas: 1) visto que o catálogo das suas *figuras* pertinentes é tarefa de uma Psicologia da Percepção como comunicação; 2) visto que a recognoscibilidade dos signos icônicos ocorre ao nível do sema-contexto-código (como acontece no tocante à obra de arte como idioleto); logo, a catalogação das imagens figurativas enquanto codificadas deve ocorrer ao nível das *unidades semânticas*. Esse nível *é suficiente para uma Semiologia das comunicações visuais*, mesmo no que diz respeito ao estudo da imagem figurativa em pintura, ou da imagem fílmica.

Caberá, depois, à Psicologia explicar: 1) se a percepção do objeto real é mais rica do que a permitida pelo sema icônico, que é o seu resumo convencionado; 2) se o signo icônico reproduz, em todo o caso, algumas condições basilares da percepção, tendo em vista que freqüentemente a percepção atua sobre condições não mais complexas do que as de alguns signos icônicos, numa seleção probabilista dos elementos do campo perceptivo; 3) se os processos de convencionalização gráfica influenciaram os nossos sistemas de expectativas a ponto de fazer com que o código icônico também passasse a código perceptivo, e sc, portanto, no campo per-

136 A ESTRUTURA AUSENTE

ceptivo só se individuam condições de percepção afins com as instituídas pelo código icônico.

III.5. Resumindo, estabeleçamos então a seguinte classificação:

1) *Códigos perceptivos:* estudados pela Psicologia da Percepção. Estabelecem as condições para uma percepção suficiente.

2) *Códigos de reconhecimento:* estruturam blocos de condições da percepção em *semas* — que são blocos de significados (por exemplo, listras negras sobre pelo branco), com base nos quais reconhecemos objetos perceptíveis, ou recordamos objetos percebidos. Freqüentemente servem de base à classificação dos objetos. São estudados por uma Psicologia da inteligência, da memória, ou da aprendizagem, ou pela própria Antropologia Cultural (ver os modos de taxonomia nas civilizações primitivas).

3) *Códigos de transmissão:* estruturam as condições que permitem a sensação útil aos fins de uma determinada percepção de imagens. Por exemplo: a retícula de uma fotografia impressa, ou o "standard" de *linhas* que permite a imagem televisional. São analisáveis com base na Teoria Física da Informação, mas estabelecem como transmitir uma sensação, e não uma percepção já pré-fabricada. Estabelecendo o "grão" de certa imagem, influem na qualificação estética da mensagem e alimentam os *códigos tonais* e os *códigos do gosto,* os *códigos estilísticos* e os *códigos do inconsciente.*

4) *Códigos tonais:* chamamos assim os sistemas de variantes facultativas já convencionadas; os traços "supra-segmentais" que conotam particulares entonações do signo (tais como "força", "tensão" etc.); e verdadeiros sistemas de conotações já estilizadas (como, por exemplo, o "gracioso" ou o "expressionista"). Tais sistemas de convenções acompanham como mensagem adjunta e complementar os elementos dos códigos icônicos propriamente ditos.

5) *Códigos icônicos:* baseiam-se, o mais das vezes, em elementos perceptíveis realizados com base em códigos de transmissão. Articulam-se em *figuras, signos* e *semas.*

a) *figuras:* são condições da percepção (p. ex.: relações figura-fundo, contrastes de luz, relações geométricas) transcritas em signos gráficos, conforme modalidades estabelecidas pelo código. Uma primeira hipótese é que essas figuras não sejam em número finito, e nem sempre sejam discretas. Daí porque a segunda articulação do código icônico surge como um *continuum* de possibilidades do qual emergem inúmeras mensagens individuais, decifráveis com base no contexto, mas não redutíveis a um código preciso. De fato, o código ainda não é reconhecível, mas daí não se deduz a sua ausência. Tanto isso é verdade que, alterando-se além de certo limite as relações entre figuras, as condições da percepção não mais são denotadas. Mas ainda há uma segunda hipótese: a cultura ocidental já elaborou uma série de *traços pertinentes* de toda figuração possível; são os *elementos* da Geometria. Por combinação de pontos, linhas, curvas, círculos, ângulos, etc. geram-se todas as figuras possíveis — embora

ARTICULAÇÃO DOS CÓDIGOS VISUAIS 137

através de um número imenso de variantes facultativas. Os *stoichéia* euclidianos são, portanto, as *figuras* do código icônico. A verificação de ambas as hipóteses não pertence à Semiologia mas à Psicologia — na forma mais específica de uma "Estética Experimental".

b) *signos:* denotam, com artifícios gráficos convencionados, semas de reconhecimento (nariz, olhos, céu, nuvem); ou então "modelos abstratos", símbolos, diagramas conceptuais do objeto (sol como círculo rodeado de raios filiformes). Amiúde dificilmente analisáveis no âmago de um sema, visto que se apresentam como não discretos, num *continuum* gráfico. Só reconhecíveis com base no sema como contexto.

c) *semas:* são os que conhecemos mais comumente como "imagens" ou mesmo "signos icônicos" (um homem, um cavalo, etc.). Constituem, com efeito, um enunciado icônico complexo (do tipo: "isto é um cavalo de perfil e em pé", ou então: "aqui está um cavalo"). São os mais facilmente catalogáveis, e é a seu nível que um código icônico muitas vezes se detém. Constituem o contexto que permite eventualmente reconhecer signos icônicos; são, portanto, a sua circunstância de comunicação, e ao mesmo tempo constituem o sistema que os põe em oposição significante; podem, portanto, ser considerados — em relação aos signos cuja identificação permitem — como um *idioleto*.

Os códigos icônicos mudam com facilidade, no interior de um mesmo modelo cultural; e amiúde no interior de uma mesma representação, onde a figura em primeiro plano é representada por meio de signos evidentes, articulando em figuras as condições da percepção, ao passo que as imagens de fundo são resumidas com base em grandes semas de reconhecimento, deixando na sombra outros (nesse sentido, as figuras de fundo de um quadro antigo — isoladas e ampliadas — aparecem como exemplos de pintura moderna, visto que a pintura moderna figurativa renuncia, cada vez mais, a reproduzir condições da percepção para reproduzir apenas alguns semas de reconhecimento).

6) *Códigos iconográficos:* escolhem como significante os significados dos códigos icônicos para conotarem semas mais complexos e culturalizados (não "homem" ou "cavalo", mas "homem-monarca", "Pégaso" ou "Bucéfalo" ou "asna de Balaão"). São reconhecíveis através das variações icônicas, porque se baseiam em semas de reconhecimento ostensivos. Dão origem a configurações sintagmáticas muito complexas e todavia imediatamente reconhecíveis e catalogáveis, do tipo "natal", "juízo universal", "quatro cavaleiros do Apocalipse".

7) *Códigos do gosto e da sensibilidade:* estabelecem (com extrema variabilidade) as conotações provocadas por semas dos códigos precedentes. Um templo grego pode conotar "beleza harmoniosa" e "ideal de helenidade", "antiguidade". Uma bandeira desfraldada ao vento pode conotar "patriotismo" ou "guerra"; todas elas conotações que também dependem da situação em que se manifesta a emissão. Certo tipo de atriz poderá, assim, em dado período, conotar "graça e beleza", e em outro, parecer ridícula. O fato de que a esse processo comunicativo se sobreponham reações imediatas das sensibilidades (como estímulos eróticos) não demonstra que a reação seja

138   A ESTRUTURA AUSENTE

natural e não cultural: é a convenção que torna um tipo físico mais ou menos desejável. São codificações do gosto até mesmo aquelas pelas quais um ícone de homem com venda negra no olho, que à luz de um código iconológico conota "pirata", pode, por sobreposição, conotar "homem fascinante", "aventureiro", "homem corajoso" etc.

8) *Códigos retóricos:* nascem da convencionalização de soluções icônicas inéditas, em seguida assimiladas pelo corpo social e tornadas modelos ou normas de comunicação. Dividem-se, como os códigos retóricos em geral, em *figuras retóricas, premissas* e *argumentos*[36].

9) *Códigos estilísticos:* determinadas soluções originais, codificadas pela Retórica ou realizadas uma única vez, permanecem (quando citadas) conotando um tipo de acabamento estilístico, a marca de um autor (tipo "homem que se afasta por uma longa estrada no final do filme = Chaplin"), ou então a realização típica de uma situação emotiva ("mulher que se agarra às cortinas de uma alcova com ares lânguidos = erotismo *Belle Epoque*"), ou ainda a realização típica de um ideal estético, técnico-estilístico, etc.

10) *Códigos do inconsciente:* estruturam determinadas configurações ou projeções, de estimularem dadas reações, de exprimirem convenção, são consideradas capazes de permitirem certas identificações ou projeções, de estimularem reações dadas, de exprimirem situações psicológicas. Particularmente empregados nas relações de persuasão.

III.6. Por comodidade, na resenha precedente, falamos sempre em códigos". É importante observar (com referência ao que ficou esclarecido em A.2.IV.8.) que muitas vezes esses "códigos" serão provavelmente *léxicos conotativos,* ou mesmo simples *repertórios.* Como dissemos, um repertório não se estrutura em sistema de oposições, mas apenas estabelece uma lista de signos que se articulam segundo as leis de um código subjacente. Bastará, o mais das vezes, a existência do repertório para permitir a comunicação; outras, contudo, cumprirá individuar um sistema de oposições onde só aparecia um repertório, ou transformar um repertório em sistema de oposições. Como já lembramos, o sistema de oposições é, de qualquer maneira, essencial para a sistematização de um léxico conotativo, mesmo quando este se apóia num código subjacente. Destarte, o léxico iconológico apóia-se no código icônico, mas só se estabelece se, por exemplo, ocorrerem oposições do tipo "Judite *versus* Salomé" ou evidenciar-se a incompatibilidade do sema "serpente sob os pés" com o de "olhos num pires" (que diferencia o significado "Maria" do significado "Santa Luzia").

(36) O tratamento desse item é desenvolvido no capítulo sobre a mensagem publicitária, e precisamente em B.5.III.2.

4. Algumas Verificações: O Cinema e o Problema da Pintura Contemporânea

I. O CÓDIGO CINEMATOGRÁFICO

I.1. A comunicação fílmica é a que melhor permite verificar certas hipóteses e assunções do capítulo precedente. Deve precìpuamente permitir-nos esclarecer os seguintes pontos:

1) um código comunicacional extralingüístico não tem que necessariamente construir-se sobre o modelo da língua (e é aí que falham muitas "lingüísticas" do cinema);

2) edifica-se um código sistematizando traços pertinentes escolhidos a um determinado nível macro ou microscópico das convenções comunicacionais; momentos mais analíticos, articulações mais reduzidas dos seus traços pertinentes podem não dizer respeito àquele código, e serem explicadas por um código subjacente.

I.2. O código fílmico não é o código cinematográfico; o segundo codifica a reprodutibilidade da realidade por meio de aparelhos cinematográficos, ao passo que o primeiro codifica uma comunicação ao nível de determinadas regras narrativas. Não há dúvida que o primeiro se apóia no segundo, assim como o código estilístico-retórico se apóia no código lingüístico, como léxico do outro. É mister, porém, distinguirmos os dois momentos: a denotação cinematográfica da conotação fílmica. A denotação cinematográfica é comum ao cinema e à televisão, o que levou Pasolini a aconselhar que essas formas comunicacionais fossem designadas em bloco, não como cinematográficas, mas como "audiovisuais". A

140 A ESTRUTURA AUSENTE

observação é aceitável, mas note-se que na análise da comunicação audiovisual estamos diante de um fenômeno comunicacional complexo que põe em jogo mensagens verbais, mensagens sonoras e mensagens icônicas. Ora, as mensagens verbais e as sonoras, embora se integrem profundamente para determinarem o valor denotativo e conotativo dos fatos icônicos (e sejam por ele influenciadas), nem por isso deixam de apoiar-se em códigos próprios e independentes, catalogáveis alhures (em resumo: quando um personagem de filme fala em inglês, o que diz, pelo menos no plano imediatamente denotativo, é regulado pelo código língua inglesa). Já a mensagem icônica, apresentando-se sob a forma característica do *ícone temporalizado* (ou em movimento), assume características que devem ser consideradas à parte.

Naturalmente é preciso nos limitarmos a algumas observações sobre as possíveis articulações de um código cinematográfico, aquém das pesquisas de estilística, de retórica fílmica, de uma codificação da grande sintagmática do filme. Em outras palavras: propor-se-ão alguns instrumentos para analisar-se uma suposta "língua" do cinematógrafo, *como se* o cinematógrafo não nos tivesse dado até agora senão *L'arrivée du train à la gare* e *L'arroseur arrosé* (como se uma inspeção preliminar sobre as possibilidades de formalizar o sistema da língua italiana tivesse como ponto de referência suficiente a Carta Capuana) *.

Ao fazermos tais observações, será útil partirmos de duas contribuições para a semiologia do cinema: a de Christian Metz e a de P.P. Pasolini.[37]

I.3. Ao examinar a possibilidade de investigação semiológica do filme, Metz reconhece a presença de um *primum* impossível de analisar, não redutível a unidades discretas que o gerem por articulação; esse primum é a *imagem,* uma espécie de *análogon* da realidade que não pode ser reportado às convenções de uma "língua"; daí porque a semiologia do

---

(*) *A chegada do trem à estação* e *O regador regado* são os títulos de dois pequenos filmes de autoria dos irmãos Lumière. Exibidos pela primeira vez ao público no dia 28 de dezembro de 1895, no subsolo do Grand Café de Paris, marcam o nascimento do cinema como espetáculo e como indústria. Já a *Carta Capuana* ou *Placito di Capua,* espécie de auto de cessão de terras, datado de março de 960, é o mais antigo documento redigido em vulgar até hoje encontrado em terras da Itália. Seu texto constitui importante ponto de referência para os estudos históricos da língua italiana, equivalendo, nesse sentido, ao nosso Auto de Partilhas, de 1192. (N. da T.)

(37) Trata-se dos dois ensaios já citados nas notas 5 e 6. Mas as posições aquí examinadas foram reforçadas, especialmente no que concerne a Pasolini, em muitos outros escritos.

ALGUMAS VERÍFICAÇÕES: O CINEMA E A PINTURA 141

cinema deveria ser semiologia de uma fala desacompanhada de língua, e semiologia de certos *tipos de falas,* isto é, das grandes unidades sintagmáticas cuja combinatória dá origem ao discurso fílmico. Pasolini, no entanto, acha possível estabelecer-se uma língua do cinema; a seu ver, não é necessário que essa língua, para ter dignidade de língua, possua a dupla articulação que os lingüistas atribuem à língua verbal. Mas ao buscar-lhe as unidades articulatórias, Pasolini detém-se no limite de uma discutível noção de "realidade", onde os elementos primeiros de um discurso cinematográfico (de uma *língua audiovisual*) seriam os próprios objetos que a câmara nos apresenta em toda a sua autonomia, como realidade que precede a convenção. Pasolini refere-se mesmo a uma possível "semiologia da realidade", e ao cinema como representação especular da *linguagem nativa da ação humana.*

I.4. Ora, no que concerne à noção de imagem como *análogon* da realidade, toda a explanação contida no primeiro capítulo desta seção (B.1.) já redimensionou tal opinião; opinião metodologicamente útil quando se quer partir do bloco analisado da imagem para proceder a um estudo das grandes cadeias sintagmáticas (como faz Metz); mas que pode tornar-se danosa quando desvia do procedimento de retorno às origens que busca as raízes de convencionalidade da imagem. Tudo o que se disse a respeito dos signos e dos semas icônicos deveria, portanto, ser válido também para a imagem cinematográfica.

O próprio Metz [38], contudo, sugeriu uma integração das duas perspectivas: existem códigos, que chamaremos de *antropológico-culturais,* que absorvemos com a educação desde o instante do nascimento: são o código perceptivo, os códigos de reconhecimento e os códigos icônicos com as suas regras para a transcrição gráfica dos dados de experiência; e existem códigos tecnicamente mais complexos e especializados, como os que presidem às combinações das imagens (códigos iconográficos, gramáticas do enquadramento, regras de montagem, códigos das funções narrativas), que só se adquirem em casos determinados: sobre estes trabalha uma semiologia

(38) Trata-se de sugestões verbais que nos foram fornecidas por METZ, na Mesa Redonda sobre "Linguagem e ideologia no filme" (junho de 1967, Pesaro), depois de nossa comunicação que se baseava nos argumentos tratados neste capítulo. Nessa discussão, pareceu-nos que METZ estava mais disposto, do que no ensaio de "Communications", 4, a analisar ulteriormente a imagem cinematográfica no sentido aqui proposto.

142 A ESTRUTURA AUSENTE

do discurso fílmico (oposta e complementar a uma possível semiologia da "língua" cinematográfica).

A divisão pode ser produtiva; mas cumpre observar que freqüentemente os dois blocos de códigos interagem e se condicionam alternadamente, de tal modo que o estudo de uns não pode prescindir do estudo dos outros.

Por exemplo, em *Blow up*, de Antonioni, um fotógrafo, tendo tirado diversas fotografias num parque, ao voltar ao seu estúdio, através de ampliações sucessivas, chega a identificar, estendida atrás de uma árvore, uma forma humana deitada: um homem assassinado por mão armada de revólver que, em outra parte da ampliação, aparece entre a folhagem de uma sebe.

Mas esse elemento narrativo (que no filme — e na crítica que lhe é feita — adquire o peso de um chamado à realidade e à implacável onividência da objetiva fotográfica) só funcionará se o código icônico interagir com um código das funções narrativas. De fato, se a ampliação fosse mostrada a quem não tivesse visto o contexto do filme, dificilmente, nas manchas confusas denotando "homem estendido" e "mão com revólver", se reconheceriam esses referentes específicos. Os significados "cadáver" e "mão armada de revólver" só são atribuídos à forma significante em virtude de uma concorrência contextual do desenvolvimento narrativo que, acumulando "suspenses", dispõe o espectador (e o protagonista do filme) a *ver aquelas coisas*. O contexto funciona como idioleto que atribui determinados valores de código a sinais que de outro modo poderiam manifestar-se como puro ruído.

I.5. Essas observações também liqüidariam com a idéia de Pasolini de um cinema como semiologia da realidade, e com a sua convicção de que os signos elementares da linguagem cinematográfica sejam os objetos reais reproduzidos sôbre a tela (convicção, sabemo-lo agora, de uma singular ingenuidade semiológica, em desacordo com as mais elementares finalidades de Semiologia, que consistem em reduzir eventualmente os fatos da natureza a fenômenos da cultura, e não em fazer regredir os fatos de cultura a fenômenos da natureza). Mas no discurso de Pasolini há alguns pontos dignos de discussão, porque da contestação deles podem surgir observações úteis.

ALGUMAS VERIFICAÇÕES: O CINEMA E A PINTURA   143

Dizer que a ação é uma linguagem é fazer uma afirmação semiologicamente interessante, mas Pasolini usa o termo "ação" com dois significados diferentes. Quando diz que os restos comunicativos do homem pré-histórico são modificações da realidade depositadas por ações consumadas, entende ação como *processo* físico produtor de objetos-signos, que reconhecemos como tais, mas não porque sejam ações (embora se possa neles reconhecer o rastro de uma ação, como em todo ato de comunicação). Esses signos são os mesmos de que fala Lévi-Strauss quando interpreta os utensílios de uma comunidade como elementos de um sistema de comunicação que é a cultura no seu complexo. Tal tipo de comunicação, porém, nada tem a ver com *a ação como gesto significante,* que é, ao contrário, a que interessa a Pasolini quando fala de uma língua cinematográfica. Passemos, portanto, a esse segundo significado de ação: eu movo os olhos, levanto o braço, componho o corpo, rio, danço, dou murros, e todos esses *gestos* são outros tantos atos de comunicação, com os quais digo algo para os outros, ou dos quais os outros inferem algo a meu respeito.

Esse gesticular, porém, não é "natureza" (e portanto não é "realidade", no sentido de natureza, irracionalidade, pré-cultura): *é, pelo contrário, convenção e cultura.* E tanto isso é verdade que já existe uma semiologia dessa língua da ação, e seu nome é *Cinésica* [39]. Embora seja uma disciplina em formação, com incursões na *Prossêmica* (que estuda o significado das distâncias entre os falantes), a Cinésica tenciona exatamente codificar os gestos humanos como unidades de significado organizáveis em sistema. Como dizem Pittenger e Lee Smith, "Gestos e movimentos do corpo não são natureza humana instintiva, mas sistemas de comportamento suscetíveis de serem aprendidos, que diferem acentuadamente de cultura para cultura" (bem o sabem, aliás, os leitores do esplendido ensaio de Mauss sobre as técnicas do corpo); e Ray Birdwhistell já elaborou um sistema de notação convencional dos movimentos da gesticulação, diferenciando códigos

---

(39) Além do ensaio de MARCEL MAUSS, "Le tecniche del corpo", in *Teoria generale della magia,* Turim, Einaud, 1965, citaremos para os estudos de cinésica: RAY L. BIRDWHISTELL, *Cinesica e comunicazione,* in *Comunicazioni di massa,* Florença, La Nuova Italia, 1966; todo o c. V de A. G. SMITH ed., *Communication and culture,* Nova Iorque, Holt, Rinehart and Winston, 1966 (com escritos de R. E. PITTENGER e H. L. SMITH Jr., BIRDWHISTELL e outros) e AAVV, *Approaches to Semiotics,* Haia, Mouton, 1964; quanto à Prossêmica e pesquisas coligadas vejam-se LAWRENCE K. FRANK *Comunicazione tattile,* in *Comunicazioni di massa,* op. sit.; EDWARD T. HALL, *The Silent Language,* Nova Iorque, Doubleday, 1958 (c. X: "Space Speaks").

144 A ESTRUTURA AUSENTE

consoante as zonas onde realizou as suas investigações; e escolheu mesmo o termo *cine* para denominar a menor partícula de movimento isolável e provida de valor diferencial, estabelecendo, ao mesmo tempo, através de provas de comutação, a existência de unidades semânticas mais vastas, onde a combinação de dois ou mais *cines* dá lugar a uma unidade de significado, denominada *cinemorfo*. Patenteia-se, claramente, que o *cine* é uma figura, ao passo que o cinemorfo pode ser um *signo* ou um *sema*.

Por aí se pode facilmente entrever a possibilidade de *uma sintaxe cinésica* mais aprofundada que ponha em foco a existência de grandes unidades sintagmáticas codificáveis. Aqui, porém, só uma coisa nos interessa observar: até mesmo onde presumíamos existisse apenas uma espontaneidade vital, existe cultura, convenção, sistema, código, e portanto (para terminar), ideologia. Também aqui a Semiologia triunfa dentro de seus próprios modos, isto é, traduzindo a natureza em sociedade e cultura. E se a Prossêmica é capaz de estudar as relações convencionais e significativas que regulam a simples distância entre dois interlocutores, as modalidades mecânicas de um beijo, ou a cota de afastamento que faz de uma saudação um adeus desesperado ao invés de um até logo, é evidente que todo o universo da ação que o cinema transcreve *já é universo de signos.*

Uma Semiologia do cinema não pode ser apenas a teoria de uma transcrição da espontaneidade natural; apóia-se numa cinésica, estuda-lhe as possibilidades de transcrição icônica e estabelece em que medida uma gestualidade estilizada, própria do cinema, influi nos códigos cinésicos existentes, modificando-os. O filme mudo, evidentemente, tivera que enfatizar os cinemorfos normais; os filmes de Antonioni, ao contrário, parecem atenuar-lhes a intensidade. Em ambos os casos, a cinésica artificial, fruto de exigências estilísticas, incide sobre os hábitos do grupo que recebe a mensagem cinematográfica, e modifica-lhe os códigos cinésicos. Esse é um argumento interessante para uma Semiologia do cinema, assim como o estudo das transformações, das comutações, dos limiares de recognoscibilidade dos cinemorfos. Mas em todo o caso já estamos no círculo determinante dos códigos, e o filme não mais se manifesta aos nossos olhos como a representação milagrosa da realidade, mas como uma linguagem que fala outra linguagem preexistente, ambas interagindo com os seus sistemas de convenções.

ALGUMAS VERIFICAÇÕES: O CINEMA E A PINTURA   145

Mas a esta altura também está claro que a possibilidade de exame semiológico se insere profundamente ao nível das unidades gestuais que pareciam a princípio elementos não ulteriormente analisáveis da comunicação cinematográfica.

I.6. Pasolini afirma que a língua do cinema tem uma dupla articulação própria, embora esta não corresponda à da língua verbal. E introduz, a propósito, alguns conceitos que devem ser analisados:

a) a unidade elementar da língua cinematográfica são os vários objetos reais que compõem um enquadramento;

b) essas unidades elementares, que são as formas da realidade, recebem o nome de *cinemas,* por analogia com *fonemas;*

c) os cinemas compõem-se numa unidade maior, o enquadramento, que corresponde ao *monema* da língua verbal.

Tais afirmações devem ser assim corrigidas:

a-1) os vários objetos reais que compõem um enquadramento são os que já designamos pelo nome de semas icônicos; e como vimos, não são fatos reais, de significado imediatamente motivado, mas efeitos de convencionalização; quando reconhecemos um objeto, atribuímos a uma configuração significante um significado, baseando-nos em códigos icônicos. Dando a um suposto objeto real a função de significante, Pasolini não estabelece uma distinção clara entre signo, significante, significado e referente; e se há uma coisa que a Semiologia não pode aceitar é que se substitua o significado pelo referente;

b-2) de qualquer maneira, essas unidades elementares não podem ser definidas como equivalentes dos fonemas. Os fonemas *não constituem porções do significado decomposto.* E ao contrário, os cinemas de Pasolini (imagens dos vários objetos reconhecíveis) ainda são unidades de significado;

c-3) a unidade mais ampla, o enquadramento, não corresponde ao monema, mas corresponde eventualmente ao enunciado, sendo, portanto, um *sema.*

Esclarecidos esses pontos, a ilusão da imagem cinematográfica como representação especular da realidade estaria destruída caso não tivesse na experiência prática, um indubitável fundamento, e se uma investigação semiológica mais aprofundada não nos explicasse as razões comunicacionais

146 A ESTRUTURA AUSENTE

profundas deste fato: o cinema apresenta *um código de três articulações.*

I.7. É possível que haja códigos com mais de duas articulações? Vejamos qual o princípio de economia que preside ao uso das duas articulações de uma língua: poder dispor de um altíssimo número de *signos,* combináveis entre si, usando — para compô-los — um número reduzido de unidades, as *figuras,* que funcionam combinando-se em unidades significantes diversas, mas por si só desprovidas de significado, tendo apenas valor diferencial.

Que sentido teria, então, encontrarmos uma terceira articulação? Seria útil no caso de podermos extrair da combinação dos signos uma espécie de *hipersignificado* (o termo é usado por analogia com hiperespaço, para definir algo não descritível nos termos da geometria euclidiana) que não se obtém, de maneira alguma, pela combinação de signo com signo — mas tal que, uma vez identificado, os signos que o compõem não apareçam como suas frações, e sim assumam em relação a ele a mesma função assumida pelas figuras em face dos signos. Num código de três articulações ter-se-iam, portanto: *figuras* que se combinam em *signos,* mas não são parte do significado deles; *signos* que se combinam eventualmente em *sintagmas*; elementos "X" que nascem da combinação de signos, os quais não são parte do seu significado. Tomada isoladamente, uma figura do signo verbal "cão" não denota uma parte do cão; assim também, tomado isoladamente, um signo que passa a compor o elemento hipersignificante "X" não teria que denotar uma parte do que "X" denota.

Ora, o código cinematográfico parece ser *o único no qual surge uma terceira articulação.*

Examinemos um enquadramento indicado por Pasolini num de seus exemplos: um professor falando aos alunos numa classe. Consideremo-lo ao nível de um de seus fotogramas, isolado sincronicamente do fluxo diacrônico das imagens em movimento. Eis um sintagma no qual identificamos como partes componentes:

a) semas que se combinam sincronicamente entre si; são semas como "um homem alto e louro está aqui vestido de claro etc. etc." Tais semas são eventualmente analisáveis em *signos* icônicos mais reduzidos, como "nariz humano", "olho", "superfície quadrada" etc., reconhecíveis com base no sema

ALGUMAS VERIFICAÇÕES: O CINEMA E A PINTURA   147

como contexto que lhes confere o significado contextual, carregando-os tanto de denotações como de conotações. Esses *signos*, com base num código perceptivo, poderiam ser analisados como *figuras* visuais: "ângulos", "relações de claro--escuro", "curvas", "relações figura-fundo".

Lembramos: pode não ser necessário analisar o fotograma nesse sentido, e reconhecê-lo como um sema mais ou menos convencionalizado (alguns aspectos me permitem reconhecer o sema iconográfico "professor com alunos" e diferenciá-lo do eventual sema "pai com muitos filhos"): o que, porém, não impede, como já se disse, que haja uma articulação mais ou menos analisável, mais ou menos digitalizável.

Se tivéssemos que reproduzir essa dupla articulação segundo as atuais convenções lingüísticas, poderíamos recorrer aos dois eixos do paradigma e do sintagma:

supostas *figuras icônicas*
(dessumidas dos códigos
perceptivos) constituem
um paradigma do qual se
selecionam unidades para
se comporem↓

signos icônicos combináveis em *semas* icônicos
combináveis em *fotogramas*

Mas passando do fotograma ao enquadramento, os personagens realizam gestos: os *ícones* geram, através de um movimento diacrônico, *cinemorfos*. Só que no cinema acontece algo mais. De fato, a Cinésica levantou para si o problema de poderem ou não os *cinemorfos*, unidades gestuais significantes (e portanto, equiparáveis aos monemas, e em todo o caso definíveis como *signos cinésicos*), ser decompostos em *figuras cinésicas*, isto é, em *cines*, porções discretas dos cinemorfos mas não porções do seu significado (no sentido de que tantas pequenas unidades de movimento, desprovidas de sentido, possam compor diferentes unidades de gesto providas de sentido). Ora, a Cinésica encontra dificuldades em identificar momentos discretos no *continuum* gestual: *mas a câmara não*. A câmara *decompõe os cinemorfos exatamente em tantas unidades discretas que por si só ainda nada podem significar*, e que têm valor diferencial em relação a outras unidades discretas. Se eu subdividir em tantos fotogramas dois gestos típicos da cabeça, como o signo "não" e o signo "sim", encontrarei outras tantas posições diferentes que não poderei identificar como posições dos cinemorfos "não" ou "sim". De fato, a posição "cabeça inclinada para a direita" pode ser tanto a *figura* de um *signo* "sim" combinada com o signo "indicação do vizinho de direita" (o sintagma seria: "digo sim ao vizinho da direita"), como a figura de um *signo* "não" combinado com um *signo* "cabeça baixa" (que pode ter várias conotações e se compõe no sintagma "negação de cabeça baixa").

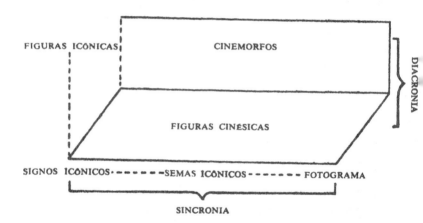

A câmara me dá, portanto, figuras cinésicas destituídas de significado, isoláveis no âmbito sincrônico do fotograma, combináveis em signos cinésicos, os quais, por sua vez, geram sintagmas mais vastos e adicionáveis ao infinito.

Acontece então, que, se eu quisesse representar num diagrama essa situação, não mais poderia recorrer aos eixos bidimensionais, mas teria que valer-me de uma representação tridimensional. Com efeito, os signos icônicos, combinando-se em semas e dando origem a fotogramas (segundo uma linha sincrônica contínua), geram, ao mesmo tempo, uma espécie de plano em profundidade, dotado de espessura diacrônica e constituído por uma porção do movimento total no interior do enquadramento; movimentos que, por combinação diacrônica, geram outro plano, perpendicular a esse e constituído pela unidade do gesto significativo.

ALGUMAS VERIFICAÇÕES: O CINEMA E A PINTURA 149

I.8. Que sentido terá atribuir-se ao cinema essa tríplice articulação?

As articulações introduzem-se num código para poderem comunicar o máximo de acontecimentos possíveis com o mínimo de elementos combináveis. São soluções de economia. No momento em que se estabelecem os elementos combináveis, empobrece-se, indubitavelmente, o código, em relação à realidade que ele enforma, no momento em que se estabelecem as possibilidades combinatórias, recupera-se *um pouco* daquela riqueza de eventos que se deverão comunicar (a mais dúctil das línguas é sempre mais pobre do que as coisas que ela quer dizer, de outro modo não ocorreriam fenômenos de polissemia). Isso faz com que, mal nomeemos a realidade, seja através de uma língua verbal seja através do pobre código sem articulações da bengala branca do cego, empobreçamos nossa experiência. Mas esse é o preço que se paga por querermos comunicá-la.

A linguagem poética, tornando ambíguos os signos, busca exatamente obrigar o destinatário da mensagem a recuperar a riqueza perdida, mediante a introdução violenta de vários significados compresentes num só contexto.

Habituados que estamos a códigos sem articulações ou, quando muito, com duas articulações, a imprevista experiência de um código de três articulações (que permite, portanto, a interpolação de um número muito maior de experiências do que o fornecido por outro código qualquer) nos dá aquela estranha impressão que o protagonista bidimensional de Planolândia * experimentava ao ser pôsto em presença da terceira dimensão...

Tal impressão viria à tona mesmo que no contexto de um enquadramento agisse apenas um único signo cinésico; ora, na realidade, no fluxo diacrônico dos fotogramas, combinam-se, dentro de um fotograma, várias figuras cinésicas, e no decorrer do enquadramento, vários signos combinados em sintagmas — essa riqueza contextual faz do cinema indubitavelmente um tipo de comunicação mais rico do que a fala, porque no cinema, como já no sema icônico, os diversos significados não se sucedem ao longo do eixo sintagmático,

---

(*) Eis o que lemos in *Matemática Moderna*, de Walter R. Fuchs (trad. bras. de Marianne Arnsdorff e José Manasterski para a Edit. Polígono, São Paulo, 1970): "O inglês Edwin A. Abbot escreveu, em 1884, uma narrativa que se passa em Flatland ("Planolândia"), onde um quadrado, dotado de instrução matemática, relata 'uma história das dimensões'". Segue-se a transcrição de um longo trecho da obra de Abbot. (N. da T.)

150 A ESTRUTURA AUSENTE

mas aparecem conjuntamente presentes e reagem alternadamente, fazendo brotar várias conotações.

Acrescente-se, a seguir, que a impressão de realidade
causada pela tríplice articulação visual complica-se com as
articulações complementares dos sons e da fala (mas essas
considerações não dizem mais respeito ao *código do cinematógrafo,* e sim a uma Semiologia da *mensagem fílmica*).

De qualquer maneira, basta que nos detenhamos na existência da tríplice articulação: e o choque é tão violento que,
diante de uma convencionalização mais rica, e portanto de
uma formalização mais flexível que as demais, julgamos en-
contrar-nos diante de uma linguagem que nos restitui a realidade. Nascem, assim, as metafísicas do cinema.

I.9. Por outro lado, exige a honestidade que nos
perguntemos se também a idéia da tríplice articulação não fará
parte de uma metafísica semiológica do cinema. Se se considerar o cinema como fato isolado, sem raízes em nenhum
sistema comunicacional precedente, não há dúvida de que ele
possui essas três articulações. Mas numa visão semiológica
global devemos lembrar o que já dissemos em B.3.II., isto é,
que se criam hierarquias de códigos, cada um dos quais analisa unidades sintagmáticas do código mais sintético, e ao
mesmo tempo reconhece, como traços pertinentes seus, os
sintagmas de um código mais analítico. Assim sendo, o movimento diacrônico do cinema organiza, como unidades síg-
nicas suas, os sintagmas de um código precedente, *isto é, o
fotográfico,* o qual, por sua vez, se apóia em unidades sintagmáticas do código perceptivo... Então o fotograma deveria ser visto como um sintagma fotográfico que vale, em
relação à articulação diacrônica do cinematógrafo (que combina figuras e signos cinésicos), como elemento de segunda
articulação, desprovido de significado cinésico. Isso, contudo, imporia que se extirpassem da consideração do cinema
todas as apreciações de caráter icônico, iconológico, estilístico, em suma: todas as considerações sobre o cinema como
"arte figurativa". Por outro lado é só questão de estabelecer
mos pontos de vista operacionais: indubitavelmente, pode-se
entender uma *língua* cinematográfica como avaliável com base
naquelas unidades não ulteriormente analisáveis que são os
fotogramas, fazendo pé firme em sustentar que o filme, como
discurso, é bem mais complexo do que o cinematógrafo, e
não apenas põe em jogo códigos verbais, como *volta a tomar*

ALGUMAS VERIFICAÇÕES: O CINEMA E A PINTURA

em consideração os códigos icônicos, iconográficos, perceptivos, tonais e de transmissão (isto é, todos aqueles examinados em B.3.III.5.).

Mas além disso, o filme, como discurso, leva em conta os vários códigos narrativos, as chamadas "gramáticas" da montagem, e todo um aparato retórico hoje analisado pelas semiologias do filme [40].

Dito isso, podemos manter a hipótese de uma terceira articulação para explicar o específico *efeito de realidade* da comunicação cinematográfica.

II. DO INFORMAL ÀS NOVAS FIGURAÇÕES

II.1. Se o código cinematográfico tem três articulações, problema oposto se levanta no tocante aos vários tipos de arte informal, onde não parece existir, por baixo da mensagem, nenhum código.

Ao contrário dos signos icônicos, que se baseiam em processos de codificação muito sutis, as configurações visuais *anicônicas,* essas, escapam a toda codificação. Até que ponto será válida a objeção feita por Lévi-Strauss à pintura abstrata (como vimos em B.2.2), ao argumentar que ela não propõe signos mas puros e simples objetos de natureza? E o que se deverá dizer ante fenômenos de pintura informal e matérica (tendo-se em vista que o mesmo discurso pode ser transposto para o plano da música pós-weberniana)?

Antes de mais nada, cumpre indagar se e até que ponto uma pintura abstrato-geométrica não se baseia em códigos rigorosos, que são os *códigos matemático-geométricos,* considerados no quadro sinóptico dos níveis da informação como possíveis relações sintáticas ao nível dos significantes (códigos gestálticos).

Em seguida, será mister perguntar se um quadro informal não funcionaria como oposição intencional aos códigos figurativos e aos códigos matemático-geométricos que nega, e portanto não deveria ser encarado como tentativa justamente de levar ao máximo a informação, até o limiar do ruído, con-

---

(40) Ver o artigo de PASOLINI, citado, com a distinção entre cinema de poesia e cinema de prosa, e as tentativas, a nosso ver bastante úteis, de implantar sôbre essas bases uma análise estilístico-retórica das várias mensagens fílmicas. Ver também as pesquisas de G. F. BETTETINI; por exemplo, *L'unità linguistica del film e la sua dimensione espressiva,* in "Annali della Scuola Sup. di Com. Sociali", 2, 1966 (primeiro capítulo de uma obra em preparo).

152 A ESTRUTURA AUSENTE

sistindo as faixas de redundância nas configurações icônicas e geométricas *ausentes mas evocadas por contraposição.*

II.2. Parece-nos, todavia, reconhecer nos quadros informais (raciocínio que vale igualmente para a música atonal e para outros fenômenos artísticos) como que a presença de uma regra, de um sistema de referências, embora diferente daquelas a que estamos habituados. E a chave nos é dada pelos próprios pintores quando nos dizem que interrogam as nervuras mesmas da matéria, as texturas da madeira, ou da aniagem, ou do ferro, para ali encontrarem sistemas de relações, formas, sugestões de direção operacional. Daí, por que, numa obra informal, faz-se mister identificar, acima ou abaixo do nível físico-técnico, do nível semântico e do nível dos universos ideológicos conotados, uma espécie de nível microfísico, cujo código o artista individua nas estruturas da matéria sobre a qual trabalha. Não se trata de pôr em relação elementos de suporte material, mas de explorar (como ao microscópio) esses elementos (o grumo de cor, a disposição dos grãos de areia, os desfiados da aniagem, as arranhaduras de um muro de gesso) e aí individuar um sistema de relações, e, portanto, um código. Esse código é escolhido como guia, e sobre seu modelo serão estruturados o nível físico-técnico e também o semântico: não no sentido de que a obra proponha imagens, e portanto significados, mas no sentido de que configura realmente *formas* (embora informes) reconhecíveis (de outro modo, não distinguiríamos uma mancha de Wools de uma superfície de Fautrier, um macadame de Dubuffet de um traço gestual de Pollock). Essas formas constituem-se a um nível sígnico, embora os signos não estejam tão claramente codificados e reconhecíveis. Em todo o caso, na obra informal, o idioleto que liga todos os níveis existe: *é o código microfísico individuado no âmago da matéria,* código que preside às configurações a níveis de maior macroscopicidade, de modo que todos os possíveis níveis da obra (em Dubuffet, continuam existindo os níveis semânticos, onde aparecem signos levemente icônicos) se aplanam ao nível microfísico. Isto é, não se tem correlação de vários sistemas relacionais coordenados por uma relação mais geral e profunda, o idioleto: mas o sistema de relações de um nível (o microfísico) torna-se lei para todos os outros níveis. Esse aplanamento do semântico, do sintático, do pragmático, do ideológico ao microfísico permite que se veja a mensagem

ALGUMAS VERIFICAÇÕES: O CINEMA E A PINTURA   153

informal como não-comunicativa, quando na verdade ela simplesmente comunica de modo diferente. E além da teorização semiológica, as mensagens informais têm, indubitavelmente, comunicado algo, uma vez que modificaram nosso modo de ver a matéria, os acidentes naturais, o deperecimento dos materiais, e nos dispuseram diferentemente em relação a eles, ajudando-nos a melhor conhecer tais ocorrências que antes se atribuíam ao acaso e onde agora se vai buscando, quase por instinto, uma intenção de arte, e conseqüentemente, uma estrutura comunicativa, um idioleto, um código [41].

II.3. Surgem, porém, aqui, alguns problemas de monta: se a característica de quase todas as obras de arte contemporânea é a instauração de um código individual da obra (que não precede a obra nem constitui a sua referência externa mas está nela contido), também é fato que esse código não pode, o mais das vezes, ser individuado sem ajuda externa e, portanto, sem uma enunciação de poética. Num quadro abstrato ou concreto, a instauração de um código original e inédito passa para segunda linha em relação à emergência ainda evidente do código gestáltico de base (em outras palavras: trata-se, como sempre, de ângulos, curvas, planos, oposições de signos geométricos, já carregados de conotações culturais). Num quadro informal, numa composição serial, em certos tipos de poesia de vanguarda, ao contrário, a obra instaura — como vimos — um código autônomo (ela própria é a discussão sobre esse código, a poética de si mesma). A obra é a fundação das regras inéditas pelas quais se rege; mas, em contraposição, não pode comunicar se não houver quem já conheça essas regras. Daí, a abundância de explicações preliminares que o artista é obrigado a prodigalizar sobre seu trabalho (apresentações de catálogo, explicações da série musical empregada e dos princípios matemáticos pelos quais se rege, notas de rodapé na poesia). A tal ponto a obra aspira à sua própria autonomia em relação às convenções vigentes, que funda um sistema de comunicação inteiramente seu: mas só comunica plenamente se apoiada em sistemas complementares de comunicação lingüística (a enunciação da poética), usados como metalinguagem em relação à língua-código instaurada pela obra.

Mas eis que na recente evolução da pintura surgem alguns elementos de superação. Não que as tendências aqui

(41) Ver as páginas sobre o informal in *Obra aberta*, op. cit.

154 A ESTRUTURA AUSENTE

apontadas constituam o único modo de resolver o problema;
mas constituem "um" modo, ou, em todo o caso, a tentativa de um modo possível. As várias tendências pós-informais, da nova figuração ao *assemblage*, a "pop art" e suas expressões afins, trabalham *de novo* baseadas em códigos precisos e convencionais. A provocação, a reconstituição da estrutura artística, age com base em estruturas comunicacionais que o artista já encontra pré-formadas: o objeto, a estória em quadrinhos, o cartaz, o acolchoado florido, a Vênus de Botticelli, a placa da Coca Cola, a "Criação" da Sistina, a moda feminina, o tubinho de dentifrício são elementos de uma linguagem que "fala" aos usuários habituais daqueles signos. Os óculos de Arman, as garrafinhas de Rauschenberg, a bandeira de Johns, são significantes que, no âmbito de códigos específicos, adquirem significados precisos.

Também aqui, o artista que os utiliza transforma-os em signos de outra linguagem, e no fim das contas institui, na obra, um novo código que caberá ao intérprete descobrir; a invenção de um código inédito de obra para obra (quando muito, de uma série de obras para outra série de obras do mesmo autor) permanece uma das constantes da arte contemporânea: mas a instituição desse novo código age dialeticamente em relação a um sistema de códigos preexistente e reconhecível.

A estória em quadrinhos de Lichtenstein é signo preciso em relação ao sistema de convenções lingüísticas da estória em quadrinhos, em relação aos códigos emotivos, éticos, ideológicos do público das estórias em quadrinhos; *depois* (mas só depois) o pintor a destaca do contexto original e a introduz num novo contexto; confere-lhe outra rede de significados, reporta-o a outras intenções (Maurizio Calvesi, por exemplo, viu na estória em quadrinhos ampliada a proposta de uma nova espacialidade). O pintor, em suma, opera o que Lévi-Strauss, a propósito do "ready made", chamava de "fissão semântica". Mas a operação realizada pelo artista só adquire sentido se comensurada aos códigos iniciais, transgredidos e reevocados, contestados e reafirmados.

Eis assim traduzida em termos comunicacionais uma situação típica da arte dos anos sessenta e que nasce, como se costuma dizer numa frase já agora convencional, da "crise do informal". É difícil afirmar se se trata aqui de uma crise histórica, nascida de condições de instabilidade típicas de

ALGUMAS VERIFICAÇÕES: O CINEMA E A PINTURA

toda obra que instaure um código autônomo e absolutamente inédito. Pode-se em todo o caso afirmar que houve uma crise — uma situação interrogativa — de muitos setores artísticos. Daí buscar-se uma aderência maior às condições básicas da comunicação que experiências precedentes haviam acertadamente levado aos limites extremos da rarefação e do desafio. Veremos, em seguida, se se trata de um retorno aos limiares, comprovadamente insuperáveis, de uma dialética comunicacional ou apenas de um recuo temporário para reunir forças e fazer um exame crítico.

5. Algumas Verificações: A Mensagem Publicitária

I. PREMISSA

Os estudos a que nos dedicamos sobre o problema do cinema e do informal concerniam a uma semiologia do signo icônico e implicavam uma regressão experimental aos componentes deste (códigos perceptivos, figuras icônicas, possibilidade de configurações individuadas ao nível microfísico, etc.). Se passarmos, porém, ao exame da comunicação publicitária, o foco deve ser deslocado: de um lado temos, como objeto de indagação, vastas configurações semânticas que começam a interessar-nos ao nível dos *iconogramas;* do outro, abrem-se-nos perspectivas para a elaboração de definições de uma possível retórica visual. Em outras palavras, e reportando-nos à sinopse apresentada em B.3.III.5., devemos ocupar-nos com os códigos iconográficos, os códigos do gosto e da sensibilidade, os códigos retóricos (e portanto, com as figuras, as premissas e os argumentos retórico-visuais), com os códigos estilísticos e os eventuais códigos do inconsciente. Nesse sentido, as verificações sobre o cinema, o informal e a publicidade terão tido a função de fazer-nos percorrer toda a linha dos códigos visuais possíveis, ainda que, naturalmente, dentro dessa linha se inclua a elaboração de muitas outras séries de mensagens — da estória em quadrinhos à pintura sacra, da escultura ao *cartoon* humorístico, etc. —, que ainda aguardam um tratamento semiológico completo. Tratamento esse, aliás, que também ainda falta dar à mensagem publicitária, sobre a qual oferecemos apenas algumas análises, a título de proposta.

ALGUMAS VERIFICAÇÕES: A MENSAGEM PUBLICITÁRIA 157

Esta nossa "verificação" preliminar permite-nos retomar os temas teóricos gerais tratados em A.4. e A.5., e em especial o tema das *relações entre retórica e ideologia*. A leitura de algumas mensagens publicitárias terá, portanto, dupla função: de um lado, indicar como se pode articular um mapa dos códigos publicitários; do outro, mostrar como a análise semiológica, no momento em que implica a consideração daquele Outro do universo dos signos que é o universo das ideologias, supera os limites "formalistas" que parecem ser-lhe próprios e passa a contribuir para um discurso mais amplo que co-envolve (enquanto discurso semiológico correto, e não enquanto superação do discurso semiológico) a situação de uma sociedade no seu complexo.

A propósito das relações entre retórica e ideologia, com efeito, se se passar de uma problemática geral para o exame da mensagem publicitária, ver-se-á que algumas das assunções teóricas anteriormente propostas são rediscutidas, ou pelo menos pedem para ser atentamente superadas.

A técnica publicitária, nos seus melhores exemplos, parece baseada no pressuposto informacional de que um anúncio mais atrairá a atenção do espectador quanto mais violar as normas comunicacionais adquiridas (e subverter, destarte, um sistema de expectativas retóricas).

Existe, é fato, um tipo de excelente comunicação publicitária que se baseia na proposta de arquétipos do gosto que preenche exatamente as mais previsíveis expectativas, oferecendo, por exemplo, um produto feminino através da imagem de uma mulher dotada de todos os atrativos reconhecidos na mulher pela sensibilidade corrente.

Mas também é ponto pacífico que um publicitário responsável (e dotado de ambições estéticas) sempre tentará realizar o seu apelo através de soluções originais e que se imponham pela originalidade — de modo que a resposta do usuário não consista apenas numa reação de tipo inconsciente ao estímulo erótico, gustativo ou tátil desencadeado pelo anúncio, mas também num reconhecimento de genialidade, reconhecimento que reverbera sobre o produto, impelindo a um consenso que se baseie não só na resposta do tipo "este produto me agrada", mas também "este produto me fala de modo singular", e, por conseguinte, "este é um produto inteligente e de prestígio".

Ora, até que ponto a violação dos sistemas de expectativa no âmbito retórico se traduz, em publicidade, por um

158 A ESTRUTURA AUSENTE

acréscimo "nutritivo", ao nível das persuasões ideológicas? E até que ponto, ao contrário, a publicidade, como novidade aparente e efetiva reiteração do já-dito, não é nutritiva mas "consolatória"?

Uma resposta a esses problemas requer a análise de várias mensagens publicitárias: e essa análise produz — mas ao mesmo tempo pressupõe como hipótese de trabalho — um "mapa" das convenções retóricas que presidem ao discurso publicitário.

II. OS CÓDIGOS RETÓRICOS

II.1. Ao propormos o delineamento desse mapa, cumpre esclarecermos que tomamos como modelo a *Retórica* de Aristóteles. Trata-se de um procedimento demonstrativo e experimental. Caso uma pesquisa do gênero fosse impostada em maior profundidade, o modelo de tratado retórico teria que abarcar e mediar as contribuições de toda a tratadística retórica, dos gregos a Perelman, através dos latinos e dos retóricos helenistas, passando pela Idade Média e a tratadística francesa do Grand Siècle e do Setecentos.

Não se pretende aqui, portanto, traçar o mapa semiológico referido; quando muito, seria possível indicar alguns movimentos metodológicos necessários à sua consecução.

Tais movimentos comportariam — como dizíamos — uma releitura dos tratados de retórica para traçar-se um sistema, o mais completo possível, de *figuras, exemplos e argumentos* retóricos, e depois reportá-lo a um vasto rol de situações verbais e visuais extraídas dos anúncios publicitários. Isso permitiria, por ora, juntar sob rótulos titulados as soluções visuais (quanto às verbais, o problema do confronto é indubitavelmente mais pacífico) [42] da publicidade, com as figuras, os exemplos e os argumentos da retórica clássica. E quando ocorressem soluções visuais irredutíveis às soluções verbais codificadas pela retórica clássica, tratar-se-ia de ver se assistimos, no caso, ao nascimento de artifícios visuais de novo tipo, também eles suscetíveis de catalogação e homologação.

Trabalho desse tipo já foi realizado, ainda que em sentido puramente exploratório, por Roland Barthes no seu *Rétho-*

---

(42) Um manual completo das soluções retóricas em literatura é o de H. LAUSBERG, *Handbuch der Literarischen Rhetorik*, Max Hueber, Munique, 1960.

ALGUMAS VERIFICAÇÕES: A MENSAGEM PUBLICITÁRIA   **159**

rique de l'image[43], e com mais amplas intenções catalogadoras pela escola de Ulm[44]. Tentou-se, alhures, elaborar uma retórica da montagem visual de elementos fotográficos, visando a elaborar as regras de um discurso consequencial por imagens, onde a solução de imprevisibilidade (uma vez adquirida) funciona como verdadeira relação lógica, instituindo a possibilidade de um argumentar icônico[45]. Mas em todo o caso, ainda estamos longe de um "mapa", no sentido pleno do termo, equivalente aos mapas retóricos desenhados ao longo dos séculos a propósito da argumentação verbal.

Aqui só queremos oferecer os resultados, ainda informes, de uma ou outra leitura preliminar realizada sobre uns poucos anúncios publicitários. Leituras desse tipo constituem o material experimental, a série dos protocolos indispensáveis à elaboração dos mapas (não porque os mapas devam resultar de uma leitura exaustiva de todo discurso possível, mas porque uma série bastante ampla de leituras-tentativas é indispensável para a elaboração hipotética de um código que se sobreporá, em seguida, a todas as outras leituras para experimentar-lhes a validade).

II.2. Uma distinção que se deve ter presente nas análises propostas é a que Jakobson estabelece para as várias funções do discurso (ver A.3.I.2.)

No discurso publicitário, explicitam-se e imbricam-se estas seis funções (nunca totalmente isoladas, como, aliás, no discurso cotidiano). Sobre uma preponderância quase constante da função *emotiva* pode acentuar-se o aspecto *referencial* ("o detergente X tem grãos azuis"); o aspecto *fático* ("Desculpe a poeira", único letreiro de um anúncio da VW); o aspecto *metalingüístico* ("só Swift prepara *o* salsicha"), o aspecto *estético* ("Quem não é o maior, tem que ser o melhor"), ou *imperativo* ("Viaje bem. Viaje Vasp.")

O fato de se ter presente a função predominante serve muitas vezes para estabelecermos o real valor informativo de uma assertiva verbal ou visual (uma assertiva levemente referencial pode ser altamente informativa sob o prisma fático; uma imagem destituída de qualquer elemento de novidade conceptual pode aspirar a uma validade estética de grande prestígio; assim também, uma argumentação referencialmente

(43) Ver "Communications", 4.
(44) G. BONSIEPE, *Rettorica visivo verbale,* in "Marcatre", 19-22.
(45) J. L. SWINERS, *Problèmes du photojournalisme contemporain,* in "Techniques graphiques", 57-58-59, 1965.

160 A ESTRUTURA AUSENTE

bastante fraca, abertamente falsa, ou em todo o caso, para-doxal — e portanto emotiva e referencialmente neutralizada — pode pretender ser interpretada como "engenhosa" mentira, e portanto, como fato esteticamente válido).

II.3. Juntamente com o emotivo, o componente estético é, sem sombra de dúvida, o mais importante. O emprego da figura retórica (que por comodidade chamaremos doravante de "tropo", sem aprofundarmos a distinção entre "tropos" verdadeiros, "figuras de discurso" e "figuras de pensamento" [46] tem, antes de mais nada, finalidades estéticas. Na publicidade vigora o preceito barroco segundo o qual "è del poeta il fin la maraviglia" *. Muitas vezes o produto quer impor-se ostentando habilidade a argúcia. O valor estético da imagem retórica torna persuasiva a comunicação, quando mais não seja porque a torna memorizável. Naturalmente, muitas vezes o tropo também intervém com puros fins de persuasão e estímulo emotivo, para solicitar a atenção e tornar mais nova — mais "informativa" — uma argumentação desgastada. Mas também nesses casos, embora o primeiro movimento solicitado seja a resposta emotiva, quase sempre se pretende do usuário a subseqüente avaliação estética do procedimento.

Perelman, em seu *Tratado,* não arrola os tropos separadamente dos argumentos, porque os considera exclusivamente como instrumentos para a demonstração (com puros fins persuasivos). A nós, contudo, nos parece oportuno separá-los, a exemplo do que faziam os retóricos clássicos, e exatamente por causa da função estética que os primeiros pretendem revestir. Muitas vezes os tropos estão totalmente desancorados da argumentação e sua única função é atrair a atenção dispersa para uma comunicação que, a seguir, procede argumentando com outros meios.

III. REGISTROS E NÍVEIS DOS CÓDIGOS PUBLICITÁRIOS

III.1. Os códigos publicitários funcionam num duplo *registro*: a) verbal; b) visual.

(46) Ver LAUSBERG, op. cit.

(*) "Maravilhar é o escopo do poeta". Verso de um soneto de Givan Battista Marino, ou Marini (1569-1625), onde o poeta, figura de proa da escola barroca italiana, expõe o seu programa poético. (N. acrescentada pelo A. à ed. bras.)

ALGUMAS VERIFICAÇÕES: A MENSAGEM PUBLICITÁRIA **161**

Como ficou amplamente demonstrado [47], o registro verbal tem a função precípua de *ancorar* a mensagem, porque freqüentemente a comunicação visual se mostra ambígua e conceptualizável de modos diversos. Essa ancoragem, todavia, não se realiza sempre de modo puramente parasitário. Na conhecida análise de Barthes sobre o Macarrão Panzani, não há dúvida de que a imagem, entretecida de soluções retóricas (tropos e lugares ou argumentos), prestar-se-ia a várias decodificações se o texto não interviesse com funções puramente referenciais para especificar que se trata de "macarronada à italiana". Amiúde, porém, — e nos mais elaborados anúncios — o texto realiza sua função de ancoragem pondo, ele próprio, em ação vários artifícios retóricos. Uma das finalidades de uma investigação retórica sobre a publicidade é ver como se cruzam as soluções retóricas nos dois registros. Pode, de fato, verificar-se ou uma homologia de soluções ou uma total discordância: com imagem de função estética e texto de função emotiva ou com imagem que procede por simples tropos enquanto que o texto introduz lugares; ou com imagem de estrutura metafórica e texto de estrutura metonímica; ou com imagem que propõe um lugar argumentativo e texto que o contradiz; e assim por diante, através de uma combinatória dificilmente codificável de antemão.

III.2. Indubitavelmente, a pesquisa sobre os códigos da persuasão verbal torna-se menos estimulante na medida em que se incorpora a uma tradição de pesquisa retórica já concluída. Existem, contudo, excelentes estudos sobre a retórica verbal da publicidade [48]. Nossa investigação, por conseguinte, visará, de início, a pôr em evidência a possibilidade de códigos visuais. Só depois poderá tirar proveito das pes-

(47) R. BARTHES, op. cit.

(48) Ver, antes de mais nada, o clássico M. GALLIOT, *Essai sur la langue de la réclame Contemporaine*, Privat, Toulouse, 1955. Para ulterior bibliografia, especialmente italiana, ver G. FOLENA, *Aspetti della lingua contemporanea* in "Cultura e scuola", 9, 1964, e a conferência, ainda inédita, onde se fez uma análise do *slogan* "Ponha um tigre no seu carro" (Milão, Círculo da Imprensa, novembro de 1967). Numerosas figuras verbais foram analisadas in FRANCESCO SABATINI, *Il messaggio pubblicitario da slogan a prosa-poesia*, in "Sipra Due", settembro de 1967. Ver também CORRADO GRASSI, *Linguaggio pubblicitario vecchio e nuovo*, in "Sipra Due", 2, fev. de 1967. Ver ainda UGO CASTAGNOTTO *Proposta per un'analisi semantica del linguaggio della pubblicità commerciale*, tese apresentada à Faculdade de Letras da Univ. de Turim (A.A. 1966-67), da qual foram editados dois capítulos in "Sipra Due", 9, 1967 e in "Sigma", 13, 1967. Ainda para uma investigação preliminar sobre os termos em questão ("publicidade", "reclame", etc.), ver ANDREA DE BENEDETTI, *Il linguaggio della pubblicità contemporanea*, Facoltà di Magistero, Univ. de Turim, 1966; *Guida bibliografica agli studi di psicopedalogia dei "mass media"*, Ca-Ma Editore, Turim, 1956. Sobre as relações entre língua publicitária e experiências verbais de vanguarda, ver L. PIGNOTTI, *Linguaggio poetico e Linguaggi tecnologici*, in "La Battana", 5 1965.

162 A ESTRUTURA AUSENTE

quisas sobre a comunicação verbal e estudar as combinações entre os dois registros.

No tocante à comunicação visual, podemos identificar três níveis de codificação:

a) *nível icônico:* a codificação dos signos icônicos não pertence ao estudo retórico da publicidade, assim como não lhe pertence, no registro verbal, o estudo sobre os valores denotativos dos vários termos verbais. Podemos aceitar por princípio que certa configuração represente um gato ou uma cadeira, sem nos perguntarmos o porquê ou o como; quando muito, podemos levar em consideração determinado tipo de ícone pelo seu forte valor emotivo: estaremos então diante do que chamaremos de "ícone gastronômico", que ocorre quando uma qualidade de determinado objeto (camada gelada sobre o copo de cerveja, untuosidade de um molho, viço da pele feminina), em sua violenta representatividade, estimula diretamente o nosso desejo ao invés de limitar-se a denotar "molho", "gelo" ou "maciez".

b) *nível iconográfico:* temos dois tipos de codificação. Uma, de tipo "histórico", em que a comunicação publicitária usa configurações que em termos de iconografia clássica remetem a significados convencionados (da auréola que indica santidade, a uma dada configuração que sugere a idéia de maternidade, ou ao tapa-olho negro que conota pirata ou aventureiro, etc.). A outra, de tipo publicitário, onde, por exemplo, a condição de manequim é conotada por um modo particular de ficar de pé com as pernas cruzadas. Isto é, o costume publicitário pôs em circulação *iconogramas* convencionados.

Um iconograma (como já, aliás, uma configuração icônica) nunca é um signo, e sim um *sema* (ver B. 3. I.).

c) *nível tropológico:* compreende os equivalentes visuais dos tropos verbais. O tropo pode ser inusual e assumir valor estético, ou então ser a exata tradução visual da metáfora sopitada e passada para o uso corrente, tanto que passa despercebida. Por outro lado, a linguagem publicitária introduziu tropos típicos da comunicação visual que dificilmente podem ser reportados a tropos verbais pre-existentes.

Guy Bonsiepe[49] cita numerosos casos de realização visual de tropos clássicos: um pneumático rodando com segurança entre duas filas de pregos representa claramente uma *hipérbole;* um anúncio de cigarro mostrando apenas uma nuvenzinha de fumaça ancorada na escrita "Isto é tudo o que temos para vender", funciona como *litotes* (fala em "hipoafirmação", e também se poderia falar em "understatement"); uma publicidade Esso anunciando "Sirva-se em toda a parte", e introduzida pela imagem de um colibri, sugando o néctar ou bebendo água na corola de uma flor, é um caso de *metáfora.*[50] Temos, alhures, casos de *visualização ou de literalização da metáfora:* é o caso, por exemplo, da cópia do "Time" que aparece

---

(49) Ver art. cit.
(50) Na edição italiana do ensaio, essa solução vem erradamente indicada como "metonímia". Mas Bonsiepe, na edição original (texto alemão e inglês) falara em "analogia-visivo-verbal". Ver "Ulm", 14-15-16.

ALGUMAS VERIFICAÇÕES: A MENSAGEM PUBLICITÁRIA 163

ondulada como se fosse uma lâmina flexível, expressando o apelo a uma flexibilidade maior (metáfora verbal) do *marketing* moderno.

Com a visualização da metáfora (que é também a sua literalização[51]) passamos a um gênero de tropos nascidos depois do advento da comunicação visual publicitária. Entre eles, individuaremos, por exemplo, a *participação mágica por aproximação* (um homem moderno vestindo uma camisa anunciada, se aparecer ao lado de um quadro que representa um fidalgo setecentista, passa a participar — e com ele, o produto — da aura de nobreza, virilidade e dignidade do modelo clássico)[52]. Em casos como esse, tem-se também outro tipo de figura que poderíamos indicar como *iconograma kitsch*, usado como argumento de autoridade: a evocação da obra de arte reconhecida publicamente como tal — etiquetada como famosa — reverbera prestígio sobre o produto (são iconogramas *Kitsch* a marca de Óleo Dante, os vários produtos batizados Gioconda, etc.).

Outra típica figura visual é a *dupla metonímia* com funções de identificação: a aproximação, por exemplo, de uma lata de leite em pó com a vaca de corpo presente, nomeando a lata pelo animal e o animal pela lata (duplo movimento metonímico) estabelece mediante a simples aproximação uma indiscutível identidade entre os dois fatos ("A vaquinha Mococa está mugindo... Beba leite em pó Mococa", como que a dizer: "o leite em pó é *verdadeiro* leite de vaca", ou uma relação de implicação.

Cabe, enfim, observar que quase todas as imagens publicitárias visuais encarnam uma figura retórica que aí assume uma importância predominante, a saber: a *antonomásia*. Cada entidade isolada que aparece na imagem é, o mais das vezes, o representante, por antonomásia subentendida, do próprio gênero ou da própria espécie. Uma jovem ao tomar uma bebida comporta-se como "todas as jovens". Pode-se dizer que a citação do caso isolado assume valor de *exemplum*, de argumento de autoridade. Cada caso isolado é idealmente precedido por aquele signo lógico que se chama *quantificador universal* e que faz com que o símbolo x, ao qual é preposto, seja entendido como "todos os x". Esse mecanismo, que se rege por processos psicológicos de identificação (e portanto por mecanismos extra-semiológicos) mas em que o processo de identificação é permitido por artifícios retóricos que tornam convencionalmente reconhecível como universal e exemplar o caso isolado proposto (e eis-nos de novo diante de um mecanismo semiológico), é fundamental na comunicação publicitária.

(51) A literalização da metáfora é, ao contrário, incomum na linguagem verbal, tanto que Máximo Bontempelli baseou nessa prevaricação retórica uma engraçada novela, onde, imprevistamente, as metáforas da linguagem comum se realizam. A realidade imita a linguagem e produz uma impressão surreal que de maneira alguma experimentamos quando as imagens imitam a realidade.

(52) UGO CASTAGNOTTO in *Pubblicità e operatività semantica* ("Sipra Due", 9, 1967), cita Gaston Bachelard, quando fala da atividade de "transvalorização metafórica que está na base das fantasias alquimistas. Atributos e qualidades de um objeto são transferidos para o signo lingüístico correspondente ou são passados de palavra para palavra a fim de deduzir-se um paralelo...". Parece-nos que no plano visual, procedimentos desse gênero estão na ordem do dia.

164   A ESTRUTURA AUSENTE

d) *nível tópico:* compreende tanto o setor das chamadas *premissas* como o dos *lugares* argumentativos ou *topoi,* antigas rubricas gerais sob as quais se reuniam grupos de argumentações possíveis. A distinção entre premissas e lugares já é muito imprecisa em Aristóteles, tendo mesmo sido parcialmente abolida na Retórica subseqüente. Para os fins do nosso discurso basta reconhecermos a possibilidade de blocos de opiniões adquiridas que podem constituir tanto a premissa para um entimema quanto o esquema geral sob o qual reagrupar entimemas afins. Por isso discorreremos sobre este nível de modo global.

Uma codificação dos topos visuais poderia comportar a classificação das possíveis traduções visivas dos *topos* verbais; mas o que mais ostensivamente emerge a uma primeira inspeção efetuada sobre a linguagem visual é a existência de iconogramas que conotam de antemão um *campo tópico,* isto é, que evocam por convenção uma premissa ou blocos de premissas de modo elíptico, como se se tratasse de uma sigla convencionada.

Por exemplo: um iconograma do tipo "ícone denotando jovem dona de casa que se inclina sobre um berço, sorrindo para um nenê que lhe estende os braços", conota, indubitavelmente (ao nível iconográfico), "mamãezinha", mas ao mesmo tempo evoca um leque de persuasões do tipo "as mães amam seus filhos — mãe é uma só — o amor de mãe é o mais forte — as mães adoram seus filhos — todos os filhos amam suas mães — etc." E mais: além dessas conotações, que constituem verdadeiras premissas, são conotados grupos argumentativos possíveis (e portanto, "lugares", no sentido estrito), do tipo "se todas as mães são assim, por que vocês também não deveriam sê-lo?" É fácil compreender como de um campo tópico desse gênero possam brotar entimemas como estes: "todas as mães só fazem aquilo de que seus filhos gostam — todas as mães alimentam seus filhos com o produto X — quem alimenta seus filhos com o produto X faz aquilo de que eles gostam[53].

Como se vê, para que o entimema se torne possível é necessário que se verifique a decodificação que propusemos, ao discorrer sobre o nível tropológico, a propósito da antonomásia subentendida: aquela mãe transforma-se em "todas as mães". Também se pode dizer que em muitos casos a antonomásia "a mãe por excelência" comporta o campo tópico "se a mãe por excelência se comporta assim, por que não você?", donde o argumento: "esta mãe é a mãe por excelência — ela nutre seu filho com o produto X — por que você também não deveria nutri-lo do mesmo modo?" — onde, como se vê, eliminamos o recurso à hipótese de um quantificador universal "todas", limitando-nos a salientar o jogo entre uma antonomásia e um lugar evocado.

Aqui avançamos a hipótese de que grande parte da comunicação visual publicitária confia menos na enunciação de premissas e lugares propriamente dita do que na ostentação de um iconograma onde a

(53) Esse procedimento já fora entrevisto ao nível verbal por Migliorini, e é lembrado por F. SABATINI (art. cit., n. 3). No que concerne às observações de BRUNO MIGLIORINI, ver *Saggi sulla lingua del Novecento,* Florença, 1963 e *Lingua Contemporanea,* Florença, 1963.

ALGUMAS VERIFICAÇÕES: A MENSAGEM PUBLICITÁRIA   165

premissa — subentendida — é evocada através da conotação do campo tópico.

e) *nível entimemático*: comportaria a articulação de autênticas argumentações visuais. Permitam-nos também aqui, em fase preliminar, avançar a hipótese de que a polivalência típica da imagem e a necessidade de ancorá-la no discurso verbal fazem com que a argumentação retórica propriamente dita seja orientada unicamente pelo texto verbal ou pela interação entre os registros verbal e visual. Nesse caso, os iconogramas em jogo, assim como evocam campos tópicos, evocariam de hábito *campos entimemáticos*, isto é, subentenderiam argumentações já convencionadas e reevocadas por uma imagem suficientemente codificada.

IV. LEITURA DE CINCO MENSAGENS

IV.1. Examinemos, por exemplo, o anúncio da Camay, aqui reproduzido:

A. *Registro visual*: discurso com função aparentemente *referencial*.

Denotações: um homem e uma mulher, ambos jovens, estão examinando quadros expostos num local que o catálogo empunhado pela moça indica como sendo esse templo dos antiquários que é Sotheby, em Londres; o homem fita a mulher e a mulher volta os olhos na direção desse olhar.

Podemos notar igualmente a preponderância da função *estética* — que ressalta ao examinarmos o anúncio colorido e emerge do bom gosto da composição, inspirada em cortes cinematográficos considerados de gosto — bem como o esboço de uma função *metalingüística* (a imagem cita outras imagens: os quadros).

Encontramos denotação a um nível icônico (mulher, homem, quadros, etc.) mas a série das conotações mais fortes verifica-se ao nível dos *semas iconográficos*.

Conotações: o sema "mulher" conota (segundo uma complexidade conotativa crescente, onde uma conotação se apóia na outra): a mulher é bonita (segundo códigos correntes), presumivelmente nórdica (conotação de prestígio; a nordicidade é sublinhada como britanicidade pelo catálogo); é rica (de outro modo, não freqüentaria Sotheby); é culta (idem), é de bom gosto (idem); se não for inglesa, então é turista de grande classe. O homem é viril, seguro de si (os códigos iconográficos confirmam-no como tal, toda uma

Anche chi riesce a conquistare un tesoro d'arte
può essere conquistato dal fascino Camay

Quel fascino Camay che fa girar la t

che voi potete far girar la testa
 un uomo così... con Camay.
rché Camay è la saponetta cosmetica
zziosa per la carnagione...
ca di seducente profumo francese.
 profumo costosissimo, irresistibile
idatevi a Camay...
 quel fascino che fa girar la testa.

Ricco di seducente pr

ALGUMAS VERIFICAÇÕES: A MENSAGEM PUBLICITÁRIA **167**

tradição cinematográfica e publicitária intervém para reafirmar tal interpretação), e visto que não tem aspecto de inglês, é viajante internacional, rico, de gosto, culto. Provavelmente, é mais rico, culto, seguro de si do que a mulher, porque a mulher efetua a visita com o catálogo, ao passo que ele examina o quadro diretamente; é um perito ou um comprador (em todo o caso, o sema conota prestígio). O tipo particular de enquadramento (apoiado em códigos cinematográficos adquiridos) não denota apenas que o homem observa a mulher que volta o olhar: interpretamos a imagem como fotograma isolado de uma seqüência, no decorrer da qual a mulher dará mostras de sentir-se observada e procurará ver quem a observa sem dá-lo a perceber. Tudo isso conota que entre os dois se estabelece uma branda corrente erótica. A atenção com que a outra personagem mais velha contempla o quadro reforça o princípio de que o jovem distraiu-se em virtude, exatamente, da presença da mulher e sublinha o contacto entre ambos. De uma e outra parte conota-se "fascínio", mas em todo o caso, visto que é o homem o primeiro a olhar, o fascínio parte preponderantemente da mulher. Visto que a mensagem verbal ancoradora estabelece que o motivo do fascínio se deve ao perfume do sabonete Camay, o sema icônico embaixo intervém para redundar a mensagem verbal através de uma *dupla metonímia* com função de identificação: "sabonete + frasco de perfume" significa "sabonete = frasco de perfume".

Subentende-se que as duas personagens revestem valor antonomásico (são "qualquer jovem elegante e refinado"). Tornam-se modelos a imitar (objetos de identificação e projeção possível) porque foram carregados de conotações que a opinião geral estabelece como prestigiosas e exemplares: beleza, gosto, internacionalidade, etc. Em certo sentido, as duas imagens não são precedidas pelo quantificador universal "todos" mas dele subentendem uma forma reduzida, do tipo "todos aqueles que como vocês", a partir do momento em que a identificação ou a projeção se tenha verificado. Ainda uma vez a antonomásia subentendida estabelece: "este indivíduo são todos vocês, ou é aquele que vocês deveriam e poderiam ser".

Ao nível tópico e entimemático — enfim — eis que das mesmas conotações de base brotam campos de lugares em cadeia, entre os quais poderíamos citar: "as pessoas de classe devem ser imitadas — se os que pertencem à alta sociedade

168 A ESTRUTURA AUSENTE

agem assim, porque não deveriam vocês fazer o mesmo? — está certo individuar os motivos do êxito das pessoas que gostaríamos de imitar — as pessoas bem sucedidas na vida mostram-nos como é preciso que a gente se comporte".

Naturalmente, os campos tópicos e entimemáticos esclarecem-se e determinam-se tão logo o registro visual tenha sido posto em interação com o verbal. Com efeito, um exame dos argumentos do registro verbal nos confirma que a imagem deveria evocar campos tópicos e entimemáticos semelhantes aos exemplificados.

B. *Registro verbal*: a função é referencial nas duas primeiras linhas, emotiva no grande letreiro em terceira posição. Segue-se uma longa mensagem conjuntamente referencial e emotiva, onde as conotações são confiadas a sugestões bastante elementares: "precioso, sedutor, caríssimo, irresistível, de virar a cabeça".

C. *Relações entre os dois registros*: pareceria, à primeiras linhas ,emotiva no grande letreiro em terceira posição. ancorar o registro visual, mas na verdade o registro visual possui conotações *high brow* (cultura, internacionalidade, amor à arte, riqueza, gosto, etc.) que o registro verbal não põe em ação (o texto não fala em gosto ou em amor pela arte, mas em "conquistar um tesouro de arte": traduz, portanto, as conotações cultas em conotações *econômicas*). Em certo sentido, a mensagem visual endereça-se a um círculo mais restrito de intérpretes, ao passo que a verbal seleciona um público mais vasto e sensível a solicitações mais grosseiras. Resta dizer que o destinatário culto, que poderia ser atraído pela mensagem visual, sente-se, em seguida, repelido pela grosseria da mensagem verbal (visto que, na verdade, os adjetivos empregados e os mitos conotados por um longo hábito, conotam globalmente *middle class*). Nesse caso, houve uma curiosa contradição no remetente, que, na parte visual, inspirou-se em modelos publicitários mais sofisticados, ao passo que na parte verbal apoiou-se em sistemas de persuasão já experimentados por via radiofônica ou em anúncios menos empenhativos sob o ponto de vista gráfico. Poder-se-ia pensar que este anúncio falha ao identificar o seu público, mas tal afirmação exorbita do nosso modelo de pesquisa e só pode ser feita após uma investigação de campo em torno da recepção da mensagem.

ALGUMAS VERIFICAÇÕES: A MENSAGEM PUBLICITÁRIA   169

O exemplo examinado movia-se ao nível de uma persuasão bastante elementar. As funções estéticas da mensagem eram mínimas, as figuras retóricas das mais normais, a referencialidade estimulada ao máximo, e cada conotação apoiava-se numa denotação das mais ambíguas (para que irrompa a figura retórica inesperada, cumpre que os significados individuem ambiguamente o significado denotado: usar, em lugar de "lua", a metáfora "pálida virgem da noite" já implica certa hesitação na identificação dos referentes). Indubitavelmente, a análise seria outra se se examinassem anúncios mais elaborados. Mas no caso do anúncio em questão conseguimos, pelo menos, estabelecer a existência de uma convicção segundo a qual, subvertendo ao mínimo o campo retórico, não pretende ele de maneira alguma subverter o campo ideológico. A ideologia global conotada é a que já apontamos ao examinarmos os campos tópicos sugeridos: o êxito na vida é o êxito erótico-mundano-econômico (conseqüentemente, também a arte constitui valor comercial e índice de êxito) e quem obtém êxito nesses campos é digno de inveja e constitui modelo a imitar.

Temos aqui um típico exemplo de *mensagem redundante na vertente retórica e redundante na vertente ideológica.*

Poderíamos, contudo, identificar outras combinações e encontrar tipos de argumentação suasória que articulam de modo diferente os valores da informação e da redundância, tanto com respeito à retórica quanto à ideologia.

Depois de havermos, portanto, examinado uma mensagem persuasiva onde tínhamos:

a) redundância retórica e redundância ideológica — passemos a identificar outros três tipos de mensagens onde se tenha:

b) informação retórica e redundância ideológica;
c) redundância retórica e informação ideológica;
d) informação retórica e informação ideológica.

IV.2. Exemplificando o item (b), temos um cartaz que nos últimos anos invadiu as cidades italianas. No meio, era atravessado por uma larga faixa preta, onde se lia uma inscrição. A faixa, por suas dimensões e pela relação com a figura feminina que dela emergia para cima e para baixo, propunha-se à imaginação como um balaústre ou um biombo. Balaústre ou biombo, cobria ela uma graciosa jovem desde a metade do seio, imediatamente acima dos mamilos, até o

170   A ESTRUTURA AUSENTE

início das pernas, imediatamente abaixo do púbis. Em outras palavras: a garota aparecia presumivelmente nua e protegida pela próvida tira.

Ao primeiro movimento de surpresa (o olhar do transeunte voltava-se de imediato para a imagem, e reagia à surpresa com uma interrogação) sucedia-se um segundo, quando a pessoa percebia que o cartaz constituía a publicidade de um maiô.

Notemos que os momentos comunicacionais eram quatro:

1) o ícone denota "mulher nua";

2) a mensagem verbal denota "maiô";

3) a interação entre os dois registros conota o fato de que a mulher anuncia o maiô (uma mulher nua aconselha o uso de algo que cubra);

4) volta-se ao significante visual redescobrindo-o como ambíguo; na verdade, nada exclui que a mulher esteja de maiô, no caso, encoberto pelo balaústre preto.

A faixa preta, assim como cobria a nudez, podia muito bem cobrir um tecido. A perspicácia gráfica consistia no fato de que a cobertura visível ocupava a mesma zona destinada à roupa provável.

Eliminada a primeira surpresa, neutralizada a primeira novidade — de ordem puramente referencial — eis que o espectador mais crítico podia abandonar-se a uma apreciação de ordem estética: o gráfico realizara o belo *exploit* de "fazer o reclame" de uma roupa sem mostrá-la, e até mesmo celebrando com picardia a sua ausência. A brincadeira lograra tal êxito que todos se detinham para ler a verdadeira mensagem publicitária, que consistia na proposta da roupa em questão, isto é, da marca que encomendara o anúncio.

Dito isto, percebe-se que a mensagem na verdade visava automaticamente a uma informação ulterior, não imediatamente verbalizável, própria para colher-se ao nível quase inconsciente, mas nem por isso menos individuável; o cartaz dizia implicitamente: "Vestindo o maiô X, vocês terão o mesmo poder de sedução que de hábito atribuímos à mulher nua que — como dizia Hugo — é a mulher armada", e evocava, portanto, campos entimemáticos e tópicos de vários tipos.

Quando mais não seja porque, enquanto o grupo das três primeiras informações (há uma mulher nua; ela apresenta o maiô tal; talvez esteja vestida com ele) nos agredia

ALGUMAS VERIFICAÇÕES: A MENSAGEM PUBLICITÁRIA 171

com algo verdadeiramente *inesperado,* que ainda não sabíamos, a *quarta* informação (o nosso maiô torna vocês sedutoras), de fato nos dizia uma coisa que já sabíamos muito bem: não se o maiô seria ou não verdadeiramente sedutor, mas que quem anuncia um maiô só pode ressaltar seus dotes de graça e elegância. Acrescente-se que a quarta mensagem apoiava-se nos desejos que as usuárias efetivamente já nutriam, ou nas sensações que afinal teriam experimentado com o próprio traje, uma vez vestido.

Seria muito inexato dizer que o cartaz inovava na ordem dos significantes ao mesmo tempo que comunicava significados adquiridos: porque também o fato de que a mulher estivesse nua e que talvez usasse um maiô devem ser catalogados como significados comunicados conjuntamente (e acionados em oposição: daí a ambigüidade da mensagem e seu poder estético). Será, então, mais exato dizer que o cartaz afigurava-se informativo quanto à articulação dos artifícios retóricos (num nexo de soluções significantes e de significados postos em contradição), mas conotava uma ideologia global que ainda era a de uma sociedade de consumo.

IV.3. Como exemplo do item (c), queremos, ao contrário, propor um anúncio surgido em várias revistas norte-americanas como propaganda do Volkswagen 1200.

O registro visual ocupa os primeiros três quartos da página, o verbal, o último inferior. O registro visual compõe-se de um só enquadramento, onde, sobre um fundo esbranquiçado uniforme, no qual não se distingue o plano horizontal do fundo vertical (céu, ou parede ou o que quer que seja), aparece, em perspectiva, na parte de cima — e portanto, muito pequeno em relação ao enquadramento — um carro Volkswagen. A mensagem é linear e propositadamente referencial; no máximo, a pequenez do objeto poderia ser interpretada como uma litotes visual — como quem dissesse: "o meu carrinho"; mas a litotes "minus dicit quam significat", e portanto diminui aparentemente o objeto para exaltá-lo, ao passo que no nosso caso, a imagem diz sem segundas intenções "a máquina que lhes apresento é absolutamente modesta". Se existe figura de retórica, será, portanto, uma *epítrope* ou *concessão* (ou *sincórese* ou *paramologia*); em que se concede o que o adversário objetaria, seja a título de *captatio benevolentiae* seja para neutralizar, antecipadamente, a objeção.

Don't let the low price scare you off.

$1652.*

That's the price of a new Volkswagen. But some people won't buy one: They feel they deserve something costlier. That's the price we pay for the price we charge.

And some people are afraid to buy one: They don't see how we can turn out a cheap car without having it turn out cheap. This is how:

Since the factory doesn't change the bug's shape every year, we don't have to change the factory every year.

What we don't spend on looks, we spend on improvements to make more people buy the car.

Mass production cuts costs. And VWs have been produced in a greater mass (over 10 million to date) than any car model in history.

Our air-cooled rear engine cuts costs, too, by eliminating the need for a water pump, and drive shaft.

There are no fancy gadgets, push buttons.

The only push buttons are on And those gadgets are run by y

When you buy a get what you pay for. don't get is frills. And pay for what you do

ALGUMAS VERIFICAÇÕES: A MENSAGEM PUBLICITÁRIA   173

E na realidade, vários aspectos do texto verbal confirmam essa solução (que por sinal volta em toda a publicidade que a Volkswagen faz na América do Norte, procurando transformar em argumento positivo a principal objeção do comprador estadunidense).

A mensagem verbal diz:

"NÃO SE DEIXEM ASSUSTAR PELO PREÇO BAIXO.

1 652 dólares. Esse é o preço do novo Volkswagen. Mas muitos não querem comprar. Acham que merecem algo mais caro. Esse é o preço que pagamos pelo preço que medimos. Outros têm medo de comprar: não entendem como podemos vender um carro barato sem fazermos um carro barato. Então vejam: como nossa fábrica não muda todos os anos a forma do besouro, não temos todos os anos que mudar a fábrica. O que não gastamos com a aparência, gastamos com a melhoria da possibilidade de aquisição. A produção em massa reduz o custo. E os VW têm sido produzidos em número (mais de dez milhões até hoje) superior ao de qualquer outro carro na história. O nosso sistema de refrigeração a ar, com motor traseiro, reduz as despesas porque elimina o radiador, a bomba d'água e o eixo de transmissão. Não existem dispositivos imaginosos acionados por botões. (Os únicos botões estão no painel, e também esses vocês têm que manobrar por conta própria). Ao comprarem um VW, terão aquilo que pagaram. O que não damos são os enfeites. E vocês não terão que pagar pelo que não recebem".

Nesse texto — raro exemplo de ótima argumentação suasória — as qualidades do carro não são apresentadas de vez, mas emergem através de umà elaborada litotes gerada por uma série de epítropes confutadas. A confutação das objeções afigura-se uma confutação de premissas aceitas. Substancialmente, diz o anúncio: "vocês pensavam que fossem preferíveis os enfeites, os botões automáticos, as formas originais e sempre novas — e toda a publicidade automobilística sempre apontou tais propriedades como valores indiscutíveis; pois bem, esses valores não são indiscutíveis, podem ser refutados para realizarem um valor maior que é a economia, além do prazer que se sente em manobrar sozinho os vários mecanismos, sem servocomandos inúteis." Naturalmente a argumentação faz brotar outros campos antimeméticos do tipo: "não é verdade que dispositivos engenhosos e formas originais conotam prestígio, a ponto de fazer passar vergonha a quem não os possua; vejam, nós não nos envergonhamos, estamos orgulhosos de renunciar a eles" (e assim

174 A ESTRUTURA AUSENTE

fazendo, são implicitamente confutadas várias premissas correntes). Em síntese, a argumentação positiva rege-se por duas premissas subentendidas ("a barateza é um valor" e "o homem positivo paga pelo que tem") e a evocação de um *lugar da quantidade*: "o que faz a maioria — produção de massa — é imitável."

Ora, um dos procedimentos que distingue uma retórica *nutritiva* de uma retórica puramente consolatória é a decisão inicial de submeter à crítica as premissas correntes. Indubitavelmente (e nem a argumentação retórica sai desse ciclo), a confutação de algumas premissas implica o uso de outras não discutidas mas, de qualquer maneira, o destinatário da mensagem suasória é subtraído ao assentimento puramente passivo, inconsciente ou coato (estímulos sensuais, provocações de identificações irracionais) e convidado a uma consideração crítica que, eventualmente, pode dar início a uma cadeia de reflexões que irão além dos desejos do persuasor. Não se quer aqui afirmar que a Volkswagen tenha visado a finalidades éticas superiores por decisão explícita: a firma foi constrangida a adotar procedimentos opostos aos das outras firmas norte-americanas, justamente para impor um produto que apresenta qualidades opostas às difundidas e desejadas na América do Norte.

Mas está fora de dúvida que a mensagem, embora acionando, na vertente retórica, artifícios não surpreendentes (a imagem não é ambígua, a redundância do texto está baseada em reiterações da epítrope), desloca o destinatário na vertente ideológica: muda o seu modo de ver o automóvel como fetiche e *status symbol*. Muda os códigos de interpretação do significante automobilístico. Provoca um reassestamento de várias atitudes ideológicas, que não poderão deixar de assumir novas formas retóricas (doravante, um dispositivo engenhoso não mais significará "preço" ou "comodidade" ou "prestígio", mas "desperdício", e "traste inútil").

Eis, portanto, uma mensagem que, atuando como redundância na vertente retórica, informa na vertente ideológica. É certo que expressões como "redundância" e "informação" têm, aqui, valor relativo: indubitavelmente formas retóricas tão acanhadas, no contexto de uma revista onde aparecem propagandas de argúcia mirabolante, atingem de tal modo o leitor que se tornam bastante informativas. Em todo o caso, está claro que a leitura deste anúncio enriquece

ALGUMAS VERIFICAÇÕES: A MENSAGEM PUBLICITÁRIA   175

mais o nosso patrimônio de idéias do que a nossa experiência gráfica e literária. Por outro lado, cumpre não se conferir sempre e de qualquer maneira um significado totalitário ao termo "ideologia"; ninguém pretende que a publicidade de um carro, visando à promoção do consumo, revolucione o modo de ver de todo um sistema de vida; basta observarmos como o ataca num ponto periférico.

IV.4. Resta ver se existem mensagens persuasivas informativas simultaneamente no campo da retórica e da ideologia. O exemplo que pretendemos examinar pertence à propaganda ideológica e não à publicidade, mas também pode ser definido como mensagem persuasiva. Trata-se de um manifesto distribuído na Itália pelas edições ED.912 e inserido no n. 4 da revista "Quindici", mas idealizado nos Estados Unidos.

Uma grande imagem fotográfica solarizada e impressa em tinta cor-de-rosa (mediante um sinal tipográfico de baixa determinação, que torna ambígua e imprecisa a forma do significante) mostra um soldado norte-americano agachado num buraco ou atrás de uma moita. O ícone do fundo está, porém, recoberto por uma série de mensagens verbais que — observadas mais atentamente — revelam-se como a reprodução-gigante (ocupando toda a folha) de uma fórmula burocrática não preenchida. É a fórmula que o Departamento de Estado envia pelo correio para comunicar a morte de um parente às famílias dos mortos no Vietnã. A fórmula já traz carimbada a menção "Vietnã", no espaço reservado à determinação do local da morte.

O manifesto torna-se "surpreendente" por várias razões:

— não tem o aspecto de um manifesto de praxe;

— não é habitual a ampliação de uma fórmula burocrática não preenchida;

— essa fórmula burocratiza fenômenos delicados como a morte de um homem e a comunicação do seu óbito a um parente;

— as expressões impressas são de um extremo tecnicismo, e as várias menções fornecem a imagem de um absoluto pedantismo ministerial;

— esse pedantismo torna-se atroz quando aplicado à morte de um homem e à dor dos seus entes queridos;

— a abstrata oficialidade da fórmula contrasta com a concreta evidência da imagem subjacente;

URGENT
Special Purpose Telegram Blank No. 74/AG-US Army Form No. AF/7659/82

TO: *Civilian Telegraph Section*
Communication Division
Pentagon, Washington

FROM: *Deceased Personnel Division*
Civilian Liaison Bureau
Pentagon, Washington

DESPATCH FOLLOWING IMMEDIATELY by civil telegraph system:
Message begins:

Express delivery _____

_____

We regret to inform you that your son/husband/father _____

was killed in action in **VIETNAM**

on _____ at _____ hours. stop. we will contact

further informations as soon as possible. stop. **United States Army.**

Message ends.

Form completed by _____ *From DY/746 Report No.* _____
Date & time completed _____ *Checked by* _____
Telegraphed by _____   *Date & time telegraphed* _____
Following despatch of telegram the completed blank is to be passed to Section RG/4965/CV Record Office f

---

(cut here) ✂

US Army Form No. AF/7659/82/74AG
(low)

*This telegram blank is to be completed in
BLOCK CAPITALS and despatched as soon as
possible following receipt of a report
No. DY/746 (List of personnel killed in action).*

Instructions for completion:

* Full name of next of kin
* House No., road, City, State & zip code.
* Delete non-applicable
* Rank, Christian name (s), Surname, Army No.
* Field of action
* Date & time in full (24 hour clock)

After completion and checking cut telegram blank along
central horizontal line, despatch high portion, cut along
vertical line, file right-hand portion.

Army No. of deceased _____
Blank completed by _____
From DY/746 No. _____
Checked by _____
Date & time despatched _____

ALGUMAS VERIFICAÇÕES: A MENSAGEM PUBLICITÁRIA   177

— a presença da fórmula sugere a idéia de que a morte no Vietnã seja um fato de massa, tratado como tal, e ao mesmo tempo um acontecimento burocrático como tal rotulado;

— menções como "We regret to inform you that your son/ husband/ father..." dão o sentido da absoluta intercambialidade das criaturas humanas diante do tratamento burocrático da morte;

— expressões como "We regret" contrastam ironicamente com o fato de que estão previamente impressas para qualquer tipo de condolência possível (de modo que as expressões usadas pelo burocrata carregam-se, decodificadas à luz da ampliação e da ostentação que lhes empresta o manifesto, de outros valores retóricos — como *ironia, sarcasmo,* etc.);

— as conotações globais da mensagem implicam um sentido de horror diante da tragédia da guerra e sua homologação burocrática, ao mesmo tempo que implicam a tomada de consciência, por parte do leitor, do fato de que a guerra existe e é objeto de rotineira administração;

— mesmo sem considerarmos como um ministério da guerra poderia comportar-se de outro modo se não fichando burocraticamente os soldados mortos, salta da composição uma conotação global de cinismo que implica uma série de campos entimemáticos facilmente argüíveis. Nesse sentido, a pura e simples reprodução da fórmula transforma-se numa complexa argumentação suasória contra a guerra — e contra aquela, em especial;

— no conjunto, portanto, a mensagem adquire o mesmo valor da oração de Marco Antônio junto ao cadáver de César, quando expõe ao público romano o que este já sabia, isto é, a presença de ferimentos no corpo do ditador — mas, através do contexto, carrega as feridas de novas conotações emotivas.

Poderíamos prosseguir na análise, mas já ficou claro estarmos, neste caso, diante de uma mensagem que, através de artifícios retóricos originais e desencadeando uma alta informação ao nível retórico, provoca igualmente uma subversão do campo ideológico. Provavelmente não será um acaso o fato de termos podido encontrar um exemplo do item (d) não no setor da publicidade comercial mas no da propaganda política, isto é, onde a informação ideológica constitui o fim primeiro do ato suasório (o que se pretende é persuadir a

178 A ESTRUTURA AUSENTE

mudar os quadros ideológicos); ao passo que na publicidade comercial, o fim primeiro é a persuasão à inserção num quadro pragmático (o consumo), que requer um fundo ideológico já pré-constituído, conhecido do destinatário, e mais para ser reafirmado do que subvertido (no caso do anúncio Volkswagen, como vimos, a modificação ideológica era marginal, ao mesmo tempo que o convite a uma economia dos consumos e a uma ética do dinheiro, da poupança e do "bom negócio" permanecia imutado ainda que reproposto dentro de uma perspectiva diferente).

Tais reflexões, porém, não excluem a possibilidade de que uma pesquisa orientada para muitos outros exemplos possa levar à individuação de anúncios publicitários adscritíveis ao grupo (d).

Além disso, permanece aberto o setor dos anúncios publicitários sobre problemas que concernem ao bem-estar coletivo (auxílio à infância, propaganda contra o fumo, campanhas pela segurança de trânsito, etc.), igualmente voltados, em primeiro lugar, para a modificação de quadros ideológicos arraigados. Cumpre ainda realizar análises sobre persuasões ideologicamente informativas e que todavia se apóiam em premissas, argumentos, campos tópicos e entimemáticos claramente erísticos — isto é, baseados em premissas e argumentos falsos (do tipo "post hoc ergo propter hoc").

É mister, ademais, lembrar (caso houvesse necessidade disso) que a noção de informação ideológica é uma noção neutra que não pressupõe avaliação das ideologias. Com efeito, seria ideologicamente informativo (e contrastaria com os sistemas de expectativas adquiridas pela maioria) um anúncio que persuadisse (hoje, no contexto social em que vivemos) a exterminar os judeus e perseguir os negros, a esterilizar os adversários políticos de um dado regime, a adestrar os meninos nas escolas em práticas homossexuais ou auto-eróticas, etc. Uma retórica da publicidade pode estabelecer os modos em que uma mensagem se torna altamente informativa, e por que meios. A atitude a tomar em relação às várias mensagens pode ser inspirada por uma consciência semiológica maior, mas depende de sistemas de valores que a investigação semiológica não institui. E isso dizemos não para proclamarmos a neutralidade de uma disciplina, mas justamente para lembrarmos que essa disciplina oferece instrumentos setoriais e não substitui outras atitudes nem exime de outras responsabilidades.

ALGUMAS VERIFICAÇÕES: A MENSAGEM PUBLICITÁRIA   179

IV.5. Há todavia uma última análise a apresentar: é a que faremos sobre um anúncio aparentemente "normal", destituído de interesse estético particular. Trata-se de uma propaganda das sopas Knorr, onde a comunicação parece articular-se sobre funções referenciais e emotivas de baixo nível e alta compreensibilidade.

O anúncio aqui reproduzido compõe-se, como vemos, de três grupos de imagens e de um texto de forma dialógica rematado por um *slogan*. Desejaríamos partir da hipótese que, sendo o texto bastante longo, quem folheia apressadamente a revista onde apareceu o anúncio, dê apenas uma olhada nos grupos de imagens. Visto que a imagem da sopa no envelope comporta também o nome da marca e a indicação do produto, quem olhar as imagens já recebe uma informação suficiente para compreender o que lhe é proposto. Ainda mais: visto que a imagem de cima à direita reproduz em miniatura o envelope de sopa que sobressai no grupo de baixo, podemos limitar a análise aos dois grupos principais.

Qualquer leitor, lançando um rápido olhar ao anúncio, poderá protocolar a sua leitura, pouco mais ou menos como se segue: "Anuncia-se aqui um creme de aspargos em caixa, mas elaborado com aspargos genuínos, que dará origem a uma sopa apetitosa: uma boa sopa como só uma jovem esposa afetuosa pode oferecer ao marido."

Como se vê, desprezamos o fato de que o diálogo acrescenta informações suplementares: isto é, que as sopas Knorr, com sua variedade, permitem que se mude o cardápio doméstico todos os dias, excitando o interesse do marido. Analisemos o primeiro grupo de imagens.

Denotação: ao nível icônico temos uma mulher que se dirige a um homem de pé em cima de uma escada. Ao nível iconográfico ficamos sabendo tratar-se de um jovem casal. A mulher não se dirige a um caiador, que seria conotado por calças diferentes; e não se dirigiria a um estranho com um sorriso tão efetuoso. Note-se que permanece excluída a hipótese de que se trate de amantes: códigos iconográficos precisos exigem que dois amantes sejam conotados com outros hábitos e em outras atitudes. Aqui intervêm campos tópicos que, mais do que provocados pelo iconograma preciso, são suscitados inicialmente pelo iconograma, mas reverberam sobre ele reconformando-o. Exemplo: "os jovens esposos amam-se ternamente — os jovens maridos executam trabalhos

ALGUMAS VERIFICAÇÕES: A MENSAGEM PUBLICITÁRIA 181

caseiros enquanto a mulher cuida da cozinha — a mulher preocupa-se com os gostos do marido quando o casal é só, recém-casado, ligado por um terno afeto". Note-se ainda que o vestido da mulher conota juvenilidade, viço, e um misto de modernismo e pudor. Temos a moça comum, não a *vamp;* a moça graciosa, não a gorda dona de casa; a moça prática não a cozinheira tradicional, etc. Além disso, o trabalho que o marido está fazendo conota casal jovem e com gosto pela renovação; casa moderna mas econômica (do contrário, haveria turmas de trabalhadores). Mas outros campos entimemáticos coligados à imagem de baixo vêm à tona: uma boa sopa para pessoas modernas mas *middle class* — como vocês (o anúncio aparece na revista feminina "Grazia").

Passemos agora aos ícones de baixo. Acentuada função referencial que se complica de funções emotivas: o ícone dito "gastronômico" evidencia a prelibação do alimento e sugere a idéia de apetecibilidade estimulando o desejo. Assim como na imagem do envelope citando a imagem real se patenteia uma função metalingüística.

Ao nível iconográfico, um maço de verdura amarrado com uma fita conota produto de valor, confecção de luxo e, portanto, verdura de primeira qualidade. Também a terrina de barro, que constitui o prato, conota bom gosto, estilo, modernidade, sugere a idéia de prato de restaurante típico. Curioso é que no envelope aparece o prato normal: o envelope dirige-se a um público indiferenciado, que pode igualmente abranger classes sociais para as quais a terrina de barro conote, ao contrário, pobreza, ancestralidade, cozinha dos avós lavradores e pobres. O anúncio, pelo contrário, dirige-se a leitores classificáveis (as leitoras de "Grazia") cujos códigos conotativos são conhecidos.

Mas o grupo icônico não diz apenas que a sopa Knorr é boa e agrada a pessoas de gostos modernos. Diz também, e sobretudo, que é feita exclusivamente de verdura genuína e cara. Embora cada um de nós entenda facilmente essa mensagem, vejamos, todavia, quais os processos retóricos que ela implica.

A terrina verdadeira ao lado dos aspargos verdadeiros constituem um caso de *dupla metonímia* que sugere uma relação de implicação (um procedimento do tipo "post hoc ergo propter hoc" — procedimento erístico, portanto, e que só uma arraigada convenção semiológica torna aceitável co-

182 A ESTRUTURA AUSENTE

mo já esperada pelo destinatário). Diremos, pois, que:
— "se *s*opa então *a*spargos", isto é,

$$(s \rightarrow a)$$

— No envelope, aspargos a' ao lado de sopa s' estabelecem que

$$(s' \rightarrow a')$$

— Mas os aspargos a'' ao lado do envelope, estabelecem que

$$[(s' \rightarrow a') \rightarrow a'']$$

— Por outro lado, a terrina ao lado do envelope estabelece que:

$$[s \rightarrow (s' \rightarrow a')]$$

— Ao passo que a série das semelhanças icônicas estabelece que

$$[(a = a') \wedge (a' = a'') \wedge (a = a'')]$$

Donde se podem tirar conclusões do tipo:

$$(s \rightarrow a) \wedge [s \rightarrow (s' \rightarrow a')] \rightarrow [a = (s' \rightarrow a')]$$

e outras muitas.

Todavia, mesmo sem empreender essa análise, qualquer leitora do anúncio — estamos certo disso — colheu os mesmos significados que nós tão penosamente aí individuamos.

É de crer-se, portanto, que os significados já fossem conhecidos de antemão. Se um anúncio implica uma grande quantidade de articulações lógicas e no entanto é compreendido num relance, isso significa que os argumentos e premissas que comunica já estavam assim codificados e sob a mesma forma que aí assumiram, tanto que puderam ser compreendidos através de um simples reclame. Em suma, o anúncio funciona como sigla de argumentos já conhecidos, à semelhança daquela famosa anedota em que os loucos contam estórias indicando-as apenas pelo número de ordem porque já as conhecem de cor, e basta-lhes, para rirem, relembrá-las.

ALGUMAS VERIFICAÇÕES: A MENSAGEM PUBLICITÁRIA   183

Esta experiência nos diz que em muitíssimos casos a comunicação publicitária fala uma linguagem já *anteriormente falada*, e exatamente por isso se torna compreensível. Não há dúvida possível: visto que o anúncio diz por modos rotineiros o que os usuários já dele esperavam (e o que esperam também em relação a outros produtos), a função fundamental do anúncio é fática; o mesmo ocorre com outras expressões verbais de contacto, onde a asserção "bonito dia, hoje" não serve de modo algum para transmitir uma observação meteorológica (cuja verdade ou inverdade não é absolutamente relevante) mas para estabelecer um contato entre dois falantes e para confirmar ao destinatário a presença do remetente. No caso do nosso anúncio, a casa produtora diz simplesmente: "eu também estou aqui". Todos os outros tipos de comunicação tendem unicamente para essa mensagem.

V. CONCLUSÕES

Excluídos, portanto, alguns casos curiosos e promissores; uma investigação retórica publicitária nos levaria, provavelmente, às seguintes conclusões:

1) Topos e tropos estão estritamente codificados, e toda mensagem só faz repetir o que o usuário já esperava e conhecia.

2) As premissas são, na maioria dos casos, aceitas sem discussão ainda que falsas e, diversamente do que acontece na comunicação retórica *nutritiva*, não são nem redefinidas nem questionadas.

3) A ideologia evocada por qualquer comunicação é a ideologia do consumo: "convidamos vocês a consumir o produto X porque é normal que vocês consumam alguma coisa e nós lhes propomos nossa produção em lugar de outra, dentro dos modos próprios de uma persuasão cujos mecanismos todos vocês já conhecem."

4) A excessiva complexidade com que se apresentam por vezes os campos entimemáticos, tornando inconcebível a possibilidade da assimilação destes por parte do destinatário, dá azo a pensar que, doravante, com base em processos de codificação bastante limitados, também os processos argumentativos serão concebidos como siglas de si próprios, como signo convencional. Passar-se-ia, nesse caso, da argumentação à

184 A ESTRUTURA AUSENTE

emblemática. O anúncio não exporia as razões por·que comportar-se de um dado modo, mas mostraria uma bandeira, um estema, ao qual, por convenção, se responde de determinada maneira.

Tais conclusões poriam em dúvida a própria eficácia do discurso publicitário. Poder-se-ia objetar que efetivamente certas comunicações publicitárias funcionam mais do que outras, mas seria lícito perguntar qual o papel desempenhado pela persuasividade da argumentação, e qual o desempenhado por outros fatores extracomunicacionais que escapam à análise de quem se detém apenas na eficácia da mensagem. Em outras palavras: desejamos uma coisa porque a isso fomos persuadidos comunicacionalmente, ou aceitamos as persuasões comunicacionais que concernem a coisas que já desejávamos? O fato de que sejamos persuadidos por argumentos já conhecidos orienta-nos para a segunda alternativa.

A hipótese que nos acompanhou nesta proposta de pesquisa é a de que provavelmente a comunicação publicitária, tão ligada às necessidades do recurso ao já adquirido, se vale, o mais das vezes, de soluções já codificadas. *Nesse caso, um mapa retórico da publicidade serviria para definir, sem possibilidade de ilusões, a extensão dentro da qual o publicitário, que presume inventar novas fórmulas expressivas, é, na verdade, falado pela sua linguagem.*

A função "moral" da pesquisa semiológica consistiria, então, em reduzir as ilusões "revolucionárias' do publicitário idealista, que encontra continuamente um alibi estético para seu trabalho de "persuasor de encomenda" na convicção de estar trabalhando para a modificação dos sistemas perceptivos, do gosto, das expectativas do seu público, no qual promoveria um contínuo tirocínio da inteligência e da imaginação. Poderia então ser interessante tomar-se consciência do fato de que a publicidade não tem nenhum valor informativo. Embora tais limites não dependam das possibilidades de um discurso persuasivo (cujos mecanismos permitem aventuras bem mais nutritivas) mas das condições econômicas que governam a existência da mensagem publicitária.

C.

A FUNÇÃO E O SIGNO

(Semiologia da Arquitetura)

1. Arquitetura e Comunicação

1. SEMIOLOGIA E ARQUITETURA

I.1. Se virmos na Semiologia não apenas a ciência dos sistemas de signos reconhecidos como tais, mas a ciência que estuda *todos* os fenômenos de cultura *como se* fossem sistemas de signos — baseando-nos na hipótese de que, na realidade, todos os fenômenos de cultura *sejam sistemas de signos,* isto é, que a cultura seja essencialmente *comunicação —,* verificaremos que um dos setores onde ela tem sido mais desafiada pela realidade que procura dominar é o da Arquitetura.

Esclareçamos que doravante usaremos a expressão "Arquitetura" para indicarmos os fenômenos arquitetônicos propriamente ditos, e mais os de *design* e de projetação urbanística. Deixaremos por ora em suspenso a questão de saber se as definições que daremos podem ou não ser aplicadas de imediato a *todo projeto de modificação da realidade ao nível tridimensional com o fito de permitir o desempenho de alguma função conexa com a vida associada* (definição que engloba a projetação *indumentária,* como elemento de reconhecimento social e trâmite de convivência, e a própria projetação *culinária,* não como preparo de objetos válidos para a subsistência individual, mas como construção de contextos de função social e conotação simbólica, a saber: o cardápio, o arranjo da mesa, etc.; porém que deixa de fora o preparo de objetos tridimensionais cujo fim *primeiro* não seja a utilização mas a *contemplação,* como por exemplo as obras de arte ou as realizações espetaculares, ao passo que engloba os

188   A ESTRUTURA AUSENTE

fenômenos de *construção cenográfica* como instrumentais em relação a outras fases da preparação do espetáculo; etc.)

I.2. Por que a Arquitetura levanta desafios à Semiologia? — Porque os objetos arquitetônicos aparentemente *não comunicam* (ou, pelo menos, não são concebidos para comunicarem) mas *funcionam.* Ninguém duvida que um teto sirva fundamentalmente para cobrir e um copo, para recolher o líquido de modo que seja fácil, depois, enguli-lo. Essa constatação é tão imediata e indiscutível que poderia parecer peregrino querer ver a todo o custo como ato de comunicação algo que, ao contrário, se caracteriza tão bem, e sem problemas, como *possibilidade de função.* O primeiro problema que surge, portanto, para a Semiologia, quando pretende fornecer chaves explicativas de todos os fenômenos culturais, é saber, antes de mais nada, se as funções podem ser interpretadas *também* sob o aspecto comunicacional; e em segundo lugar, se o fato de ver as funções sob o aspecto comunicacional não permitirá compreendê-las e defini-las melhor justamente como funções, e nelas descobrir outros tipos de funcionalidade, igualmente essenciais, que a pura consideração funcionalista impedia discernir. [1]

II. A ARQUITETURA COMO COMUNICAÇÃO

II.1. Uma consideração fenomenológica da nossa relação com o objeto arquitetônico diz-nos, antes de mais nada, que comumente fruímos a Arquitetura *como fato de comunicação,* mesmo sem dela excluirmos a funcionalidade.

Procuremos colocar-nos no ângulo de visão do homem da idade da pedra, que, neste nosso modêlo hipotético, dá início à História da Arquitetura.

Ainda "todo estupor e ferocidade" (segundo a expressão de Vico), eis que o nosso homem, impelido pelo frio e pela chuva, seguindo o exemplo de algum animal ou obedecendo a

---

(1) CHRISTIAN NORBERG-SCHULS, *Intenzioni in architettura,* Milão, Lerici, 1967, c. V; ver GILLO DORFLES, *Il divenire delle arti,* Turim, Einaudi, 1959 (parte II), e *Simbolo, comunicazione, consumo,* Turim, Einaudi, 1962 (particularmente o c. V); SUSAN LANGER, *Sentimento e forma, Milão,* Feltrinelli, 1965 (capítulos sôbre o espaço virtual); CESARE BRANDI, *Eliante o dell'Architettura,* Turim, Einaud, 1956; *Segno e Immagine,* Milão, Saggiatore, 1960; *Stuttura e architettura,* Turim, Einaudi, 1968; SERGIO BETTINI, *Crítica semantica e continuità storica dell'architettura,* in "Zodiac", 2, 1958; e, *passim,* FRANÇOISE CHOAY, *L'urbanisme,* Paris, Seuil, 1965.

ARQUITETURA E COMUNICAÇÃO

um impulso em que se mesclam confusamente instinto e raciocínio, se abriga num anfrato, num buraco aberto na vertente da montanha, numa caverna.

Abrigado do vento e da chuva, à luz do dia ou à claridade do fogo (desde que já o tenha descoberto), o nosso homem observa a caverna que o abriga. Nota a amplitude da abóbada, e a vê como limite de um espaço externo *amputado* (com a água e o vento que contém), e como *princípio de um espaço interno*, que poderá evocar-lhe confusamente nostalgias uterinas, infundir-lhe sensações de proteção, afigurar-se-lhe ainda impreciso e ambíguo, delineado que é pelas sombras e luzes Cessada a tempestade, ei-lo que sai da caverna e a reconsidera de fora: observa a cavidade de entrada como "buraco que permite a passagem para dentro", e a entrada lhe recorda a imagem do interior: buraco de entrada, arco de cobertura, paredes que encerram um espaço (ou parede contínua de rocha). Eis que se configura uma "idéia da caverna", útil pelo menos como apelo mnemônico, levando depois a pensar na caverna como meta possível em caso de chuva; mas também a reconhecer em outra caverna a mesma *possibilidade de abrigo* achada na primeira. Na segunda caverna experimentada, a idéia *daquela* caverna é agora totalmente substituída pela idéia de caverna, *tout court*: um *modelo*, uma *estrutura*, algo que não existe concretamente mas que lhe serve de base para reconhecer certo contexto de fenômenos como "caverna".

O modelo (ou conceito) funciona a tal ponto que de longe pode ele reconhecer a caverna alheia, ou uma caverna que não pretende utilizar, independentemente do fato de querer ou não abrigar-se. O homem aprendeu que a caverna pode assumir várias aparências, embora sempre se trate da realização única de um modelo abstrato reconhecido como tal, *já codificado*, ainda que não ao nível social, mas ao nível do indivíduo que o propõe e comunica de si para consigo. Mas já então não será difícil poder comunicar com signos gráficos o modelo de caverna aos seus semelhantes. O *código arquitetônico* gera um *código icônico*, e o "princípio caverna" torna-se objeto de comércio comunicacional.

Nesse ponto, o desenho, ou a imagem longínqua de uma caverna já se tornam a comunicação de uma função possível, e assim permanecem, mesmo que a função não seja executada nem se deseje executá-la.

190 A ESTRUTURA AUSENTE

II.2. Já aconteceu aquilo a que se refere Roland Barthes [2] quando diz que, "a partir do momento em que existe sociedade, todo uso se converte em signo daquele uso".

Usar uma colher para levar o alimento à boca ainda é a execução de uma função através do emprego de um artefato que a permite e promove: mas dizer que o artefato "promove" a função indica que também ele assume uma função comunicacional, *comunica a função a executar;* ao mesmo tempo o fato de alguém usar a colher, aos olhos da sociedade que o observa, já se torna a comunicação de uma adequação sua a certos usos (e não a outros, como o de levar o alimento à boca com as mãos, ou sorvendo-o diretamento do recipiente).

A colher *promove certo modo de comer* e *significa aquele modo de comer,* enquanto que a caverna promove o ato de buscar abrigo e comunica a existência de uma função possível; ambos os objetos *comunicam até mesmo quando não são usados.*

III. ESTÍMULO E COMUNICAÇÃO

III.1. Resta, todavia, perguntar, se o que entendemos por comunicação não será simples *estimulação.*

Um estímulo é um complexo de acontecimentos sensórios que provocam determinada resposta. A resposta pode ser imediata (uma luz me ofusca, fecho os olhos; o estímulo sensório ainda não se resolveu em percepção, não diz respeito portanto, nem mesmo à minha inteligência, mas gerou uma resposta motriz) ou pode ser mediata: vejo um carro aproximar-se em alta velocidade e me afasto para o lado. Mas na realidade, no momento em que tive uma percepção (percebi o carro e as relações entre a sua velocidade aparente, a distância que o separa de mim e o ponto em que me encontrarei se continuar a caminhar quando ele chegar), já passei de uma simples relação entre estímulo e resposta para um procedimento intelectivo onde intervieram processos sígnicos: de fato, o carro só foi compreendido como um perigo porque foi interpretado como signo comunicante da "situação automóvel avançando em alta velocidade", signo que só me foi dado compreender com base em experiências passadas e num código da experiência que me diz que quando um carro se

(2) *Elementi di semiologia,* op. cit., II.1.4.

ARQUITETURA E COMUNICAÇÃO 191

aproxima em grande velocidade constitui um perigo. Por outro lado, se eu tivesse inferido a chegada do carro do barulho vindo do outro extremo da rua, o barulho teria funcionado como *indício*: e já Peirce classificava os indícios como signos que dirigem a atenção para o objeto por meio de um impulso cego, mas sempre com base em códigos e convenções comunicacionais.

No entanto, há estímulos dificilmente interpretáveis como signos: um tijolo que me cai na cabeça, desde que não me faça perder os sentidos, desencadeia uma série de respostas comportamentais (mãos na cabeça, gritos, imprecações, rápidos deslocamentos para evitar outros corpos contundentes), mesmo que eu não saiba o que me atingiu: eis um estímulo que não é signo.

Ora, será que a Arquitetura me propõe estímulos desse tipo?

III.2. Indubitavelmente, uma escada atua em mim como um estímulo necessitante: se eu quiser passar por onde há uma escada, tenho que levantar os pés sucessiva e progressivamente, e devo fazê-lo ainda que por acaso desejasse continuar andando como quando estava em caminho plano. *A escada estimula-me a subir,* ainda que no escuro eu tropece no primeiro degrau e não a veja. Por outro lado, devo considerar aqui dois fenômenos: o primeiro é que, para subir, é preciso que eu tenha aprendido o que seja uma escada. *Aprendemos* a subir, e portanto, aprendemos a responder ao estímulo; do contrário o estímulo poderia de per si não funcionar; em segundo lugar, uma vez ciente de que a escada me estimula a subir (e me permite passar de um nível horizontal a outro), passo a *reconhecer,* desse momento em diante, na escada, o estímulo proposto e a possibilidade oferecida de uma função exeqüível.

Do momento em que a reconheço como tal e a subsumo sob o conceito geral de "escada", a escada isolada me comunica a função que permite; e de tal maneira que, pelo tipo de escada (escadaria de mármore, escada em caracol, escadinha íngreme, escada de mão, escada de incêndio), sei se a subida me será fácil ou cansativa.

III.3. Neste sentido, *o que permite o uso da Arquitetura* (passar, entrar, parar, subir, estender-se, debruçar-se, apoiar-se, segurar, etc.) *não são apenas as funções possíveis,* mas antes de mais nada, *os significados coligados que me dispõem para o uso funcional*. E tanto isso é verdade que, diante de fenômenos de *trompe-l'oeil*, eu me disponho para o uso, embora a função possível não exista.

Como posso também não atentar para a funcionalidade (fruída como que em segundo plano, por hábito) de algumas funções arquitetônicas, que não percebo como estímulo (enquanto funcionam como artifício que elimina outros estímulos: por exemplo, a abóbada como abrigo contra as intempéries), atentando, de preferência, para sua eficácia comunicacional, como seja o sentido do abrigo, da espaçosidade e assim por diante.

2. O Signo Arquitetônico

I. CARACTERIZAÇÃO DO SIGNO ARQUITETÔNICO

I.1. Uma vez estabelecido que a Arquitetura pode ser considerada como sistema de signos, cumpre-nos, antes de mais nada, caracterizar tais signos.

A explanação feita nos capítulos precedentes inclina-nos a aplicar os esquemas semiológicos a que até agora nos ativemos, mas não será inoportuno verificar até que ponto o fenômeno arquitetônico suporta a aplicação de outros tipos de esquemas semiológicos. Se aplicássemos, por exemplo, à Arquitetura as categorias da semântica richardsiana, chocar-nos-íamos com alguns obstáculos dificilmente superáveis. Digamos, por exemplo, que uma porta deva ser considerada como símbolo ao qual corresponde, no vértice do conhecido triângulo, a *referência* "possibilidade de acesso": ver-nos-íamos de pronto embaraçados para definir o *referente,* a suposta realidade física a que se referiria o símbolo. A não ser que afirmemos que a porta se refere a si mesma, denota a realidade "porta", ou então se refere à função que permite; nesse caso, teríamos um achatamento do triângulo, decorrente da coincidência da referência com o referente. Nesses termos ficaria, pois, difícil definir ao que remete o símbolo "arco do triunfo", que, se denota, indubitavelmente, uma possibilidade de passagem, também conota claramente "triunfo" e "celebração" — teríamos, então, no caso, um adensar-se de referências, achatadas sobre o referente, que, mais uma vez, coincidiria ou com o signo ou com a referência.

194 A ESTRUTURA AUSENTE

I.2. Outra tentativa, com resultados bastante interessantes, foi a realizada por Giovanni Klaus Koenig que procurou definir a "linguagem arquitetônica" com base na semiótica morrisiniana [3]. Koenig baseou-se na definição de "signo" segundo a qual "se uma coisa 'A' é um estímulo preparatório que (na ausência de objetos estimuladores que iniciem por conta própria a seqüência das respostas), com o concurso de certas condições, causa num organismo uma disposição para responder com seqüências de respostas dessa família de comportamentos, então 'A' é um 'signo'"

Em outra parte, Morris repete que "Se uma coisa A orienta o comportamento para um fim de modo semelhante, mas não necessariamente idêntico àquele pelo qual outra coisa B orientaria o comportamento para aquele fim, caso fosse observada, então A é um signo". [4]

Partindo dessas definições morrisianas, Koenig observa que "se eu fizer viver dez mil pessoas num bairro por mim projetado, não há dúvida que influo no comportamento de dez mil pessoas" mais profunda e longamente do que quando pronuncio uma injunção verbal como "sentem-se!", e daí conclui que "a Arquitetura é composta de veículos sígnicos que promovem comportamentos". Mas é justamente a chave morrisiana que dificulta essa conclusão. Porque, se a injunção "sentem-se!" é exatamente um estímulo preparatório que, à falta de reais objetos estimuladores, pode dar início à mesma seqüência de respostas, isto é, se essa injunção é aquele A que orienta o comportamento para um fim de modo semelhante por que o faria B, caso fosse observada, já muito pelo contrário *o objeto arquitetônico não é, de maneira alguma, um estímulo preparatório que substitui um objeto estimulador na falta deste, mas apenas e tão-somente o objeto estimulador.* Nosso exemplo da escada esclarece o que estamos dizendo, e é justamente a escada como signo que não se deixa enquadrar pelos princípios da semiótica morrisiana. Esta, lembramos, prevê uma espécie de triângulo semântico afim ao de Richards, no qual o símbolo, ou *veículo sígnico*, remete indiretamente a um *denotatum* e diretamente a um *significatum* (que Morris chamava alhures, mais confusamente, de *designatum*). Ora, o *denotatum* é um objeto "que existe realmente

(3) GIOVANNI KLAUS KOENIG, *Analisi del linguaggio architettonico* (I⁹), Florença, Libreria Ed. Fiorentina, 1964.
(4) Para um comentário a essas definições de *Segni, linguaggio e comportamento*, ver o livro já citado de F. ROSSI-LANDI, *Charles Morris*, c. IV, "Il problema della segnità".

O SIGNO ARQUITETÔNICO

195

no modo pelo qual a ele se faz referência", ao passo que o *significatum* é "aquilo a que o signo se refere" (mas no sentido de que é a condição que faz, de qualquer coisa que a satisfaça, o *denotatum*). Como explica Max Bense [5], que retoma os termos morrisianos com a ajuda mestra da semiótica de Peirce: num oscilador eletrônico, a linha espectral designa (ou significa) a freqüência, mas não denota necessariamente (embora pudesse) a presença do átomo. Em outras palavras: um signo pode ter um *significatum* mas pode não ter um *denotatum* ("que existe realmente no modo pelo qual a ele se faz referência"). Koenig dá o exemplo de alguém que detém um automobilista e o avisa de que daí a dois quilômetros a estrada está impedida por um deslizamento: as palavras dirigidas ao automobilista são os signos de um *denotatum* que é o deslizamento, cujo *significatum* é a condição de tal deslizamento constituir um obstáculo naquele lugar. Está claro que quem fala pode mentir, e nesse caso os seus signos teriam um *significatum* e nenhum *denotatum*. Ora, o que acontece com respeito aos signos arquitetônicos? Estes, se é que o signo deve ter um *denotatum* real, só denotariam a si mesmos, assim como não substituiriam um estímulo mas eles próprios seriam o estímulo. Koenig, em dúvida quanto à manejabilidade da noção de *significatum*, prefere afirmar que os signos arquitetônicos *denotam* algo (e fique claro que, usando a noção de "denotação" no sentido morrisiano, não a emprega no sentido em que até agora a usamos em nosso precedente discurso, e como a usaremos nos parágrafos seguintes): mas, aceitando que a relação de denotação implica a existência física de um *denotatum* (como ocorreria no signo richardsiano, que se caracteriza em relação a um referente real), torna inútil a aplicação de uma fundação semiótica aos fatos arquitetônicos, porque é obrigado a concluir que estes denotam apenas a sua *presença* física [6].

I.3. A dificuldade dessa posição decorre (e já o vimos nos capítulos introdutórios) de aceitar os pressupostos de uma semiótica comportamentista na qual o significado de

---

(5) *Aesthetica*, op. cit.

(6) Ver p. 63, onde KOENIG define o signo arquitetônico como icônico; mas na p. 64, depois de haver integrado a definição, identificando o signo arquitetônico com um signo prescritor, volta à iconicidade, definindo-a como *expressão da função* através do espaço. Introduz-se, assim, uma categoria semiologicamente perigosa como "expressão" para caracterizar uma iconicidade que é também presença-identidade. Nesse caso seria preferível aceitar a nítida divisão proposta por CESARE BRANDI entre *semiose* e *adsência* segundo a qual há realidades estéticas que não podem ser reduzidas à significação mas devem ser consideradas por sua *presença* (*Le due vie*, Bari, Laterza, 1966).

um signo deva ser verificado com base em seqüências de respostas ou em objetos experimentáveis.

Já a impostação semiológica por nós adotada nas páginas anteriores não nos obriga a caracterizar um signo a partir dos comportamentos que estimula ou dos objetos reais que estabeleceriam sua validade: mas apenas *com base num significado codificado que um dado contexto cultural atribui a um significante*.

Não há dúvida que também os processos de codificação são comportamentos sociais, mas jamais são verificados empiricamente em casos isolados; porque os códigos se constroem como *modelos estruturais* postulados como *hipótese teórica,* embora com base em constâncias inferidas pela observação dos *usos comunicacionais*.

O fato de que uma escada me estimule a subir nada tem a ver com uma teoria da comunicação: mas se essa escada, apresentando-se com determinadas características formais que lhe delimitam a natureza de *significante* (assim como em português o significante "cão" deve aparecer como articulação de alguns, e não outros, traços pertinentes), comunicar-me sua função possível, estarei então diante de um dado de cultura que posso estabelecer *independentemente do meu comportamento aparente e até de uma suposta reação mental de minha parte*. Em outras palavras: na situação cultural em que vivemos (embora se trate de um modelo de cultura que pode abarcar vários milênios de história no tocante a certos tipos de códigos mais estáveis), existe uma estrutura arquitetônica definível como "paralelepípedos sobrepostos de modo que suas bases não coincidam, mas através de cujo desnivelamento progressivo em direção constante se configuram superfícies praticáveis a níveis sucessiva e progressivamente mais elevados em relação ao plano inicial". Essa estrutura *denota* o *significado* "escada como possibilidade de subir" com base num código que posso elaborar e reconhecer como operante mesmo que de fato ninguém atualmente suba aquela escada e mesmo que em teoria ninguém nunca mais a subisse (mesmo que ninguém, por toda a eternidade, jamais subisse escadas, assim como ninguém se serve de uma pirâmide truncada para observações astronômicas).

Nossa impostação semiológica reconhece, assim, no signo arquitetônico, *a presença de um significante cujo significado é a função que ele possibilita*.

O SIGNO ARQUITETÔNICO   197

I.4. Quando Koenig observa que os *denotata* do signo arquitetônico são *existenciais* ("quantos" de existência humana) e diz: "Ao construir-se uma escola, os *denotata* desse complexo sígnico... são os meninos que vão estudar naquela escola; e o *significatum* é o fato de aqueles meninos irem à escola. Os *denotata* de uma residência são os componentes da família que a habita; ao passo que o *significatum* de uma habitação é o fato de que os homens se agrupam normalmente em famílias para viverem sob o mesmo teto", — nós nos vemos ante a impossibilidade de aplicar essa chave lingüística a obras do passado que perderam sua função (templos ou arenas, cujos *denotata* não são mais a gente que para ali se dirigia, porque esta não mais existe, e um *denotatum* deve existir de modo real; tanto isso é verdade que templos ou arenas afiguram-se-nos, com toda a justiça, desprovidos de função); mas tampouco podemos aplicá-la a obras do passado cuja função original não compreendemos (templos megalíticos, cujo *significatum* é obscuro porque não pode ser "o fato de que alguém fazia alguma coisa que não sabemos o que é").

Está claro que uma impostação comportamentista exige, para caracterizarmos um signo, um comportamento correlato observável. Mas vejam só o que se perde ao aceitarmos tal perspectiva: não se consegue definir como signo algo a que não mais corresponda um comportamento observável e de que já não se saiba a que comportamento se referia. Nesse caso, não poderemos mais reconhecer qualidade de signo aos elementos da língua etrusca às estátuas da ilha de Páscoa, ou aos grafitos de alguma civilização misteriosa, e isso apesar de: 1) tais elementos sígnicos existirem, pelo menos sob forma de acontecimentos físicos observáveis; 2) a história não fazer mais do que preencher de sentidos e interpretações sucessivas esses fatos físicos observáveis, continuando a considerá-los como signos, embora se nos afigurem ambíguos e misteriosos.

I.5. Ao contrário, a perspectiva semiológica que adotamos (com sua distinção entre significantes e significados, os primeiros, observáveis e descritíveis, prescindindo, pelo menos em linha de princípio, dos significados que lhes atribuímos; os segundos, variáveis conforme os códigos à luz dos quais lemos os significantes) permite-nos reconhecer nos signos arquitetônicos *significantes descritíveis e catalogáveis,*

198 A ESTRUTURA AUSENTE

os quais podem denotar funções precisas contanto que os interpretemos à luz de determinados códigos; e estes *podem ser preenchidos de significados sucessivos,* atribuíveis, como veremos, não só por via denotativa mas também por via conotativa, com base em outros códigos.

I.6. Formas significantes; códigos elaborados com o auxílio de inferências dos usos, e propostos como modelos estruturais de relações comunicacionais; significados denotativos e conotativos que se aplicam aos significantes com base nos códigos: eis o universo semiológico em que se pode mover com rigor uma leitura comunicacional da Arquitetura, de onde estejam excluídas as referências a objetos reais (sejam eles *denotata* ou referentes, e comportamentos físicos observáveis) e onde *os únicos objetos concretos com que se lida são os objetos arquitetônicos como formas significantes.* Neste âmbito pode mover-se a recognição das possibilidades comunicacionais da Arquitetura.

II. A DENOTAÇÃO ARQUITETÔNICA

II.1. O objeto de uso é, sob o aspecto comunicacional, *o significante daquele significado exata e convencionalmente denotado que é a sua função.* Em sentido mais amplo, o que se disse é que o primeiro significado do edifício são as operações que se devem realizar para habitá-lo (o objeto arquitetônico *denota uma forma do habitar*). Mas está claro que a denotação ocorre mesmo que eu não frua daquela habitabilidade (e mais geralmente, daquela utilidade do objeto). Quando olho uma janela na fachada de uma casa, não penso, o mais das vezes, na sua função; penso num significado-janela, que se baseia na função, mas que a absorveu a ponto de eu poder esquecê-la e ver a janela em relação a outras janelas como elementos de um ritmo arquitetônico; assim como quem lê uma poesia, sem desprezar os significados das palavras isoladas, pode, no entanto, deixá-los em segundo plano, colocando em primeiro determinado jogo formal de aproximação contextual dos significantes. Tanto que um arquiteto pode também fazer falsas janelas, cuja função inexiste, e apesar disso essas janelas (denotando uma função que não existe mas se comunica) funcionam como janelas no contexto arqui-

O SIGNO ARQUITETÔNICO

tetônico e são fruídas comunicacionalmente (na medida em que a mensagem evidencia sua função estética) como janelas [7].

Mas a forma dessas janelas, seu número, sua disposição na fachada (óculo, seteira, *curtain walls*, etc.) não denotam apenas uma função; remetem a certa concepção do habitar e do usar; *conotam uma ideologia global* que presidiu à operação do arquiteto. Arco de volta inteira, ogiva, arco duplo funcionam como suportes e denotam essa função, mas conotam modos diferentes de conceber a função. Começam a assumir função simbólica.

II.2. Voltemos, porém, à denotação da função utilitária primeira. Dissemos que o objeto de uso denota a função *convencionalmente,* segundo códigos.

Embora adiando a definição desses códigos (ver C.4.), procuremos, antes de mais nada, definir em que sentido um objeto pode denotar convencionalmente a sua função.

Segundo uma codificação arquitetônica milenar, a escada ou a rampa denotam-me a possibilidade de subir; escada portátil ou escadaria do Vanvitelli, escadas em caracol da Torre Eiffel ou rampa espiraliforme do Guggenheim Museum, de F.L. Wright, seja qual for o caso, sempre me acho diante de formas que se baseiam em soluções codificadas de uma função exeqüível. Mas também posso subir de elevador: e as características funcionais do elevador não devem consistir na estimulação de atos motores dos membros inferiores (obrigação de mover os pés de um dado modo) mas em certa acessibilidade, habitabilidade e manejabilidade de comandos mecânicos tornados "legíveis" mediante uma sinalética clara e um *design* de fácil interpretação. Está claro, todavia, que um primitivo, habituado a escadas ou a rampas, ver-se-ia totalmente desarvorado diante de um elevador; as melhores intenções do projetista não o tornam manobrável pelo ingênuo. O projetista pode ter concebido o painel dos botões, as setas indicadoras de subida ou descida prenotada, as indicações dos

(7) Neste caso, a mensagem arquitetônica faz prevalecer a função *estética*. Mas também as outras funções estão presentes: a Arquitetura desenvolve uma comunicação *imperativa* (obriga a habitar de determinado modo), *emotiva* (veja-se a calma do templo grego, a concitação da igreja barroca), *fática* (especialmente no tecido urbano, garantindo uma união e uma presença; a função fática se evidencia em seguida, através de mensagens como o obelisco, o arco, o tímpano, etc.), *metalingüística* (pensemos num museu, ou na função que tem uma praça de dar realce às fachadas dos edifícios que a circundam); sendo o objeto arquitetônico o referente de si mesmo, como acima ficou dito, parecia excluída a função referencial, se nestas páginas não tivéssemos precisamente deslocado o problema da referencialidade sobre o do seu significado.

200 A ESTRUTURA AUSENTE

vários andares de modo extremamente perspícuo, mas o ingênuo *não sabe que determinadas formas significam determinadas funções.* Não possui o código do elevador. Pode, do mesmo modo, não possuir o código da porta giratória e teimar em entrar por ela como se se tratasse de uma porta comum. Lembremos, portanto, que todas as místicas da "forma que segue a função", permanecem místicas, quando não baseadas numa consideração dos processos de codificação.

Em termos comunicacionais, o princípio de que *a forma segue a função* significa *que a forma do objeto não só deve possibilitar a função, mas denotá-la tão claramente que a torne, além de manejável, desejável,* orientando para os movimentos mais adequados à sua execução.

II.3. Mas toda a genialidade de um arquiteto ou de um *designer* não poderá tornar funcional uma forma nova (nem dar forma a uma nova função) *se não se apoiar em processos de codificação existentes.*

Há um exemplo divertido mas conclusivo dado por Koenig a propósito de certas casas fabricadas para populações rurais pela "Cassa del Mezzogiorno"*. Postas em situação de dispor de casas modernas dotadas de banheiro com privada, as populações locais, habituadas a fazer suas necessidades no campo e despreparadas ante a chegada misteriosa das bacias sanitárias, usavam-nas como caixas de limpeza para azeitonas: suspendendo uma redezinha onde eram postas as azeitonas, davam a descarga e procediam assim à limpeza dos vegetais. Ora, não há quem não veja que a forma da bacia normal se adapta perfeitamente à função que sugere e permite, tanto que seríamos tentados a reconhecer um liame estético e operacional bastante profundo entre aquela forma e aquela função. Mas, *a forma denota a função só com base num sistema de expectativas e hábitos adquiridos,* e portanto, com base num código. Sobrepondo-se ao objeto outro código (adventício mas não aberrante), a bacia passará a denotar outra função.

Pode acontecer que um arquiteto venha a construir uma casa que se coloque fora de todos os códigos arquitetônicos existentes; e pode acontecer que essa casa me permita residir de modo agradável e "funcional"; mas o fato é que não aprenderei a habitá-la se não reconhecer as direções de habitabilidade que me sugere e para as quais me orienta como

---

(*) Estabelecimento de crédito e poupança para o Sul da Itália (N. da T.)

O SIGNO ARQUITETÔNICO 201

complexo de estímulos; se não tiver, enfim, reconhecido a casa *como contexto de signos referíveis a um código conhecido*. Ninguém deve dar-me instruções para eu usar um garfo, mas se me for apresentado um novo tipo de batedeira, capaz de bater de modo mais eficiente mas fora dos hábitos adquiridos, terei necessidade das "instruções para o uso", do contrário, a forma ignota não me denotará a função ignota.

Isso não quer dizer que para instituirmos novas funções devamos apoiar-nos apenas em formas velhas e já conhecidas. Volta à baila aqui um princípio semiológico fundamental que já teorizamos a propósito das funções estéticas da mensagem artística, e que se acha egregiamente explicado (como dissemos) na *Poética* de Aristóteles: *não posso instituir momentos de alta informação senão apoiando-os em faixas de redundância;* todo avanço do inverossímil se apóia em articulações do verossímil.

II.4.   Assim como toda obra de arte se afigura nova e informativa porque apresenta articulações de elementos que correspondem a um idioleto seu e não a códigos precedentes, mas comunica esse novo código, implícito nela mesma, configurando-o com base nos códigos precedentes, evocados e negados, assim também um objeto que pretenda promover uma nova função poderá conter em si mesmo, na sua forma, as indicações para decodificar a função inédita, apenas com a condição de que se apóie em elementos de códigos precedentes, isto é, deformando progressivamente funções já conhecidas e formas convencionalmente referíveis a funções já conhecidas. Caso contrário, o objeto arquitetônico passa de objeto funcional a obra de arte: forma ambígua que pode ser interpretada à luz de códigos diferentes. Tal é a condição dos objetos "cinéticos" que simulam o aspecto exterior dos objetos de uso, mas que de fato não o são, pela ambigüidade básica que os dispõe a todos os usos e a nenhum. (Caberá aqui notar que há diferença entre a situação de um objeto passível de todos os usos — e portanto, de nenhum — e a de um objeto passível de *muitos* usos determinados; mas mais adiante voltaremos a esse argumento fundamental).

Isso basta no que concerne aos códigos de denotação (aqui definidos apenas de modo geral, e ainda não pormenorizados quanto a uma sua casuística possível).

202 A ESTRUTURA AUSENTE

Mas, em relação a uma mensagem arquitetônica, também falamos em possibilidades de conotação que devem ser melhor definidas.

III. A CONOTAÇÃO ARQUITETÔNICA

III.1. Dissemos que o objeto arquitetônico pode denotar a função ou conotar certa ideologia da função. Mas pode, indubitavelmente, conotar outras coisas. A gruta de nosso modelo hipotético chegava a denotar uma função abrigo, mas não há dúvida de que com o passar do tempo terá conotado também "família, núcleo comunitário, segurança", etc. E é difícil dizer se essa sua natureza conotativa, essa sua "função" simbólica seria menos "funcional" do que a primeira. Em outras palavras: se a gruta denota (para usar um termo eficaz empregado por Koenig) uma *utilitas*, cabe perguntar se, para os fins da vida associada, não será igualmente *útil* a conotação de intimidade e familiaridade conexa aos seus valores simbólicos. A conotação "segurança" e "abrigo" fundamenta-se na denotação da *utilitas* primeira, mas nem por isso parece menos importante do que ela.

Uma cadeira me diz, antes de mais nada, que posso nela sentar-me. Mas se a cadeira for um trono, não deverá servir apenas para sentar, mas para fazer sentar com certa dignidade. Serve para corroborar o ato do "sentar com dignidade" através de uma série de signos acessórios que conotem a realeza (águias nos braços, espaldar alto encimado por coroa, etc.). Essas conotações de "realeza" são a tal ponto funcionais, que — uma vez presentes — pode-se mesmo relegar para segundo plano a função primária do "sentar comodamente". Ou melhor, muitas vezes o trono, para conotar realeza, exige de quem senta que o faça rígida e incomodamente (com um cetro na mão direita e um globo na esquerda, corpo duro e coroa na cabeça) e portanto, "mal", sob o ângulo da *utilitas* primeira. "Fazer sentar" é somente uma das funções do trono, e um só dos seus significados, o mais imediato mas não o mais importante.

III.2. Dentro dessa perspectiva, portanto, a qualificação de "função" passa a abarcar todas as destinações comunicacionais de um objeto, visto que na vida associada as conotações "simbólicas" do objeto útil não são menos "úteis"

O SIGNO ARQUITETÔNICO

do que suas denotações "funcionais". E fique claro que entendemos as conotações simbólicas como funcionais não só no sentido metafórico, mas enquanto comunicam uma utilizabilidade social do objeto que não se identifica imediatamente com a "função" no sentido estrito. Está claro que a função do trono é a função "simbólica"; está claro que em relação à roupa cotidiana (que serve para cobrir), o traje de noite (que nas mulheres "descobre" e nos homens cobre "mal", visto que se alonga, na parte traseira, em forma de cauda de andorinha, mas deixa descoberto o ventre) é "funcional" porque, graças ao complexo de convenções que conota, permite certas relações sociais, confirma-as, patenteia a aceitação dessas convenções por parte de quem com ele comunica a sua classe, a sua decisão de submeter-se a certas regras, etc.[8]

(8) Por outro lado, o valor simbólico das formas não era estranho nem mesmo aos teóricos do funcionalismo: ver L. SULLIVAN, *Considerazioni sull'arte degli edifici alto per uffici*, in "Casabella", 204; em R. DE FUSCO, *L'idea di architettura*, Milão, Comunità, 1964, podemos encontrar chamadas semelhantes não só para Sullivan mas também para LE CORBUSIER (p. 170 e 245). Sobre o valor conotativo das imagens urbanísticas (e aí o problema se desloca para as formas relacionais dos tecidos das grandes cidades), consulte-se KEVIN LYNCH, *The image of the City*, Harvard Un. Press, 1960, em especial a p. 91: as formas arquitetônicas devem tornar-se símbolos da vida urbana.

3. A Comunicação Arquitetônica e a História

I. FUNÇÕES PRIMEIRAS E FUNÇÕES SEGUNDAS

Conseqüentemente parecerá doravante cada vez mais incômodo usarmos o termo "funções" para nos referirmos às denotações de *utilitas,* chamando de conotações "simbólicas" os demais tipos de comunicação, como se estes últimos não representassem outras tantas funções executadas: falaremos, portanto, em *"função primeira"* (denotada), e complexo das *"funções segundas"* (conotadas), subentendendo-se (como decorrência do que dissemos) que as expressões "primeira" e "segundas" não têm valor de discriminação axiológica (como se uma fosse mais importante do que as outras), mas de mecânica semiológica, no sentido de que as funções segundas se apóiam na denotação das primeiras (assim como a conotação "mau tenor", para o italiano, salta da palavra "cão", apoiando-se no processo de denotação primário).

I.1. Um exemplo histórico servirá para fazer-nos compreender melhor o entrelaçamento das funções primeiras e segundas com base em protocolos de interpretação que nos foram deixados pela história. Os historiadores da Arquitetura têm longamente discutido sobre o código do gótico, e em particular sobre o valor estrutural da abóbada e do arco ogivais. As mais importantes hipóteses podem reduzir-se a três: 1) a abóbada ogival funciona como suporte e toda a alta e elegante construção de uma catedral se rege por ela e se sustém em virtude do milagre de equilíbrio que ela permite; 2) a abóbada ogival não tem valor de suporte, embora dê essa

A COMUNICAÇÃO ARQUITETÔNICA E A HISTÓRIA   205

impressão; tal valor pertence precipuamente às paredes; 3) a abóbada ogival tinha valor de suporte no decorrer da construção, funcionando como uma espécie de tablado provisório; a seguir, o jogo de empuxos e contra-empuxos era recolhido pelas paredes e por outros elementos da construção e, em teoria, o cruzamento de ogivas teria podido ser eliminado[9].

Qualquer que seja a interpretação válida, ninguém jamais pôs em dúvida que o cruzamento de ogivas *denotasse* uma função de suporte reduzido ao simples jogo dos empuxos e contra-empuxos entre elementos nervosos e sutis. A polêmica versa, no entanto, de preferência, sobre o referente daquela denotação: existirá a função denotada? Se não existe, permanece, todavia, indubitável o valor comunicacional do cruzamento de ogivas, tanto mais intencional e válido por ser ele articulado unicamente para *comunicar* uma função, não para *permiti-la*. Assim como não é possível negar que a palavra "unicórnio" seja um signo, embora o unicórnio não exista, sendo talvez sua não-existência conhecida por parte de quem empregava a palavra.

I.2.   Mas enquanto discutiam o valor funcional do cruzamento de ogivas, historiadores e intérpretes de todas as épocas estavam cônscios de que o código do gótico tinha também um valor "simbólico" (isto é, que os signos da mensagem "catedral" também conotavam complexos de funções segundas). Em outras palavras: sabia-se que a abóbada ogival ou as paredes trespassadas por vitrais queriam dizer algo. E esse algo é que aos poucos se foi definindo com base em autênticos léxicos conotativos, fundados nas convenções culturais e no patrimônio de saber de um dado grupo ou de uma dada época, determinados por um campo ideológico particular e congruentes com ele.

Há, por exemplo, a típica interpretação romântica e proto-romântica, segundo a qual a estrutura da catedral gótica pretendia reproduzir a abóbada das florestas célticas e, portanto, o mundo pré-romano, barbárico e primitivo da religiosidade druídica.

Mas no período medieval, legiões de comentadores e alegoristas se empenharam em definir, segundo códigos de impressionante precisão e sutileza, cada um dos significados

(9) Para uma bibliografia sobre o argumento, ver PAUL FRANKL, *The Gothic — Literary Sources and Interpretations through Eight Centuries*, Princeton Un. Press, 1960.

206 A ESTRUTURA AUSENTE

de cada um dos elementos arquitetônicos; basta que o leitor consulte o catálogo elaborado, séculos depois, por Joris Karl Huysmans, no seu livro *A Catedral*.

I.3. Mas temos enfim um documento, uma constituição de código, e dos mais aceitáveis, na justificação que faz da catedral, no século XII, o Bispo Suger em seu *Liber de administratione sua gestis* [10], onde, em prosa e verso, deixa perceber que a luz que jorra aos borbotões pelas janelas sobre as naves escuras (a estrutura dos muros que permite oferecer à luz uma via de acesso tão ampla) deve representar a própria efusividade da energia criadora divina, de acordo com os textos neoplatônicos e com base numa codificada igualdade entre luz e participatividade da essência divina [11].

Poderíamos então reconhecer com ampla margem de segurança que, para o homem do século XII, os vitrais e as janelas góticas (e em geral o espaço das naves atravessado por torrentes de luz) conotavam "participação" (no sentido técnico que esse termo assume no neoplatonismo medieval); mas a história da interpretação do gótico nos ensina que, no decorrer dos séculos, o mesmo significante, à luz de léxicos diversos, pode conotar coisas diferentes.

I.4. Mais que isso. No século passado assistimos a um fenômeno típico da história da arte, aquele em que, numa época dada, todo um código (um estilo artístico, uma maneira, um "modo de formar", independentemente da conotação das suas manifestações isoladas em mensagem) conota uma ideologia (com que se identificava, ou no momento de seu nascimento ou no momento da sua afirmação mais característica) Teve-se, então, a identificação "estilo gótico = religiosidade", identificação que se apoiava indubitavelmente em outros sistemas de conotação precedentes, como "impulso vertical = elevação da alma a Deus" e "contraste de luz atravessando vitrais e naves na penumbra = misticismo". Conotações essas tão arraigadas que ainda hoje só com grande esforço nos lembramos de que também o templo grego, regular e

---

(10) Ver RICHARD ALBERT LECOY DE LA MARCHE, *Oeuvres Complètes de Suger*, Paris, 1967; ERWIN PANOFSKY, *Abbot Suger on the Abbey Church of St. Denis*, Princeton, 1946 (parcialmente transcritas in *Il significato delle arti visive*, op. cit.).

(11) Ver UMBERTO ECO, *Il problema estetico in San Tommaso*, Turim, Edizioni di "Filosofia", 1956 e *Sviluppo dell'estetica medievale*, in AAVV, *Momenti e problemi di storia dell'estetica*, Milão, Marzorati, 1959.

A COMUNICAÇÃO ARQUITETÔNICA E A HISTÓRIA 207

harmônico nas suas proporções, podia conotar, segundo outro léxico, a elevação da alma aos Deuses, e que também a ara de Abraão, armada no cimo de um monte, podia evocar sentimentos místicos. Isso não impede que determinado léxico conotativo se tenha imposto aos demais no decorrer dos séculos, e que o contraste luz-penumbra se tenha identificado profundamente com os estados d'alma misticizantes.

Prova disso é o fato de uma metrópole como Nova Iorque estar constelada de igrejas neogóticas, cujo estilo, cuja "língua" foi escolhida para exprimir a presença do divino. E o curioso é que, por convenção, as mesmas igrejas exprimam ainda hoje (para os fiéis) o mesmo valor, quando já agora a presença dos arranha-céus, que as apertam num torno fazendo-as parecer pequeniníssimas, miniaturais, privou de toda recognoscibilidade a verticalidade do impulso arquitetônico. Um exemplo como esse bastaria para lembrar que não existem misteriosos valores "expressivos" conexos à natureza mesma das formas, mas que a expressividade nasce de uma dialética entre formas significantes e códigos de interpretação; de outro modo, as igrejas góticas de Nova Iorque, que *já não são* esbeltas e verticais, nada mais exprimiriam; quando, na verdade, ainda exprimem uma concepção da religiosidade porque são "lidas" com base em códigos que permitem ver como verticais formas que só o serão se prescindirmos do novo código de leitura instituído pela presença dos arranha-céus.

II. OS SIGNIFICADOS ARQUITETÔNICOS E A HISTÓRIA

II.1. Erraríamos em pensar que o significante arquitetônico, pela sua própria natureza, seja levado a denotar uma função primeira estável enquanto que as funções segundas variam ao longo do curso da história. Já o exemplo do cruzamento ogival nos mostrou que até mesmo a função primeira pode sofrer curiosos desencontros entre função denotada e função efetiva, e faz-nos pensar que, com o passar do tempo, certas funções primeiras, perdendo toda eficácia, já nem mesmo seja denotadas aos olhos de destinatários desprovidos dos códigos adequados.

Daí por que, no curso da história, funções primeiras e segundas são passíveis de perdas, recuperações e substituições

208 A ESTRUTURA AUSENTE

de vários tipos; perdas, recuperações e substituições comuns à vida das formas em geral, e que constituem a norma no curso da leitura das obras de arte propriamente ditas, mas que se tornam mais evidentes (e paradoxais) no campo das formas arquitetônicas, onde a opinião comum crê lidar com objetos funcionais portadores de indicações inequivocáveis, e portanto, *univocamente* comunicativos. Ao passo que — para desmentir — bastaria o *topos* humorístico (tão difundido a ponto de nem mesmo parecer verídico; mas se não for verdadeiro, será em todo o caso, verossímil) que mostra o selvagem enfeitado com um despertador ao pescoço, despertador interpretado como pingente (hoje diríamos: jóia cinética) e não como medidor de tempo (dado que a medida do tempo, e a própria noção de tempo "dos relógios" — ver Bergson — é fruto de uma codificação, e só compreensível com base nela).

Uma das típicas oscilações, no tempo e no espaço, dos objetos de uso, consiste exatamente numa série de defasagens contínuas entre as funções primeira e segunda. Basta tentarmos aqui uma casuística exemplificativa, sem pretensões a esgotar o assunto.

II.2. No curso da história, ou passando de um grupo humano para outro, um objeto de uso pode ser submetido às seguintes leituras:

1. A) *Perde-se o sentido da função primeira.*

   B) *Permanecem as funções segundas numa proporção razoável.*

(É o caso do Partenon, que não mais se compreende como lugar de culto, mas do qual se capta boa parte das conotações simbólicas com base num suficiente conhecimento filológico da sensibilidade grega.)

2. A) *Permanece a função primeira.*

   B) *Perdem-se as funções segundas.*

(A cátedra ou a lamparina antiga, assumidas sem consideração dos seus códigos de origem, inseridas em outro contexto estilístico — lamparina rústica como objeto para uma decoração sofisticada — mas conservando-lhes a funcionalidade imediata, e portanto, usando-as ainda para sentar ou iluminar).

A COMUNICAÇÃO ARQUITETÔNICA E A HISTÓRIA   209

3. A) *Perde-se a função primeira.*

B) *Perdem-se quase todas as funções segundas.*

C) *Substituem-se as funções segundas por subcódigos de enriquecimento.*

(Exemplo típico: as Pirâmides. Já não são mais sentidas como túmulos para monarcas; além disso, perdeu-se o código simbólico — astrológico-geométrico — que presidia à sua eficácia conotativa para os antigos egípcios. As Pirâmides, porém, conotam-nos muitas outras coisas, desde os fatídicos "quarenta séculos" de Napoleão até uma soma de conotações literárias mais ou menos autorizadas).

4. A) *A função primeira torna-se função segunda.*

(É o caso do *ready made*: um objeto de uso é escolhido como objeto de contemplação para conotar ironicamente o seu emprego em determinada época. É o caso da estória em quadrinhos ampliada por Lichtenstein: a imagem da mulher chorando não mais denota mulher chorando — mas "trecho de estória em quadrinhos" — porém assim mesmo conota, entre outros significados, a imagem de "uma mulher chorando vista pela civilização da estória em quadrinhos".)

5. A) *Perde-se a função primeira.*

B) *Substitui-a outra função primeira.*

C) *Deformam-se as funções segundas com códigos de enriquecimento.*

(Por exemplo, o berço alto-adigense transformado em porta-jornais — adaptado, portanto, a uma nova forma de utilidade — enquanto que as conotações conexas às decorações do objeto, válidas para os usuários de origem, deformam-se e conotam algo diferente, como analogias com modos da arte contemporânea ou barbárica, ingenuidade popular, tipicidade montanhesa, e assim por diante).

6. A) *As funções primeiras são vagas desde o início.*

B) *As funções segundas são imprecisas e deformáveis.*

(É o caso da Praça dos Três Poderes, em Brasília. As formas côncavas e convexas dos anfiteatros das duas Câmaras, a forma vertical do edifício central não denotam de imediato a função das construções — os anfiteatros parecem es-

210 A ESTRUTURA AUSENTE

culturas — e não conotam com exatidão algo facilmente reconhecível. Já de início os cidadãos interpretaram os símbolos maliciosamente, e viram na forma côncava da Câmara dos Deputados uma grande tigela onde os eleitos pelo povo devorariam as finanças públicas).

III. CONSUMO E RECUPERAÇÃO DAS FORMAS

III.1. Este jogo de oscilações entre as formas e a história é um jogo de oscilações entre estruturas e eventos, entre configurações fisicamente estáveis (e descritíveis objetivamente enquanto formas significantes) e o jogo mutável dos acontecimentos que lhes conferem novos significados.

Está claro que nessa mecânica se baseia o fenômeno indicado como *consumo* das formas, *obsolescência* dos valores estéticos [12]. Como também está claro que numa época em que os eventos se sucedem mais vertiginosamente — em que o progresso tecnológico, a mobilidade social, a difusão das comunicações concorrem para mudar os códigos com maior freqüência e profundidade — esse fenômeno seja percebido de maneira percuciente. Eis por que, embora sendo um fenômeno de caráter permanente, resultado da própria natureza dos processos de comunicação, só foi teorizado em nosso século.

Mas a mecânica por nós focalizada mostra que as condições do consumo são as mesmas da recuperação ou da substituição dos sentidos.

III.2. Um aspecto paradoxal do gosto contemporâneo é que nossa época, embora pareça um tempo de rápido consumo das formas (porque de rápido revezamento dos códigos e fundos ideológicos), é, na verdade, *um dos períodos históricos em que as formas se recuperam com maior rapidez e se conservam além da aparente obsolescência.* Nosso tempo é um tempo de consciência e destreza filológica, que com o seu senso da história e da relatividade das culturas está aprendendo a "fazer Filologia" quase que por instinto. A voga, por exemplo, do *Liberty* não significa mais que isto: os usuários das mensagens aprendem, com descompasso de decênios, a reencontrarem os códigos de leitura de formas tor-

---

(12) Ver a propósito as obras de GILLO DORFLES, já citadas, bem como *Le oscillazioni del gusto*. Milão. Lerici. 1958.

A COMUNICAÇÃO ARQUITETÔNICA E A HISTÓRIA 211

nadas dessuetas; a reencontrarem fundos ideológicos ultrapassados e a fazê-los reviver no momento em que procuram compreender os objetos que sobre eles se tinham formado. O usuário moderno das formas passadas aprende, sim, a deformá-las, a ler as mensagens, que não mais lhes pertencem, em chaves livres ou aberrantes, mas também aprende a achar as chaves exatas. Sua consciência cultural atua como móvel de recuperação dos códigos filológicos, enquanto que sua agilidade de recuperação amiúde intervém como *ruído semântico*.

Se no passado o normal crescimento e obsolescência dos sistemas comunicacionais (dos aparatos retóricos) avançava descrevendo uma curva sinusoidal (na qual Dante surgia como definitivamente perdido para o leitor racionalista do século XVIII), o nosso tempo avança numa espiral contínua, desenvolvida no sentido de que toda redescoberta é também acrescentamento. Sendo assim, minha releitura do *Art Nouveau* não se baseia apenas nos códigos e ideologias reencontrados da burguesia do começo do século, mas também nos códigos e nas perspectivas ideológicas específicas dos nossos dias (códigos de enriquecimento), que nos permitem inserir o objeto do antiquário em outros contextos, desfrutá-lo pelo que então significava, mas usá-lo também para as conotações que lhe atribuímos com base nos nossos léxicos de hoje. É um movimento arfante e aventuroso de redescoberta, ante uma forma, dos contextos originais, e de criação de outros contextos. Como uma grande operação "pop", a mesma que Lévi-Strauss individuava na técnica do "ready made" surrealista, definindo-a como uma *fissão semântica*, uma descontextualização do signo e uma reinserção deste num contexto novo que o carrega de significados diferentes. Operação, no entanto, que vai de par com a conservação e a redescoberta dos contextos antigos. É o que faz Lichtenstein quando carrega a imagem da estória em quadrinhos de novos significados mas ao mesmo tempo nos induz a recuperar os significados, as denotações e conotações que funcionam para o leitor *naïf* do álbum de estória em quadrinhos.

III.3. Com tudo isso, nada nos assegura que essa dinâmica, feita a um tempo de Filologia e recriação, seja, por isso mesmo, positiva. Também no passado ocorriam fenômenos de redescoberta filológica das retóricas e ideologias passadas, revividas numa mistura de *Filologia* e *fissão semân-*

212 A ESTRUTURA AUSENTE

tica. Que outra coisa foi o Humanismo, que outra coisa foram os humanismos antecipados representados pelas desordenadas e vitais redescobertas da classicidade operadas pela Idade Média carolíngia e pela escolástica do século XIII?

A diferença estava em que então a redescoberta dos códigos e ideologias comportava, impostada que era sobre uma ampla visão histórica, uma reestruturação global das retóricas e ideologias contemporâneas. Ao passo que hoje a dinâmica cerrada da redescoberta e da revitalização se desenvolve na superfície, sem atingir o sistema cultural de base; antes, a própria corrida para a redescoberta configura-se como uma técnica retórica já convencionalizada que, na verdade, remete a uma ideologia estável do livre mercado dos valores passados e presentes.

O nosso tempo não é só o tempo do esquecimento, é o tempo da recuperação; *mas a recuperação,* numa sístole-diástole de aceitação e repulsão, *não revoluciona as bases da nossa cultura.* O jogo da redescoberta filológica das retóricas e ideologias configura-se como uma imensa máquina retórica que conota globalmente (e se rege por) uma ideologia estável, a ideologia da "modernidade" como *tolerância* de todo o passado.

Uma ideologia suficientemente elástica permite ler todas as formas sem que mais nenhuma incida sobre a ideologia; permite assumir todas as ideologias do passado como chave de uma leitura que já não nos informa, porque todos os significados são adquiridos, previstos, permitidos.

III.4. Já vimos: a história, com sua voraz vitalidade, esvazia e enche as formas, priva-as e enriquece-as de significados; e ante seu processo inevitável não nos restaria mais que confiar na sabedoria instintiva dos grupos e culturas capazes de fazer reviver, em revezamento contínuo, formas e sistemas significantes. Mas sempre remanesce certa perplexidade e tristeza diante de formas imensas que perderam para nós a potência significante de origem e aparecem (reportadas aos significados, geralmente mais fracos, que nelas introduzimos) como mensagens enormes e demasiado complexas em relação à informação que transmitem. A vida das formas está povoada, por conseguinte, desses gigantes vazios de sentido, ou de sentido demasiado pequeno para um corpo tão grande, gigantes que só podemos justificar, atribuindo-lhes sentidos

A COMUNICAÇÃO ARQUITETÔNICA E A HISTÓRIA   213

desmesurados, fabricando da melhor maneira possível códigos de enriquecimento que nada justifica (e eis-nos então naquelas formulações de Retórica, no sentido restrito e negativo do termo, como os "quarenta séculos" aplicados às Pirâmides).

Outras vezes (fenômeno típico dos nossos dias), as funções segundas se consomem mais facilmente que as primeiras, certos subcódigos perecem mais depressa, em relação a certas posições ideológicas, do que os códigos de base. É o caso de um automóvel que ainda roda, mas cuja forma não mais conota o prestígio ou o ágio, ou a velocidade de uma época. Intervém então a operação do *styling*. Restituem-se (e de modo filologicamente exato) quase todos os subcódigos conotativos primígenos à mensagem mesa de comunhão *, mas complicando-a com códigos de enriquecimento, operando fissões semânticas, inserindo a simplicidade conventual numa decoração sofisticada, esquecendo sua conotação central que simbolizava a refeição frugal; perde-se, assim, a função primeira, que era a de *estimular a comer incômoda e austeramente*. Redescobriu-se o objeto, mas não se redimensionou uma ideologia da refeição.

Voltamos, assim, ao que disséramos (em C.3.III.1): a vocação "filológica" do nosso tempo auxilia as recuperações das formas, mas esvazia tais recuperações de importância. Talvez o fenômeno pudesse ser reportado ao que Nietzsche indicava como a *doença histórica* do mundo moderno. Um excesso de conhecimento que não se transforma em renovação, e portanto age como narcótico.

Daí por que a solução, o modo pelo qual um revezamento das retóricas pode realmente significar uma renovação dos fundos ideológicos (quer deles decorra quer os promova) não deverá ser encontrado nos ciclos de redescoberta e obliteração que nosso mundo opera nas formas *já produzidas* — e que pertencem ao reino da moda, da proposta comercial, da diversão lúdica (não necessariamente "má", muitas vezes positiva, como é positivo chupar um caramelo ou ler um livro ameno para dormir). Mas alhures. Hoje nos apercebemos da rápida perda de sentido das mensagens e da sua capacidade de adquirir sentidos novos (apropriados ou aberrantes, não importa, o *uso* legitimará os vários aspectos desses

---

(*) Dá-se, nos conventos, o nome de "mesa de comunhão" (no italiano: "tavolo fratina") à grande mesa de refeitório, de talha austera e rústica, em torno da qual os monges se reúnem para as tertúlias e refeições comunitárias. Daí o nome. Suas linhas, sóbrias mas robustas, são as mesmas que encontramos no mobiliário do Brasil Colônia. (N. da T.)

214 — A ESTRUTURA AUSENTE

ciclos: se os cossacos derem de beber aos cavalos nas pias de água-benta de São Pedro, indubitavelmente ter-se-á verificado a dissociação apontada no item 5 da nossa tabela — substituição da função primeira, enriquecimento e substituição da função segunda. Mas se para o general dos cossacos essa operação representa um ótimo processo de re-semantização, ela deixará, sem dúvida, magoadíssimo o sacristão da Basílica, cabendo em última instância à História dizer-nos um dia com quem estava a razão). Ora, do momento em que os construtores de objetos de uso *sabem* que o fato de articularem significantes não pode determinar o fluxo dos significados, porque a História poderá traí-los; do momento em que os desenhistas de formas tomam conhecimento dos ciclos de dissociação entre significante e significado, e dos mecanismos da substituição dos significados, seu problema doravante consistirá em projetar *funções primeiras variáveis e funções segundas "abertas"*.

Isso significa que o objeto não será vítima da obsolescência e do consumo, nem *protagonista passivo* de uma recuperação: mas sim o estímulo, a comunicação de operações possíveis, próprias para adequá-lo continuamente às situações mutáveis do curso histórico, operações que serão atos de decisão responsável, comensurações das formas, em seus elementos constitutivos, com as configurações possíveis que podem assumir, e comensurações dessas mesmas configurações com os fundos ideológicos que as justificarão.

Objetos móveis e abertos que postulam, com o mudar do aparato retórico, a reestruturação do aparato ideológico, e com o mudar das formas de uso, uma mutação do modo de pensar, de ver as formas no contexto mais vasto do obrar humano.

Nesse sentido, a atividade lúdica de redescobrir significados para as coisas, ao invés de exercitar-nos numa fácil filologia em relação ao passado, *implica uma invenção (não uma redescoberta) de códigos novos*. O salto para trás transforma-se em salto para a frente. A história, de ilusão cíclica, passa a ser *projetação do futuro* [13].

---

(13) Ver GIULIO CARLO ARGAN, *Progetto e destino*, Milão, Saggiatore, 1965 (em especial o ensaio homônimo, onde se retoma uma temática da obra aberta aplicada à projetação arquitetônica). Um modo particular de entender essa "abertura" do objeto arquitetônico e urbanístico é sugerido por ROLAND BARTHES, *Semiologia e urbanistica*, in "Op. Cit.", 10, 1967. BARTHES, apoiando-se nas posições lacanianas que discutimos em D.5, julga que, no que concerne à cidade, o problema do significado passa para segundo plano em relação à "distribuição dos significantes". Por isso "neste esforço para nos aproximarmos

A COMUNICAÇÃO ARQUITETÔNICA E A HISTÓRIA   215

O problema é o seguinte: se eu "recuperar" uma cidade morta, talvez redescubra códigos retóricos dessuetos e fundos ideológicos esquecidos, mas o jogo da recuperação, já o dissemos, autoriza-me a tudo, sem que para isso eu deva mudar os esquemas ideológicos segundo os quais efetivamente me comporto.

Mas se eu dispuser de uma nova macro-estrutura urbanística que desafie minha concepção consueta de cidade e tiver que inventar um modo de dispô-la para estabelecer como habitar, duas coisas é preciso considerar: os meus códigos de base, que devo reestruturar para saber o que *farei*; e minha perspectiva ideológica, porque, obviamente, terei que decidir comportar-me globalmente de modo diferente.

A projetação de formas novas, de novas retóricas que comportem as possibilidades da mutação e a reestruturação das perspectivas ideológicas, é diferente da consciência filológica com a qual me deleitava em redescobrir as formas do passado para inseri-las (fissão semântica) nos meus contextos habituais. Aqui, eu redescobria formas consumidas; ali, dou novos significados a formas nascidas para transformarem-se, mas que só podem transformar-se se eu o decidir e se decidir as direções de sua transformação.

Assim, sobre o fundo de uma dinâmica histórica da morte e da ressurreição das formas (ora traumática e vital — o Humanismo — ora pacífica e lúdica — a redescoberta atual do *Liberty*), estabelece-se a possibilidade positiva de uma invenção de novas retóricas que obriguem a perspectivas ideológicas diferentes, a uma invenção contínua dos signos e dos contextos nos quais os signos adquirirão significado.

semanticamente da cidade, devemos compreender o jogo dos signos, compreender que toda e qualquer cidade é uma estrutura, mas jamais procurar ou pretender preencher essa estrutura". Isso porque "a Semiologia nunca propõe a existência de um significado último" e "em qualquer complexo cultural, ou até psicológico, defrontamo-nos com cadeias metafóricas infinitas, cujo significado é sempre diferido, ou se torna, ele mesmo, significante." Ora, é verdade que em face da cidade ocorrem fenômenos de enriquecimento e deslocamento do significado, mas o valor semântico da cidade não emerge apenas quando a vemos como estrutura geradora de significado, mas também quando a vivemos preenchendo-a de significações concretas. Opor ao movimento de significação — em relação ao qual se projeta a cidade — a consideração do livre jogo dos significantes poderia talvez esvaziar a atividade arquitetônica de todo impulso criador. Pois se a cidade obedece às leis dos significantes, pelas quais o homem é *falado* sem que as possa determinar, então não teria mais sentido projetar uma nova cidade; visto que em qualquer cidade do passado já existiriam os elementos de uma combinatória infinita possível, elementos esses capazes de permitir todo tipo de vida no interior daquela forma. Ora, o problema da Arquitetura é justamente o de definir o limite além do qual uma forma do passado já não mais permite *todo* tipo de vida e o desfile dos significantes arquitetônicos não mais se apresenta como matriz de liberdade, mas como imagem mesma de um domínio, de uma ideologia que impõe, através das formas retóricas que gerou, os modos da escravidão.

4. Os Códigos Arquitetônicos

I. O QUE É UM CÓDIGO EM ARQUITETURA?

I.1. O signo arquitetônico como denotante e conotante; os códigos arquitetônicos como possibilidades de diferentes leituras no curso da história; a operação do arquiteto como um "fazer frente" à mutabilidade das leituras, às ocorrências da comunicação, para predispor funções primeiras variáveis e funções segundas abertas, naturalmente abertas a códigos imprevisíveis...

Todas as coisas ditas até aqui implicam em que se saiba o que significa a palavra "código" em Arquitetura. Enquanto falamos em comunicação verbal, temos as idéias claras: há um código-língua e existem determinados léxicos conotativos. Quando passamos a falar em códigos visuais, tivemos que arrolar diversos níveis de codificação, desde o código icônico até o iconológico; e para chegarmos a este, fomos obrigados a fazer numerosas especificações sobre o conceito de código e sobre os vários tipos de articulação que um código prevê. Elaboramos até mesmo um princípio fundamental, segundo o qual num dado código, os elementos de articulação podem ser os sintagmas de um código mais analítico, ou então os sintagmas do código dado não passam de elementos de primeira ou de segunda articulação de um código mais sintético.

Esses princípios deverão estar presentes quando falarmos em códigos arquitetônicos porque poderíamos ser tentados a atribuir ao código arquitetônico articulações que pertencem a outros códigos mais analíticos.

OS CÓDIGOS ARQUITETÔNICOS 217

I.2. Antes de mais nada, um exame dos códigos arquitetônicos até agora individuados por quem se ocupou com a Arquitetura sob o aspecto comunicacional, permite-nos reconhecer que amiúde não se indagou se o objetivo visado era indicar *códigos sintáticos* ou *códigos semânticos,* isto é, leis de articulação dos significantes independentemente dos significados que lhes podem ser atribuídos, ou leis de articulação de certas estruturas significantes a que já é convencionalmente atribuído um e não outro significado. Em segundo lugar, locuções como "semântica da Arquitetura" têm muitas vezes levado alguns estudiosos a buscar nos signos arquitetônicos o equivalente da "palavra" da língua verbal, dotada de um significado preciso, isto é, referindo-se, exatamente, a um referente; quando sabemos que um código pode prescrever apenas as leis de articulação sintática dos signos.

Será, assim, oportuno ver se a Arquitetura também agüenta uma codificação puramente sintática (até mesmo para justificar e poder descrever objetos dos quais é impossível predicar a função que denotam, como o menir, o dólmen, o recinto de Stonehenge, etc.).

I.3. Enfim, a propósito da Arquitetura, é mister distinguirmos *os códigos de leitura* (e de construção) *do objeto,* dos *códigos de leitura e elaboração do projeto do objeto;* aqui trataremos de como se lê um objeto arquitetônico e não de como se lê um projeto. De fato, estabelecidas as regras de interpretação do objeto, delas decorrem as regras de notação do projeto, no sentido de que são regras de notação de uma linguagem não escrita, criada segundo modos convencionados ao nível da escritura (assim como a transcrição da língua verbal é elaborada com base em regras de notação escrita de elementos verbais como os fonemas e monemas). Isso não impede que uma semiologia do projeto levante problemas de certo interesse, visto que num projeto temos, antes de mais nada, diferentes sistemas de notação (uma planta não se codifica como uma seção longitudinal)[14] e já que nesses diferentes sistemas de notação temos, ao mesmo tempo, signos icônicos, diagramas, índices, símbolos, quali-signos, sinsignos, etc., de modo a satisfazer toda a gama dos signos proposta por Peirce.

(14) Mas o uso de um código impróprio pode fazer-nos ler uma planta como se se tratasse de uma seção; veja-se o divertido episódio citado por G. K. KOENIG, *Invecchiamento dell'architettura moderna,* Florença, Libreria Ed. Fiorentina, 2ª ed., 1967, p. 107, n. 17. Mas ver também *Analisi del linguaggio architettonico,* op. cit., c. VIII.

218 A ESTRUTURA AUSENTE

I.4. Quem fala em códigos arquitetônicos limita-se, o mais das vezes, a recorrer a códigos *tipológicos* (claramente semânticos), lembrando que em Arquitetura existem configurações que indicam claramente "a igreja", "a estação", ou então, "o garfo" e assim por diante. Falaremos nos códigos tipológicos em seguida, mas está claro que eles apenas constituem um, e o mais evidente, dos sistemas de codificação em uso.

I.5. Na tentativa de pormos de lado progressivamente um código tão claramente historicizável (é claro que a imagem da "igreja" se articula de um dado modo apenas num dado momento da história), é natural que nos sintamos inclinados a buscar as articulações basilares da Arquitetura, o sistema das figuras constituintes da *segunda articulação,* nos elementos da geometria de Euclides.

Se a Arquitetura é a arte da articulação dos espaços [15], então a codificação da articulação dos espaços poderia ser a que Euclides expõe na sua Geometria. Elementos de primeira articulação serão então unidades espaciais, ou *choremas* [16], cujos elementos de segunda articulação são os *stoichéia* euclidianos (os "elementos" da Geometria clássica), e que se comporão em sintagmas mais ou menos complexos. Por exemplo, serão elementos de segunda articulação, ainda desprovidos de qualquer significado, mas providos de valor diferencial: o ângulo, a linha reta, as várias curvas, o ponto; e serão elementos de primeira articulação: o quadrado, o triângulo, o paralelepípedo, a elipse, até os limites das figuras irregulares mais ambíguas, sempre, todavia, exprimíveis através de equações de algum tipo; ao passo que o jogo de dois retângulos, um compreendido no outro, já poderá constituir uma conformação sintagmática característica (onde se reconhece, por exemplo, a relação parede-janela); e o cubo (tridimensional) ou as várias articulações de uma planta em cruz grega poderão apresentar-se como conformações sintagmáticas mais complexas. Naturalmente, a relação entre Geometria Plana e Geometria Tridimensional poderia levantar o problema de uma terceira articulação dos elementos. E problemas subse-

---

(15) Para um coerente e documentado aprofundamento dessa perspectiva, ver BRUNO ZEVI, *Architettura in Nuce,* Veneza-Roma, Ist. per la Coll. Culturale, 1960; e o precedente *Saper vedere l'architettura,* Turim, Einaudi, 1948.

(16) De *chora* (espaço, lugar). Para uma teorização dos *stoichéia* como elementos primários das artes espaciais, inclusive a Arquitetura, ver as observações de Mondrian discutidas por R. DE FUSCO, op. cit., p. 143-145.

OS CÓDIGOS ARQUITETÔNICOS 219

qüentes de codificação nasceriam do reconhecimento de Geometrias não euclidianas.

O fato, porém, é que esse código geométrico *não pertence apenas à Arquitetura*. Está claro que é mister recorrer a ele para descrevermos os fenômenos pictóricos, não só os casos de pintura geométrica (Mondrian) mas até mesmo os casos de pintura figurativa, onde, no limite, toda figuração poderia ser reduzida a uma articulação (ainda que bastante complexa) de elementos geométricos primígenos. Mas o mesmo código serve também para a notação escrita e a descrição verbal (para a formalização) dos fenômenos geométricos no sentido profissional do termo (mensuração do terreno) e para outros tipos de levantamento (topográfico, geodésico e assim por diante). E por fim, no limite, identificar-se-ia com um *código gestáltico* que presidiria à percepção das formas elementares. Temos então aqui o caso típico de um código que se configura ao pretenderem-se analisar os elementos fundamentais (de primeira e segunda articulação) de uma "língua" diferente, capaz de servir como metalinguagem para códigos mais sintéticos.

I.6. Convirá, portanto, prescindirmos de um código do gênero, assim como na linguagem verbal prescindimos da possibilidade de anotar os fonemas isolados nos termos das *posições* típicas de um código mais analítico como o das bandeirolas navais; sem, contudo, desprezarmos essa possibilidade de analiticidade qundo se trata de comensurar o fenômeno arquitetônico com um fenômeno codificável de maneira diferente, na tentativa de encontrarmos uma metalinguagem apta para descrever a ambos. É o caso com que nos defrontamos ao tentar pôr em código determinada paisagem a fim de aí podermos comensurar determinadas soluções arquitetônicas. O fato de que para definirmos a estrutura da paisagem recorramos a elementos do código da Geometria Sólida (pirâmide, cone, etc.) demonstra que naquele caso, devendo discutir sobre os artefatos arquitetônicos a inserir no seu contexto, será útil descrevermos esses mesmos artefatos à luz do mesmo código geométrico assumido como metalinguagem [17]. *Mas o fato de que a Arquitetura seja descritível com*

---

(17) CHRISTIAN NORBERG SCHULZ *Il paesaggio e l'opera dell'uomo*, in "Edilizia moderna", 87-88 (número dedicado a "La forma del territorio"). Mas toda a obra de SCHULZ, *Intenzioni in Architettura*, já citada, é importante para os fins do presente discurso. Ver em especial, os capítulos sobre *percepção, simbolização* e *técnica*.

220 A ESTRUTURA AUSENTE

base num código geométrico não leva a reconhecer que a Arquitetura como tal se fundamente no código geométrico.

Assim como admitir que um ideograma chinês ou uma palavra articulada em fonemas da língua portuguesa possam ser analisados, com vista uma radiofonização, em termos de *decibel* e de freqüências, ou de curvas transpostas para a superfície de um disco, não leva a reconhecer que o chinês e o portugues se apóiem num só código; mas simplesmente que, ao serem ambos recodificados em termos de transmissibilidade e gravação dos fonemas e fenômenos fonológicos que os compõem, podem ser ambos analisados com base num único sistema de transcrição. No limite, todo fenômeno físico pode ser reduzido ao código químico-molecular (e este a um código atômico) mas isso não impede que a Gioconda seja analisável com instrumentos diferentes dos usados para analisar um mineral.

Vejamos, portanto, quais os códigos mais propriamente arquitetônicos que emergem das várias leituras "semânticas" ou "semiológicas" da Arquitetura.

II. CLASSIFICAÇÃO DOS CÓDIGOS ARQUITETÔNICOS

II.1. Das discussões em pauta podemos, então deduzir uma tabela do seguinte tipo:

1. *Códigos sintáticos* — típica, em tal sentido, será uma articulação que se inspire na da ciência das construções. A forma arquitetônica cinde-se em traves, forros, abóbadas, mísulas, arcos, pilastras, chapas, gaiolas de cimento (caixilhos-suporte multifacetados aliados a forros sustentados, paredes usadas como vedação). Não há referência à função nem ao espaço denotado, mas apenas uma lógica estrutural, isto é, existem as condições estruturais para a denotação de espaços. Assim, ao nível do que seria, em outros códigos, uma segunda articulação, produzem-se as condições naturais para a significação, embora ainda estejamos aquém do significado. Também na música, relações freqüenciais produzem sons que em seguida poderão denotar intervalos providos de significado musical [18].

---

(18) Para estes, e para os códigos que se seguem, ver KOENIG, op. cit. c. IV, "L'articolazione del linguaggio archittetonico"; G. DORFLES, *Simbolo, comunicazione, consumo,* op. cit., cap. V.

OS CÓDIGOS ARQUITETÔNICOS

2. *Códigos semânticos* — a) articulação de elementos arquitetônicos:

   1) elementos denotando *funções primeiras*: telhado, terraço, trapeira, cúpula, escada, janela...

   2) elementos conotando *funções segundas* "simbólicas": métopa, frontão, coluna, tímpano...

   3) elementos denotando "caracteres distributivos" e conotando *"ideologias do habitar"*: sala de aula comum, face norte e face sul, sala de refeições, sala de estar...

   b) articulação *em gêneros tipológicos*

   1) *tipos sociais*: hospital, vila, escola, castelo, palácio, estância...

   2) *tipos espaciais*: templo de planta redonda, em forma de cruz grega, planta "aberta", labirinto...[19]

A lista, naturalmente, poderia prolongar-se com a elaboração de tipos como: cidade-jardim, cidade de planta romana etc., ou com o encontro de codificações recentes ao nível de certos modos de operar derivados das poéticas de vanguarda que já criaram sua *tradição* e sua *maneira*.

II.2. Mas o que chama a atenção em todas essas codificações é o fato de elas enformarem soluções *já elaboradas*. Isto é, são codificações de *tipos de mensagem*. O código-língua é diferente: enforma um sistema de relações possíveis das quais se podem gerar inúmeras mensagens. A tal ponto que pareceu mesmo impossível individuar conotações ideológicas globais referíveis a uma língua. Uma língua serve para formular todo tipo de mensagens conotando as mais diferentes ideologias; a língua — decididamente — não tem classe, não é um instrumento de classe, não é a superestrutura de uma base econômica determinada[20]. Teoria quase verdadeira, não fossem os estudos que mostram como o próprio articular de uma língua já obriga o falante a ver o mundo de

---

(19) Para o conceito de "tipo", ver, além de Dorfles e Koenig "Sul concetto di tipologia architettonica", in G. C. ARGAN, *Progetto e destino*, op. cit., onde se desenvolve o justo paralelo entre tipologia arquitetônica e iconografia, e onde encontramos uma definição de "tipo" como "projeto de forma" que se aproxima da nossa definição de figura retórica como "relação geral de inexpectação" (ver A.4.II.2). Ver ainda SERGIO BETTINI, in "Zodiac", 5, e VITTORIO GREGOTTI, *Il territorio dell'architettura*, Milão, Feltrinelli, 1966.

(20) É a conhecida tese de Stalin sobre Lingüística (J. STALIN, *Il marxismo e la linguistica*, Roma, Rinascita, 1950).

222 A ESTRUTURA AUSENTE

determinado modo (e portanto, a língua já possuiria conotações ideológicas globais [21]). Em todo o caso, prescindindo-se dessas conotações últimas e profundas, seria possível assumir uma língua como um *campo de liberdade* quase absoluta, no qual o falante improvisa as mensagens mais aptas a dar conta de situações inesperadas. Já em Arquitetura, aceitos os códigos acima indicados, a situação é diferente.

Se os códigos da Arquitetura me dizem como deve ser feita uma igreja *para ser uma "igreja"* (código tipológico), poderei, certamente, jogando com a dialética (já teorizada) entre informação e redundância, procurar fazer uma igreja que, apesar de igreja, seja diferente das que apareceram até agora, e portanto me obrigue a rezar e a entrever a relação com Deus de modo inusitado: mas isso não implica que eu tenha ido além da determinação arquitetônico-sociológica que me prescreve a feitura e o uso das igrejas. Se os códigos arquitetônicos não podem permitir que eu ultrapasse tal limite, neste caso a Arquitetura não é um modo de mudar a história e a sociedade, mas um sistema de regras para dar à sociedade aquilo que ela *prescreve* à Arquitetura.

Então a Arquitetura é um *serviço*, mas não no sentido em que é serviço a missão do homem de cultura, que trabalha para propor continuamente novas instâncias ao corpo social, e sim em que é serviço a limpeza pública, o abastecimento de água, o transporte ferroviário; isto é, serviços que provêem com elaborações técnicas sempre mais refinadas a satisfação de uma demanda pré-constituída.

Nesse caso, a Arquitetura nem mesmo seria uma arte, se é próprio da arte (ver o que dissemos sobre a mensagem estética) propor à comunidade dos fruidores algo que ainda os surpreenda.

II.3. Então os códigos de que falamos nada mais seriam do que léxicos de tipo iconológico, estilístico ou retórico. Não estabelecem possibilidades gerativas, mas *esquemas feitos,* não formas abertas para falar, mas formas esclerosadas; quando muito, não regras para gerarem comunicações ora redundantes ora informativas, conforme a decisão do fa-

---

(21) A tese segundo a qual a língua determina o modo de ver a realidade é de BENJAMIN LEE WHORF, *Language, Thought and Reality*, Cambridge e Nova Iorque, 1956. Sobre Whorf, ver (para uma explanação divulgadora) STUART CHASE *Il potere delle parole*, Milão, Bompiani, 1966 (o capítulo "Le parole e la visione del mondo") e a discussão in HERBERT LANDAR, *Language and Culture*, Oxford Un. Press, N. Iorque, 1966, parte V, "Culture".

OS CÓDIGOS ARQUITETÔNICOS 223

lante, mas sempre relações gerais de surpresa devidamente dialeticizadas com sistemas de expectativas adquiridas, estabelecidos, identificados e nunca, de maneira alguma, postos em crise. Logo, a Arquitetura é uma retórica, no sentido já definido em A.4.II.2.

E sob o rótulo dessa codificação retórica também se incluiriam as codificações de tipo sintático acima arroladas. Porque não é verdade que algumas formas vazias e puramente diferenciais do significar arquitetônico (pilastra ou trave) permitam *toda* comunicação arquitetônica possível: permitem, isto sim, o tipo de comunicação arquitetônica a que nos habituou a civilização ocidental, inspirado em certos critérios estatísticos e dinâmicos, em certas regras geométricas euclidianas que, embora tendo toda a aparência de serem mais estáveis e resistentes ao desgaste do que outros sistemas de regras, obrigam-nos a mover-nos dentro dos limites de *certa gramática do construir*. E tanto isso é verdade que a encontramos codificada com o nome de *ciência das construções*.

5. A Arquitetura: Comunicação de Massa?

I. A PERSUASÃO ARQUITETÔNICA

I.1. Sistema de regras retóricas dirigidas no sentido de dar ao usuário aquilo que ele já espera (ainda que condimentado com uma bem dosada imprevisibilidade), o que distingue então a Arquitetura dos outros tipos de comunicação de massa? A idéia de que a Arquitetura seja uma forma de comunicação de massa está bastante difundida [22]. Uma operação que se dirige a grupos humanos para satisfazer algumas das suas exigências e convencê-los a viver de determinado modo pode ser definida como *comunicação de massa*, ainda que em termos puramente cotidianos, na acepção corrente do termo, sem referências a uma problemática sociológica definida.

I.2. Mas também em relação a essa problemática [23], a Arquitetura parece ter as mesmas características das mensagens-massa. Tentemos individuar algumas:

1) O discurso arquitetônico é *persuasivo*: parte de premissas adquiridas, coliga-as em argumentos conhecidos e aceitos, e induz a determinado tipo de consenso (vou morar assim porque você mo propõe, com base em formas espaciais que se aliam a outras já conhecidas, e porque você me

---

(22) Ver G.C. ARGAN, R. ASSUNTO, B. MUNARI, F. MENNA, *Design e mass media*, in "Op. Cit.", 2; *Architettura e cultura di massa*, in "Op. Cit.", 3; FILIBERTO MENNA, *Design, comunicazione estetica e mass media*, in "Edilizia Moderna", 85 (mas, de modo geral, consultar o número todo observando a impostação polêmica das soluções gráficas).

(23) O mais recente e completo estudo sobre o assunto é o de RENATO DE FUSCO, *L'architettura come mass-medium*, Bari, Dedalo, 1967.

A ARQUITETURA: COMUNICAÇÃO DE MASSA? 225

demonstra que, relacionando-as desta maneira, poderei viver ainda mais cômoda e confortavelmente).

2) O discurso arquitetônico é *psicagógico*: com suave violência, que me passa, aliás, totalmente despercebida, sou levado a seguir as instruções do arquiteto, o qual não apenas significa funções, mas as promove e induz (no mesmo sentido em que falamos de persuasão oculta, indução psicológica, estimulação erótica).

3) O discurso arquitetônico é *fruído na desatenção*, como se fruem o discurso fílmico e televisional, as estórias em quadrinhos, os romances policiais, (ao contrário de como se frui a arte propriamente dita, que requer absorção, atenção, devoção à obra que se vai interpretar, respeito pelas supostas intenções do remetente)[24].

4) A mensagem arquitetônica pode carregar-se de *significados aberrantes* sem que o destinatário perceba estar com eles perpetrando uma traição. Quem usa a Vênus de Milo para obter uma excitação erótica sabe que está traindo a primitiva função comunicacional (estética) do objeto; mas quem usa o Palácio Ducal de Veneza para abrigar-se da chuva, ou quem aboleta tropas numa igreja abandonada, não percebe que está perpetrando um tipo especial de traição.

5) Nesse sentido, a mensagem arquitetônica move-se entre um *máximo de coerção* (você terá que morar assim) e um *máximo de irresponsabilidade* (você poderá usar esta forma como quiser).

6) A Arquitetura está sujeita a rápida *obsolescência* e sucessão de significados se não postular um recurso filológico; ao contrário do que acontece com o quadro ou o poema, e à semelhança do que acontece com as canções e trajes da moda.

7) A Arquitetura move-se numa *sociedade de mercadorias*[25]; está sujeita a determinações de mercado, mais do que as outras atividades artísticas e tanto quanto os produtos da cultura de massa. O fato de que um pintor esteja sujeito ao jogo das galerias, ou de que um poeta tenha que fazer con-

(24) "A desatenção e o recolhimento contrapõem-se de uma maneira tal que permite esta formulação: quem se recolhe diante da obra de arte nela se aprofunda... inversamente, a massa desatenta faz com que a obra de arte penetre em seu seio. Isso ocorre do modo mais evidente no que diz respeito aos edifícios. A Arquitetura sempre forneceu o protótipo de uma obra de arte fruída na desatenção por parte da coletividade." (WALTHER BENJAMIN, *L'opera d'arte nell'epoca della sua riproducibilità tecnica*, Turim, Einaudi, 1966).

(25) Ver a impostação do número de "Edilizia Moderna", 85, dedicado ao *Design*, e, em especial, a introdução.

226   A ESTRUTURA AUSENTE

tas com o editor, pode influenciar praticamente a sua obra, mas nada tem a ver com a definição do seu trabalho. De fato, o desenhista pode desenhar para si e para os amigos, e o poeta escrever sua obra num único exemplar para a amada; mas o arquiteto (a menos que formule no papel um modelo utópico) não pode ser arquiteto senão inserindo-se num circuito tecnológico e econômico e procurando assimilar-lhe as razões, ainda quando quer contestá-las.

II. A INFORMAÇÃO ARQUITETÔNICA

II.1. Quem, no entanto, contempla a Arquitetura com olhos interrogativos tem a sensação de que *ela é algo mais* do que um fato de comunicação de massa (à semelhança de certos tipos de operações que nascem no âmbito das comunicações de massa mas dele exorbitam pela carga ideológica contestatória que contêm).

A Arquitetura parece apresentar-se como uma mensagem persuasiva e indubitavelmente consolatória mas que ao mesmo tempo possui aspectos *heurísticos* e inventivos. Parte das premissas da sociedade em que vive, mas para submetê-las a crítica, e toda verdadeira obra arquitetônica traz *algo de novo* não só quando é uma boa máquina para morar ou conota uma ideologia da habitação, mas quando critica, apenas com o seu subsistir, os modos de habitar e as ideologias do habitar que a tinham precedido.

Na Arquitetura, a técnica, voltada para fins suasórios, na medida em que denota algumas funções, e na medida em que as formas da mensagem se identificam com os materiais que lhes servem de suporte, *se auto-significa* segundo as leis da mensagem estética. *Auto-significando-se, informa, ao mesmo tempo, não só sobre as funções que promove e denota, mas também sobre o MODO como decidiu promovê-las e denotá-las.*

Através da cadeia semiológica, que faz do estímulo uma denotação e da denotação uma conotação (e do sistema de denotações e conotações, uma mensagem auto-significante que conota as intenções arquitetônicas do remetente), vemos que *em Arquitetura os estímulos são ao mesmo tempo ideologias.* A Arquitetura *conota uma ideologia do habitar* e portanto se oferece, no momento mesmo em que persuade, a

A ARQUITETURA: COMUNICAÇÃO DE MASSA? 227

uma leitura interpretativa capaz de levar a um acrescentamento informativo.

Informa sobre algo novo quanto mais quer fazer habitar de modo novo, e quanto mais quer fazer habitar de modo novo tanto mais persuade, mediante a articulação de várias funções segundas conotadas, a fazê-lo.

II.2. Dentro dessa perspectiva entra o discurso sobre o *styling*. O *styling*, como vimos, pode ser (e é, na maioria dos casos) a sobreposição de novas funções segundas a funções primeiras invariadas; aparentemente informa, mas de fato confirma, através de novas estratégias persuasivas, o que o usuário queria, e não só fazia, mas já sabia fazer. Puro ato de persuasão, não seria, visto por este ângulo, mais que uma sagaz estratégia de opiniões adquiridas.

Mas em alguns casos a re-semantização do objeto operada pelo *styling* pode surgir como a tentativa de conotar, através da estratégia de novas funções segundas, uma diferente visão ideológica do objeto. A função, sabemos, permanece imutada, mas o modo de considerar o objeto no sistema dos outros objetos, na relação de valor recíproco entre eles, e na que se estabelece entre todos no seu conjunto e os atos da vida cotidiana, esse muda.

Um carro que é redesenhado a fim de parecer servir *para todos* — quando, com o mesmo tipo de motor e todas as funções primeiras imutadas, era antes apenas um símbolo de classe — transforma-se, realmente, em algo diferente. O *styling*, neste caso, recodificou a função primeira, mudou a função do objeto.

Se, ao contrário, agir apenas como pura repetição, em outra forma conotativa, da antiga mensagem denotativa, será puro procedimento de redundância persuasiva. *Informará mais em relação a nosso sistema de expectativas retóricas, mas não alterará nosso sistema de expectativas ideológicas.*

6. Os Códigos Externos

I A ARQUITETURA DEVE PRESCINDIR
DOS PRÓPRIOS CÓDIGOS

I.1. A esta altura surge uma série de problemas:

a) parecia-nos que a Arquitetura deveria, para poder comunicar as funções que quer promover, basear-se em códigos;

b) vimos que os códigos arquitetônicos propriamente ditos estabelecem possibilidades de movimentação um tanto limitadas e que se assemelham não a uma língua mas a léxicos retóricos que classificam soluções-mensagem já realizadas;

c) conseqüentemente, apoiando-se nesses códigos, a mensagem arquitetônica torna-se persuasiva e consolatória, não inova, dá aquilo que dela já se espera;

d) todavia, a Arquitetura também parece mover-se na direção da informação e da subversão dos sistemas de expectativas retóricas e ideológicas;

e) deve-se, no entanto, excluir que, para consegui-lo, ela prescinda totalmente dos códigos dados, visto que sem a base de um código não há comunicação eficaz e não há informação qe não se apóie em faixas de redundância.

I.2. Mais aberta e disponível afigura-se então a codificação, proposta por Italo Gamberini, dos "signos constitutivos" da Arquitetura, matrizes de um espaço interno, arroláveis em referência à Arquitetura propriamente dita.

OS CÓDIGOS EXTERNOS

São eles, segundo a classificação de Gamberini [26]: 1) *signos de determinação planimétrica* (que dão um limite horizontal inferior ao volume arquitetônico); *signos de união* (entre elementos de determinação planimétrica postos em diferentes cotas; podendo ser elementos de união contínuos — rampas —, ou em degraus — escadas); 3) *signos de contensão lateral*, auto-sustentadores — fixos e móveis — ou sustentando alguma coisa; 4) *signos de comunicação* entre os elementos de contensão lateral; 5) *signos de cobertura*, auto--sustentadores ou sustentados; 6) *signos autônomos de suporte*, verticais, horizontais ou inclinados; 7) *signos de acentuação qualificativa*; etc.

Não há dúvida que uma codificação desse tipo, na sua disponibilidade em relação às mais diversas realizações concretas, foge da esclerotização tipológico-retórica dos códigos precedentes. Poder-se-iam individuar esses signos como elementos de segunda articulação definidos pelos seus valores posicionais e diferenciais, e privados de significado, mas concorrendo para determinar significados. Alguns deles, no entanto, denotam funções, podendo, assim, ser entendidos como elementos de primeira articulação.

Ainda mais abertos seriam então os elementos combináveis segundo regras puramente matemáticas, estudados pelo *metadesign* [27], que se preocupa não com o que se deve projetar, mas com as matrizes gerativas que estão na base de toda projetação, permitindo uma projetação a mais aberta possível à variabilidade das funções primeiras e segundas. Mas também aqui estaremos ante um código que não pertence apenas à Arquitetura, embora possa ser de fundamental utilidade que a Arquitetura nele se apóie.

Voltando aos signos constitutivos da Arquitetura, e reconhecida sua liberdade de articulação além das prescrições retóricas e das soluções pré-ordenadas, permanece aberto um

---

(26) ITALO GAMBERINI, "Gli elementi dell'architettura come parole del linguaggio architettonico", *Introduzione al primo corso di elementi di architettura*, Coppini, 1959; *Per una analisi degli elementi di architettura*, Editrice Universitaria, 1953; *Analisi degli elementi costitutivi dell'architettura*, Coppini, 1961. Ver a explanação feita por KOENIG, op. cit., c. V. Sobre a escola de Florença e sua atenção para os problemas semânticos, ver DORFLES, *Simbolo*, op. cit., 175-176. Sobre outras pesquisas análogas do grupo florentino ver o que escreve KOENIG sobre as experiências de Pierluigi Spadolini (op. cit. p. 111) e, de SPADOLINI, *Dispense del corso di progettazione artistica per industrie* Florença, Editrice Universitaria, 1960. Aos cuidados de ITALO GAMBERINI, ver o nº 8-9 dos "Quaderni dell'istituto di elementi di architettura e rilievo dei monumenti della Facoltà di Architettura di Firenze" com os escritos de GAMBERINI, C. LUCCI e G.L. GIANNELLI, sobre problemas de semântica arquitetônica.

(27) ANDRIES VAN ONCK, *Metadesign*, in "Edilizia Moderna", 85.

230 A ESTRUTURA AUSENTE

problema (que diz respeito não tanto ao arquiteto como construtor de significantes — que pode ater-se a um código como o proposto — quanto ao arquiteto como programador de significados que suas formas significantes deverão denotar ou conotar): *a que regras de combinação entre os signos constitutivos deverá obedecer o arquiteto?* E se rejeitar as regras que lhe são propostas pelos léxicos retóricos tradicionais, em que novas regras se apoiará? Paradoxalmente, se os signos constitutivos são *palavras,* o arquiteto pareceria possuir um paradigma que ainda não sabe como dispor sobre o eixo do sintagma. Tem um vocabulário, talvez uma lógica, mas falta-lhe inventar uma gramática e uma sintaxe. E tudo parece demonstrar que já não será mais a Arquitetura a única disciplina a fornecer-lhe as regras que procura.

Resta, portanto, apenas uma resposta: *a Arquitetura parte, talvez, de códigos arquitetônicos existentes, mas, na realidade, apóia-se em códigos outros que não os arquitetônicos,* e em referência aos quais os usuários da Arquitetura individuam as direções comunicacionais da mensagem arquitetônica.

I.3. Para que nos entendam melhor: é óbvio que um urbanista pode planificar uma rua apoiando-se no léxico que prevê e classifica o modelo "via urbana"; e pode fazê-la mais ou menos diferente em relação às precedentes, segundo a dialética redundância-informação; mas também é óbvio que, assim fazendo, não sairá do âmbito urbanístico que prevê a rua a nível terra. Mas quando Le Corbusier propõe elevados [28] — mais semelhantes ao tipo "ponte" do que ao tipo "rua" — sai radicalmente da tipologia adquirida; e no entanto, no contexto da sua cidade ideal, o usuário está apto a reconhecer a função que o signo "via elevada" denota. Isso porque Le Corbusier fez preceder a operação arquitetônica de uma inspeção das novas exigências, dos *desiderata existenciais,* das tendências implícitas no desenvolvimento da via associada da cidade industrial, e, por assim dizer, traçou um código das exigências futuras (que emergem da situação presente) com base no qual se estabelecem as novas funções e as novas formas arquitetônicas.

Em outras palavras: *primeiramente codificou funções possíveis* e ainda não claramente individuadas pela Arquitetura tradicional, *e a seguir, elaborou um código das formas que*

(28) LE CORBUSIER, *Urbanística,* Milão, Saggiatore, 1967.

OS CÓDIGOS EXTERNOS 231

as devem denotar. Procurou o sistema de relações que serviria de base à elaboração dos códigos dos significantes arquitetônicos fora da Arquitetura. Para poder elaborar uma linguagem arquitetônica, fêz-se sociólogo e político, higienista e moralista.

I.4. Isso porque no âmbito da linguagem verbal os significantes pertencem à área da linguagem e os referentes podem pertencer à área da natureza física, que está *fora* da linguagem. Mas a língua não se ocupa, como vimos, da relação entre significantes e referentes, e sim, da relação entre significantes e significados; ora, também os significados pertencem à área da língua: são um fato de cultura, instituído pela própria língua com o sistema de códigos e léxicos. É a língua, portanto, que enforma a realidade.

O arquiteto, ao contrário, deve articular significantes arquitetônicos para denotar funções; as funções são os significados daqueles significantes, *mas o sistema das funções não pertence à linguagem arquitetônica, está fora dela.* Pertence a outros setores da cultura, é também fato de cultura, mas instituído por outros sistemas de comunicação que enformam a realidade com outros instrumentos (gestos, relações espaciais, comportamentos sociais), estudados pela Antropologia Cultural, pela Sociologia, pela Cinética ou pela Prossêmica.

A realidade dominada pela linguagem verbal é a realidade na sua totalidade. É conjeturável que exista fora da linguagem verbal, mas só através dela nós a conhecemos e enformamos. Portanto, tudo o que definimos como realidade, através da linguagem, deve ser estudado como produto da linguagem, mediante o conhecido processo de semiose ilimitada (A.2.I.7.).

Em contraposição, *o que a Arquitetura enforma* (um sistema de relações sociais, um modo de habitar e de estarmos juntos) *não pertence à Arquitetura,* porque poderia ser definido e nomeado (e poderia subsistir) ainda que, por hipótese, a Arquitetura não existisse. Um sistema de relações espaciais como o que estuda a Prossêmica ou um sistema de relações parentais como o que estuda a Antropologia Cultural estão fora da Arquitetura. É possível que não estejam fora da linguagem verbal, porque não posso defini-los e nomeá-los e pensá-los senão em termos de linguagem verbal (o que permite a Roland Barthes afirmar que a Lingüística não é um capítulo da Semiologia Geral, mas que todo ramo semio

232   A ESTRUTURA AUSENTE

lógico é um subcapítulo da Lingüística), mas estão fora da Arquitetura. *E portanto, cumpre à Arquitetura ir buscar aquele sistema de relações* (e conseqüentemente o código das funções que em seguida deverá promover e significar com meios próprios) *onde ele é enformado.*

II. OS CÓDIGOS ANTROPOLÓGICOS

II.1. Sabemos que a Antropologia estuda o código de uma linguagem determinada numa sociedade primitiva (e o reduz a um código mais geral que rege todas as estruturas lingüísticas em várias línguas); estuda, a seguir, as relações de parentesco naquela mesma sociedade e por fim se volta para a estrutura "urbanística" da aldeia da comunidade estudada (e individua um código da disposição urbanística em várias sociedades)... Mas depois procura relacionar, dentro do âmbito da mesma sociedade estudada, as formas da linguagem, as formas da relação parental, as formas da disposição das habitações, e reduz todos esses fatos de comunicação cultural a um diagrama unitário, a uma estrutura subjacente que os liga, determina e unifica de modo homólogo [29].

Ora, o arquiteto que devesse construir para uma comunidade desse tipo teria à sua disposição três soluções:

1) Atitude de *absoluta integração no sistema social vigente.* O arquiteto aceita as normas da convivência que regem aquela sociedade, obedece às exigências do corpo social tal como é. Constrói casas para permitir um sistema de vida tradicional e sem pretender subvertê-lo. Neste caso, é possível que o arquiteto se apóie num código tipológico da arquitetura vigente, num léxico dos elementos convencionados, mas na realidade, mesmo sem sabê-lo, obedece às leis daquele código mais geral que *está fora* da Arquitetura.

2) Num ímpeto de eversividade "vanguardista", o arquiteto decide obrigar as pessoas a viverem de modo totalmente diferente. Inventa plantas que não permitam relações semelhantes às tradicionais, obriga a viver de modo a subverter as relações de parentesco até então em voga. Não há dúvida, porém, que a comunidade não reconheceria as novas funções denotadas por formas novas porque tais funções não

---

(29) Ver CLAUDE LÉVI-STRAUSS, *Les structures élémentaires de la parenté*, P.U.F., 1949; e a seção "Linguaggio e parentela", in *Antropologia strutturale*, Milão, Saggiatore, 1966.

OS CÓDIGOS EXTERNOS

se articulam segundo o código de base que regia as relações urbanísticas, parentais, lingüísticas, artísticas etc. da comunidade anterior.

3) O arquiteto tem presente o código de base e dele estuda execuções inusitadas mas que *sejam permitidas pelo seu sistema de articulação*. Estuda como o ingresso de novas contribuições tecnológicas, entre as quais se incluem as suas construções, levará a comunidade primitiva a redimensionar as funções originalmente executadas. Elabora, com a ajuda dos vários dados, um sistema diferente de relações que deverá promover. E, estabelecido o novo código possível, compreensível para os usuários dado o seu parentesco com o precedente (e todavia diferente, na medida em que deve permitir formular outras mensagens, que respondam às novas necessidades tecnológicas e históricas), só então elabora um código dos significantes arquitetônicos que lhe permita denotar o novo sistema de funções. Neste sentido a Arquitetura é um *serviço;* não porém, porque nos dê aquilo que dela esperamos, e sim, porque, para dar aquilo que dela *não* se espera, estuda o sistema das nossas expectativas possíveis, sua realizabilidade, sua compreensibilidade e aceitabilidade, a possibilidade que tem de relacionar-se com outros sistemas dentro da sociedade [30].

II.2. Se tanto se fala em *trabalho interdisciplinar* como base da operação arquitetônica, é exatamente porque *o arquiteto deve elaborar os seus significantes baseado em sistemas de significados que ele próprio não enforma, embora possa ser ele o primeiro a denotar, tornando-os explícitos*. Mas nesse

---

(30) Numa apreciação à primeira redação deste texto, BRUNO ZEVI (*Alla ricerca di un "codice" per l'architettura*, in "L'architettura", 145, 1967) observava que das três hipóteses aqui apresentadas, só a segunda, que lhe parecia apresentada como absurda e impossível, representaria o momento da explosão criadora e da utopia que produz história; podendo a terceira ser atribuída "à leitura arquitetônica na sua acepção mais prudente". Parece que é bom nos entendermos sobre o sentido que se deve atribuir à dialética entre fidelidade ao código e contestação do código (que é ainda a dialética entre *forma* e *abertura* por nós teorizada em *Obra aberta*). Cumpre ter presente o que se disse em A.3.I.3., recorrendo à *Poética* aristotélica: na mensagem estética deve *detonar* algo que não corresponda às expectativas do público, mas essa detonação, para impor-se, deve apoiar-se em faixas de redundância — *reportações aos códigos preexistentes*. No caso da hipótese 2, referimo-nos a operações de eversão, onde a invenção formal livre, por não levar em conta o concreto comércio comunicacional tal como se desenvolve no seio de uma sociedade, transforma a Arquitetura em pura invenção de formas contempláveis, e portanto, em escultura ou em pintura. No caso da hipótese 3, alude-se, ao contrário, a uma transformação dos dados tal que os dados de partida sejam *transformados* no momento mesmo em que são *reconhecidos e reabsorvidos* pela nova proposta. A difícil dialética entre o que é reconhecido e *recusado* e o que é reconhecido e *"retomado"* constitui exatamente o problema daquele "código da utopia" que Zevi acertadamente aponta como o objeto próprio de um discurso a prosseguir.

234   A ESTRUTURA AUSENTE

sentido, *o trabalho do arquiteto consiste na recusa prelimi-nar de todos os códigos arquitetônicos precedentes,* julgados não-válidos na medida em que classificam soluções-mensagem já realizadas e não fórmulas geradoras de novas mensagens [31].

II.3.   Contudo, o apelo ao código antropológico corre o risco de, pelo menos na aparência, destruir a fundamentação semiológica que rege todo o nosso discurso.

O que significa dizer que a Arquitetura deve elaborar os seus códigos em relação a algo que *está fora* dela?   Signi-ficará talvez que os signos que lhe cumpre organizar em sis-tema recebem as suas regras de sistematização de algo a que se referem, e portanto do *referente?*

Há pouco sustentamos (A.2.I.4.) que o discurso semio-lógico deve desenvolver-se *unicamente sobre o lado esquerdo* do triângulo Ogden-Richards, porque a Semiologia estuda os códigos como fenômenos de cultura, e — indiferente às rea-lidades verificáveis a que os signos se referem — só deve exa-minar como, dentro de um corpo social, se estabeleceram re-gras de equivalência entre um significante e um significado (não podendo este ser definido senão através de um *interpre-tante* que o signifique por meio de outros significantes), e regras de articulação entre os elementos do repertório paradig-mático.   Isso não quer dizer que o referente "não exista", mas que constitui o objeto de outras ciências (a Física, a Biologia etc), ao passo que o estudo dos sistemas de signos pode e deve desenvolver-se no universo das convenções cul-turais que regulamentam o intercâmbio comunicacional.   As regras que governam o mundo dos signos dizem respeito ao mundo dos signos: dependem de convenções comunicacionais postuladas como tais — se se aceita uma impostação opera-cional da pesquisa — ou, dentro de uma perspectiva onto-lógica, dependem de uma eventual estrutura universal da mente humana segundo a qual somos falados pelas próprias leis de toda linguagem possível (ver todo o D.3 e 5).

Se no caso da Arquitetura, e no de qualquer outro sis-tema de signos, afirmamos que as regras dos códigos dependem de algo que não pertence ao universo dos códigos, reintrodu-zimos o referente com as suas leis autônomas como único ele-mento de verificação das leis comunicacionais [32].   Nada ex-

---

(31)   Ver as questões agitadas por B. ZEVI ("L'Architettura", 146-147).
(32)   Mas assim tornamos a fazer do referente o parâmetro de toda signi-ficação, como acontece na polêmica sartriana contra o estruturalismo ou em certas defesas de offcio de uma "realidade" ameaçada (veja-se o **REZNIKOV** de

OS CÓDIGOS EXTERNOS 235

clui a possibilidade dessa afirmação, mas nesse caso a Arquitetura constituiria o fenômeno que põe em crise toda impostação semiológica, o escolho contra o qual irão despedaçar-se todas as pesquisas elaboradas neste livro [33].

Não foi por acaso, no entanto, que se falou em "código" antropológico; isto é, em fatos que dizem respeito ao universo das relações sociais e das determinações ambientais, mas vistos *apenas enquanto já por sua vez codificados*, e portanto reduzidos a sistema culturalizado.

II.4. Exemplo nítido do que seja um código antropológico é o que vamos encontrar nos estudos de *Prossêmica* [34].

Para a Prossêmica, o espaço "fala". A distância a que me ponho de outra pessoa, que comigo mantém um relacionamento qualquer, carrega-se de significados que mudam de civilização para civilização. Ao elaborar as possibilidades de relacionamento espacial entre indivíduos em relação, não posso deixar de levar em conta os valores semânticos que tais relacionamentos espaciais adquirem em determinadas situações etnológicas e sociológicas.

Homens de diferentes civilizações habitam em *universos sensoriais* diferentes, e as distâncias entre os falantes, os odores, a tactilidade, a percepção do calor do corpo alheio, assumem significados culturais.

A espacialidade possui um valor significante, eis o fato que se evidencia já no estudo do comportamento animal; para cada espécie animal, existe uma *distância de fuga* (além da qual o outro animal é evitado: para o antílope, é de 45,72 m;

Semiotica e marxismo, já cit.), ou ainda na perspectiva semântica de LASZLO ANTAL (ver *Problemi di significato*, Milão, Silva, 1967), onde se deslocam sobre o *denotatum* as soluções de todos os problemas e de todas as ambigüidades, quando na verdade tais soluções dependem da complexidade dos códigos e léxicos.

(33) Apreciando com muita acuidade a primeira redação deste trabalho, MARIA CORTI ("Strumenti critici", 4, 1967) observava que a introdução do código antropológico neste ponto do discurso constitui "uma armadilha", construída conscientemente, que reabre o problema da autonomia da Semiologia como ciência. Mas ao mesmo tempo que de bom grado reconhecemos o intento doloso da nossa operação, advertimos que: 1) nestas páginas tentamos justamente resolver o problema que, de qualquer maneira, tínhamos a obrigação de propor; 2) as observações de Maria Corti, junto a uma série de dúvidas levantadas verbalmente por Vittorio Gregotti, impeliram-nos a aprofundar esse ponto, tornando-o mais claro até para nós mesmos.

(34) O que segue comenta EDWARD HALL, *The Hidden Dimension*, Nova Iorque, Doubleday, 1966; do mesmo autor, ver também *The Silent Language*, Nova Iorque, Doubleday, 1959. Ver também WARREN BRODEY, *Human Enhancement*, comunicação ao congresso "Vision 67", New York University, 1967.

236 A ESTRUTURA AUSENTE

para certas lagartixas, de 1,83 m) *, uma *distância crítica* (que estabelece uma estreita zona entre distância de fuga e distância de ataque) e uma *distância de ataque,* aquém da qual os dois animais entram em conflito direto. Se considerarmos, a seguir, as espécies animais que aceitam o contacto recíproco entre membros da mesma espécie, e as que o recusam, estabelecem-se *distâncias pessoais* (o animal mantém certa distância dos seus semelhantes com que evita o contacto), e *distâncias sociais* (o animal, além de certa distância, perde o contacto com o grupo; as variações dessa distância diferem muito de uma para outra espécie e podem ir de curtíssimos a longos intervalos). Em síntese, todo animal parece envolvido como que por *esferas de intimidade e socialidade;* esferas mensuráveis de modo bastante preciso e que codificam os relacionamentos possíveis.

O mesmo acontece com o homem, que tem esferas *visuais, olfativas* e *táteis,* de que habitualmente não se dá conta. A simples reflexão, é certo, nos convence de que certas distâncias confidenciais, aceitas nos países latinos, mesmo entre pessoas não ligadas por estreita intimidade, são consideradas nos Estados Unidos autênticas violações da *privacy*; mas o problema reside em estabelecer se tais distâncias são ou não codificáveis.

A Prossêmica, portanto, distingue entre:

1) Manifestações *infraculturais,* radicadas no passado biológico do indivíduo;

2) Manifestações *pré-culturais,* de tipo fisiológico;

3) Manifestações *microculturais,* objeto do estudo prossêmico propriamente dito, e distinguíveis em: *a)* configurações fixas; *b)* configurações semifixas; *c)* configurações informais.

II.5. *Configurações fixas*: estão entre as que reconhecemos como habitualmente codificadas; por exemplo, os planos urbanísticos, com a definição dos blocos prediais e suas dimensões (lembremos o plano de Nova Iorque). Também nesse caso, existem variações culturais dignas de nota: Hall cita o exemplo das cidades japonesas onde se definem

(*) Em todo este capítulo dedicado à Prossêmica, tomamos a liberdade de converter diretamente as medidas para o sistema métrico decimal, a fim de dar ao leitor a possibilidade de uma pronta avaliação das distâncias apresentadas. Assim aparecem elas, pela ordem, no texto original: 500 jardas (45,72 m), 6 pés (1,83 m), 6 polegadas (0,15 m), 8 polegadas (0 20 m), 1 pé e meio (0,46 m), 2 pés e meio (0,76 m), 4 pés (1,22 m), 7 pés (2,13 m), 12 pés (3,66 m), e finalmente 25 pés (7,62 m). (N. da T.)

OS CÓDIGOS EXTERNOS

não as ruas mas as interseções, e as casas são numeradas não pela sucessão espacial, mas segundo a sucessão temporal (data de construção). Ainda poderíamos, contudo, citar outros estudos antropológicos sobre a estrutura das aldeias, sendo que na obra de Lévi-Strauss se encontram numerosos exemplos [35].

Configurações semifixas: dizem respeito à concepção dos espaços internos ou externos, divisíveis em *centrípetos* ou *centrífugos*. É centrífuga a sala de espera de uma estação, centrípeta a disposição das cadeiras e mesas num bar italiano ou francês; ao mesmo tipo de configurações pertencem as escolhas em favor da *main street*, ao longo da qual se alinham as casas, e da *praça*, em torno da qual as casas se agrupam, criando um espaço social diferente (Hall cita o caso de reformas prediais realizadas para fornecerem habitações mais confortáveis a grupos étnicos assimilados pela civilização norte--americana — negros ou portorriquenhos — mas onde o empreendimento falhava porque se preparava para eles um espaço retilíneo quando sua vida social estava impostada sobre espaços centrípetos e o "calor" que daí emanava).

Configurações informais: assim chamadas por serem de hábito codificadas inconscientemente; mas nem por isso são menos definíveis. O valor do trabalho de Hall reside no fato de ter conseguido quantificar essas distâncias.

Podemos distinguir: distâncias públicas, distâncias sociais, distâncias pessoais e distâncias íntimas. Por exemplo: a presença ou a ausência da sensação de calor proveniente do corpo de outra pessoa assinala a fronteira entre um espaço íntimo e um espaço não íntimo.

DISTÂNCIAS ÍNTIMAS:

a) *fase de aproximação*
é a do contacto erótico, que compreende um coenvolvimento total. A percepção dos traços físicos de outro é destorcida, prevalecem as sensações táteis olfativas.

b) *fase de distanciamento* (de 0,15m a 0,20m)
também aqui a visão é deformada. Em geral, um norte-americano adulto não a considera nem educada nem desejável; mais aceita pelos jovens, é a da meninada na praia, ou a — coata — dos passageiros de um ônibus nas horas do *rush*. Em certas civilizações (mundo árabe), passa a ser, ao contrário, intencionalmente utilizada como distância confidencial. Em suma, é a distância tida

---

(35) Ver *Antropologia strutturale*, op. cit., c. VII-VIII, bem como PAOLO CARUSO, *Analisi antropologica del paesaggio*, in "Edilizia Moderna", 87-88 (*La forma del territorio;* em especial, o texto-guia de V. GREGOTTI).

238   A ESTRUTURA AUSENTE

como aceitável numa *boîte* mas que pareceria excessivamente confidencial num *cocktail party* norte-americano.

DISTÂNCIAS PESSOAIS:

a) *fase de aproximação* (de 0,30m a 0,76m)

é a que se torna aceitável no relacionamento cotidiano entre dois cônjuges, não entre dois homens de negócios em palestra.

b) *fase de distanciamento* (de 0,76m a 1,22 m)

é aquela em que duas pessoas podem tocar-se com a ponta dos dedos, estendendo os braços. Constitui o limite do domínio físico no sentido próprio do termo. Além dela nós nos subtraímos ao controle físico do outro. Esta fase estabelece uma esfera dentro da qual, para certas populações, ainda é perceptível, se não o odor pessoal, o do cosmético, perfume, ou loção. Em certas sociedades, o odor já foi suprimido dessa esfera (norte-americanos). A essa distância ainda pode ser percebido o odor do hálito; em certas civilizações, esse odor constitui mensagem, noutras, é-se educado para dirigi-lo alhures.

DISTÂNCIAS SOCIAIS:

a) *fase de aproximação* (de 1,22m a 2,13m)

é a distância do relacionamento impessoal (negócios, *staff* burocrático).

b) *fase de distanciamento* (de 2,13m a 3,65m)

é aquela em que o burocrata mantém o visitante, graças à largura da escrivaninha (em certos casos calculada mais ou menos conscientemente por essa medida). Hall cita experiências segundo as quais as variações de tal distância facilitavam ou dificultavam o relacionamento de um empregado no guichê ou de uma recepcionista que não devia manter relações de confidência com o visitante.

DISTÂNCIA PÚBLICA:

a) *fase de aproximação* (de 3,66m a 7,62m)

usada no relacionamento oficial (o orador num banquete).

b) *fase de distanciamento* (além dos 7,62m)

já estabelece uma inacessibilidade do homem público. Hall estuda-lhe as modalidades através de testemunhos sobre as distâncias estudadas por Kennedy durante a campanha eleitoral. Caberia lembrar, igualmente, a distância incomensurável que estabelece o ditador (Hitler, no estádio de Nurembergue; Mussolini, no balcão de Palazzo Venezia), ou as distâncias do déspota antigo, içado sobre um trono altíssimo.

Para cada dessas distâncias, Hall estabelece, através de uma tabela minuciosa, as conseqüentes variações, relativas ao volume da voz, à significância dos gestos de comentário, à recepção das sensações térmicas ou olfativas, à visão com as conseqüentes variações prospéticas das diversas partes do corpo etc.

II.6. É fácil compreender como, uma vez estabelecidas com exatidão essas "esferas de intimidade" privada e pública, o estudo dos espaços arquitetônicos passa a ser por elas determinado. Algumas penetrantes observações de Hall chegam à seguinte conclusão: "como no caso da gravidade, a mútua influência entre dois corpos é inversamente proporcional não só ao quadrado, mas provavelmente até mesmo ao cubo das distâncias". Por outro lado, as variações de uma cultura para a outra são mais macroscópicas do que comumente se pensa. Muitas definições espaciais válidas para os norte-americanos não funcionam para os alemães. A concepção do espaço pessoal para o alemão (que se reflete na sua angústia nacional pelo "espaço vital") intervém para definir diversamente o limite dentro do qual ele julga a sua *privacy* ameaçada pela presença do outro: o significado de uma porta aberta ou fechada muda enormemente se se passa de Nova Iorque para Berlim; na América do Norte, meter a cabeça por uma abertura de porta é ainda considerado "estar fora", ao passo que na Alemanha é tido como "já ter entrado"; deslocar a própria cadeira para aproximar-se do anfitrião, quando se está em casa alheia, é julgado razoável na América do Norte (e na Itália), ao passo que já é descortês na Alemanha (as cadeiras de Mies van der Rohe são mais pesadas do que as concebidas por arquitetos e *designers* não alemães, justamente para dificultarem a sua deslocação; por outro lado, numa civilização como a nossa, o divã é tido como não-deslocável enquanto que numa casa japonesa a disponibilidade da mobília é diferente). Os ocidentais sentem o espaço como um vazio entre os objetos, ao passo que os japoneses (pensemos na arte dos jardins) o percebem como uma forma entre as formas, passível de configuração arquitetônica autônoma; por outro lado, o conceito de *privacy* não existe no vocabulário japonês, e o modo de um árabe conceber o "estar só" não consiste em separar-se fisicamente dos outros mas em interromper o contacto verbal; e assim por diante. As pesquisas urbanísticas sobre o número de metros quadrados necessários para o indivíduo só têm sentido dentro de um dado modelo cultural; transferindo esses dados de código na projetação de espaços para outras civilizações, obtêm-se resultados desastrosos. . Hall também distingue entre *culturas "monocrônicas"* (os indivíduos são levados a fazer uma coisa de cada vez e não suportam a compresença de vários projetos — caso dos alemães) e *culturas "policrônicas"*

240 A ESTRUTURA AUSENTE

(como a latina — onde a versatilidade dos indivíduos é interpretada pelo nórdico como desordem e incapacidade de terminar a operação iniciada); mas é curioso salientar que a cultura monocrônica corresponde a um baixo nível de coenvolvimento físico recíproco, o contrário acontecendo com a policrônica — o que faz com que a aglomeração assuma, para indivíduos pertencentes a uma e a outra cultura, significados inteiramente diferentes, e estabeleça reações distintas. Daí uma série de questões que a investigação prossêmica propõe à planificação urbanística e às operações arquitetônicas em geral: qual o máximo, o mínimo ou a cota ideal de densidade para um grupo rural, urbano, ou em transição numa dada cultura? que diferentes "biótipos" existem numa cultura multi-racial? qual pode ser a função terapêutica do espaço para sanar tensões sociais e frustradas integrações entre grupos?

A Prossêmica acrescenta, assim, às três dimensões do espaço uma quarta dimensão "cultural" que, apesar de não ter sido suficientemente mensurada, nem por isso é menos mensurável — embora em seu interior ainda tenhamos que distinguir os códigos *fortes* dos códigos *fracos*.

II.7. Quais as conseqüências dessas pesquisas para o nosso discurso? A distância de x metros que separa dois indivíduos em relacionamento constitui um fato físico, computável quantitativamente. Mas o fato de que essa distância adquira significados diferentes em diferentes situações sociais, permite que a mensuração intervenha para estabelecer não mais as modalidades de um evento físico (a distância), e sim *as modalidades de uma atribuição de significado a esse evento*. A distância computada torna-se *traço pertinente* de um código prossêmico, e a Arquitetura, que se propõe a considerá-la como parâmetro para a sua constituição de código, considera-a como fato cultural, como sistema de significações. *Assim fazendo, ainda não saímos do lado esquerdo do triângulo de Ogden-Richards*. O referente físico, tal como o encara a Arquitetura, já surge mediado por um sistema de convenções que o traduziram em código comunicativo. O signo arquitetônico articula-se, portanto, para significar não um referente físico, mas um significado cultural. Ou melhor, o signo arquitetônico torna-se o significante que *denota* um significado espacial — que é uma função (a possibilidade de estabelecer certa distância), a qual, por sua vez, torna-se o signi-

OS CÓDIGOS EXTERNOS   241

ficante que *conota um significado prossêmico* (o valor social
de tal distância).

A última dúvida poderia residir no fato de que, nesse
sentido, a Arquitetura se define como uma linguagem parasi-
tária que só pode falar quando apoiada em outras linguagens.
Tal afirmação em nada diminuiria a dignidade de código que
pertence às regras arquitetônicas, uma vez que, como vimos
em B.3.II.1., é grande o número de códigos elaborados para
exprimirem nos seus termos os significantes de outra linguagem (assim como o código das bandeirolas navais pode significar os significantes do alfabeto Morse, do alfabeto da língua verbal, ou de outro código convencional). Mas na realidade, a própria língua verbal muitas vezes intervém nos
processos de comunicação com essa função *vicária*.

Quando se escreve um romance ou um poema épico, sabemos que a língua como código intervém para significar
algumas funções narrativas que são os traços pertinentes de
um código narrativo existente fora da língua (tanto isso é
verdade que se pode contar a mesma estória em diversas
línguas, ou até mesmo traduzir um romance em filme sem
que — no que concerne ao código do enredo — o discurso
narrativo se modifique). A tal ponto que a construção de
um dado código narrativo pode intervir determinando o modo
pelo qual articularei o código vicário — mais analítico —
destinado a veiculá-lo. O fato de que a presença de códigos
narrativos pareça influir pouquíssimo na reconstituição de códigos como o lingüístico (mas também é verdade que em
certas operações do romance experimental a influência pode
ser notada como bastante forte) depende do fato de que,
por um lado, o código lingüístico é tão flexível que pode
permitir a decomposição analítica dos mais diferentes códigos;
e de que, pelo outro, os códigos narrativos, segundo todas
as probabilidades, mostram-se de tal modo estáveis e unitários
através dos séculos que ainda não ocorreu a necessidade de
uma articulação de funções narrativas inéditas cujas regras
de transformação já não tivessem sido previstas, desde tempos imemoriais, pelo código lingüístico. Mas admitamos a
possibilidade de um código sob muitos aspectos mais fraco e
mais sujeito a reestruturações contínuas, como o código arquitetônico, e diante dele, a existência de uma série ainda não
catalogada de códigos antropológicos em contínuo devir histórico e em contínua oposição de uma sociedade para outra,
diferente: e eis que teremos o panorama de um código obri-

242 A ESTRUTURA AUSENTE

gado a rever continuamente as suas próprias regras para poder adequar-se à função de significação de significantes de outros códigos. Um código desse tipo, no limite, terá que enfrentar o problema não mais de adaptar continuamente as suas próprias regras às exigências dos códigos antropológicos que deverá falar, mas de elaborar esquemas gerativos que lhe permitam prever o advento de códigos a serem futuramente falados, e cuja presença, no momento, não percebe (como ficará claro em C.6.III. e como já se postulara em C.3.III.4.).

II.8. Recordemos, contudo, o que já dissemos em A.2.IV.1. Um código é uma estrutura e *uma estrutura é um sistema de relações individuado por simplificações sucessivas em referência a uma intenção operativa, com base em determinado ponto de vista.* Sendo assim, um código geral da situação em que o arquiteto se apóia permanece válida sob o ponto de vista das operações que decidiu empreender *e não de outras.*

Pode-se, destarte, querer estruturar o tecido urbano de uma cidade, ou a forma de um terreno, sob o ângulo da imediata perceptibilidade de algumas configurações [36], e a operação do arquiteto irá então obedecer às regras fixadas por um código da recognoscibilidade e da orientabilidade (baseado em pesquisas sobre percepção, respostas estatísticas, exigências de comércio ou de circulação, curvas de tensão e relaxamento estabelecidas pelos médicos): mas a operação continuará válida e comunicável só sob aquele ângulo. No dia em que for mister integrá-la em outro sistema de funções sociais, será preciso reduzir o código da recognoscibilidade a outros códigos postos em jogo, reportando-os todos a um Ur-código de base, comum a todos, e sobre o qual irão elaborar-se as novas soluções arquitetônicas [37].

II.9. Assim, para construir, vê-se o arquiteto continuamente obrigado a ser algo diferente dele mesmo. Vê-se coagido a tornar-se sociólogo, político, antropólogo, semiólogo... E que o faça trabalhando em equipe, isto é, pondo a trabalhar consigo semiólogos ou antropólogos, sociólogos ou

(36) Ver KEVIN LYNCH, op. cit., e *La poetica urbanistica di Lynch,* in "Op. Cit.", 2. Ver também *A view from the road,* M.I.T., 1966.

(37) Para as pesquisas sobre procedimentos de codificação ao nível de estruturas "últimas", ver, por exemplo, as páginas de CHRISTOPHER ALEXANDER, *Note sulla sintesi della forma,* Milão, Saggiatore, 1967. Para um paralelo entre Alexander e os procedimentos estruturalistas, ver MARIA BOTTERO, *Lo strutturalismo funzionale di C. Alexander,* in "Comunità", 148-149, 1967.

OS CÓDIGOS EXTERNOS 243

políticos, não muda muito a situação (embora possa torná-la mais exata). Obrigado a encontrar formas que enformem sistemas de exigências *sobre os quais não tem poder,* obrigado a articular uma linguagem, como a Arquitetura, que sempre deve dizer algo diferente de si mesma (o que não acontece com a língua verbal que, ao nível estético, pode falar sobre suas formas; nem com a pintura que, como pintura abstrata, pode pintar as suas leis; e muito menos com a música, que organiza sempre e unicamente relações sintáticas dentro do próprio sistema), o arquiteto está condenado, pela natureza do seu trabalho, a ser talvez a única e última figura de humanista da sociedade contemporânea: *obrigado a pensar a totalidade* justamente na medida em que se torna técnico setorial, especializado, interessado em operações específicas e não em declarações metafísicas.

III. CONCLUSÃO

III.1. Tudo o que ficou dito levaria a pensar que a Arquitetura se restringe a inventar "palavras" para significarem "funções" que não cabe a ela estabelecer.

Ou então o oposto: que a Arquitetura, tendo individuado fora de si o código das funções a serem promovidas e denotadas, acionará seu sistema de estímulos-significantes e não só obrigará os homens a viver definitivamente de modo diferente como ditará leis para os eventos.

Estamos diante de dois equívocos opostos que levam a dois falseamentos da noção de arquiteto. No primeiro caso, o arquiteto não teria senão que obedecer às decisões sociológicas e "políticas" de quem decide em seu lugar, e só lhe caberia fornecer as "palavras" adequadas para dizer "coisas" que não lhe pertencem e sobre as quais não pode decidir.

No segundo caso, o arquiteto (e bem sabemos quanto essa ilusão dominou a história da Arquitetura contemporânea) julga-se demiurgo, artífice da história [38].

A resposta a esses dois equívocos já estava contida em nossa conclusão exposta em C.3.III.4.: *cabe ao arquiteto projetar funções primeiras variáveis e funções segundas abertas.*

---

(38) Contra essa ilusão batem-se decididamente as páginas de **VITTORIO GREGOTTI,** *Il territorio dell'architettura,* op. cit.

244

A ESTRUTURA AUSENTE

III.2. O problema torna-se mais claro quando recorremos a este exemplo ilustre que é Brasília.

Nascida em circunstâncias excepcionalmente favoráveis para a projetação arquitetônica, isto é, por decisão política, do nada, sem estar submetida a determinações de qualquer natureza, Brasília pode ser concebida como a cidade que devia instituir um novo sistema de vida e constituir, ao mesmo tempo, uma mensagem conotativa complexa, capaz de comunicar ideais de vida democrática, de pioneirismo em direção ao interior de um país inexplorado, de auto-identificação triunfal de um país jovem, ainda em busca de uma fisionomia própria.

Brasília devia tornar-se uma cidade de iguais, a cidade do futuro.

Desenhada em forma de avião (ou pássaro), asas abertas sobre o planalto que a hospeda, a nova capital atribuía ao seu corpo central funções primeiras reduzidas em relação às funções segundas: abrigando edifícios públicos, esse corpo central devia, antes de mais nada, conotar valores simbólicos inspirados na vontade de identidade do jovem Brasil. Já as duas alas laterais, reservadas aos edifícios residenciais, deviam permitir a hegemonia das funções primeiras sobre as segundas. Grandes blocos de unidades de habitação, as "superquadras" de inspiração lecorbusieriana, foram planejadas e executadas para possibilitar, tanto ao Ministro quanto ao contínuo (Brasília é uma cidade burocrática) viverem lado a lado, valendo-se dos mesmos serviços que toda unidade ou todo bloco de quatro unidades fornece aos habitantes — do supermercado à igreja, à escola, ao clube, ao hospital, ao posto policial.

Em torno desses blocos, as ruas de Brasília, de onde, como queria Le Corbusier, foram eliminados todos os cruzamentos mediante a conjunção de amplos trevos.

Os arquitetos tinham, portanto, estudado corretamente os sistemas de funções exeqüíveis numa cidade-modelo do futuro (tinham correlacionado dados biológicos, sociológicos, políticos, estéticos, condições de recognoscibilidade e orientação, leis de articulação etc.) e os haviam traduzido em códigos arquitetônicos, inventando sistemas de significantes oportunamente relacionados com as formas tradicionais (suficientemente redundantes), para poderem articular suas possibilidades inéditas, informativas mas razoáveis. Símbolos-"arquétipos" (pássaro, obelisco) inseriam-se em tecidos de imagens novas (pilotis, trevos); a catedral, construída fora

os códigos externos 245

dos esquemas tipológicos consuetos, reportava-se, contudo, a uma codificação iconográfica arcaica (a flor, o desabrochar das pétalas, o reunir-se dos dedos das mãos em prece, e mesmo — e esta era a intenção — o feixe, como símbolo da união entre os vários estados).

III.3. Os arquitetos haviam, no entanto, incorrido nos dois erros arrolados no início do parágrafo: tinham aceitado cabalmente as funções identificadas pelo estudo sociológico--político, e se haviam denotado e conotado do modo mais apropriado; e julgavam que, só pelo fato de ter sido construída desse modo, Brasília teria feito a história dobrar-se aos seus fins.

Ora, o que aconteceu foi justamente o contrário: diante da *estrutura* Brasília, os eventos desenrolaram-se de modo autônomo, e criando outros contextos histórico-sociológicos, deixaram fornecer algumas das funções previstas, dando prioridade de urgência a outras.

A) Os construtores de Brasília, que deviam habitá-la, eram evidentemente em número superior aos lugares disponíveis. E assim, às margens da cidade, floresceu o Núcleo Bandeirante, uma esquálida favela, um imenso *slum* feito de barracas, bares miseráveis, locais característicos, centros de prostituição.

B) As superquadras-sul foram construídas primeiro e melhor do que as superquadras-norte; estas foram aprontadas mais às pressas e, embora jovens, já mostram os sinais do envelhecimento. Conseqüentemente, os altos funcionários moram mais facilmente na ala sul do que na norte.

C) A taxa de imigração superou as previsões, e Brasília, cidade, não pode conter as pessoas que aí trabalham. Surgiram, assim, as cidades-satélites, que decuplicaram a população em pouquíssimos anos.

D) Os grandes representantes das indústrias e empresas particulares, não podendo alojar-se nas superquadras, mas muito menos nas cidades-satélites, habitam agora nas *avenidas* surgidas paralelamente às duas alas de superquadras, feitas de pequeninas vilas, onde permanece evidenciada a *privacy* do morador em relação à socialidade, à comunitariedade da superquadra.

E) Para alojarem outros habitantes, foram construídas imensas extensões de minúsculas casinhas às margens da ci-

246   A ESTRUTURA AUSENTE

dade, que amiúde os moradores dos *slums* preferem não habitar, de medo do alistamento militar.

F) A eliminação dos cruzamentos prolongou ulteriormente os percursos viários, agora reservados apenas a quem ande de carro. A distância entre as várias superquadras e entre as superquadras e o corpo central torna a vida de relação bastante difícil, e acentua as diferenças de localização.

Segundo nos ensinam, portanto, os estudos de Prossêmica, a disposição espacial tornou-se fato comunicativo e — mais do que em qualquer outra cidade — o *status* de um indivíduo é comunicado pelo local onde ele se encontra e do qual dificilmente pode deslocar-se.

III.4. Em conclusão, Brasília transformou-se, de cidade socialista que devia ser, na própria imagem da diferença social. Funções primeiras transformaram-se em funções segundas, e estas últimas mudaram de significado; a ideologia comunitária, que devia patentear-se através do tecido urbanístico e do aspecto dos edifícios, deu lugar a outras visões da vida associada. E isso *sem que o arquiteto nada tenha feito de errado em relação ao projeto inicial.* Salvo que o projeto inicial se apoiava num sistema de relações sociais assumido como definitivo de uma vez por todas, e os eventos, mudando, haviam modificado as *circunstâncias* nas quais a interpretação dos signos arquitetônicos ocorreria, e conseqüentemente, *o significado global da cidade como fato de comunicação.* Entre o momento em que as formas significantes haviam sido concebidas e aquele em que eram recebidas, transcorrera um lapso de tempo suficiente para mudar o contexto histórico-social. *E nenhuma forma criada pelo arquiteto teria podido impedir que os eventos se desenvolvessem diferentemente;* assim como o ter inventado formas que pudessem corresponder às exigências impostas pelo sociólogo e pelo político *colocara o arquiteto numa situação de serviço passivo.*

Ora, ao contrário do sociólogo e do político — que trabalham para modificar o mundo, mas no âmbito de uma curva de tempo controlável — não cabe necessàriamente ao arquiteto modificar sozinho o mundo; cumpre-lhe, porém, poder prever, para uma curva de tempo não controlável, o variar dos eventos em torno de sua obra.

Em teoria, e formulando-se a exigência de modo paradoxal, Brasília teria sido uma cidade do futuro se tivesse sido construída sobre rodas, ou com elementos pré-fabricados e

OS CÓDIGOS EXTERNOS

desmontáveis, ou ainda segundo formas e orientações suficientemente dúcteis para poderem assumir significados diferentes conforme a situação: foi, ao contrário, construída como um monumento mais perene do que o bronze e está sofrendo lentamente a sorte dos grandes monumentos do passado, que a história preencherá de outros sentidos, e que serão modificados pelos eventos que eles pretendiam modificar.

III.5. *No momento mesmo em que busca, fora da Arquitetura, o código da Arquitetura, cumpre também ao arquiteto saber configurar suas formas significantes de modo que possam enfrentar outros códigos de leitura.* Porque a situação histórica em que se apóia para individuar o código é mais passageira do que as formas significantes por ele introduzidas nesse código. O arquiteto deve, por conseguinte, receber orientações do sociólogo, do fisiólogo, do político, do antropólogo, mas também deve saber prever, ao dispor formas que correspondam às exigências desses estudiosos, a falência das suas hipóteses e a cota de erro nas suas investigações. Cumpre-lhe, em todo o caso, saber que sua tarefa é antecipar e acolher, não promover, os movimentos da história.

O ato do comunicar através da Arquitetura concorre, certamente, para mudar as circunstâncias, *mas não constitui a única forma da "praxis".*

D.
A ESTRUTURA AUSENTE

(Epistemologia dos modelos estruturais)

1. Estruturas, Estrutura e Estruturalismo

Uma pesquisa sobre os modelos da comunicação leva-nos a empregar *grades estruturais* para definirmos tanto a forma das mensagens quanto a natureza sistemática dos códigos (sem que a assunção sincrônica, útil para "enformar" o código considerado e reportá-lo a outros códigos opostos ou complementares, exclua uma subseqüente investigação diacrônica, capaz de explicar a evolução dos códigos sob a influência das mensagens e dos processos de decodificação que ocorrem ao longo da história).

A elaboração de grades estruturais torna-se uma necessidade desde que queiramos descrever fenômenos diferentes com instrumentos homogêneos (isto é, descobrir *homologias formais* entre mensagens, códigos, contextos culturais onde as mensagens funcionam — numa palavra: entre *aparatos retóricos e ideologias*). A função de um método estrutural consiste justamente em permitir a resolução de diferentes níveis culturais em séries paralelas homólogas. Função, portanto, puramente *operacional*, com vistas a uma generalização do discurso. Mas os termos desse problema devem ser retomados do início porque habitualmente o uso do termo "estrutura" se presta a numerosos equívocos e cobre as mais disparatadas opções metodológicas e filosóficas.

O emprego imoderado da terminologia estruturalista, vitoriosa nestes últimos anos, já induziu muitos estudiosos a denunciarem o valor puramente "fetichista" do termo "estrutura", e a procurarem depurá-lo de muitas conotações adven-

252 A ESTRUTURA AUSENTE

tícias [1]. Mas até as mais corretas censuras metodológicas limitam-se, com freqüência, a salvar uma espécie de "terra de ninguém", de campo máximo de aplicabilidade do termo, dentro do qual o emprego da categoria em questão se afigura legítimo.

I. PRESENÇA DO CONCEITO DE "ESTRUTURA" NA HISTÓRIA DO PENSAMENTO

I.1. Fala-se, então, num termo que define ao mesmo tempo um conjunto, as partes desse conjunto e as relações dessas partes entre si [2]; em "entidade autônoma de dependências internas" [3], num todo formado de elementos solidários, de tal modo que cada um dependa dos demais e não possa ser o que é senão em virtude da sua relação com eles... [4]

Percebemos, assim, que se a "estrutura" se limita a ser um determinado sistema de relações orgânicas *où tout se tient,* então a instância estruturalista impregna toda a história da Filosofia, pelo menos desde a noção aristotélica de substância (e, na *Poética,* desde a idéia de organismo dramático como "grande animal"), através das várias formas de organicismo biologístico, passando naturalmente pelas várias teorias medievais da forma, até às filosofias oitocentistas do organismo (lembremos Coleridge, mestre de muitas posições da Estética contemporânea anglo-saxônica, lembremos a Gestaltung goethiana...). Observou-se que a Filosofia contemporânea povoou-se de "formas" de vários tipos, desde as Lebensformen de Spranger até as Urformen de Kriek, das Grundformen de Dilthey às Wesenformen de Husserl ou às Gefühlsformen * de Scheler, cada uma das quais se apresenta como uma espécie de arranjo estrutural da realidade histórica, ontológica ou

---

(1) Faz-se a essa altura obrigatória a citação de Kroeber, cuja preterição pareceria agora puro esnobismo. Por isso: "A noção de 'estrutura' nada mais é, provavelmente, do que uma concessão à moda: um termo de sentido bem definido exerce subitamente uma singular atração durante uma dezena de anos — assim como o adjetivo 'aerodinâmico' —, soa agradavelmente ao ouvido, e eis-nos a usá-lo a torto e a direito... Qualquer coisa, desde que não seja completamente amorfa, possui uma estrutura. O termo estrutura por conseguinte, não parece acrescentar absolutamente nada ao que temos em mente quando o empregamos, salvo um estímulo agradável" (*Anthropology,* p. 325). Ver AAVV., *Usi e significati del termine struttura,* Milão, Bompiani, 1965.

(2) *Usi e significati,* op. cit., p. 6.

(3) LUIS HJELMSLEV, *Essais linguistiques,* Copenhague, Nordisk Sprog-og Kulturforlag, 1959, p. 100.

(4) ANDRÉ LALANDE, *Vocabulaire de Philosophie,* III, "structure".

(*) "Lebensformen": formas de vida; "Urformen": formas primeiras; "Grundformen": formas básicas; "Wesenformen": formas de ser; "Gefühlsformen", formas do sentimento. (N. da T.)

ESTRUTURAS, ESTRUTURA E ESTRUTURALISMO 253

psicológica[5]. E, sempre dentro dessa linha, surge a Estética hodierna, prenhe de assestamentos estruturais: das formas simbólicas da corrente Cassirer-Langer, às estratégias formais do "new criticism", das formas de Focillon às formas como produtos da formatividade de Pareyson. Assestamentos estruturais são os que prega o relacionismo de Paci sob a influência de Whitehead. Sistemas de sistemas, no sentido formalista do termo (com curiosas analogias com a corrente formalistas russos-Praga-Wellek), são aqueles definidos por Charles Lalo, que estabelecia como base de uma investigação sócio-estética uma Estética "estrutural"... [6]

E por fim, de estrutura também falou, e desde os seus primórdios, a Psicologia da Forma — influindo abertamente sobre muitas correntes do "estruturalismo" atual —, e na linha da Psicologia da Forma, bastante abrangentes e satisfatórias são as definições estruturais dadas por Merleau-Ponty.[7]

Mas a esta altura, a caça ao estruturalista "que não se sabe estruturalista", ao estruturalista "precursor" ou ao "verdadeiro e único estruturalista possível", poderia continuar *ad infinitum* e tornar-se um jogo de salão. Como negar a qualificação de estruturalista atribuída ao pensamento de Marx por muitos marxistas?[8] E não é "estruturalista" a atitude da corrente psicopatológica que orienta Minkowsky, Straus e Gebsattel, a pesquisa de Goldstein, a Daseinsanalyse de Binswanger[9], e o próprio freudismo acertadamente retomado nessa chave por Lacan[10]?

I.2. Concluindo, poder-se-ia dizer que a idéia de um conjunto estruturado impregnou a reflexão filosófica de todos os séculos, salvo quando aplica a idéia de totalidade relacio-

---

(5) LUIGI STEFANINI, *Metafisica della forma*, Pádua, Liviana, 1949.

(6) CHARLES LALO, *Méthodes et objets de l'esthétique sociologique* in "Revue internationale de philosophie", 7, 1949.

(7) *La struttura del comportamento*, Milão, Bompiani, 1963.

(8) Ver HENRI LEFEBVRE, *Il concetto di struttura in Marx*, in *Usi e significati*, op. cit., LUCIEN SEBAG, *Marxisme et structuralisme*, Paris, Payot, 1965; e naturalmente a interpretação estruturalista de Marx in LOUIS ALTHUSSER e outros, *Lire le Capital*, Paris, Maspero, 1964.

(9) Ver J. H. VAN DEN BERG, *Fenomenologia e psichiatria*, Milão, Bompiani, 1961; DANILO CARGNELLO, *Alterità e alienità*, Milão, Feltrinelli, 1966 (com completa bibliografia sobre toda a Daseinsanalyse); de LUDWIG BINSWANGER, em italiano, *Tre forme di esistenza mancata*, Milão, Il Saggiatore, 1964; *Il caso Ellen West e altri saggi* (no prelo); ver igualmente MINKOWSKY, GEBSATTEL, STRAUS, *Antropologia e psicopatologia*, Milão, Bompiani, 1967 (com bibliografia completa; a propósito dessa corrente fala-se de "antropólogos estruturalistas").

(10) Sobre Lacan e o lacanismo, consulte-se o capítulo 5 desta seção.

254 A ESTRUTURA AUSENTE

nada com o Todo, o Cosmos, o Mundo como Forma das Formas, ou quando desloca a predicação * de "conjuntos" para setores específicos, justamente a fim de poder dispor de parâmetros de ordem dentro de uma situação geral, da qual a crise do pensamento metafísico impedia que se predicasse a *Ordem*. E o fato de que no pensamento contemporâneo tal atitude tenha tomado a dianteira, deslocando-se a atenção mais para os arranjos setoriais vistos em corte sincrônico, do que para os processos causais, as sucessões históricas, as cadeias genéticas, tudo isso pode levar-nos a falar em preocupação formal, estrutural, organicista bastante difundida, mas não em "estruturalismo" como corrente homogênea.

Portanto, não basta falarmos em estruturas, reconhecermos estruturas, operarmos estruturalmente, para sermos "estruturalista". Poder-se-ia, então, circunscrever o verbete "estruturalismo" a um modêlo hipotético de "estruturalismo ortodoxo" (que *por momentos* pode coincidir com o filão Saussure — Moscou — Praga — Copenhague — Lévi-Strauss — Lacan — semiólogos soviéticos e franceses) e ver o que caracteriza esse emprego preciso da categoria "estrutura" para considerarmos o caso como arquivado. Mas se operarmos essa redução terminológica, isolando um filão central e considerando todas as possíveis derivações em relação a ele, ver-nos-emos — uma vez estabelecidas as condições corretas de emprego da categoria "estrutura" — ante uma enorme variedade de atitudes filosóficas subjacentes, o que nos leva a afirmar que, dentro de um filão estruturalista *ortodoxo* (escolhido e pôsto como tal para simplificar o discurso), agem forças divergentes, transformando o filão em *carrefour* e o "estruturalismo" num ponto de partida com diversas estações de chegada[11]. Estaremos, portanto, na contingência de reconhecer a existência: *a*) de um estruturalismo "genérico" que se diz tal só por erro próprio ou alheio; *b*) de um estruturalismo "metodológico", cujas características precisaremos; *c*) de um estruturalismo "ontológico", cujas contradições especulativas discutiremos.

(*) Na Lógica, dá-se o nome de "predicação" à atribuição, na proposição, do "predicado" ao sujeito. Para a definição de *predicado* consultar o verbete 'prédicat", in ANDRÉ LALANDE, op. cit. (N. da T.)

(11) "A estrutura é menos a síntese alcançada pela reflexão do que seu ponto de partida" (ENZO PACI, "Struttura", in "Aut Aut", 73, 1963: vejam-se as várias questões levantadas por esse pequeno "verbete").

II. A LIÇÃO DE ARISTÓTELES: UMA TEORIA DA ESTRUTURA COMO FORMA CONCRETA E COMO MODELO FORMAL

II.1. Admitamos, contudo, por uma espécie de *consensus gentium*, que a "estrutura" seja um conjunto, as partes desse conjunto e as relações dessas partes entre si; que seja um sistema em que tudo está conexo, o todo conexo e o sistema das conexões; e eis que logo surgem dois aspectos da noção de "estrutura": a estrutura é um objeto estruturado ou é o conjunto de relações que estruturam o objeto mas podem ser dele abstraídas? [12]

Referimo-nos anteriormente a Aristóteles como o pai da reflexão estrutural. E é em Aristóteles que encontramos três termos próprios para definirmos uma forma, um arranjo orgânico: a *morfé*, o *eidos* e a *ousia*. A morfé (μορφή) está definida na *Física*: é o *schema*, a forma física externa do objeto, a que os escolásticos chamarão de *terminatio*: é το σχῆμα τῆς ἰδέας.

O *eidos* (εἶδος) é a *idéia*. Não está "fora" do objeto, como em Platão, onde é mais real do que a coisa concreta; é λόγος ἄνευ ὕλης, , compõe-se, portanto, com a *matéria* e dara lugar ao *sinolo*, à *substância* e, portanto, à *ousia* (οὐσία). O τί ἦν εἶναι compõe-se em σύνολον com a ὕλη e dá a οὐσία, o τόδε τι, o indivíduo.

Mas o eidos não está fora da ousia. É o seu ato. A tal ponto está ligado ao objeto a que dá vida, que o eidos não devém, não se gera. Existe apenas *com* e *na* substância: é a estrutura inteligível de uma substância. Se tivéssemos que esclarecer o conceito recorrendo à Epistemologia contemporânea, diríamos que o modelo atômico de Bohr (que não existia antes da formação do primeiro átomo aparecido no universo — salvo se admitirmos a existência de uma divindade na mente da qual esse modelo tivesse preexistido como *ratio seminalis* — mas que resulta de um processo de abstração operado segundo modalidades que não nos cabe aqui analisar) é o eidos de todo átomo possível. Ainda que, e disso logo nos apercebemos, com as seguintes ressalvas: 1) o eidos-modelo atômico de Bohr não existia antes de Bohr, sem que por isso os átomos deixassem de existir; e 2) não se disse que os átomos se estruturam exatamente se-

---

(12) *Usi e significati*, op. cit., em especial a discussão final entre Lévi-Strauss, Merleau-Ponty e outros.

256 A ESTRUTURA AUSENTE

gundo a hipótese de Bohr; ao passo que para Aristóteles, o *eidos* concorre para dar vida à *ousia* e, destacando-o, abstraindo-o, pomos em evidência um sistema de inteligibilidades que preexiste ao nosso reconhecimento. Essa oposição deve ser ressaltada porque constituirá o núcleo da discussão seguinte sobre o conceito de "estrutura".

Prescindindo, em todo o caso (por ora), dessa oposição entre *eidos* "dado" e *eidos* "posto", continuemos a considerar o particular estatuto da estrutura dentro da filosofia aristotélica.

II.2. Se o *eidos* é a estrutura racional e racionalizável de uma substância, deveria ser o sistema de relações que rege a causa, e não a coisa. Mas para Aristóteles, o *eidos* dificilmente pode ser definido prescindindo da matéria de que é o ato, e portanto da *ousia* em que se substancia. A tal ponto que quando Aristóteles pensa na idéia de uma coisa *a fazer* (por ex., o arquiteto que pensa na estrutura de uma casa), essa idéia operacional não é chamada *eidos* mas *"próte ousía"*: mesmo em embrião, a forma não pode aparecer separada da coisa de que é forma [13]. Há, portanto, em Aristóteles, uma clara oscilação entre *modelo estrutural* (ossatura inteligível) e *objeto estruturado*: a mesma oscilação que encontraremos presente em todo discurso sobre as estruturas e cuja solução será determinante para a definição correta de uma metodologia "estruturalista". Ou melhor, como vimos, as oscilações são duas: uma, entre *aspecto ontológico* e *aspecto epistemológico* do eidos (o eidos é um "dado" ou um "posto"? acho-o na coisa, ou aplico-o à coisa para torná-la inteligível?); outra, entre *aspecto concreto* e *aspecto abstrato,* entre objeto e modelo do objeto, entre indivíduo e universal. Se examinarmos a segunda oposição (entre uma "estrutura" entendida como substância — a coisa construída segundo relações sistemáticas de totalidade — e uma "estrutura" como rede de relações, complexo de relações, ordem que pode manter-se constante até no variar dos termos entre os quais se move) veremos que a oscilação reaparece em cada uma de nossas atividades de percepção e juízo em face dos objetos.

---

(13) Ver ARISTÓTELES, *Física* e *Metafísica;* para uma discussão sobre o aristotelismo e o destino dessas distinções, consulte-se o nosso *Il problema estetico in San Tommaso,* Turim, Edizioni di "Filosofia", 1956, cap. IV, 2. Para um aprofundamento do problema da forma artificial em Aristóteles e o conceito de *prote ousia,* Ver GIANNI VATTIMO, *Il concetto di 'fare' in Aristotele,* Università di Torino, 1961, c. V.

ESTRUTURAS, ESTRUTURA E ESTRUTURALISMO

Exatamente porque elaboro modelos para definir objetos e refiro-me a objetos definindo-os por meio de modelos. Resta agora perguntar se, entre todos esses discursos sobre as "estruturas", não existe um que elimine essa dicotomia, optando por um dos extremos da oscilação. Veremos (no capítulo seguinte) que o "estruturalismo não-genérico" realiza essa escolha e resolve essa oscilação, mas ainda permanece aberto à outra, àquela — já indicada — entre aspecto ontológico e aspecto epistemológico da estrutura (de que nos ocuparemos no capítulo 3 e seguintes), bifurcando-se em estruturalismo metodológico e estruturalismo ontológico.

2. Primeira Oscilação: Objeto ou Modelo?

I. O MODELO ESTRUTURAL COMO SISTEMA DE DIFERENÇAS TRANSPONÍVEL DE FENÔMENO PARA FENÔMENO

I.1. Examinaremos, portanto, uma série de textos ligados por uma coerência de impostação e por influências documentadas, fazendo emergir através deles estes três pontos fundamentais:

a) uma estrutura é um modelo como *sistema de diferenças;*

b) característica desse modelo é a sua *transponibilidade* de fenômeno para fenômeno e de ordens de fenômenos para ordens de fenômenos diferentes;

c) uma metodologia "estrutural" só terá sentido se forem respeitados os dois postulados precedentes, e só a esse título permitirá uma análise interdisciplinar que abra o caminho para uma unificação do saber e uma direção a fecundas relações entre as várias ciências humanas.

I.2. Saussure (em cujos ensinamentos, ainda não intervém praticamente o termo "estrutura" e se fala em língua como "sistema" mas onde o "sistema" tem as mesmas propriedades da "estrutura" tal como a concebem os autores que examinaremos em seguida) afirma peremptoriamente a natureza sistemática da língua ("a língua é um sistema do qual todas as partes podem e devem ser consideradas em sua solidariedade sincrônica") [14]; por conseguinte, representa um

(14) *Cours*, op. cit., p. 124 (trad. bras. cit. p. 102).

PRIMEIRA OSCILAÇÃO: OBJETO OU MODELO? 259

grande erro considerar, por exemplo, um termo como a união de determinado som com determinado significado, porque isso significaria isolá-lo do contexto de que faz parte e acreditar que se possa começar pelos termos para construir o sistema, fazendo-lhes a soma, ao invés de partir do todo solidário para chegar, mediante a análise, aos elementos que encerra. Mas partir do todo, para por em foco as relações entre os termos, para definir, por exemplo, certo significado em oposição a outro termo compresente, significa individuar no sistema *diferenças*:

> "*Na língua só existem diferenças*. E mais ainda: uma diferença supõe em geral termos positivos entre os quais ela se estabelece; mas na língua há apenas diferenças *sem termos positivos*. Quer se considere o significado, quer o significante, a língua não comporta nem idéias nem sons preexistentes ao sistema lingüístico, mas somente diferenças conceptuais e diferenças fônicas resultantes desse sistema. O que existe de idéia ou de matéria fônica num signo importa menos do que o que existe ao redor dele nos outros signos. A prova disso é que o valor de um termo pode modificar-se sem que se lhe toque quer no sentido quer nos sons, unicamente pelo fato de um termo vizinho haver sofrido uma modificação"[15].

I.3. É bem sabido como essa idéia aproveitou ao estruturalismo pós-saussuriano: toda a semântica de Hjelmslev funda-se na idéia de *valor*, que se estabelece estruturalmente com base na *comunicabilidade* dos significantes (comutando-se os quais, muda-se o significado equivalente); o valor de um signo tem caráter puramente diferencial: o que distingue "bois" de "forêt", em francês, é justamente aquela linha demarcatória que se desenha com maior clareza quando a comparamos com a divisão de "madeira", "bosque" e "floresta" em português... A idéia extralingüística de um aglomerado restrito de pequenas árvores, oposto à idéia de um monte de lenha e de um aglomerado vasto de grandes árvores não precede o sistema, nasce da estrutura da língua, que confere um valor de posição no sistema aos termos, qualificando-os semânticamente pela diferença que manifestam em relação a outros termos, uma vez comparados ao sistema de outra língua: "Não só o que é relacional, mas tudo o que é correlacional e diferencial concerne à forma e permanece independente dos fatos materiais da manifestação" [16].

---

(15) *Cours*, op. cit., p. 166, (trad. bras. cit., p. 139).
(16) L. HJELMSLEV, *Essais linguistiques*, op. cit., p. 104.

260 A ESTRUTURA AUSENTE

I.4. Obumbrado na noção saussuriana de "sistema", o conceito de "estrutura" surge — como se sabe — nas *Teses de Praga* de 1929, onde a concepção da língua como sistema impõe uma "comparação estrutural", indispensável também para uma investigação diacrônica; comparação estrutural que leva até mesmo a considerar o conteúdo fonológico menos essencial do que as *relações recíprocas* dentro do sistema [17].

Portanto, também aqui se reforça a idéia de um modelo estrutural como sistema de diferenças que nada tem que ver com a consistência física do objeto estudado (ou, para dizer com Hjelmslev, um sistema de diferenças onde a *forma da expressão* nada tem que ver com a *substância da expressão,* assim como a *forma do conteúdo* — o valor posicional — ainda nada tem que ver com a *substância do conteúdo* — o significado propriamente dito).

Um sistema de diferenças é um sistema de correlações abstraíveis; e como tal surge o sistema de leis fonológicas que Trubetskoi quer individuar nas várias línguas: aplicando os sistemas da Fonologia a muitas línguas, todas diferentes, para por em evidência os seus sistemas fonológicos, e estudando a estrutura desses sistemas, não se tardará em observar que certas combinações de correlações se encontram nas mais diversas línguas, ao passo que outras não existem em parte alguma. Essas são as leis da estrutura dos sistemas fonológicos [18].

I.5. Mas é claro que a esta altura a redução da estrutura a esquema ou modelo, composto unicamente de correla-

---

(17) *Il circolo linguistico di Praga — Le tesi del 29*, Milão, Silva, 1966, p. 43-46. Para uma crítica da Lingüística praguense à luz de uma noção não indutivo-funcionalista do sistema, mas teórico-dedutiva (v. Hjelmslev) e daí para uma abertura de uma concepção gerativa de um conjunto axiomatizado de regras *subjacentes* em todo sistema estrutural, ver GIORGIO SANDRI, *Note sui concetti di "struttura" e "funzione" in linguistica,* in "Rendiconti", 15-16, 1967.

(18) Consultar N. S. TRUBETSKOI, *Grundzüge der Phonologie,* "TCLP", VII, 1939 (trad. fr., *Principes de phonologie,* Paris, Klincksieck, 1949). Em outros termos: "Tous les systèmes se reduisent à un petit nombre de types et peuvent toujours être représentés par des schémas symétriques... Plusieurs lois de la formation des systèmes se laissent dégager sans peine... Elles devront être applicables à toutes les langues, aussi bien que les [sic] langues mères (Ursprachen) reconstruites théoriquement qu'aux divers stades de développement des langues historiquement attestées (texto de 19-IX-1928, citado por Jakobson nas notas autobiográficas de Trubetskoi comunicadas na parte introdutória à edição francesa citada p. XXVII). [Que assim interpretamos: "Todos os sistemas se reduzem a um pequeno número de tipos e podem sempre ser representados por esquemas simétricos.... Várias leis da formação dos sistemas deixam-se deduzir sem dificuldade... Elas deverão ser aplicáveis a todas as línguas, tanto às línguas-mãe (Ursprachen), reconstruídas teoricamente, quanto às diversas fases de desenvolvimento das línguas historicamente atestadas."] (N. da T.)

PRIMEIRA OSCILAÇÃO: OBJETO OU MODELO? 261

ções diferenciais, torna patente toda a sua capacidade operacional pelo fato mesmo de que um esquema nessas condições se preste a ser aplicado, como grade interpretativa e descritiva, a fenômenos diferentes. A estrutura vale se funcionar como *código* capaz de gerar *mensagens* diferentes. Faz-se, então, compreensível a conclusão pronunciada por Lévi-Strauss em sua aula inaugural de 1960, ministrada no Collège de France: "Nenhuma ciência pode hoje considerar as estruturas do seu campo como reduzidas a uma disposição qualquer de partes quaisquer. Só será estruturada a disposição que obedeça a duas condições: é preciso que ela seja um sistema regido por coesão interna; é preciso que tal coesão, inacessível à observação de um sistema isolado, se revele no estudo das transformações, graças às quais encontramos propriedades similares em sistemas aparentemente diferentes" [19].

Com essa afirmação de Lévi-Strauss, já passamos à idéia de um sistema de diferenças que se revela válido na aplicação a diferentes escalas e damos por verificados os postulados estabelecidos no início deste parágrafo.

A noção de estrutura como *sistema* de diferenças só será fecunda se unida à noção de estrutura como possibilidade de *transposição*, instrumento principal de um sistema de transformações [20].

I.6. Vê-se, então, que tal "estrutura" já nada mais tem a ver com os "organismos" ou as "formas" propostas por outras filosofias ou metodologias críticas: essas tendem à individualização de organizações concretas, onde o desenho construtivo se identifica com os elementos correlatos, ao passo que o estruturalismo não-genérico tende a descobrir formas invariantes dentro de conteúdos diferentes. Isso não significa

(19) Já publicada em "Aut Aut", 88; agora in C. LÉVI-STRAUSS, *Razza e storia*, Turim, Einaudi, 1967 (ver a *Introdução*, de PAOLO CARUSO).

(20) "O objeto da análise estrutural comparada não é a língua francesa ou a língua inglesa, mas certo número de estruturas que o lingüista pode colher com base naqueles objetos empíricos que são, por exemplo, a estrutura fonológica do francês ou sua estrutura gramatical, ou léxica... Não comparo tais estruturas com a sociedade francesa... e sim com certo número de estruturas, todas elas expressões parciais — mas privilegiadas para o estudo científico de parentesco, na ideologia política, na mitologia, no ritual, na arte, no 'código' da cortesia e — por que não? — na cozinha. Só entre essas estruturas todas elas expressões parciais — mas privilegiadas para o estudo científico — daquela totalidade que se chama sociedade francesa, inglesa e assim por diante, me é lícito pesquisar se existem propriedades comuns. Também aqui, de fato, o problema não consiste em substituir um conteúdo original por outro, em reduzir este àquele, mas em saber se as propriedades formais oferecem entre si homologias, contradições e que contradições, ou relações dialéticas exprimíveis em forma de transformações" (*Antropologia strutturale*, Milão, Saggiatore, 1966, p. 102-103, tr. por Caruso).

262 A ESTRUTURA AUSENTE

que não se possa falar em "estrutura" também em outros casos: desde que se saiba que pretendemos então referir-nos a *objetos estruturados* e portanto a *formas*, e não a modelos estruturais transponíveis. O que equivale a dizer que, em termos de estruturalismo não-genérico, só se pode legitimamente falar em estrutura quando estiverem em jogo vários elementos dos quais é possível abstrair um modelo constante. A rigor, o encontro com a forma isolada, típico de muitas metodologias estéticas (só para dar um exemplo), pode, certamente, extrair instrumentos críticos de investigações estruturalistas, mas só pertencerá à investigação estruturalista no momento em que puser em relação formas diferentes para delas inferir um sistema de leis no qual todas se baseiam (ou ao qual todas se opõem, como acontece no caso de mensagens de alta improbabilidade).

II. ESTRUTURALISMO E ESTRUTURALISMO GENÉTICO

II.1. Cumpre, por exemplo, distinguirmos outros tipos de pesquisa, que se definem como "estruturalistas", do modelo de pesquisa estrutural de que nos estamos ocupando.

Exemplo típico é o pensamento de Lucien Goldmann. Na realidade, Goldmann nunca disse ser um estruturalista. Sempre disse que seu método se chama "estruturalismo genético" [21] e não há quem não veja que o adjetivo torna imediatamente as coisas claras. "O progresso de uma análise estruturalista genética está na delimitação de grupos de dados empíricos, que representam estruturas, totalidades definitivas, e no fato de inseri-los depois, como elementos, em outras estruturas mais vastas mas da mesma natureza, e assim por diante. Esse método oferece, entre os demais, a dupla vantagem de conceber, de início, o conjunto dos fatos humanos de modo unitário, e, a seguir, de ser ao mesmo tempo *compreensivo* e *explicativo*, visto que o enfoque de uma estrutura significativa representa um processo de *compreensão* enquanto que sua inserção numa estrutura mais vasta é, em relação àquela, um processo de *explicação*. Por exemplo: focalizar a estrutura trágica dos *Pensamentos* de Pascal e do teatro raciniano é procedimento de compreensão; inseri-los no jansenismo extremista, depreendendo a estrutura do mesmo, é procedimento de compreensão em relação ao jansenismo, mas procedimento

(21) Ver L. GOLDMANN, *Recherches dialectiques,* Paris, NRF, 1959.

PRIMEIRA OSCILAÇÃO: OBJETO OU MODELO? 263

de explicação em relação aos escritos de Pascal e Racine; inserir o jansenismo extremista na história global do jansenismo é explicar o primeiro e compreender o segundo. Inserir o jansenismo, como movimento de expressão ideológica, na história da nobreza de toga do século XVII, é explicar o jansenismo e compreender essa nobreza. Inserir a história da nobreza de toga na história global da sociedade francesa é explicá-la, compreendendo esta última, e assim por diante" [22].

II.2. Neste método, uma estrutura *não* é um sistema *invariante* de oposições significantes: é um significado global explicável e definível pelo arrolamento de uma série *variável* de propriedades; uma estrutura não é um modelo válido intemporalmente, mas representa a forma típica que assume, *num dado período histórico,* um sistema de determinações culturais; o sistema de relações não é separável das substâncias que aí tomam forma, e tanto isso é verdade que a estrutura dos romances de Robbe-Grillet parecerá comparável à forma das relações de produção numa economia neocapitalista, mas não à forma dos sistemas de produção numa economia paleocapitalista, homóloga, ao contrário, aos romances oitocentistas... Neste sentido, quem inclui Goldmann entre os "estruturalistas" presta um serviço equívoco aos estruturalistas [23], mas presta, indubitavelmente, um péssimo serviço a Goldmann, cujo método, criticável ou não, possui características diferentes. Quando muito, a objeção a levantar contra Goldmann seria: o que possibilitará a 'enformação" segundo instrumentos semanticamente homólogos (do contrário seu discurso seria incompreensível) de formas históricas diferentes?

II.3. O problema de um código cultural geral (o que não significa universal, como veremos, mas em todo o caso, "hipoteticamente assumido como onicompreensivo") repõe-se a um outro nível. O que possibilita a relação entre Pascal e o jansenismo extremista é claro: mas o que possibilitará o fato de Goldmann *pode falar* de um lado, na relação entre Pascal e o jansenismo extremista, e do outro, na relação

(22) LUCIEN GOLDMANN, *Per una sociologia del romanzo,* Milão, Bompiani, 1967, p. 220-221.

(23) Pelo menos se a oposição entre historicismo e estruturalismo for aquela sublinhada por LUIGI ROSTELLO na p. XLIX da sua contribuição para a série de entrevistas intitulada *Strutturalismo e critica,* publicada aos cuidados de CESARE SEGRE no *Catalogo Generale de Il Saggiatore,* 1965. Esse levantamento de opiniões será por nós citado nas notas que se seguem com a sigla *SeC.*

264 A ESTRUTURA AUSENTE

entre Robbe-Grillet e o capitalismo de organização? O tema é fascinante mas, ainda uma vez, lembremos que nosso intuito era apenas compreender o sentido em que são assumidas certas terminologias. E é mister ficarmos por aqui.

III. A ATIVIDADE ESTRUTURALISTA

III.1. Mais equívoca do que a adscrição do estruturalismo genético ao estruturalismo "sincrônico" (que por ora chamaremos ainda de "estruturalismo não-genérico") é a afirmação concernente a uma suposta "atividade estruturalista" que se encontraria presente nos vários níveis do universo cultural hodierno. Singular é o fato de que o responsável por essa generalização seja um crítico como Roland Barthes — que tanto fez para definir uma metodologia estruturalista correta [24]. Na verdade, o escrito em pauta é de 63, quando os entusiasmos estruturalistas não tinham como correlato a experiência e as lições de rigor, recebidas, depois, de tantas partes: mas as conseqüências desse entusiasmo ainda hoje se sentem e vale a pena discuti-las.

Qualquer um de nós ficaria atônito, depois de ter ouvido uma aula de Piaget sobre como se percebem os objetos, ao encontrar um pintor que se propusesse a pintar "à Piaget". Nossa resposta será que, se as teorias de Piaget são verdadeiras, elas definem toda experiência perceptível possível e assim, até Rafael pintava "à Piaget". Isto é, não se deve nunca fazer de uma metafísica do Ser um sistema de guia para veículos (mesmo que os veículos e o nosso ato de guiá-los não sejam mais do que epifanias do Ser).

Não são, porém, inconsuetas as afirmações de artistas que se declaram inspirados pelo estruturalismo. Barthes, por outro lado, dissera: existem artistas para os quais "certo *exercício* da estrutura (e não mais apenas o seu pensamento)" representa "uma experiência distintiva". O escopo da atividade estruturalista (ao nível científico) é construir um objeto, que nada mais é, pois, que um *simulacro* teórico de um ou de vários objetos reais. O estruturalista fabrica um mundo semelhante àquele de que partiu, "para torná-lo inteligível". A atividade estruturalista comporta duas operações

---

(24) *L'attività strutturalista* surgida em "Lettres Nouvelles" em 1963, agora em *Saggi critici*, Turim, Einaudi, 1966 (p. 245-250). O tema é retomado e parcialmente esclarecido na resposta VIII à entrevista *Letteratura e significazione*, no mesmo volume, e publicada pela primeira vez em "Tel Quel", em 1963.

PRIMEIRA OSCILAÇÃO: OBJETO OU MODELO? 265

típicas: fracionamento e coordenação. Portanto — afirma Barthes —, a operação de Lévi-Strauss ou a de Propp, de Trubetskoi ou de Dumezil são absolutamente afins com as de Mondrian, Boulez ou Butor. Nenhuma importância tem o fato de que para os primeiros o objeto construído se inspire numa experiência pré-constituída a ser compreendida, enquanto que para os últimos tenhamos criação, por assim dizer, *ex nihilo.* O que torna as técnicas análogas é a operação técnica que a elas preside.

III.2. Ora, seria verdadeiramente míope afirmar que muitas operações da arte não tenham ido buscar excitações intelectuais e imaginativas em experiências teoréticas coevas; e assim como se estabeleceram homologias de forma entre a estrutura das *Summae* medievais e a planta das catedrais góticas, entre o universo kepleriano e o barroco, entre as físicas e metafísicas da indeterminação e as obras abertas contemporâneas, assim também será absolutamente lícito dizer que muita arte contemporânea encontrou de novo o gosto do essencial, do decomponível, da combinatória por oposições, do equilíbrio por diferenças justamente através da experiência do discurso estruturalista. Mas apontar tal parentesco *compete à história da cultura, à fenomenologia das formas,* não à definição epistemológica da metodologia estrutural. Em outras palavras, o parentesco entre as órbitas elípticas keplerianas e o barroco pode ser ou não relevado sem que mude o significado metodológico da operação kepleriana; e a operação kepleriana passa a definir o barroco sob certo ângulo, mas ao mesmo título em que o fazem, sob outros ângulos, a visão triunfalista da Igreja ou o renascimento dos estudos de Retórica como instrumento persuasivo. Ao passo que por em relação o método de Saussure com o de Hjelmslev significa definir um campo comum — o estruturalismo — sem a configuração do qual os dois métodos adquiririam um sentido diferente (pelo menos mais limitado): e portanto é o campo comum que determina a definição dos dois acontecimentos culturais, enquanto que definir um campo comum entre Saussure e Butor não incide tanto sobre a fisionomia de ambas as experiências quanto sobre a do campo comum que a fenomenologia da cultura elabora para conferir fisionomia unitária a uma época. Isto é, dizer que existem homologias de procedimento entre Saussure e Butor significa realizar uma

266   A ESTRUTURA AUSENTE

operação estruturalista; mas não significa dizer que Butor realiza operações estruturalistas.

"Saussure + Lévi-Strauss + Hjelmslev + Propp", dão como resultado aquele método — que se procura presumir unitário — que é o estruturalismo; já "Saussure + Boulez + Butor" definem um jogo de influências entre campos diferentes, dificilmente erigível em sistema de determinações. Pode-se dizer: "quando Poulet faz tal afirmação não é estruturalista"; não podemos, porém, dizer que "quando Boulez compõe de certo modo não é estruturalista"; ou então podemos, mas o juízo adquire valor diferente. No primeiro caso, podemos afirmar: "quem quiser considerar-se estruturalista não deve afastar-se deste *modus operandi*"; no segundo, só depois que o *modus operandi* se tiver articulado livremente é que poderemos reconhecer homologias, parentescos e relações causais. No primeiro caso, estava em jogo uma escolha epistemológica; no segundo, uma enformação em termos de história das idéias (que com muito acerto Michel Foucault distingue da sua "arqueologia", porque em sua pesquisa sobre os "epistemas" de um período histórico, as homologias são individuadas ao nível de procedimentos especulativos, e não entre procedimentos especulativos e atividades criadoras).

III.3. Se o método estruturalista nos ajuda a compreender como funcionam certos mecanismos comunicacionais (pensemos em sua aplicação à Semiologia) então, como no caso do exemplo de Piaget, também Rafael é estruturalista, porque pode ser estudado como artista que realizou em suas obras modelos estruturais homólogos.

Isso sem levarmos em conta outro fato, com que nos defrontaremos amplamente mais adiante [25]: a assunção rígida de um método estruturalista que se hipostatiza em filosofia teorética e por fim, em metafísica, leva à *incompatibilidade entre estruturalismo e procedimentos da arte contemporânea.* Concluindo: será, portanto, lícito falarmos em "atividade estruturalista", contanto que fique bem claro que essa atividade nada tem em comum com a metodologia estruturalista, mas define-se através da comparação entre essa metodologia de pesquisa sobre os objetos e outras metodologias de produção de objetos dotadas de características próprias (embora possam ser estudadas, na sua qualidade de acontecimentos de cultura, com um método estrutural — assim como posso es-

(25) Ver D. 4.

PRIMEIRA OSCILAÇÃO: OBJETO OU MODELO? 267

tudar, sob o ângulo da evolução, a filogênese e a ontogênese do mais encarniçado defensor de teses antievolucionistas).

IV. ESTRUTURALISMO E FENOMENOLOGIA

IV.1. Outra comparação diz respeito às relações entre estruturalismo e fenomenologia. Aqui os esclarecimentos são menos urgentes porque o equívoco mais grosseiro é de hábito sustentado apenas por pensadores adventícios e despreparados. Mas até os pensadores "preparados" se viram na contingência de produzir o equívoco em laboratório, exatamente para definirem os campos de ambas as visões metodológicas através do exame das suas identidades aparentes, chegando, em seguida, à exaltação das suas diferenças.

O observador superficial poderia sustentar que se o estruturalista busca no objeto um sistema de relações, uma estrutura, uma forma, o fenomenólogo busca um *eidos* (e exatamente no início deste ensaio fazíamos remontar a problemática estrutural à distinção aristotélica entre *eidos* e *ousia*).

Mas o eidos do estruturalista, produzido por abstrações sucessivas, representa um voluntário empobrecimento do individual e do concreto com vistas à elaboração de modelos universais; o eidos do fenomenólogo, ao contrário, visa a tomar de assalto o vivido, um pré-categorial que se evidencia justamente quando se limpou a área das categorias abstratas que empobreciam nossa experiência do concreto. A oposição entre estruturalismo e fenomenologia é a que existe entre um universo de fantasmas abstratos e uma exploração no concreto.

IV.2. Vejam-se os problemas agitados por Enzo Paci no seu ensaio *Antropologia strutturale e fenomenologia*[26]. "A experiência vivida não é para ele (Lévi-Strauss) o ponto de partida, mas o oposto da objetividade... A fenomenologia, sabe-se, parte da experiência vivida e da evidência... Nesse sentido, parte do concreto e é sobre o concreto que deve alicerçar o abstrato". O estruturalismo levistraussiano, ao contrário, procura evitar esse alicerçamento, porque "se a dialética é histórico-temporal não é científica, e se é científica não é histórico-temporal". Naturalmente, também para Lévi-Strauss se levanta o problema de uma reconquista do

(26) Ver "Aut Aut", 88, 1965. O número todo é dedicado a Lévi-Strauss

268 A ESTRUTURA AUSENTE

concreto, e Paci vê como essencial, a esta altura, a questão do alicerçamento subjetivo e intersubjetivo com base no presente: "Lévi-Strauss não consegue aceitar o ponto de vista fenomenológico enquanto este implique "uma continuidade entre a experiência vivida e a realidade objetiva". Não se apercebe de que ele próprio parte da sua subjetividade, que existe desde sempre no mundo, da subjetividade que constitui intersubjetivamente as ciências, e que desde sempre existe na concatenação genético-histórica e no horizonte da história". Esse problema virá à luz dentro em pouco, nas páginas que se seguem e no capítulo terceiro deste nosso ensaio, embora a confutação que tentamos do estruturalismo levistraussiano parta de premissas operacionais diferentes das fenomenológicas; em todo o caso, também virão à tona os temas do alicerçamento subjetivo e intersubjetivo da objetividade científica, quando mais não seja sob a forma do reconhecimento da inevitável prospeticidade da escolha das pertinências. Mas o ensaio de Paci continua buscando outros pontos de identidade ou de diferença com a posição estruturalista: Paci afirma que o mundo pré-categorial tem uma estrutura própria e todo objeto está inserido nessa estrutura; mas sabemos que essa estrutura instaura as possibilidades de conhecer objetos que não lhe são necessariamente homólogos, ao passo que para o estruturalista — como veremos — a hipótese de um paralelismo psicofísico prevalece sobre toda tentativa de solução transcendental. Quando Paci fala das estruturas do pré-categorial vê a atividade do sujeito empenhada em *dar* um significado aos eventos, ao passo que Lévi-Strauss responderia que o sujeito *acha* estruturas significantes que o precedem e que no máximo o garantem como estruturalmente igual às estruturas que descobre. Lévi-Strauss, lembra Paci, resolve o problema recorrendo ao inconsciente, e assim "elude o problema da constituição"[27]. Na verdade, também Lévi-Strauss busca as leis de um pensamento concreto; mas busca-as com os modos de uma lógica formal. A objeção de Paci é válida justamente porque Lévi-Strauss procura um pensamento concreto e portanto, "natural". Na medida, porém, em que as hipóteses estruturais se sujeitam a descrever concepções culturais, o problema perde muito da sua dramaticidade (e é esse o sentido do nosso estudo); mas na medida em que Lévi-Strauss visa a constituir uma ontologia da cultura (uma

(27) Ver no mesmo número de "Aut Aut", o ensaio de EMILIO RENZI, *Sulla nozione di inconscio in L.-S.*

PRIMEIRA OSCILAÇÃO: OBJETO OU MODELO? 269

retransformação da cultura em natureza, o que constitui o assunto dos capítulos que se seguem), a crítica de Paci atinge um ponto nodal. Ao revocar a problemática do esquematismo transcendental em Kant, até suas retraduções em termos neo-positivistas e operativistas, revocando com ela uma fundação transcendental de todo modelo definitório, Paci reporta-nos às duas linhas de problemas a que cumpre absolutamente reduzir a Epistemologia estruturalista, e sem o conhecimento das quais, o estruturalismo, como veremos, se transforma numa ontologia — ou numa mística — do Ser.

V. ESTRUTURALISMO E CRÍTICA

V.1. Há uma atitude crítica espontânea para quem quer que sinta modernamente os problemas da Estética, e que se pode resumir nesta frase de Jean Starobinski: "Um sistema não é constituído pela soma das partes, o sentido do todo é imanente a cada um dos seus elementos constitutivos; esta é a intuição primeira do estruturalismo" [28]. Ora, a afirmação é verdadeira, mas é verdadeira no sentido que demos ao termo "estrutura" na *Introdução* deste estudo. Nesse caso, porém, esta "intuição primeira do estruturalismo" é bastante antiga e precede os acontecimentos do estruturalismo lingüístico. O que o estruturalismo lingüístico tornou evidente, já vimos, não foi o fato de uma estrutura ser um sistema de partes solidárias e interdependentes, mas o fato de que essa estrutura possa ser expressa em termos de oposições e diferenças, independentemente dos elementos que passam a colmar as valências constituídas pelos pólos oposicionais e diferenciais. Em decorrência, a metodologia estruturalista mostra-se capaz de analisar unidades relacionadas e organizadas. E quando Cesare Segre afirma que "a exigência principal que o estruturalismo aparentemente pode satisfazer (e nisso se respalda — como aliado ou concorrente — na Estilística) é a de 'empenhar a crítica no texto além das suas qualificações contingentes', obrigando-a 'a responder a algumas perguntas muito simples, por exemplo a de como se faz, ou de que modo funciona e sobretudo onde está a poesia' (Avalle)" [29] — achamo-nos, mais uma vez, diante de uma exigência de leitura orgânica das "estruturas" individuais de uma obra, mas estamos ainda aparentemente distantes de um método que (desin-

(28) Contribuição à coletânea de entrevistas *SeC*, p. XIX.
(29) Balanço de *SeC*, p. LXXIV.

270 A ESTRUTURA AUSENTE

teressando-se, no caso, do problema da poesia) individue na
obra aspectos que ela tem em comum com as outras obras.
Nesse sentido, não corresponderia especialmente às exigências da metodologia estruturalista a pesquisa de Propp, o qual
nada nos diz sobre o valor isolado das estórias examinadas,
mas muito, muito mesmo nos diz sobre o movimento efa-
bulador que as produz e sobre o jogo de oposições entre funções no qual se baseia? [30]

E mais. Quando Giulio Carlo Argan [31], para descrever
o modo pelo qual o crítico pode aproximar-se "estruturalis-
ticamente" de uma pintura de Paolo Uccello, explica: "observo que os signos estão dispostos segundo um esquema de organização que dá a cada um uma determinada representação
do espaço. Estou, portanto, em presença de uma estrutura
prospética" —, individua na obra que examina uma "forma"
singular, tanto que se preocupa em aprofundar o quanto ela se
afasta de formas aparentemente análogas realizadas por outros
pintores, saindo, assim, em busca de um "ângulo de divergên-
cia". Essa nítida diferença entre um procedimento à Propp
e um procedimento como o indicado por Argan, que importância tem no sentido de permitir-nos definir o alcance do
estruturalismo na crítica artística?

V.2. Por outro lado, as conhecidas análises de Jakobson, dos formalistas russos, dos neoformalistas soviéticos e
de todas as escolas que se aliam muito explicitamente à metodologia estrutural [32] aparecem como exemplos bastante pro-
bantes de uma dialética crítica entre um momento da individuação de modelos recorrentes e o momento da individuação
daquele afastamento particular, daquele comportamento singular, daquela operação de preenchimento das valências diferenciais que fazem de uma obra isolada o objeto último da
descrição e do julgamento.

(30) MARIA CORTI, in *SeC*, p. XXXI, observa que com Propp "estamos
longe do conceito linguístico de estrutura... faltando a essa tipologia estrutural
aquele caráter basilar de que é dotado o conceito de oposição na estrutura
linguística"; ora, mesmo que se pudesse interpretar a compatibilidade e a
incompatibilidade das funções em Propp como uma forma de oposição, é
indubitável que com Propp ainda estamos aquém do estruturalismo autêntico;
mas o método de Propp encontrou uma reformulação corretamente estruturalista
no comentário que dele faz Lévi-Strauss, quando retraduz numa matriz combinatória de várias dimensões a simples seqüela das funções (Ver C. Lévi-Strauss,
La struttura e la forma, agora in VLADIMIR JA. PROPP, *Morfologia della
fiaba*, Turim, Einaudi, 1966, aos cuidados de Gian Luigi Bravo); na conseqüente
utilização que dele faz CLAUDE BREMOND em *Le message narratif*, in
"Communications", 4; e nos desenvolvimentos do tema realizados por A. J.
GREIMAS, *Semantique structurale*, Paris, Larousse, 1966.
(31) *SeC*, p. LVII.
(32) Ver seção E (*A fronteira semiológica*).

PRIMEIRA OSCILAÇÃO: OBJETO OU MODELO? 271

Poder-se-ia então dizer que a pesquisa das formas invariantes dentro de conteúdos diferentes e a individuação de formas diferentes assumidas por conteúdos amiúde invariantes são dois momentos coligados, mas essa afirmação ainda não nos esclarece em que sentido é possível falar em "estruturas" num e noutro caso. Se há uma equivocidade no emprego do termo, que seja esclarecida; se há uma polissemia razoável, que a tenhamos presente; se um tipo de estrutura deve ser visto como a negação dialética da outra, em vista de uma mediação final, essa possibilidade deve tornar-se explícita [33].

V.3. Todas as contradições que arrolamos como típicas de uma crítica estruturalista foram lucidamente individuadas por Maria Corti [34], quando pôs em evidência o mesmo ponto que ora constitui o assunto central deste nosso discurso: existem dois modos de conceber a estrutura — como objeto organizado e como modelo generalizante. No segundo sentido, a idéia de estrutura gera as análises sobre a língua como sistema e, quando passa a justificar as análises da obra isolada, fixa a atenção do crítico nos afastamentos que se delineiam em oposição à norma; e continua o problema de saber se, ao fazer isso não estará ele ainda fazendo Lingüística e não Crítica. No primeiro sentido, os instrumentos do estruturalismo convergem para definir o que Gianfranco Contini chamava de "a integridade" do autor que, "atacado por um refletor único, colocado num só ponto, com as suas enfáticas desproporções de luz e sombra", é "atingido" na sua totalidade. Acontece, então, continua Maria Corti, que "no setor dos valores estritamente formais, referíveis à linguagem individual artística ou à língua literária de um determinado momento ou ao confronto entre diversos fenômenos de uma língua literária, a busca, embora não se identificando com a procura puramente lingüística, parte de um conceito análogo de

---

(33) De outro modo estaria certo Lévi-Strauss quando (em *SeC*) afirma que "o vício fundamental da crítica literária com pretensões estruturalistas provém de que, com demasiada freqüência, acaba ela se reduzindo a um jogo de espelhos, onde se torna impossível distinguir o objeto do seu eco simbólico na consciência do sujeito. A obra estudada e o pensamento do analista refletem-se reciprocamente, chegando a faltar-nos todo e qualquer recurso para discernirmos o que é simplesmente recebido do que outro aí introduz". Afirmação que seria exemplar não estivesse ela viciada pelos seguintes fatos: 1) como veremos no curso de todo este estudo, o perigo que Lévi-Strauss vê na operação do crítico é o mesmo que ameaça toda predicação de estruturas, só que não é um perigo, mas uma característica fundamental da predicação estrutural, e sua presença deve ser descoberta e aceita, ao invés de eludida; 2) então não vemos que sentido teria a operação de crítica estrutural realizada por Lévi-Strauss em colaboração com Jakobson quando analisou *Les Chats*, de Baudelaire.

(34) *SeC*, p. XXVII-XXXI.

272 A ESTRUTURA AUSENTE

estrutura, fundado no reconhecimento de uma unidade sistemática inerente ao objeto".

Ora, ainda falta, nesse trecho, a explicitação do que estamos procurando, mas nele já estão contidos todos os elementos para uma classificação esclarecedora.

V.4. Há uma aplicação dos métodos estruturais às obras de arte que não visa a definir a singularidade da obra mas a recorrência de modelos constantes. É a pesquisa de Propp, o estudo iconológico de Panofsky, a investigação sobre modelos combinatórios na literatura de massa. Essa pesquisa é de caráter semiológico ou sociológico e nada tem que ver com a crítica literária, embora possa oferecer-lhe válidos elementos de reflexão.

V.5. Há uma crítica lingüística da obra de arte. A ela se refere Luigi Rosiello [35], ao propor sua definição *operacional e funcional* da mensagem poética; operacional, desde que formulada segundo os princípios da Epistemologia moderna (os mesmos que inspiram o nosso discurso), e funcional enquanto "a mensagem poética é identificada com uma precisa função do sistema lingüístico individuada oposicionalmente." Rosiello refere-se ao par oposicional função *comunicativa* (ou referencial) e função *poética* (ou estética) da mensagem. O estudo da língua é estudo de um sistema de normas fixadas pelo uso, segundo as quais a linguagem comunicativa tende a automatizar-se. O estudo da linguagem poética, que é estudo das "propostas alternativas da linguagem poética, em que são explicitadas as potencialidades virtuais, ínsitas na estrutura lingüística", decididamente não serve tanto para delinear a fisionomia da obra isolada quanto para apontar as possibilidades, ínsitas na língua, de uma comunicatividade mais rica, mais inesperada e, portanto, precipuamente informativa. Nesta absorção da Estilística pela Lingüística, o método estrutural mantém o seu próprio sentido. Mas, enquanto se atém às possibilidades mais típicas do método, Rosiello não pretende partir em busca de organismos irrepetíveis. O estudo da linguagem poética torna-se um ramo da Lingüística e — mediatamente — da Sociologia ou da Antropologia Cultural.

V.6. Existe uma terceira possibilidade. Também neste caso se estuda a relação entre um sistema de normas e

---

(35) *SeC*, p. XLVII e L. Mas veja-se também *Struttura, uso e funzioni della lingua*, Florença, Vallecchi, 1965 (em especial os três primeiros capítulos).

PRIMEIRA OSCILAÇÃO: OBJETO OU MODELO? 273

os desvios introduzidos pelo autor; mas o sistema de normas já é um sistema literário; pode ser a língua literária de um período (Corti); pode ser o contexto geral da linguagem de um autor (veja-se a noção de "contexto" como limitada não à obra isolada mas ao complexo da produção de um autor, proposta por D'Arco Silvio Avalle)[36]; em todo o caso, é um sistema, modelo abstraível sobre o qual mensurar, quando mais não seja por diferença ou por adequação, o produto isolado.

V.7. Enfim, esta nos parece ser a última alternativa possível: o crítico mergulha na obra, põe seus elementos em relação, interroga-a, e interroga-a como jogo orgânico e não como puro estímulo de solicitações emotivas; individua uma unidade, uma cadência geradora. Estaremos ainda falando em estrutura como modelo? Georges Poulet, crítico que muitos de bom grado definiriam como "estruturalista", adverte-nos de que "o fim da crítica é chegar a um conhecimento íntimo da realidade criticada. Ora, parece que tal intimidade só será possível na medida em que o pensamento crítico *se torna* pensamento criticado, onde ele consegue re-sentir, re-pensar, re-imaginar de dentro este último. Nada menos objetivo do que esse movimento do espírito. Ao contrário do que se pensa, a crítica deve evitar ter em mira um objeto qualquer (a pessoa do autor, considerada como outro, ou a sua obra, considerada como coisa); o que deve ser captado é um *sujeito*, isto é, uma atividade espiritual que só podemos compreender pondo-nos em seu lugar e fazendo-a novamente desempenhar em nós seu papel de sujeito"[37]. Mas, comentando esse trecho, Gérard Genette[38] apressa-se a lembrar-nos que isso é exatamente o oposto da crítica estrutural e aproxima-se muito do tipo de crítica que Ricoeur difundiu na França como "hermenêutica". É óbvio que numa inspeção estrutural as estruturas não são vividas; antes, como já ressaltamos, confrontando os métodos estruturalista e fenomenológico, uma estrutura mais funcionará quanto mais petrificar e enrijecer o objeto. Por outro lado, como não reconhecer que uma obra de arte nos propõe mais uma interrogação hermenêutica do que uma definição estrutural? Genette, fascinado pelas duas

(36) Ver a intervenção em *SeC* e, como aplicação do método, *"Gli orecchini" di Montale*, Milão, Il Saggiatore, 1965.

(37) In "Les Lettres Nouvelles", 24 de junho de 1959.

(38) *Figures*, Paris, Seuil, 1966, p. 158 (e todo o capítulo "Structuralisme et critique littéraire"). [A ser lançada proximamente pela col. "Debates" desta Editora. (N. dos E.)].

274 A ESTRUTURA AUSENTE

possibilidades, adianta a hipótese, já, porém, agitada por Ricoeur [39], de uma complementaridade de ambas, afigurando-se a hermenêutica mais própria para as grandes obras, próximas do nosso modo de sentir, ricas de planos e ambigüidades; enquanto que o método estrutural revelar-se-ia mais operativo para as obras estandardizadas (cultura de massa) ou para os produtos de contextos culturais demasiado distantes, inatingíveis por dentro, imobilizáveis nos seus comportamentos aparentes através da descrição das constantes que os caracterizam.

V.8. Mas, na verdade, podemos individuar um quinto modo de leitura, que, tanto Genette quanto os demais autores citados neste parágrafo deixam entrever. Será correto, como operação estruturalista, definirmos um modelo geral que vale como código capaz de promover diferentes mensagens? Pois que seja. Mas definíramos, precedentemente, a propósito do capítulo sobre a mensagem estética [40], a noção de *idioleto estético*. Uma única curva estrutural, um modelo homólogo preside aos vários níveis da mensagem. Se há um código próprio da obra, deve ele apresentar-se, realizado, ao nível fonemático como ao nível ideológico, ao nível do jogo dos caracteres e das estruturas sintáticas, etc. "Tempo demais se passou considerando a literatura como uma mensagem sem código para que não se fizesse necessário vê-la um instante como um código sem mensagem": esse, para Genette, o defeito da crítica lingüística (a que catalogamos no item 2). A questão agora é encontrar a mensagem no código, diz Genette. A questão agora, dizemos nós, é definir aquela operação crítica que encontra na mensagem, vista sobre o fundo feito de todos os códigos públicos em que se apóia, o código particular próprio dessa mensagem. Mesmo que a obra fosse constituída de uma simples sucessão de sons, ou de significantes privados de significado (como numa poesia concreta), a individuação de um código típico daquela obra, válido unicamente para aquela obra, não constituiria — em termos estruturalistas — um contra-senso estruturalista: teríamos que defrontar-nos com um código "poesia X" (um modelo estrutural "poesia X") que permitisse falar de modo análogo de todos os objetos subsumíveis sob a classe "poesia "; e o fato de

(39) *Structure et herméneutique*, in "Esprit", novembro de 1963.
(40) A.3.II.

PRIMEIRA OSCILAÇÃO: OBJETO OU MODELO? 275

essa classe ter um único membro é *logicamente* irrelevante. Mas essa anomalia é, ao contrário, importante para a Crítica e a Estética, que se ocupam exatamente daquelas *classes de um só membro* que são as obras de arte.

V.9. Mas, concretamente, a obra é um sistema de sistemas [41], e o modelo individuado funciona justamente para pôr em contacto os vários planos da obra, para unificar sistemas de formas com sistemas de significados. Ali onde também os materiais de que se substanciam as valências diferenciais do modelo passam a constituir um sistema de diferenças redutíveis a esse mesmo modelo; ali onde se instaura um código unitário que regula a forma e a substância da expressão bem como a forma e a substância do conteúdo. E chamaremos esse modelo de "idéia obsessiva" (mas não no sentido de uma crítica temática, que estuda o modelo estrutural só ao nível dos temas e suas oposições) [42], ou chamá-lo-emos spitzerianamente de "etymon": teremos, em todo o caso, encontrado o proceder de um método estrutural, porque (e o fato de o procedimento visar à compreensão de um fato isolado e concreto não mais incidirá, então, sobre a pureza do método) trabalharemos sobre constantes, sobre a recorrência delas aos vários níveis, sobre o modo com que se correspondem ou se traem por descompassos infinitesimais. Porque então se verá que, quanto mais estandardizada e estilizada for a obra, tanto mais o modelo voltará sem variações, abertamente recognoscível a todos os níveis [43]; e quanto mais a obra sofrer as determinações do mercado, ou da psicologia pessoal do autor, tanto mais o modelo parecerá tomado de emprésti-

(41) Ver as teses dos formalistas e, depois de WELLEK, já citadas; ver também CESARE SEGRE in *SeC*, p. LXXVII-LXXVIII.

(42) Sobre a diferença entre crítica temática e crítica estruturalista, veja-se a resposta V de ROLAND BARTHES, na entrevista "Literatura e significação", cit. Pode-se notar que ambas as atitudes se cruzam na "nouvelle critique", pelas discussões coletadas no volume (aos cuidados de Georges Poulet) *Les chemins actuels de la critique*, Paris, Plon, 1967. Entre os exemplos de variada crítica temática poderíamos lembrar CHARLES MAURON, *Dalle metafore ossessive al mito personale*, Milão, Il Saggiatore, 1966, e JEAN-PIERRE RICHARD, *L'univers imaginaire de Mallarmé*, Paris, Seuil, 1961; bem como a obra de GEORGES POULET, *Études sur le temps humain*, Paris, Plon, 1950, ou *Les métamorphoses du cercle*, Paris, Plon, 1961 e JEAN STAROBINSKI, *J.J. Rousseau — La transparence et l'obstacle*, Paris, Plon, 1957; mas não nos parece que Starobinski deva ser totalmente inscrito na crítica temática, como se diz na nota seguinte. Por outro lado, as distinções entre crítica temática, estilística, psicanalítica ou formal são amiúde bastante enganosas. E parece mais útil classificarem-se procedimentos distintos do que a obra inteira de um só autor.

(43) Veja-se o modelar ensaio de JEAN STAROBINSKI, *La doppietta di Voltaire*, in "Strumenti critici", 1, 1966.

276   A ESTRUTURA AUSENTE

mo a experiências comunicacionais já conhecidas [44]; ao passo que, quanto mais a obra inovar, tanto mais o modelo, recognoscível no fim da investigação, se ocultará numa seqüência de variações ao longo da qual retorna, sempre com ligeiras flexões, variações infinitesimais, das quais, ainda que com dificuldades, sempre será possível encontrar a regra, o subcódigo.

V.10   Nesse sentido, portanto, uma crítica poderá ser considerada "estruturalista" sem todavia limitar-se a um estudo puramente sincrônico da obra: porque a individuação do idioleto (ou seja, aquela maneira específica de tratar a perspectiva de que falava Argan) gera uma pesquisa sobre as *mutações* do idioleto (e eis que nasce uma história das formas e dos estilos), ou uma investigação sobre *como se formou o idioleto* (voltamos, assim, através da mediação estrutural, ao estudo genético da obra) ou enfim uma casuística dos vários modos de *permanência* do idioleto (que pode subsistir no contexto geral das obras de um autor — Avalle —, no contexto de uma linguagem literária específica — Corti —, no contexto da escola a que a obra dá origem —, e é o estudo das "maneiras" —, no contexto de uma fenomenologia dos "gêneros" [45].

V.11.   A única ressalva, à semelhança do que Genette hipotizava a propósito da complementaridade entre estruturalismo e hermenêutica, é que talvez o método se revele impróprio para as obras demasiado complexas [46]. Existem, seguramente, muitos exemplos para provar se não o contrário, pelo menos as possibilidades do contrário. Em todo o caso, não pretendíamos aqui definir as possibilidades de fato de

(44) Daí a utilidade de tais investigações sobre a narrativa de massa, e sobre aquela categoria de obras que se situam entre a narrativa de massa e a falsa inovação estética (ver o nosso "A estrutura do mau gosto", in *Apocalípticos e integrados*, op. cit.).

(45) Para essa referência, veja-se, na cultura italiana, LUCIANO ANCESCHI, "Dei generi letterari", in *Progetto di una sistematica dell'arte*, Milão, Mursia, 1962; e "Del generi, delle categorie, della storiografia", in *Fenomenologia della critica*, Bolonha, Patron, 1966.

(46) Ver CESARE SEGRE, in *SeC*, p. LXXXIV. Sobre as possíveis "dimensões" de uma análise estruturalista, ver, por ex., PAOLO VALESIO, *Strutturalismo e critica letteraria*, in "Il Verri', junho de 1960; EZIO RAIMONDI, *Tecniche della critica letteraria*, Turim, Einaudi, 1967; GUIDO GUGLIELMI, *La letteratura come sistema e come funzione*, Turim, Einaudi, 1967; MARCELO PAGNINI, *Struttura letteraria e metodo critico*, Messina, D'Anna, 1967; D'ARCO SILVIO AVALLE, *L'ultimo viaggio di Ulisse*, in "Studi Danteschi", XLIII; *La critica delle strutture formali in Italia* in "Strumenti Critici", 4, 1967 (onde se reexamina à luz dos novos problemas a contribuição de De Robertis e Contini).   Por fim, para uma polêmica com alguns métodos estruturais, G. DELLA VOLPE, *Critica dell'ideologia*, Milão, Feltrinelli, 1967.

PRIMEIRA OSCILAÇÃO: OBJETO OU MODELO? 277

uma crítica estrutural, mas a sua possibilidade de direito, visando basicamente a compreender o que se entende, o que se pode entender e o que provavelmente se *deva* entender por "crítica estrutural".

VI. A OBRA COMO ESTRUTURA E COMO POSSIBILIDADE

VI.1. Mas definir o que se entende por crítica estrutural não significa necessariamente reduzir toda crítica possível a crítica estrutural. Jacques Derrida, num seu requisitório cerrado contra o estruturalismo crítico de Jean Rousset[47], vê no excesso de análise estruturalista a manifestação de uma crise, de um momento crepuscular da cultura. A obra enquanto *forma* é a imobilização, a fase final, mas também o mecanismo gerador de uma *força* que o ato crítico deveria continuamente revelar e desenvolver. Quando o crítico se torna incapaz de captar essa força, refugia-se no desenho de formas que imobilizam a obra num esquema, ou num esquema de esquemas, todos (e aqui, a análise de Derrida é reveladora, embora possa ser entendida *à rebours* — isto é, como justificação de um método e não como sua confutação) dispostos segundo coordenadas *espaciais*: pirâmides, círculos, espirais, triângulos e retículas de relações tornam-se o modo de descrever a estrutura de uma obra reduzindo-a à sua metáfora espacial: "Quando o modelo espacial é descoberto, e quando funciona, nele se apóia a reflexão crítica"[48]. Assim agindo, o crítico não mais chegará a descobrir a força como movimento que desloca e confunde as linhas, nem a amá-la como movimento, como "desejo em si mesmo", e reduz a força à epifania das linhas.

A essas observações poder-se-ia obstar que a crítica estrutural reduz aquilo que *foi* um movimento (a gênese) e aquilo que *será um movimento* (a infinidade das leituras possíveis) a modelo especializado porque só nesse sentido pode fixar aquele *inefável* que era a obra (como mensagem) no seu fazer-se (na fonte) e refazer-se (junto aos destinários). A decisão estruturalista intervém exatamente para eliminar o

(47) JACQUES DERRIDA, "Force et signification", in *L'écriture et la différence*, Paris, Seuil, 1967. A obra de JEAN ROUSSET à qual se refere é *Forme et signification*, Paris, Corti, 1967. [O livro de J. Derrida, *A Escritura e a Diferença* foi recentemente publicado por esta Editora em sua col. "Debates". (N. dos E.)]

(48) DERRIDA, op. cit., p. 30.

278 A ESTRUTURA AUSENTE

impasse da inefabilidade que pesava sobre o juízo crítico e sobre a descrição dos mecanismos poéticos.

O crítico estruturalista sabe muito bem que a obra não se reduz ao esquema ou à série de esquemas que dela extrai: mas imobiliza-a em esquemas para poder estabelecer o que é esse mecanismo que permite a riqueza das leituras, e portanto a contínua atribuição de sentido de que estará carregada a obra-mensagem.

VI.2. No fundo, quando Derrida apela para uma visão da obra como *energia* inexausta (e portanto mensagem continuamente "aberta") contra uma visão da obra como pura e absoluta presença de relações espaciais enformadas, realiza paradoxalmente a mesma operação que efetua Cesare Brandi [49] quando este — numa polêmica que parece opor-se à de Derrida — rejeita o estudo da obra como "mensagem" e, portanto, como sistema de significados, para recuperar-lhe aquela característica de "presença" (ou "adsência") que a torna inatingível por parte de uma simples investigação semiótica. Mas se Derrida exige que o crítico veja na obra mais um *discurso* do que uma *forma,* enquanto que Brandi parece exigir o contrário, na verdade, a exigência de ambos é a mesma: é um convite para não reduzirmos a obra a jogo de signos estruturados e deixá-la levitar em todas as suas determinações possíveis.

Se uma contínua polaridade atravessou de modos diversos a discussão estética de todos os tempos (mimese e catarse, forma e conteúdo, ângulo do autor e ângulo do espectador), Brandi reduz essa tensão a uma oposição fundamental que dominaria a própria realidade da obra de arte: podemos considerar a obra em sua essência (em si e por si) ou no momento em que é recebida numa consciência. Brandi está demasiadamente nutrido de criticismo kantiano, em primeiro lugar, e depois, de cultura fenomenológica, para não saber que a polaridade não é tão límpida, que só podemos conhecer a essência de um objeto enquanto recebido numa consciência e que, portanto, todo discurso sobre o objeto independente de nós sempre será um discurso sobre o objeto visto *dentro de uma perspectiva,* que é situação subjetiva, histórica, raiz cultural. Mas nas suas páginas vigora um itinerário especulativo tendente a estabelecer a legitimidade de um resíduo, de um *quid* que transcenda as recepções, as perspectivas

(49) *Le due vie,* Laterza, Bari, 1967.

PRIMEIRA OSCILAÇÃO: OBJETO OU MODELO? 279

pessoais, uma "essência" através de cuja individuação surja a obra de arte definida como pura presença, "realidade pura", antes, depois, além das conscientizações que dela temos. Aquela essência pela qual a obra "está" e "é", sem que deva "dizer" necessariamente algo a alguém.

Mas o que é uma presença que se recusa a comunicar, para ser apenas ela mesma? Se hoje as técnicas e filosofias da comunicação tendem a reduzir todo fenômeno a transmissão de signos, tal acontece porque parece impossível pensar "presenças" que o homem não converta em "signo". A cultura (que começa desde os mais elementares processos de percepção) consiste justamente em dar significados a um mundo natural feito de "presenças", isto é, em converter as presenças em significados. Tanto que, quando se quer salvar um "resíduo" que constitua uma obra aquém das comunicações de que se faz trâmite, somos levados a entender toda "presença" como "ausência", espécie de vórtice enigmático que de contínuo interrogamos para dele arrancar novos significados, e que estaria "presente" justamente nessa sua possibilidade indefinida de gerar processos de semiose. É a posição da "nouvelle critique", à qual voltaremos mais adiante.

Na verdade, tanto as estéticas da *presença* quanto as da *ausência* reduzem-se à tentativa de salvar, no concreto processo histórico através do qual os homens falam entre si, uma "realidade pura" da arte, que, sem dúvida, deveria, a seguir, dar conta da inefabilidade, da riqueza de determinações que a obra conserva malgrado toda anatomia estrutural e toda violência positivista. Mas as tentativas de interpretar a obra de arte como "mensagem", como fato de comunicação, servem justamente para resolver o "resíduo" inefável. Nem por isso a obra de arte como mensagem estará menos "presente, ausente", desde que possamos vê-la como um sistema de signos que comunica, antes de mais nada, sua própria estrutura. Mas vê-la contemporaneamente como mensagem, como sistema de significantes que conotam significados possíveis, permite interpretar todo resíduo justamente como a contínua contribuição de subjetividades diferentes, arraigadas na história e na sociedade, que fazem levitar a presença (muda em si) e a povoam de significados; antes, fazem-na tornar-se um sistema de significados, ao mesmo tempo estável e mutável, cujas estruturas não são o trâmite da comunicação, mas o principal dos conteúdos.

280 A ESTRUTURA AUSENTE

VI.3. Jakobson analisa o discurso de Antônio sobre o cadáver de César e descobre as leis que regem todos os níveis da comunicação, do jogo sintático ao fonemático, do uso das metáforas à cadência das aproximações metonímicas: até aí não se negou que uma gênese inventiva tenha levado a essa cristalização de estruturas que é jogo de significantes e significados ligado por um único idioleto estético; nem ficou esquecido que diante dessa "máquina" estética os leitores poderão livremente empreender (na medida em que se submeterem ao jogo de determinações da máquina, que é máquina gerativa, produtora de sentido, e não sentido esclerotizado) as mais várias aventuras hermenêuticas. A crítica estrutural propõe-se como um modo de enfrentar a obra. O fato de acreditarmos que seja esse o que mais adequadamente nos serve de introdução aos outros modos, não exclui que os outros modos possam ter foros de cidadania independentemente dele. Permanece aberto o caminho para as explorações genéticas em sentido contrário, e o outro, bastante fecundo, para a interrogação contínua da máquina. Na medida em que o crítico souber bem narrar até a mais arriscada das aventuras hermenêuticas, por que não perdoar-lhe o fato de não ser estruturalista?

VI.4. Mas há um ponto sobre o qual a crítica de Derrida capta ao vivo o possível defeito de uma crítica estrutural que se apresente explicitamente como tal: é quando acusa Rousset de haver individuado alguns esquemas (espaciais) fundamentais em Proust e Claudel, tendo em seguida eliminado como acidentais e aberrantes os episódios e personagens que não se ligavam ao tema central, à "organização geral da obra" (pelo menos àquela que o crítico proclamava como tal). Contra esse modo de proceder, Derrida afirma que se alguma lição nos deu o estruturalismo foi a de lembrar-nos que "ser estruturalista é opor-se antes de mais nada à organização do sentido, à autonomia e ao equilíbrio próprio, à constituição bem realizada a todo momento, de toda forma; é recusar-se a remeter à categoria de acidente aberrante tudo o que o tipo ideal não permite compreender. Até mesmo o patológico não é simples ausência de estrutura. É organizado" [50]. Tem ele toda a razão. Tanto que já falamos, a propósito da individuação do idioleto estético, não só numa regra geral, manifesta aos diversos níveis da obra, mas tam-

(50) DERRIDA, op. cit., p. 40.

PRIMEIRA OSCILAÇÃO: OBJETO OU MODELO? 281

bém num conjunto de sub-regras, que deverão, no entanto, apresentar alguma homologia com a regra geral, e que presidirão às variações da norma, às aberrações voluntárias a serem introduzidas pelo artista no seio mesmo daquelas leis que ele criara exclusivamente para aquela obra (e por sua vez já desviantes em relação a estruturas gerais preexistentes, emersas de uma investigação sobre a história dos estilos, sobre a língua literária ou sobre as linguagens figurativas de um período ou de um grupo). Analisar estruturalmente uma obra não significará então nela individuar um código central e dela expurgar tudo o que a ele não se refira (isto, como vimos, pode bastar para analisarmos produtos estandardizados como os romances de Ian Fleming [51]), mas sim partir em busca de um encaixamento progressivo de idioletos, daquele sistema de sistemas cujo enfoque é o termo último, talvez utópico, de toda crítica estrutural.

VI.5. Mas as objeções que Derrida levanta à crítica estruturalista exprimem o temor de que o enrijecimento da obra numa estrutura signifique impedir a descoberta de sua inexausta possibilidade de perspectivas. É o problema da "abertura" das estruturas com que volta ele a defrontar-se em termos fenomenológicos no ensaio *"Genèse et structure" et la phénoménologie*: é o problema, como diz ele, da estruturalidade de uma abertura, que é a abertura infinita para a verdade de toda experiência (para a filosofia, enfim), a "estrutural impossibilidade de dar por encerrada uma fenomenologia estrutural" [52], aquela possibilidade de uma abertura infinita para o mundo como horizonte de possibilidades que conhecemos na fenomenologia da percepção de Merleau-Ponty, aquele jogo de perfis no qual a coisa se oferece à nossa experiência e ao nosso juízo como continuamente nova, que já conhecemos em Husserl e no Sartre de *L'Être et le Néant* [53].

---

(51) Ver o nosso *Le strutture narrative in Fleming*, in *Il caso Bond*, Milão, Bompiani, 1965 (também in "Communications", 8, número único sobre *L'analyse structurale du récit*).

(52) DERRIDA, op. cit, p. 241.

(53) "Este sentido, o cogitatum *qua cogitatum*, nunca é representado como um dado definitivo; em primeiro lugar, só é esclarecido pela explicação desse horizonte e dos horizontes que emergem constantemente como novos... Este 'deixar-aberto' já é, antes mesmo das efetivas determinações ulteriores, que talvez jamais se realizem, um momento contido no relativo momento da consciência mesma, e é exatamente isso que constitui o horizonte... O objeto é, por assim dizer, um pólo de identidade, sempre com um sentido já intencionado a realizar e explicar, que em todo momento da consciência é índice de uma intencionalidade poética que ele possui na qualidade de sentido... Esse *entender*-além-de-si,

282 A ESTRUTURA AUSENTE

Pois muito bem, dessa abertura da indagação estrutural (que pressupõe uma reintrodução dos próprios movimentos da historicidade na predicação de estruturas) se aperceberam muitos dos críticos estruturalistas. Ouçamos, por exemplo, Jean Starobinski: "As estruturas não são coisas inertes nem objetos estáveis. Emergem de uma relação instaurada entre o observador e o objeto; despertam em resposta a uma pergunta preliminar, e é em função dessa pergunta feita às obras que se estabelecerá a ordem de preferência dos seus elementos. É ao contacto com a minha interrogação que as estruturas se manifestam e se tornam sensíveis, num texto de há muito fixado na página do livro. Os diversos tipos de leitura selecionam e extraem estruturas 'preferenciais'... Bem depressa perceberemos que uma mesma obra, conforme a pergunta que se lhe faça, permitirá a extração de várias estruturas igualmente aceitáveis ou ainda que esta obra se definirá como uma *parte* dentro de sistemas mais vastos que, superando-a, a englobam. Aqui não cabe ao estruturalismo decidir: ao contrário, a análise estrutural só poderá ser a conseqüência de uma decisão preliminar que fixe a escala e o interesse da pesquisa. Sem dúvida, a aspiração à totalidade nos impelirá a coordenar os resultados dessas diferentes leituras, a tratá-los como os elementos de uma *grande estrutura* que seria o significado global, o sentido exaustivo. Tudo induz a crer que essa *grande estrutura* constitui um termo que não se deixa apreender senão assintoticamente" [54].

Havendo partido de uma interrogação sobre o sentido das grades estruturais aplicadas a uma análise semiológica, tal conclusão poderia ser para nós, aqui, das mais satisfatórias; e como se verá, embora em outros termos, é essa a conclusão a que chegamos no fim deste livro. Mas infelizmente, neste

---

presente em toda consciência, deve ser considerado como seu momento essencial... Portanto, não só os momentos de vida atuais, mas também os potenciais, como implícitos na potencialidade significante dos atuais, passam a ser *pré-delineados*, e enquanto distintos, contêm a evidente característica de explicar o sentido implícito" (E. HUSSERL. *Meditazioni cartesiane*, Milão, Bompiani, 1950, Meditazione, 2, 19-20) [(Na tradução castelhana de José Gaos, encontramos algumas variantes que o leitor interessado deverá verificar. Ver Husserl, *Meditaciones cartesianas*, II, c. 19 e 20, México, El Colegio de México, 1942. (N. da T.)]. E em Sartre: "Mas se a transcendência do objeto se funda na necessidade que tem a aparição de fazer-se sempre transcender, daí resulta que um objeto estabelece, por princípio, a série das suas aparições como infinitas. Destarte, a aparição que é *finita* indica-se a si mesma na sua finitude, mas exige, ao mesmo tempo, para ser apreendida como aparição-daquilo-que aparece ser ultrapassada em direção ao infinito... Certa 'potência' volta a habitar o fenômeno e a conferir-lhe a sua própria transcendência: a potência de ser desenvolvido numa série de aparições reais ou possíveis" (J.-P. SARTRE, *L'essere e il nulla*, Milão, Mondadori, 1958, p. 11-12).

(54) *SeC*, p. XX.

PRIMEIRA OSCILAÇÃO: OBJETO OU MODELO? 283

ponto da investigação, ainda é cedo demais para antecipá-la. Se possível fosse, quando muito teríamos apurado que a predicação estrutural representa a escolha (fruto de determinações várias) de um ângulo pelo qual individuarmos critérios de pertinência. Para a Semiologia, o problema estaria resolvido. Restaria ao fenomenólogo a análise da *constituição* daqueles objetos que são as estruturas individuadas [55].

VI.6. Mas é exatamente uma afirmação como a de Starobinski que se põe em dúvida com uma leitura mais aprofundada dos textos de muitos estruturalistas "ortodoxos" (máxime Lévi-Strauss ou Lacan). Até aqui, examinamos uma primeira oscilação inicialmente individuada entre modelo e objeto concreto. Apuramos que há investigação estrutural, a todos os níveis, quando conseguimos resolver o objeto concreto em modelo. Deixamos porém, pendente outra interrogação sobre a oscilação entre estrutura como *instrumento operacional* e estrutura como *realidade ontológica*. Se a estrutura é um instrumento que *fabrico* para determinar, de um ângulo, modos de aproximação a alguns aspectos do objeto, o trecho de Starobinski põe um ponto final em nossa indagação. Mas e se for uma realidade ontológica que *descubro* como definitiva e imutável?

Eis o problema que ainda nos cumpre enfrentar.

---

(55) Isto é, o aferrar de "um ato primígeno que constitui de modo primígeno o objeto" (E. HUSSERL, *Idee per una fenomenologia pura*, Turim, Einaudi, 1965, 2ª ed. completa aos cuidados de Enrico Filippini, p. 422).

3. Segunda Oscilação: Realidade Ontológica ou Modelo Operacional?

1. O MODELO ESTRUTURAL COMO PROCEDIMENTO
   OPERACIONAL

I.1.   Das primeiras tentativas das ciências lingüísticas
às investigações de Lévi-Strauss sobre os sistemas de parentesco, o modelo estrutural intervém para reduzir a discurso
homogêneo experiências distintas. Nesse sentido o modelo
propõe-se como *procedimento operacional,* único modo possível de reduzir a discurso homogêneo a experiência viva de
objetos distintos, e portanto, uma espécie de verdade lógica,
verdade de razão e não de fato; um elaborado metalingüístico
que permite falar em outras ordens de fenômenos como sistemas de signos.

Nesse caso a noção de modelo estrutural deve ser vista
em clima de metodologia operacional e não implica nenhuma
afirmação de tipo ontológico; a segunda oscilação salientada
na discussão aristotélica sobre a substância estruturada (aquela entre pólo ontológico e pólo epistemológico) resolve-se
a favor do segundo. A assunção do estudioso que emprega
modelos para sua investigação deveria ser então a mesma de
Bridgman quando afirma: "Julgo que o modelo é um instrumento de pensamento útil e inevitável enquanto nos permite
pensar sobre coisas não familiares em termos de coisas familiares" [56].

Ora, segundo a corrente "metodológica" do estruturalismo, este ponto parece fora de discussão:

(56) PERCY BRIDGMAN, *La logica della fisica moderna,* Turim, Boringhieri, 1965, p. 75 (sobre o conceito de modelo veja-se todo o capítulo "Modelli
e costrutti").

SEGUNDA OSCILAÇÃO: REALIDADE ONTOLÓGICA... 285

"Cumpre entender por *Lingüística Estrutural* um conjunto de pesquisas que se apóiam numa *hipótese* segundo a qual é *cientificamente legítimo* descrever a linguagem como se fosse uma estrutura, no sentido acima adotado para esse termo... Insistimos ainda... sobre o caráter hipotético da Lingüística Estrutural... Toda descrição científica pressupõe que o objeto da descrição seja concebido como uma estrutura (e portanto, *analisado* segundo um método estrutural que permita reconhecer relações entre as partes que o constituem) ou como participante de uma estrutura (e portanto, *sintetizado* com outros objetos com os quais entretém relações que possibilitam estabelecer e reconhecer um objeto mais extenso, do qual aqueles objetos, mais o objeto considerado, são partes)... Haverá talvez quem contraponha que, se isso acontece, a adoção de um método estrutural não é imposta pelo objeto da investigação, mas arbitrariamente escolhida pelo investigador. Se assim é, eis-nos de novo ante o velho problema debatido na Idade Média, de saber se as noções (conceitos ou classes) que a análise faz vir à tona resultam da própria natureza do objeto (*realismo*) ou se resultam do método (*nominalismo*). Esse problema é evidentemente de ordem epistemológica e supera os limites do presente relato como também a competência do lingüista enquanto tal"[57].

Hjelmslev insiste sobre este ponto: a Epistemologia poderá aprofundar esse problema e não se exclui que a Lingüística, paralelamente às Ciências Físicas, possa fornecer elementos aptos a resolvê-lo; mas sua solução não é de pertinência do lingüista. Em outras palavras: para um uso correto dos modelos estruturais, não é necessário crer que sua escolha seja determinada pelo objeto, basta saber que é decidida pelo método[58]. O método *cientificamente legítimo* resume-se no método *empiricamente adequado*. Se para o pesquisador for cômodo pensar que está descobrindo constantes estruturais comuns a todas as línguas (ou, acrescentaremos nós, a todos os fenômenos), tanto melhor para ele se essa assunção o ajuda na pesquisa; no fundo, como afirma Bridgman, "as probabilidades são, portanto, favoráveis àqueles que, buscando as relações entre os fenômenos, estão previamente convencidos de que elas existam"[59].

1.2. Por outro lado, a tentação de individuar estruturas homólogas em fatos diferentes (tanto mais quando se passa do campo de todas as línguas para o de todos os sistemas de comunicação, e deste para o de todos os sistemas possíveis vistos como sistemas de comunicação) e de reconhecê-

(57) L. HJELMSLEV, *Essais linguistiques*, op. cit. p. 100-101.
(58) "A hipótese inicial não se pronuncia, como se poderá notar, sobre a 'natureza' do objeto estudado. Evita cautelosamente perder-se numa metafísica ou numa filosofia da *Ding an sich*" [Coisa em si] (op. cit., p. 22).
(59) BRIDGMAN. op. cit., p. 197 (cap "La semplicità della natura").

286 A ESTRUTURA AUSENTE

-las como estáveis, "objetivas", é mais que uma tentação: é quase o incontrolável deslizar do discurso do "como se" ao "se" e do "se" ao "logo". Em certo sentido, parece quase impossível exigir do pesquisador que se lance à caça de estruturas recorrentes obrigando-o a jamais acreditar, nem mesmo por um momento, na ficção operacional que escolheu. No melhor dos casos, embora partindo armado de todo o empirismo possível, chega ele convicto de ter posto a descoberto uma qualquer das várias estruturas recorrentes da mente humana.

I.3. Perigo desse gênero, suficientemente dominado pelo controle crítico, é o que se pode observar em Chomsky: por admissão explícita, o ponto de partida de Chomsky é racionalista cartesiano [60]; tende para um ideal humboldtiano de língua como "underlying competence as a system of generative processes", e de gramática gerativa como "system of rules that can iterate to generate an indefinitely large number of structures" [61]. Mas — enquanto as constantes de quem se dedica à pesquisa são constantes *formais* geralíssimas, que não intervêm para determinar os tipos de modelos estruturais subseqüentemente predicáveis das várias línguas [62], ele insiste

---

(60) NOAM CHOMKSY, *De quelques constantes de la théorie linguistique*, in *Problèmes du langage*, Paris, Gallimard, 1966. Sobre o problema dos possíveis universais da linguagem, ver (J. H. GREENBERG, ed.) *Universals of language*, M. I. T. 1963.

(61) *Aspects of theory*, M.I.T., 1965, c. I ("Methodological Preliminaries").

(*) Assim traduzimos as citações de Chomsky: "competência subjacente como sistema de processos gerativos". E a seguir: "sistema de regras que se podem repetir para gerar um número infinitamente grande de estruturas". E finalmente: "Uma teoria lingüística geral, do tipo já antes sumariamente descrito, deve, portanto, ser considerada, em relação à natureza das estruturas e dos processos mentais, como uma hipótese lingüística de tipo essencialmente racionalista." (N. da T.)

(62) "For the present we cannot come at all close to making a hypothesis about innate schemata that is rich, detailed, and specific enough to account for the fact of language acquisition. Consequently, the main task of linguistic theory must be to develop an account of linguistic universals that, on the one hand, will not be falsified by the actual diversity of languages, and, on the other, will be sufficiently rich and explicit to account for the rapidity and uniformity of language learning" (op. cit., p. 27-28). "The existence of deep-seated formal universals, in the sense suggested... implies that all languages are cut to the same pattern, but does not imply that there is any point by point correspondence between particular languages (op. cit., p. 30). [Que assim traduzimos: "Estamos longe, por ora, de poder elaborar, a respeito dos *schemata* inatos, uma hipótese suficientemente rica, minuciosa e específica que seja capaz de explicar como se processa a aquisição da linguagem". Conseqüentemente, o objetivo principal da teoria lingüística deve consistir em desenvolver uma explicação dos universais lingüísticos, que, por um lado, não seja falseada pela real diversidade das linguagens, e, pelo outro, seja suficientemente rica e clara para explicar a rapidez e uniformidade do aprendizado da linguagem"..... "A existência de universais formais firmemente enraizados no sentido sugerido... implica que todas as linguagens são moldadas pelo mesmo padrão mas não envolve necessariamente a existência de uma correspondência absoluta entre linguagens particulares." (N. da T.)].

SEGUNDA OSCILAÇÃO: REALIDADE ONTOLÓGICA... 287

no fato de que também a escolha de um modelo de gramática gerativa em detrimento de outra (se não a idéia mentora da pesquisa, de que *deva* existir uma gramática gerativa) permanece hipotética, operacional, passível de verificação através da funcionalidade do modelo escolhido [63]. Assim, embora optando por uma filosofia racionalista (no sentido clássico do termo, fundada na assunção de "universais" da linguagem, no reconhecimento de predisposições inatas na mente de todo falante), lembra ele que "A general linguistic theory of the sort roughly described earlier... must therefore be regarded as a *specific hypothesis* (o grifo é nosso), of an essential rationalist cast, as to the nature of mental structures and processes" [64].

Em certo sentido, Chomsky, educado no empirismo próprio da investigação científica moderna, parece escolher sua própria base filosófica como estímulo imaginativo, suporte psicológico; mas sua pesquisa (como no caso de Hjelmslev) pode ser aproveitada até por quem não compartilhe das assunções filosóficas básicas. Assim como podemos não compartilhar da hipótese — *já filosófica* — de Jakobson, segundo a qual todo o universo da comunicação seria regido por um princípio dicotômico (que retorna no binarismo dos traços distintivos do lingüista e no binarismo da Teoria da Informação), e todavia reconhecermos que a "grade" binarista se revela de grande eficácia para discorrer sobre todos os sistemas comunicacionais e reduzi-los a estruturas homólogas.

Em certo sentido caberia até perguntar se pode existir atitude científica que não esteja criticamente ciente desses riscos epistemológicos e que não induza a cautelosas assunções hipotéticas, desaconselhando a resposta filosófica *tout court,* tanto mais grave e paralisante quando dada no início. No entanto, a leitura de alguns textos de Lévi-Strauss nos convencerá de que tudo quanto até agora procuramos esclarecer está bem longe de ser ponto pacífico.

(63) "A insistência sobre o caráter hipotético do método gerativo, mesmo tratando-se de uma "hipótese racionalista" (op. cit., p. 53), por diversas vezes volta à baila na obra de Chomsky. Veja-se também na introdução a *Syntactic Structures* (Haia, Mouton, 1964), e à p. 51, a enfatização do caráter metodológico da opção gerativista. Em *Aspects* (op. cit., p. 163), insiste-se no fato de que a estrutura sintática e semântica de uma linguagem natural ainda apresenta "muitos mistérios" e que por isso toda tentativa de defini-la deve ser considerada, em todo o caso, *provisória.*

(64) *Aspects,* op. cit., p. 53.

288 A ESTRUTURA AUSENTE

II. A METODOLOGIA DE LÉVI-STRAUSS: DO MODELO OPERACIONAL À ESTRUTURA OBJETIVA

II.1. Neste texto exemplar que é o discurso proferido no Collège de France, Lévi-Strauss permite-nos seguir uma espécie de dedução do estruturalismo ontológico a partir dos princípios do estruturalismo metodológico. Numa sociedade primitiva, as várias técnicas, que tomadas isoladamente podem aparecer como um dado bruto, situadas no inventário geral das sociedades, surgem como o equivalente de uma série de escolhas significativas: nesse sentido, um machado de pedra torna-se signo: porque toma o lugar, no contexto em que se insere, do utensílio diferente que outra sociedade empregaria para o mesmo fim (como se vê, também aqui o significado é *posicional* e *diferencial*). Estabelecida a natureza simbólica do seu objeto, a Antropologia sabe que deve descrever sistemas de signos e fazê-lo segundo modelos estruturais. Ela encontra suas experiências já *preparadas* (ja *dadas*), mas por isso mesmo ingovernáveis; deve, portanto, substituí--las por modelos, "c'est-à-dire des systèmes de symboles qui sauvegardent les propriétés caractéristiques de l'expérience, mais qu'à différence de l'expérience, nous avons le pouvoir de manipuler"*. A mente do pesquisador, que se deixou modelar pela experiência, torna-se palco de *operações mentais* que transformam a experiência em modelo, possibilitando outras operações mentais.

A estrutura não pertence, portanto, à ordem da observação empírica: "elle se situe au-delà". E é — como já foi citado — um sistema regido por uma coesão interna, coesão inacessível à observação de um sistema isolado e que se revela no estudo das transformações, graças às quais se encontram propriedades similares em sistemas aparentemente diferentes.

Mas, para permitir essas transformações, a transposição de modelos de um sistema para o outro, é preciso uma garantia da operação, garantia que é dada pela elaboração de um *sistema dos sistemas*. Em outras palavras: se existe um sistema de regras que permitem o articular-se de uma língua (código lingüístico) e um sistema de regras que permitem o articular-se das trocas de parentesco como modos da comunicação (código do parentesco), deve existir um sistema de

---

(*) Assim traduzimos a citação de Lévi-Strauss: "isto é, sistemas de símbolos que salvaguardam as propriedades características da experiência, mas que, ao contrário da experiência, temos o poder de manipular." E mais adiante: "situa-se além". (N. da T.)

SEGUNDA OSCILAÇÃO: REALIDADE ONTOLÓGICA... 289

regras que prescrevam a equivalência entre o signo lingüístico e o signo parental, estabelecendo sua equivalência formal, o idêntico valor posicional dos signos, termo a termo; sistema que chamaremos, usando um termo não empregado pelo nosso autor, de *metacódigo,* visto ser um código que permite definir e nomear outros códigos a ele sotopostos [65].

II.2. O problema que de imediato se levanta para Lévi-Strauss é o seguinte: estas regras (as dos códigos e metacódigos) são "universais"? E se o são, como entender essa sua "universalidade"? No sentido de que se trata de regras que, uma vez propostas, mostram-se úteis para explicar diferentes fenômenos, ou no sentido de que são realidades ocultas em cada um dos fenômenos estudados? No âmbito do texto em pauta, a resposta de Lévi-Strauss é marcada pelo máximo rigor operacional: essas estruturas são universais no sentido de que a tarefa do antropólogo é exatamente a de elaborar transformações sempre mais complexas para explicar com os mesmos modelos os mais diferentes fenômenos (reduzindo, digamos, a um modelo único a sociedade primitiva e a contemporânea); mas essa operação é uma operação de laboratório, uma construção da inteligência investigativa: à falta de uma *verdade de fato,* teremos uma *verdade de razão* [66].

A conclusão é impecável, e representa o mínimo de acribia que se pode exigir de um cientista. Mas eis que imediatamente, por trás do cientista, o filósofo dá o ar de sua graça: ter mostrado — *operacionalmente* — como funciona a aplicação de códigos invariantes a vários fenômenos, não demonstrará, talvez, por dedução imediata, a existência de

(65) A propósito de *Le cru et le cuit,* diz Lévi-Strauss: "Já que os próprios mitos repousam sobre códigos de segundo grau (os códigos de primeiro são aqueles de que se compõe a linguagem), então este livro delinearia um código de terceiro grau, destinado a assegurar a traduzibilidade recíproca dos vários mitos" (tr. it. de Andrea Bonomi, *Il crudo e il cotto,* Milão, Saggiatore, 1966, p. 28). Em outras palavras: "com o progredir da análise estrutural, o pensamento estudado tende cada vez mais a manifestar sua unidade interna, sua coesão e exaustividade em relação aos fenômenos em pauta. As estruturas emersas saem progressivamente da sua particularidade inicial e tendem a generalizar-se; por trás da multiplicidade dos dados empíricos, transparecem relações cada vez mais simples que, por sua recorrência, cobrem um arco muito mais amplo de fenômenos e garantem-lhes a inteligibilidade: delineia-se, portanto, como termo ideal, a existência de uma *meta-estrutura"* (ANDREA BONOMI, *Implicazioni filosofiche nell'antropologia di Claude Lévi-Strauss,* in "Aut Aut", 96-97, 1967).

(66) Substancialmente, nada mais faríamos que elaborar uma linguagem, cujos únicos méritos, como no caso de toda linguagem, consistiriam na coerência, e na explicação, mediante um pequeno número de regras, de fenômenos até agora considerados diferentíssimos. À falta de uma inacessível verdade de fato, teríamos atingido uma verdade de razão" (*Elogio dell'antropologia,* in *Razza e storia,* op. cit., p. 69).

290 A ESTRUTURA AUSENTE

mecanismos universais do pensamento, e portanto, da natureza humana?

É verdade que a suspeita é corrigida por um gesto de consciência metodológica: "Não voltamos talvez as costas a essa natureza humana quando, para individuarmos as nossas invariantes, substituímos os dados da experiência por modelos, sobre os quais nos abandonamos a operações abstratas, como um algebrista com as sua equações?". Mas, inspirando-se em Durkheim e em Mauss, Lévi-Strauss lembra de repente que só o retrair-se em direção ao abstrato pode permitir a elaboração de uma lógica comum a todas as experiências, a descoberta de uma "obscura psicologia" que jaz sob a realidade social, de algo "comum a todos os homens" [67].

Não há quem aí não veja a rápida passagem de uma concepção operacionalista a uma concepção substancialista: os modelos, elaborados *como* universais, funcionam universalmente porque foram construídos para funcionarem universalmente: isso é o máximo de "verdade" a que pode chegar o metodólogo. É indubitável que determinadas constantes subjacentes permitem esse funcionamento (e a suspeita em relação a essas constantes deve permanecer uma fecunda mola de curiosidade para o pesquisador), mas o que nos autoriza a afirmar que *o que permite o funcionamento do modelo tem a mesma forma do modelo*.

II.3. Está claro o fim visado por essa nossa última pergunta: o fato de que alguma coisa permita a *esse* modelo funcionar, justificando-o, não exclui que essa mesma coisa permita igualmente o funcionamento de outros (e os mais variados) modelos; se, ao contrário, essa coisa tem a mesma forma do modelo, então o modelo proposto exaure a realidade descrita e não é mais necessário tentar outras aproximações.

Seria injusto dizer que Lévi-Strauss escorrega com facilidade de uma para outra afirmação, mas é exato dizer que *no fim* escorrega.

Ou será que não escorrega desde o início? Quero dizer: a afirmação de mecanismos universais do pensamento é uma armadilha que espera fatalmente Lévi-Strauss ao fim de cada discurso ou é o projeto que orienta desde o início

---

(67) *Ibidem*, p. 73-74. E, citando Mauss: "Os homens comunicam por intermédio de símbolos... mas podem ter esses símbolos e comunicar por intermédio deles unicamente por terem os mesmos instintos".

SEGUNDA OSCILAÇÃO: REALIDADE ONTOLÓGICA... 291

cada um de seus discursos? Na verdade, esta asssunção filosófica apresenta-se toda vez que o pesquisador deve dominar o encaixamento progressivo das estruturas que lhe coube articular.

Uma família é a execução individual, uma mensagem, daquele código que é o sistema de parentesco naquela dada tribo; mas esse código torna-se, por sua vez, a mensagem de um código mais geral que é o sistema de parentesco de todas as tribos; e este não será mais do que uma execução particular daquele outro código subjacente, com base no qual podem ser considerados homólogos (inspirados na mesma lei estrutural) os códigos do parentesco, das línguas, da cozinha, do mito e assim por diante.

Chegados a este ponto, como deve ser entendido o código elaborado para explicar todos os demais códigos? Supondo-se que não se individue outro ainda mais profundo (e como veremos a seguir, o movimento regressivo se impõe; mas aceitemos a hipótese de que o pesquisador esteja satisfeito com a explicação que encontrou e que lhe permite enformar todos os fenômenos considerados até aquele ponto), este é o termo onde a construção de um modelo operacional se detém, ou é a descoberta de um princípio combinatório fundamental que rege todos os códigos, de um mecanismo elementar radicado no funcionamento da mente humana, onde, portanto, as próprias leis naturais surgem como constitutivas das leis culturais? [68]

II.4. Repetidas vezes Lévi-Strauss define de modo ambíguo a noção de "código". N'*O pensamento selvagem* assiste-se à oscilação entre a idéia de muitos códigos e o postulado de um código que presida às regras de conversão universal: diz-se que as noções de tipo totêmico constituem códigos *para as sociedades que as elaboraram e aceitaram*[69]; diz-se que os códigos são *meios* para fixarem certas signifi-

---

(68) Andrea Bonomi, no artigo citado, fazendo-se portador de uma problemática fenomenológica, procura enfatizar no pensamento de Lévi-Strauss os momentos, que indubitavelmente existem, em que o A. vê no inconsciente estrutural — sobre o qual falaremos —, mais do que um reservatório de conteúdos, "um princípio ativo de *articulação*", bem sabendo que a esse momento corresponde, porém, aquele outro onde se hipostatiza o conceito de inconsciente. Na realidade, esses dois momentos em Lévi-Strauss opõem-se e fundem-se continuamente; e enquanto o segundo emerge ostensivamente nos textos que discutiremos em D.4, outros trechos há, onde o conjunto ao qual aplica a análise estrutural (por exemplo, os mitos) aparece sublinhado como um "conjunto nunca fechado" (*Il crudo e il cotto*, op. cit., p. 19-21). Em D.5.VIII.1, veremos como Derrida salienta essa contradição (v. também, mais adiante, D.3.III.2).

(69) *La pensée sauvage*, Paris, Plon, 1962, p. 120.

292 A ESTRUTURA AUSENTE

cações e transpô-las em termos de outras significações (e portanto pensa-se em meios que, agindo sobre sistemas de significação, já agem sobre códigos, transformáveis em termos de outros códigos, mediante algo chamado "código" mas que deve ter uma relação metalingüística com os precedentes) [70]; diz-se, simplesmente, que os sistemas de significação são códigos mais ou menos bem feitos [71]; ou mesmo, como nas páginas finais sobre a Historiografia, adianta-se a hipótese de que, tendo por fundo um código cronológico genérico, as várias épocas históricas devam ser estudadas com códigos cronológicos parciais (acontecimentos significativos para o código "divisão em milênios" não o são para o código "divisão em meses" e vice-versa)... [72] Parece, portanto, possível elaborar transformações de código para código, mas ao mesmo tempo, parece não haver limite para a individuação de códigos históricos e sociais diferentes, toda vez que a modelização esclareça o mecanismo de certo sistema sígnico.

II.5. Se o problema fosse deixado nesses termos, não surgiriam perguntas. A estrutura-código seria inferida pelo pesquisador com base numa média dos usos (não existiria o código "língua X" senão como média das condições de emprego daquela dada língua por parte de uma comunidade, considerada sincronicamente) e hipotizada como estrutura subjacente que, na medida em que vem à luz, patenteia-se como normativa (salvo se for depois modificada pela intensificação de usos antes considerados aberrantes e só posteriormente absorvidos pela comunidade).

Por outro lado, se a estrutura fosse elaborada para explicar diversas mensagens, as mensagens, por sua vez, interviriam para orientarem a estrutura a individuar. O relacionamento entre uma mensagem e um código nasce de uma decisão operacional: no começo de toda *decodificação,* existe uma *decifração* — para compreender uma forma sígnica, eu a reporto a um sistema de signos, isto é, a um código, *estabelecido como válido.* A decisão é fácil em relação a mensagens referíveis a códigos reconhecidos (e cuja natureza social e convencional é fácil inferir), como acontece no caso da mensagem lingüística. Mas e no caso de um sistema de

(70) *Ibidem,* p. 183; ver também p. 197 e particularmente a p. 228.
(71) *Ibidem,* p. 302.
(72) *Ibidem,* p. 344.

SEGUNDA OSCILAÇÃO: REALIDADE ONTOLÓGICA... 293

parentesco? Num caso em que ainda não possuo o código, mas devo inferi-lo da mensagem (a decifrar)? Neste caso, estabeleço um código (construção mental, modelo operacional), e estabelecendo o código, dou sentido à estrutura da mensagem. O código se estabelece como o modelo de várias mensagens possíveis (assim como o modelo atômico de Bohr é o modelo de vários modelos particulares, como o do átomo de hidrogênio — que, por sua vez, constitui a modelização de uma experiência de outro modo inatingível). Mas sobre o que meço eu a validade do código, visto que o inferi das mensagens?

Só a meço com base na sua capacidade de pôr ordem naquela mensagem e em outras mensagens, e de permitir que eu discorra sobre elas em termos homogêneos (isto é, usando os mesmos instrumentos definitórios). Encontrar estruturas unitárias (isto é, códigos) para mensagens diferentes (e depois resolver o código-estrutura unitária, por sua vez, em mensagem particular de um código mais vasto que o homogeneiza a outros códigos menores), significa captar fenômenos distintos com instrumentos conceptuais iguais. O fato de que línguas diferentes (códigos diferentes, entendidos como execuções-mensagens de um código dos códigos lingüísticos) sejam redutíveis a um número fixo de oposições, só nos diz que — recorrendo a essa construção hipotética — conseguiremos defini-las todas juntas de modo mais econômico. Imobilizou-se a experiência num modelo; sob o ângulo epistemológico, nada ainda intervém para afirmar ou negar que a experiência contivesse *também* os aspectos que dela foram isolados, ao lado de *infinitos outros* tipos de correlações.

II.6. Essa, a conclusão possível. Mas em Lévi-Strauss, essa conclusão, esboçada em muitas páginas, desencontra-se da outra, mais concludente, e em todo o caso mais sugestiva, que gradualmente toma a dianteira: toda mensagem é interpretável com base num código, e todo código é transformável em outro porque todos fazem referência a um Ur-código, uma Estrutura das Estruturas, que se identifica com os Mecanismos Universais da Mente, com o Espírito ou — se quiserem — com o Inconsciente. O tecido conectivo de toda investigação estrutural é o mesmo de todo comportamento comunicacional primitivo ou civilizado: *é a presença de um pensamento objetivo.*

294 A ESTRUTURA AUSENTE

O próprio problema da regressão de código a metacódigo, que discutimos em termos operacionais, propõe-se, em Lévi-Strauss, a certa altura, como já de antemão resolvido por uma confiança filosófica nas leis do pensamento objetivo:

> "Quer limitemos o exame a uma só sociedade quer o estendamos a várias sociedades, será preciso impulsionar as análises dos diferentes aspectos da vida social bastante a fundo para captarmos um nível em que se tornará possível a passagem de um âmbito ao outro; ou seja, elaborarmos uma espécie de código universal, capaz de exprimir as propriedades comuns às estruturas específicas dessumidas de cada um dos aspectos. O emprego desse código deverá ser legítimo, não só para cada sistema tomado isoladamente, como para todos os sistemas quando se tratar de compará-los. Estaremos, assim, em situação de saber se atingimos sua natureza mais profunda e se a sua realidade é ou não do mesmo tipo... Uma vez operada essa redução preliminar [a comparação dos sistemas de parentesco com os sistemas lingüísticos] o lingüista e o antropólogo poderão perguntar-se se diferentes modalidades de comunicação... tais como são observáveis na mesma sociedade, podem ou não estar conexas a estruturas incônscias similares. No caso afirmativo, estaremos certos de ter atingido uma expressão verdadeiramente fundamental"[73].

III. A FILOSOFIA DE LÉVI-STRAUSS: AS LEIS CONSTANTES DO ESPÍRITO

III.1. Fez aqui sua entrada na cena da reflexão estrutural uma personagem que nenhuma metodologia teria jamais podido aceitar, porque pertence ao universo da filosofia especulativa: o Espírito Humano.

"Não nos demos conta suficientemente de que língua e cultura são duas modalidades paralelas de uma atividade mais fundamental: aludo, aqui, àquele hóspede presente entre nós, se bem que ninguém tenha sonhado em convidá-lo para as nossas discussões: o *espírito humano*".[74]

Certamente, os modelos estruturais apareceram como cômodas verdades de razão, úteis para falarmos de modo homogêneo de fenômenos diferentes. Mas em que se baseava a funcionalidade dessas verdades de razão? Obviamente, numa espécie de isomorfismo entre as leis do pensamento investigador e as das condutas investigadas: "este princípio empenha-nos numa direção oposta à do pragmatismo, do

---

(73) *Antropologia strutturale*, op. cit., p. 77-78.
(74) *Ibidem*, p. 87.

SEGUNDA OSCILAÇÃO: REALIDADE ONTOLÓGICA... 295

formalismo e do neopositivismo, visto que afirmar que a explicação mais econômica é também a que — entre todas as consideradas — mais se aproxima da verdade, apóia-se, em última análise, na identidade postulada entre as leis do mundo e as do pensamento."[75]

O que significa, então, estudar os mitos? Significa individuar um sistema de transformação de mito para mito que demonstre como em cada um deles se recorriam alguns caminhos fundamentais do pensamento, quer os construtores de mitos o soubessem ou não. O que quer que fosse que os mitos pretendessem contar, repetiam e repetem a mesma estória. E essa estória é a exposição das leis do espírito em que esses mitos se baseiam. Não é o homem que pensa os mitos, mas *os mitos se pensam nos homens;* melhor ainda, no jogo de transformações recíprocas possíveis, *os mitos se pensam entre si:*

"A estrutura estratificada do mito ... permite ver nele uma matriz de significações ordenadas em linhas e colunas, mas onde, qualquer que seja o modo pelo qual se efetua a leitura, todo plano sempre remete a outro plano. Analogamente, toda matriz de significações remete a outra matriz, todo mito a outros mitos. E se nos perguntarmos a que último significado remetem essas significações recíprocas, que devem sem dúvida referir-se todas juntas a alguma coisa, a única resposta que êste livro sugere é que os mitos significam o espírito que os elabora por meio do mundo do qual ele próprio faz parte. Podem assim ser simultâneamente gerados seja os mitos propriamente ditos, por obra do espírito que os origina, seja, por obra dos mitos, uma imagem do mundo já inscrita na arquitetura do espírito"[76].

III.2. Essa conclusão de *Le cru et le cuit* conduz Lévi-Strauss a uma admissão em que já procuram ancorá-lo os seus mais lúcidos comentadores [77]: o universo dos mitos e da linguagem é o palco de uma *representação* que se desenrola por trás do homem, e na qual o homem não está implicado senão como voz obediente, que se presta a exprimir uma combinatória que o supera e anula como sujeito responsável. Mas, como veremos, embora chegando ao limiar dessa conclusão, Lévi-Strauss continua a manter em jogo duas outras opções que, embora parecendo complementares a esta, a ela se opõem: de um lado, enquanto revela

(75) *Ibidem*, p. 106. Sobre o isomorfismo, ver também Bonomi, *art. cit.*
(76) *Il crudo e il cotto*, op. cit., p. 446.
(77) Ver J. DERRIDA, "La structure, le signe et le jeu dans le discours des sciences humaines", in *L'écriture et la différence*, op. cit.

296 A ESTRUTURA AUSENTE

uma matriz combinatória que permite todas as estruturas possíveis, ainda continua manobrando as estruturas explicativas como modelos instrumentais: do outro, continua pensando em termos de subjetividade, embora reduzindo essa subjetividade (aquém do jogo aparente das trocas intersubjetivas e históricas) a determinação de um inconsciente *estruturado* que se pensa nos homens. Uma espécie de matriz transcendental, cujas qualidades Paul Ricoeur [78] individuara ao criticar Lévi-Strauss pelo fato de construir um kantismo sem sujeito transcendental; ao que Lévi-Strauss respondera apelando para um inconsciente, um depósito arquétipo, diverso do junguiano, porque não continuísta mas formal. Nessa aventura do pensamento, onde o pensamento aparecia quase temeroso de algumas admissões últimas, o pensamento de Lévi-Strauss continuava, destarte, vagando em torno do limiar de uma declaração inexpressa.

III.3. Para as objeções tipo Ricoeur (estamos diante das leis de um pensamento objetivo, de acordo, mas se este não mana de um sujeito transcendental, e se todavia tem as características de um inconsciente categorial e combinatório, então o que é? Homólogo à natureza? a própria natureza? inconsciente pessoal? inconsciente coletivo?), a resposta antecipada vinha no prefácio que Lévi-Strauss ampliou para a edição dos ensaios de Mauss. [79]

"Foi de fato a Lingüística, e mais particularmente a Lingüística Estrutural, que nos tornou familiar, a partir de então, a idéia de que os fenômenos fundamentais da vida do espírito, os que a condicionam e determinam as suas formas mais gerais, se colocam no plano do pensamento inconsciente." Estamos aqui diante de atividades que parecem *nossas e alheias,* "condições de todas as vidas mentais de todos os homens e em todos os tempos."

Aí, Lévi-Strauss não diz apenas, como se limitava a fazer Saussure, que a língua é uma função social que o sujeito registra passivamente e exercita sem disso aperceber-se. Porque Saussure, definindo a língua desse modo, entendia-a como uma forma de contrato, estabelecido através de

---

(78) PAUL RICOEUR, *Symbole et temporalité,* in "Archivio di filosofia", 1-2, 1963; e *Structure et herméneutique,* in "Esprit", 11, 1963 em part. p. 618. A resposta de Lévi-Strauss a Ricoeur está em *Le cru et le cuit,* na "Ouverture" (p. 20, ed. fr.)

(79) C. LÉVI-STRAUSS, *Introdução* a MARCEL MAUSS, *Teoria generale della magia,* Turim, Einaudi, 1965 (mas o escrito original para a edição francesa data de 1950).

SEGUNDA OSCILAÇÃO: REALIDADE ONTOLÓGICA... 297

uma média de atos isolados de exercício da linguagem, e existente *virtualmente*, sim, em cada sujeito, mas porque aí depositado pela *prática da fala*. Essa não é uma afirmação metafísica, é a assunção metodológica da natureza social da língua, com cuja origem o lingüista estrutural não se preocupa (aterrorizado ante a idéia absurda de buscar um Ur-Sprache) e cuja atividade incônscia é explicada através do cristalizar-se de uma prática contínua, de um adestramento que é *inculturação*. Lévi-Strauss, ao contrário, fala em condições *meta-históricas* e *meta-societárias*. As que aponta são *raízes arquetípicas* de toda atividade estruturante. Lévi-Strauss procura distinguir essas condições universais do inconsciente coletivo junguiano [80]; em todo o caso, tão convicto está de que na raiz do estruturar-se das relações sociais ou dos hábitos lingüísticos existe uma atividade inconsciente universal, igual para todos os homens (e que permite ao estruturalista constituir sistemas descritivos isomorfos), que é levado a ver tal atividade como uma espécie de *necessidade* basilar e determinante, ante a qual as teorizações que cada povo dá de seus hábitos, surgem como uma espécie de ideologia (no sentido negativo do termo), manifestação de consciência perversa, atividade supra-estrutural com a qual se "cobrem", se ocultam as reais razões de base que impelem a agir de determinado modo.

III.4. Isso fica bastante claro com a análise que Lévi--Strauss faz do *Ensaio sobre o presente*, de Mauss. O que é que leva os Maoris a trocar presentes entre si dentro de um rigoroso sistema de correspondências? O *hau*, responde Mauss, porque lhe disseram os indígenas. Mas Lévi-Strauss corrige essa pretensa ingenuidade do etnólogo:

(80) "O problema etnológico é, portanto, em última análise, um problema de comunicação; e essa constatação deve bastar para sepa:armos radicalmente o caminho seguido por Mauss, identificando *inconsciente* e *coletivo*, do de Jung, que poderíamos ser tentados a definir de modo semelhante. Não é, de fato, a mesma coisa definir-se o inconsciente como uma categoria do pensamento coletivo ou dividi-lo em setores segundo o caráter individual ou coletivo do conteúdo que se lhe atribui. Em ambos os casos, concebe-se o inconsciente como um sistema simbólico; mas para Jung, o inconsciente não se reduz ao sistema; está repleto de símbolos e de coisas simbolizadas que formam uma espécie de substrato. Ou esse substrato é inato, mas sem a hipótese teológica é inconcebível que o conteúdo da experiência preceda a própria experiência; ou é adquirido, e nesse caso o problema da hereditariedade de um inconsciente adquirido seria menos temível do que o dos caracteres biológicos adquiridos. Na realidade, não se trata de traduzirmos em símbolos um dado extrínseco, mas de reduzirmos à natureza de sistema simbólico coisas que fogem a ele só para tornarem-se incomunicáveis. À semelhança da linguagem, o fator social *é* uma realidade autônoma (a mesma, de resto); os símbolos são mais reais do que as coisas que representam, o significante precede e determina o significado." (p. XXXVI).

298 A ESTRUTURA AUSENTE

"O *hau* não constitui a razão última da troca. É a forma consciente sob a qual homens de uma sociedade determinada, onde o problema tinha uma importância particular, captaram uma necessidade inconsciente, cuja razão está alhures... Depois de haver individuado a concepção indígena, cumpria submetê-la a uma crítica objetiva, que permitisse atingir a realidade subjacente. Ora muito bem, é muito mais provável que esta última resida em estruturas mentais inconscientes, atingíveis mediante as instituições e, melhor ainda, na linguagem, do que em elaborações conscientes"[81].

III.5. A esta altura, verifica-se, porém, o risco de uma singular regressão no campo das ciências antropológicas, cujo esforço tem sido, desde o início do século até hoje, o de superar progressivamente o etnocentrismo do pesquisador, para individuar sistemas de pensamento e comportamento distintos do modelo ocidental e todavia igualmente atuantes no âmbito de situações históricas e sociais diferentes. Explicar um inconcebível sistema de troca de presentes descobrindo a doutrina com a qual os nativos o justificam, alarga nosso conhecimento dos processos mentais do homem, e permite-nos compreender a existência de lógicas complementares entre si. A atividade de comparação estrutural pareceria um método extremamente útil para reduzirmos, por exigências de compreensão, essas lógicas complementares a modelos homogêneos, que delas todavia respeitem (embora focalizando-lhes os isomorfismos possíveis) as diversidades de fato. Mas com a operação de Lévi-Strauss, corre-se o risco de um retorno oculto ao etnocentrismo. Recusar a validade da doutrina do *hau* para reportá-la à lógica objetiva do pensamento universal, não significará, ainda uma vez, reportar o pensamento *diferente* ao pensamento *único,* ao modelo histórico do qual parte o pesquisador?

Lévi-Strauss é arguto demais para não aperceber-se disso; antes, assume a hipótese e a reforça, justamente em *Le cru et le cuit*:

"De fato, se o fim último da Antropologia é o de contribuir para um melhor conhecimento do pensamento objetivado e dos seus mecanismos, então decididamente dá no mesmo que, neste livro, o

---

(81) *Ibidem,* p. XLII. A explicação consistiria em reduzirmos a vida social a um sistema de relações que dizem respeito justamente à circularidade do ato de presentear; e não se pode negar que lendo o ensaio de Mauss se intua continuamente a redutibilidade dos seus dados a precisas relações estruturais. Mas existem pontos, onde se examinam ritos de destruição das riquezas por motivos de prestígio público, que nos fazem lembrar as manifestações de prestígio típicas da sociedade industrial ocidental (pensemos na *leisure class* de Veblen), e descobre-se que a teoria indígena serve para explicar o comportamento civilizado mais do que este explica os ritos indígenas.

SEGUNDA OSCILAÇÃO: REALIDADE ONTOLÓGICA... 299

pensamento dos indígenas sul-americanos tome forma sob a ação do meu ou o meu sob a ação do deles. O que importa é que o espírito humano, sem levar em conta a identidade dos seus enviados ocasionais, manifeste uma estrutura sempre mais inteligível, à medida que se desenvolve o procedimento duplamente reflexivo de dois pensamentos que agem um sobre o outro, e cada um dos quais, alternadamente, pode ser a mecha ou a centelha a cuja aproximação jorrará a iluminação comum a ambos. E se esta última vier a revelar um tesouro, não precisaremos de árbitros para proceder à partilha, já que se começou reconhecendo que a herança é inalienável, e deve permanecer indivisa"[82].

Assim foge Lévi-Strauss ao risco do etnocentrismo: qualquer que seja a retícula interpretativa que o intérprete sobreponha à interpretação indígena, essa retícula será tão sua quanto dos indígenas, visto que é a resultante de uma clarificação que o pesquisador realizou de dentro do sistema examinado, garantido pelo fato de que os mecanismos do seu pensamento (no limite) são os mesmos do pensamento indígena.

Mas se o projeto é edificante, os resultados afiguram-se discutíveis. Na verdade, coube a Lévi-Strauss anunciar uma decisão de método que parece singularmente ofensiva para todo espírito científico e que se resume nesta declaração: "O método é aplicado de modo tão rigoroso que, se se tivesse que descobrir um erro na solução das equações assim obtidas, teria ele mais probabilidades de ser imputado a uma lacuna no conhecimento das instituições indígenas que a um erro de cálculo"[83].

O que significa tudo isso? Certamente o pesquisador, antes de julgar o método como falho, deve controlar os dados contraditórios para examinar se por acaso estavam errados. Mas, nesse entretempo, tem o dever de duvidar também do método. *Se é que se trata de um método.* E se se tratar de uma lógica objetiva que reflete as leis estruturais universais? Então Lévi-Strauss tem razão, como tinha razão o filólogo medieval que ante a discrepância verificada no confronto de diferentes trechos das Sagradas Escrituras, ou no destes com as páginas de uma *auctoritas,* estabelecia ou que

(82) *Il crudo e il cotto,* op. cit., p. 29-30.
(83) Introdução a Mauss cit., p. XXXVIII. Sobre a "metafísica" de Lévi-Strauss, consulte-se CARLO TULLIO-ALTAN, *Lo strutturalismo di L.-S. e la ricerca antropologica,* in "Studi di sociologia", III, 1966; bem como o primeiro capítulo do volume *Antropologia funzionale,* Milão, Bompiani, 1968. Uma denúncia mais polêmica — diríamos: mais política — do equívoco metafísico em Lévi-Strauss, é a de FRANCO FORTINI, *La pensée sauvage,* in "Questo e altro", 2, 1962.

300 A ESTRUTURA AUSENTE

não tivesse compreendido o texto, ou que houvesse erro na transcrição. A única coisa doravante inadmissível sobre os fundamentos da lógica universal é a possibilidade real de uma contradição.

Todavia, também essa conclusão só será verdadeira se o Ur-Código ainda representar uma estrutura que estabelece algumas leis de combinação excluindo todas as outras.

Mas e se o Ur-Código fosse algo diferente de uma estrutura, se fosse um manancial indeterminado que permite todas as configurações possíveis, até mesmo as que se contradizem entre si?

III.6. Quando o pensamento chega a essa pergunta, deve perguntar-se se por acaso a presunção de uma atividade do espírito, que determina todo comportamento humano, não implicaria de direito a renúncia à idéia de estrutura. Como veremos, outros pensadores, com absoluta conseqüencialidade, chegaram a essa conclusão. Mas o que torna a pesquisa de Lévi-Strauss apaixonante, fascinante, densa de sugestões até para quem parta de posições opostas, é justamente a recusa de chegar a essa admissão definitiva. É essa oscilação entre o ideal positivista de uma explicação total com base em estruturas determináveis e determinantes, e o fantasma de uma estrutura como ausência e liberdade absoluta, que morde por dentro o estruturalismo filosófico e abala-lhe a coerência, levando-o, por fim (em Lacan e na corrente lacaniana), a explodir. Em outros termos: com a idéia do Espírito Humano como raiz determinante de todo comportamento cultural, Lévi-Strauss traduziu o universo da Cultura em universo da Natureza. Mas depois de ter individuado essa Natureza como Natura Naturans, continua a manipulá-la e descrevê-la nas suas características formais inalteráveis, como se fosse Natura Naturata.

Destarte, quando para o pesquisador surge uma definição estrutural em cujos termos um fenômeno novo não pode ser incluído, se não conseguir ele renunciar à idéia de que a estrutura que individuara era a definitiva (e que o que é definitivo seja necessariamente uma estrutura), só lhe resta renegar o fenômeno aberrante.

Assim Lévi-Strauss anuncia querer e dever fazer com os comportamentos dos primitivos. E assim lhe ocorre agir quando enfrenta os comportamentos da cultura contemporânea. Descoberta imóvel e eterna (intemporal) nas raízes mesmas da cultura, a Estrutura — que de instrumento fêz-se Princípio Hipostatizado — determina também o nosso modo de avaliar o desenvolvimento e a história.

Acompanhar as contradições *desse* pensamento estrutural no momento em que se encontra com um "pensamento serial" (como justificação do movimento e do devir das estruturas) significa iluminar as contradições de todo estruturalismo que se erija em visão filosófica, e introduzir-nos no estudo subseqüente da explosão da própria idéia de estrutura.

4. Pensamento Estrutural e Pensamento Serial

I. ESTRUTURA E "SÉRIE"

I.1. Na "Ouverture" a *Le cru et le cuit,* Claude Lévi-Strauss faz uma análise das diferenças entre duas atitudes culturais, que chama "pensamento estrutural" e "pensamento serial". Quando fala em pensamento estrutural, refere-se à posição filosófica implícita que se subtende ao método de investigação estruturalista nas Ciências Humanas; quando fala em pensamento serial, refere-se à filosofia implícita que se subtende à poética da música pós-weberniana, e em particular à poética de Pierre Boulez.

Essa contraposição é digna de consideração por duas razões:

a) antes de mais nada, quando Lévi-Strauss fala em pensamento serial, o objeto da sua polêmica não è somente a música, mas — em geral — toda a atitude das vanguardas e do experimentalismo contemporâneo. Na realidade, sua crítica ao serialismo liga-se à crítica da pintura abstrata e informal já indicada nos *Entretiens* — e, decididamente, explicita a desconfiança de Lévi-Strauss em relação a formas de arte que se propõem a pôr em crise sistemas de expectativa e sistemas de formação tradicionais, apoiados em elementos que a atual cultura ocidental considera, desde o fim da Idade Média até hoje, como arquétipos e "naturais";

b) em segundo lugar, falando em "pensamento estrutural" e "pensamento serial", Lévi-Strauss deixa entender que as duas atitudes não devem ser consideradas como simples decisões metodológicas, mas como verdadeiras e autênticas vi-

PENSAMENTO ESTRUTURAL E PENSAMENTO SERIAL   303

sões do mundo. O aprofundamento desse texto é, portanto, útil para compreendermos para que direção tende uma metodologia estruturalista no momento em que se apresenta como filosofia.

I.2. Quais são os elementos do pensamento serial? Demos a palavra a Boulez, citando um trecho do ensaio em que também se baseia Lévi-Strauss:

"A série tornou-se um modo de pensar polivalente... É, portanto, uma reação total contra o pensamento clássico, que quer que a forma seja, praticamente, uma coisa preexistente, e ao mesmo tempo uma morfologia geral. Aqui (no pensamento serial) não existem escalas pré-constituídas, isto é, estruturas gerais onde se insira um pensamento particular; em compensação, o pensamento do compositor, utilizando uma metodologia determinada, cria os objetos de que tem necessidade e a forma necessária para organizá-los, toda vez que deve exprimir-se. O pensamento tonal clássico funda-se num universo definitivo através da gravitação e da atração; o pensamento serial, ao contrário, num universo em perpétua expansão"[84].

E é sobre essa hipótese de uma produção de possibilidades orientadas, de uma estimulação de experiências de escolha, de discussão de toda gramática estabelecida, que se baseia toda a teoria da *obra aberta,* na música como em qualquer outro gênero artístico (nada mais sendo, essa teoria, do que uma poética do pensamento serial).

Pensamento serial como produção de uma estrutura aberta e polivalente: na música como na pintura, no romance como na poesia e no teatro. Mas a própria noção de obra aberta, no momento em que é traduzida razoavelmente, embora perigosamente como "estrutura aberta") traz consigo um problema: os instrumentos que o estruturalismo nos oferece para analisarmos uma estrutura aberta podem coexistir com as noções de polivalência e serialidade? Isto é, será possível pensarmos estruturalmente a série? Existirá homogeneidade entre pensamento estrutural e pensamento serial?

I.3. Não por acaso Lévi-Strauss fala, em seu texto, em "pensée structurale" e não "pensée structurelle" (quando o léxico francês lhe permitiria ambos os usos). No seu ensaio, Jean Pouillon chama a atenção para essa nuança semântica e ajuda-nos a compreender em que sentido o problema de uma estrutura aberta pode ainda nada ter que ver com a pro-

(84) PIERRE BOULEZ, *Relevés d'apprenti,* Paris, Seuil, 1966, p. 297.

304

blemática estruturalista, ao mesmo tempo que remete a um nível subseqüente.

Jean Pouillon, no ensaio citado, associa o adjetivo "structurel" com a configuração real que a análise descobre num objeto, e o adjetivo "structural" à lei de variabilidade das realidades "structurelles", à sintaxe geral que permite predicar homologias relacionais de objetos diferentes. "Uma relação é 'structurelle' quando a consideramos em seu papel determinante no interior de uma dada organização; e a mesma relação é 'structurale' quando a assumimos como suscetível de realizar se de muitas maneiras diferentes e igualmente determinantes em muitas organizações" [85]. Portanto, a diferença, a essa altura, está clara: enquanto o pensamento serial trabalhava para produzir realidades "structurelles" abertas, o pensamento estruturalista trabalhava sobre realidades "structurales". Como veremos, tratava-se de dois âmbitos de pesquisa bastante distintos, embora em última análise *se devam* traduzir os resultados de um nos termos do outro. Mas a superficial assonância permitiu que *tout court* se julgasse a atividade estruturadora das vanguardas como diretamente ligada à atividade de investigação sobre as estruturas, própria do estruturalismo. A tal ponto que muitos intérpretes arrojados (a maioria, porém, da publicística culta, e a totalidade da inculta) pensaram no estruturalismo como tradução metodológico-crítica da atividade formuladora das vanguardas. Amiúde se trata apenas de um sofisma passavelmente ingênuo: o estruturalismo é uma metodologia de vanguarda, logo, é a metodologia da vanguarda. Muitas vezes, em todo caso, tratava-se de uma identificação apressada, que levou muitos a aplicarem as categorias estruturalistas a operações de vanguarda, com resultados bastante discutíveis.

O objetivo destas páginas não é cindir o âmbito dos interesses estruturalistas do das pesquisas artísticas de vanguarda, mas cindir as responsabilidades pondo a descoberto o fato de que aí estão em jogo dois níveis diferentes de experiência. Só quando essa distinção estiver clara, será possível falar nas possibilidades de uma linguagem comum aos dois níveis.

Por outro lado, se ocorreu o equívoco, é porque vários elementos contribuíam para creditá-lo; e acertadamente (em-

---

(85) JEAN POUILLON, *Apresentação*, p. 17, in *Problemas do Estruturalismo*, Rio de Janeiro, Zahar Editores, 1968 (traduzido por Moacir Palmeira do nº 246 — *Problèmes du structuralisme* — da revista "Les Temps Modernes", Paris, novembro de 1966.

PENSAMENTO ESTRUTURAL E PENSAMENTO SERIAL 305

bora depois as conclusões não coincidam com as nossas) embra Lévi-Strauss, nas páginas citadas, ser o pensamento serial uma corrente da cultura contemporânea que é importante distinguir do estruturalismo, precisamente em virtude dos traços comuns que com ele apresenta.

I.4. Vejamos, portanto, o que distingue o pensamento serial do pensamento estrutural; em que sentido o pensamento estrutural se opõe ao pensamento serial; e se o pensamento estrutural, que surge como oposto ao pensamento serial, é o pensamento estrutural *in toto,* ou simplesmente uma sua encarnação particular; e se, portanto, no seu conjunto, o pensamento estrutural deve receber do pensamento serial a configuração dos seus limites e a indicação de suas outras possibilidades (e ao mesmo tempo: se o pensamento estrutural, na sua acepção mais extrema e rigorosa, não servirá para marcar os limites do pensamento serial e apontar-lhe as possibilidades).

Quais os conceitos mais importantes introduzidos pelos métodos estruturais, segundo a lição das pesquisas lingüísticas — e, de um modo geral, de uma teoria da comunicação?

1) *A relação código-mensagem.* Toda comunicação se realiza na medida em que a mensagem é decodificada com base num código preestabelecido, comum ao remetente e ao destinatário.

2) *A presença de um eixo da seleção e de um eixo da combinação.* Sobre esses dois eixos repousa, em última análise, a idéia de uma dupla articulação da língua: dado que toda comunicação se estabelece quando unidades de primeira articulação nascem da combinação de unidades de segunda articulação, menos numerosas, previstas pelo repertório seletivo do código e providas de um valor oposicional decorrente da sua posição no sistema.

3) *A hipótese de que todo código repouse sobre a existência de códigos mais elementares:* e que, de código em código, toda comunicação, na sua mecânica elementar, possa ser reduzida, por sucessivas transformações, a um código único e *primeiro* (do ponto de vista lógico e formal, um *Ur-código*), que constitui, ele e só ele, a verdadeira Estrutura de toda comunicação, de toda língua, de toda operação cultural, de toda atividade de significação, da língua articulada às cadeias sintagmáticas mais complexas, como os mitos; da linguagem verbal à "língua" da cozinha ou da moda.

Quais são, ao contrário, os conceitos fundamentais de um pensamento serial?

1) *Toda mensagem põe em discussão o código.* Todo ato de fala constitui uma discussão sobre a língua que o gera. No limite:

306

A ESTRUTURA AUSENTE

toda mensagem estabelece o próprio código, toda obra surge como a fundação lingüística de si mesma, a discussão sobre sua poética, a libertação dos liames que, antes dela, pretendiam determiná-la, a chave de sua própria leitura.

2) *A noção de polivalência põe em crise os eixos cartesianos, bidimensionais, do vertical e do horizontal, da seleção e da combinação.* A série, enquanto constelação, é um campo de possibilidades que gera escolhas múltiplas. É possível conceber uma articulação de grandes cadeias sintagmáticas (como o "grupo" musical de Stockhausen; o conjunto matérico da *action painting;* o elemento de linguagem extraído de outro contexto e inserido, como novo elemento de articulação, num discurso onde o que conta são os significados que brotam do *assemblage* e não os significados primários que constituíam o elemento-sintagma no seu contexto natural; etc.) que se estabeleçam como episódios de articulações ulteriores em relação às articulações tomadas como ponto de partida.

3) Por fim, embora sendo possível que toda comunicação repouse sobre um Ur-código que permite todo tipo de troca cultural, o que importa ao pensamento serial *é individuar códigos históricos e pô-los em discussão para fazê-los gerar novas modalidades comunicacionais.* O fim primeiro do pensamento serial é fazer os códigos evolverem historicamente e descobrir novos códigos, não regredir progressivamente para o Código gerativo original (a Estrutura). Portanto, o pensamento serial visa a produzir história, não a procurar, por baixo da história, as abscissas intemporais de toda comunicação possível. Em outras palavras, enquanto o pensamento estrutural visa a *descobrir,* o serial visa a *produzir.*

Estabelecidas essas diferenças, parecerão mais claras as objeções que Lévi-Strauss levanta ao pensamento serial e — do seu ponto de vista — com algumas razões. Releiamos estas páginas para vermos se os elementos de contraste são verdadeiramente irredutíveis ou se é possível entrevermos uma mediação que as páginas de Lévi-Strauss parecem excluir [86].

II. A CRÍTICA DE LÉVI-STRAUSS A ARTE CONTEMPORÂNEA

II.1. O discurso de Lévi-Strauss tem início com uma comparação entre pintura e linguagem verbal:

"A pintura só merece ser chamada de linguagem na medida em que, como toda linguagem, se compõe de um código especial cujos termos são gerados por combinação de unidades menos numerosas e igualmente dependentes de um código mais geral." Mas "na linguagem articulada o primeiro código não significante é, para o segundo código, meio e condição de significação, de modo que a própria significação é isolada num plano. A dualidade se restabelece

(86) Ver *Il crudo e il cotto*, op. cit., "Ouverture", p. 38-44.

PENSAMENTO ESTRUTURAL E PENSAMENTO SERIAL 307

na poesia, que retoma o valor significante virtual do primeiro código para integrá-lo no segundo. De fato, a poesia opera sobre a significação intelectual das palavras e das construções sintáticas, e ao mesmo tempo sobre propriedades estéticas, termos em potência de um outro sistema que reforça, modifica, ou contradiz essa significação. O mesmo se dá com a pintura, onde as oposições de formas e cores são acolhidas como traços distintivos que dependem simultaneamente de dois sistemas: o das significações intelectuais, herdadas da experiência comum, resultante da articulação e organização da experiência sensível em objetos; e o dos valores plásticos, que só se torna significativo sob a condição de modular o outro e nele se integrando...

... Então se compreende por que a pintura abstrata, e de um modo geral todas as escolas que se proclamam 'não-figurativas', perdem o poder de significar: elas renunciam ao primeiro nível de articulação e pretendem contentar-se com o segundo para subsistirem."

Desenvolvendo essa objeção (já presente nos *Entretiens* — e também em outro texto estruturalista sobre a música serial, o ensaio de Nicolas Ruwet contra Henri Pousseur) [87], Lévi-Strauss detém-se em algumas distinções bastante sutis: também a pintura caligráfica chinesa parece repousar sobre formas que valem como puros elementos sensíveis de segunda articulação (fatos plásticos: assim como os fonemas são fatos auditivos desprovidos de significado); mas na pintura caligráfica chinesa, as unidades, aparentemente de segunda articulação, repousam sobre uma articulação preexistente, a de um sistema de signos dotados de significados precisos, que na articulação plástica não estão de todo anulados.

Mas o exemplo da pintura caligráfica é útil para reportarmos o discurso da pintura informal à música: a música, de fato, remete, na sua existência puramente sonora, a um sistema de primeira articulação criado pela cultura, isto é, ao sistema dos sons musicais.

II.2. Naturalmente essa comparação obriga Lévi-Strauss a pronunciar-se sobre um ponto fundamental que constitui a chave de toda a argumentação subseqüente:

"Esse ponto é capital, porque o pensamento musical contemporâneo rejeita, de modo formal e tácito, a hipótese de um fundamento natural que justifique objetivamente o sistema das relações estipuladas entre as notas da escala. Estas últimas se definiriam exclusivamente — segundo a significativa fórmula de Schoenberg — como 'o conjunto das relações que intercorrem entre os sons'. Toda-

(87) "Incontri musicali", III, 1959.

308 A ESTRUTURA AUSENTE

via, o ensinamento da Lingüística Estrutural deveria permitir a superação da falsa antinomia entre o objetivismo de Rameau e o convencionalismo dos modernos. Em seguida à decomposição que toda escala opera no *continuum* sonoro, surgem entre os sons relações hierárquicas. Tais relações não são ditadas pela natureza, já que as propriedades físicas de qualquer escala musical excedem consideravelmente, em número e complexidade, as que um sistema aproveita na constituição dos seus traços pertinentes. Mas sempre é verdade que, à semelhança de qualquer sistema fonológico, todo sistema modal ou tonal (ou ainda politonal ou atonal) se baseia em propriedades fisiológicas e físicas, conserva algumas dentre todas aquelas que estão disponíveis, em número provavelmente ilimitado, e se vale das oposições e combinações a que essas propriedades se prestam para elaborar um código apto a discriminar significações. Assim como a pintura, a música pressupõe, portanto, uma organização natural da experiência sensível, o que não quer dizer que a ela se submeta."

II.3.   A essa altura, Lévi-Strauss vê-se na contingência de definir a diferença entre música concreta e música serial; e parece não cair no equívoco publicitário que as confunde. O caso da música concreta é simplesmente paradoxal: se conservasse para os ruídos que emprega um valor representativo, disporia de unidades de primeira articulação sobre as quais trabalhar; mas já que visa a desnaturar os ruídos para deles fazer pseudo-sons, perde o nível de primeira articulação sobre o qual podia elaborar-se uma segunda articulação.

A música serial, ao contrário, trabalha sobre sons com uma gramática e uma sintaxe refinada que a põem na esteira tradicional da música clássica. Mas também não escapa de algumas contradições que tem em comum com a pintura informal ou a música concreta.

"Levando até suas extremas conseqüências a erosão das particularidades individuais dos tons, que começa com a adoção da escala temperada, o pensamento serial parece não mais tolerar entre eles senão um grau muito tênue de organização"; para usarmos as palavras de Boulez: o pensamento serial cria de cada vez os objetos de que necessita e a forma necessária para organizá-los. Renuncia, digamos assim, às relações que constituem os sons da gama tonal e que, como sugere Lévi-Strauss, correspondem às palavras, aos monemas, ao nível de primeira articulação, típico de toda língua que pretenda comunicar. Daí por que a música serial parece-lhe deslizar para a heresia do século (justamente: do século; pois como vimos, a discussão sobre o pensamento serial põe em

PENSAMENTO ESTRUTURAL E PENSAMENTO SERIAL. 309

jogo toda a arte contemporânea): a de querer "construir um sistema de signos sobre um único nível de articulação"...

"Os defensores da doutrina serial responderão que renunciam ao primeiro nível para substituírem-no pelo segundo, compensando, porém, essa perda com a invenção de um terceiro nível, ao qual confiam a função outrora assumida pelo segundo. Sempre teríamos, portanto, dois níveis. Depois da era da monodia e da polifonia, a música serial assinalaria o advento de uma "polifonia das polifonias"; esta integraria uma leitura antes horizontal, depois vertical, desembocando numa leitura 'oblíqua'. Apesar de sua coerência lógica, esse argumento não atinge o essencial: em toda linguagem, a primeira articulação não é móvel, salvo dentro de limites restritos. Não é, sobretudo, permutável, porquanto as respectivas funções das duas articulações não podem ser definidas abstratamente uma em relação à outra. Os elementos, que a segunda articulação promove à função significante de uma nova ordem, devem chegar a essa segunda articulação já dotados das propriedades requeridas, ou seja, marcados por e para a significação. Isso só é possível porque tais elementos não são apenas copiados da natureza, mas organizados em sistema desde o primeiro nível de articulação: hipótese viciosa, a menos que se reconheça que esse sistema engloba algumas propriedades de um sistema natural que, para seres de natureza semelhante, institui as condições *a priori* da comunicação. Em outras palavras, o primeiro nível consiste de relações reais mas inconscientes, relações que devem a esses atributos o fato de poderem funcionar sem serem conhecidas ou corretamente interpretadas."

II.4. Esse longo trecho, que valia a pena reler na íntegra, joga — ao que nos parece — com alguns sofismas. Primeiro argumento: a música serial não é linguagem, porque a característica de toda linguagem é apresentar duas articulações não substituíveis (isto é, os parâmetros da composição não podem ser livremente escolhidos, como na música serial; existem as palavras, já dotadas de significados, e existem os fonemas; não há outras soluções possíveis); está claro que o argumento poderia ser invertido nestes termos: a linguagem verbal é apenas uma das muitas espécies de linguagem, já que outras há — como a linguagem musical —, com diferentes sistemas de articulação, mais livres e diversamente configuráveis. Uma resposta indireta mas bastante atilada a essa objeção vem de Pierre Schaeffer, no seu *Traité des objets musicaux*, ao observar que na *Klangfarbenmelodie* o timbre, que num sistema precedente era variante facultativa, pode tomar função de fonema, isto é, de traço distintivo, de oposição significante [88].

(88) Paris, Seuil, 1966, p. 300-303.

310 A ESTRUTURA AUSENTE

Segundo argumento: a relação estreita e imodificável entre os dois níveis de articulação baseia-se em algumas constantes comunicáveis, em formas *a priori* da comunicação — o que em outra parte Lévi-Strauss chama de "o Espírito" e que, decididamente, continua sendo, ainda e sempre, a Estrutura como Ur-Código. E aí a única resposta possível (que reconduza aos termos de uma honesta metodologia estruturalista o que corre o risco de tornar-se metafísica estrutural) será: se a idéia mentora de um Código dos Códigos é válida, não há por que identificar tão prontamente este último com uma das suas mensagens históricas, isto é, com o sistema de abstrações regidas pelo princípio de tonalidade; nem a existência histórica desse sistema obriga a reconhecer nos seus parâmetros os parâmetros constitutivos de toda comunicação musical possível.

II.5. Certamente, as objeções de Lévi-Strauss parecem inteiramente aceitáveis quando dão lugar a apelos emotivos deste teor:

"Ao contrário da linguagem articulada, inseparável do seu fundamento fisiológico e até físico, a linguagem de que nos ocupamos flutua à deriva, já que rompeu espontaneamente as amarras: nave sem velame, que o capitão, não suportando ver transformada em pontão, lança ao alto mar, intimamente convicto de que, submetendo a vida de bordo às regras de um minucioso protocolo, poderá manter a tripulação livre da nostalgia de um porto seguro e do desejo de um rumo certo"[89].

Porém, ante um grito de alarma tão imediatamente compartilhável (e não é essa a sensação que atinge todo ouvinte de música serial, todo espectador de quadro não-figurativo?) nasce a suspeita de que o lamento do estruturalista — que deveria ser o administrador de uma metalinguagem capaz de falar sobre todas as linguagens históricas vistas na sua relatividade — seja o do supérstite de um uso lingüístico historicamente ultrapassado, incapaz de afastar-se dos seus hábitos comunicacionais, e que comete o grave erro de tomar por metalinguagem a sua própria linguagem particular. Com o que se teria a confusão entre idioleto e metalinguagem, a última na qual deveria cair um teórico da comunicação.

Mas Lévi-Strauss dá esse salto sem hesitar: a música e a mitologia são as formas de cultura que põem em questão,

(89) *Il crudo e il cotto*, op. cit., p. 45.

PENSAMENTO ESTRUTURAL E PENSAMENTO SERIAL   311

naquele que as escuta, estruturas mentais comuns; e — antes
que tenhamos tempo de concordar com o princípio geral —
eis que se apresenta a extrapolação arbitrária: essas estruturas mentais comuns são as mesmas postas em crise pelo
pensamento serial; são, portanto, as estruturas do sistema tonal (e também da pintura figurativa). Realizada a identificação, só resta a Lévi-Strauss a última dedução: visto que
o pensamento estrutural reconhece estruturas mentais comuns,
então é porque está consciente de uma série de determinações
do espírito; logo, é um pensamento materialista. E visto
que o pensamento serial quer libertar-se do sistema tonal
(que representa as estruturas mentais comuns), então é porque afirma uma absoluta liberdade do espírito; logo, é um
pensamento idealista. Conclusão:

> "Se, no juízo do público, muitas vezes se confundem estrutu-
> ralismo, idealismo e formalismo, basta que o estruturalismo depare
> em seu caminho com um idealismo e um formalismo autênticos,
> para que a sua própria inspiração, determinista e realista, se manifeste
> em plena luz"[90].

III. A POSSIBILIDADE DE ESTRUTURAS GERATIVAS

III.1. Para compreendermos a fundo, em todas as
suas nuanças emotivas, as páginas que comentamos, é preciso não esquecermos o caminho inverso que levou o estruturalismo lingüístico, de um lado, e a música contemporânea, do outro, a levantarem o problema da universalidade e
da determinatividade das regras de comunicação.

Depois de séculos em que haviam triunfado as convic-
ções ingênuas a respeito da origem natural do sistema tonal,
baseado nas próprias leis da percepção e na estrutura fisio-
lógica do ouvido, eis que a música (mas o problema ainda
uma vez diz respeito, em vários setores, a toda a arte contemporânea), graças a uma consciência histórica e etnográ-
fica mais refinada, descobre que as leis da tonalidade repre-
sentavam convenções culturais (e que outras culturas, no
tempo e no espaço, haviam concebido leis diferentes).

Inversamente, a Lingüística e a Etnologia (a segunda a
reboque da primeira) depois de terem sabido — como o
pretendia toda a evidência, ao menos de Cristóvão Colombo

(90) *Ibidem*, p. 48.

312
A ESTRUTURA AUSENTE

em diante — que as línguas e os sistemas de relações sociais diferiam de povo para povo (no tempo como no espaço), descobriram que, por baixo dessas diferenças, existiam — ou podiam ser postuladas — estruturas constantes, articulações bastante simples e universais, capazes de gerar em seguida estruturas mais diferenciadas e complexas.

É, portanto, natural que o pensamento estrutural se mova na direção de um reconhecimento dos "universais", enquanto o pensamento serial se move na direção da destruição de todo e qualquer pseudo-universal, por ele reconhecido não como constante mas como histórico.

Cumpre, porém, perguntar-nos se tal oposição de método comporta uma diferença de perspectiva filosófica, ou se não é o sinal da existência de duas diferentes intenções operacionais, como se dizia, entre as quais seja possível realizar uma mediação.

III.2. Digamos que o conceito de uma estrutura universal da comunicação, de um Ur-código, constitua simplesmente uma hipótese de pesquisa (solução que, sob o ângulo epistemológico, elimina todo equívoco ontológico e metafísico, ao mesmo tempo que, sob o ângulo heurístico, não impede que a análise dos processos comunicativos tenda a focalizar essa estrutura). Neste caso, é natural que o pensamento serial, como atividade de produção de formas e não de pesquisa das suas características últimas, não seja posto em causa por uma pesquisa estrutural — que ele implica mas que não é chamado a desenvolver. Pode ser que debaixo de cada modalidade comunicacional haja estruturas constantes, mas a técnica serial (técnica antes que pensamento, técnica que pode implicar uma visão do mundo, mas não nasce como filosofia) visa a construir novas realidades estruturadas, não a descobrir as eternas razões estruturais.

III.3. Mas aceitemos, apesar de tudo, os postulados do estruturalismo ontológico: logo, as estruturas comunicacionais reveladas pelas pesquisas lingüísticas e etnológicas *existem deveras*, são comportamentos constantes e imodificáveis da mente humana, talvez modos de funcionamento de um aparato cerebral cujas estruturas são isomorfas às da realidade física... Mas nesse caso, a pesquisa estrutural deve tender a revelar as estruturas profundas, as mais pro-

PENSAMENTO ESTRUTURAL E PENSAMENTO SERIAL   313

fundas, a Estrutura *cujus nihil majus cogitari possit*... Por que, então, pensar que essas estruturas sejam as da música tonal, quando seria bem mais conveniente para o cientista perguntar se não existem estruturas mais gerais que compreendam e expliquem, juntamente com outros tipos de lógica musical, também a música tonal? isto é, se não existem *estruturas gerativas* aquém de toda gramática (como a tonal) e de toda negação de gramática (como a atonal), aquém de toda constituição seletiva que isole, no *continuum* dos ruídos, sons como traços distintivos culturalizados?

É fácil compreender que tal pesquisa corresponderia exatamente a tudo quanto esperamos de uma metodologia estrutural e poderia explicar a passagem histórica das escalas gregas, orientais ou medievais à escala temperada, e desta às gamas e constelações da música pós-weberniana. E é fácil argüir que tal pesquisa já não mais deveria elaborar um sistema primário, como seria o tonal, mas sim, uma espécie de *mecanismo gerativo* de toda oposição sonora possível, no sentido de uma gramática gerativa chomskiana [91].

III.4. Mas as páginas de Lévi-Strauss parecem, ao contrário, afirmar que o fim primeiro do pensamento estrutural é o de opor a uma técnica serial empenhada em *fazer história*, em produzir variações da comunicação — estruturas preestabelecidas e preexistentes para julgar, em relação a estas, assumidas como parâmetro, da validade dos novos tipos de comunicação que nascem justamente em oposição

---

(91) Nesse sentido, cumpriria talvez abandonarmos a hipótese saussuriana de um código como *sistema* constituído, inventário, taxonomia, para nos aproximarmos de uma noção da "compétence" como *mecanismo finito capaz de uma atividade infinita*. Em relação a essa estrutura "profunda", sistemas como o tonal ou o serial seriam estruturas "superficiais" — no sentido atribuído por Chomsky a esses termos. Consultar, a propósito, GIORGIO SANDRI, *Note sui concetti di "struttura" e "funzione" in linguistica*, in "Rendiconti", 15-16, 1967. Chomsky em seguida, distinguiria (a propósito da possibilidade de um discurso "serial") entre uma "criatividade governada por regras" — a "compétence" — e uma "criatividade que muda as regras" — que atua na "performance". Naturalmente, a possibilidade de um pensamento serial poria de início em dúvida aqueles universais da linguagem em que pensa Chomsky; mas — como já se observava — uma matriz gerativa poderia presidir tanto à formação quanto à desestruturação das regras (daí, o problema da conveniência de não individuá-la de chofre como definitiva, num dado ponto da pesquisa; e — provavelmente — a de nunca individuá-la). O trabalho de Chomsky abre indubitáveis possibilidades para o estudo de uma "combinatória aberta", mas no estado atual da pesquisa seria inoportuno traduzir de pronto as propostas da gramática transformacional em termos mais amplos como exigiria o discurso semiológico, especialmente se considerarmos que o próprio Chomsky considera o seu modelo — várias vezes redefinido — ainda "rudimentar" (ver *The formal nature of language*, in E.H. LENNEBERG, *Biological foundations of Language*, Nova Iorque, 1967, p. 430). Particularmente úteis são as sugestões de NICOLAS RUWET, *Introduction a La Grammaire générative*, número especial de "Langages" (4, 1966); ver também GUALTIERO CALBOLI, *Rilevamento tassonomico e "coerenza" grammaticale*, in "Rendiconti", 15-16, 1967.

314 A ESTRUTURA AUSENTE

aos parâmetros invocados. Seria como julgarmos da legalidade de um gesto revolucionário, que se opõe a uma dada Constituição, apelando para a Constituição negada; formalmente, o procedimento é perfeito (e de fato, aplicado), mas historicamente é risível. Habitualmente se exige da investigação científica a individuação de um parâmetro mais vasto que permita colocar em relação recíproca não só a Constituição negada como o ato revolucionário negador. Mas toda pesquisa fica sempre bloqueada quando se identifica o momento negado com a "natureza imutável das coisas". Não há diferença entre essa atitude e a de Cremonini, que se recusava a olhar pelo telescópio de Galileu para não confundir as idéias, visto que a teoria ptolomaica das esferas planetárias constituía a única base natural de toda "comunicação" interplanetária. Quando se entala em tais posições (mas só nesse caso), o estruturalismo de Lévi-Strauss (mas só o de Lévi-Strauss) revela sua natureza perigosamente conservadora. Uma metodologia estruturalista que queira descobrir as abscissas intemporais por sob o devir histórico, deve acolher com atenção os movimentos da história para sobre eles verificar se as estruturas que estabeleceu podem explicar também o que está sucedendo de novo. Tanto mais que (e o estruturalismo parece já colegialmente cônscio desta sua natureza) as estruturas universais não são induzidas de um registro total dos casos particulares, mas estabelecidas como modelo teórico, construção imaginativa que *deverá* poder explicar todos os casos futuros. E seria bastante ingênuo recusar *d'emblée* direito de vida a novas modalidades comunicacionais só por se estruturarem em direções não previstas pela teoria — teoria elaborada antes que essas novas modalidades tomassem forma [92]. Certamente, é possível que essas novas modalidades não sejam comunicacionais; mas é preciso não desprezar nem mesmo a hipótese de que a teoria não seja suficientemente abrangente. Neste caso, o serialismo poria em questão uma interpretação demasiado rígida da

(92) Emerge aqui, a propósito das estruturas, o problema que DINO FORMAGGIO, in *L'idea di artisticità* (Milão, Ceschina, 1962) — dentro de uma perspectiva banfiana — suscita acerca de uma definibilidade da idéia da arte, substituindo uma definição inevitavelmente "histórica" por uma idéia de artisticidade teoricamente pura que permita o reconhecimento de todas as poéticas possíveis sem submetê-las a verificação normativa. O problema teórico de Formaggio não é o metodológico por nós levantado nestas páginas, mas em ambos os casos vem à tona a preocupação de não se fazer coincidir a definição de um campo com a organização histórica que aquele campo assumiu num momento dado. Quanto às diferenças entre as propostas de Formaggio e as nossas, ver nosso ensaio *La definizione generale dell'arte* in "Rivista di estetica", 2, 1963.

PENSAMENTO ESTRUTURAL E PENSAMENTO SERIAL   315

dupla articulação de todo sistema lingüístico; ou a convicção da lingüisticidade de todo sistema comunicativo; ou a assunção da comunicatividade de toda operação artística...

III.5. Sem tomarmos todas as precauções metodológicas anteriormente apontadas será fácil cairmos na tentação de liqüidar o adversário através de puros jogos de palavras (do tipo: "os que não estão conosco não são democratas"). E eis Lévi-Strauss, que aparentemente tem bom jogo, afirmando: reconheço a presença de estruturas necessitantes, logo, sou materialista; o serialismo afirma a possibilidade de renovar essas estruturas através de atos de invenção, logo, é idealista.

Querendo jogar ao simples nível dos "rótulos", a resposta é bastante fácil: Lévi-Strauss reconhece estruturas necessitantes naturais, por baixo de toda evolução histórica, logo, é um mecanicista; o serialismo reconhece a possibilidade de que a evolução histórica modifique, com o contexto, as próprias estruturas da inteligência e do gosto, logo, é materialista dialético. Mas o jogo é demasiadamente simples, e cumpre não nos deixarmos arrastar por ele.

Isso não impede que seja importante, dentro da perspectiva serial — o que transforma essa técnica numa visão do mundo e portanto, num "pensamento" — o reconhecimento do fundamento social e histórico dos códigos, a convicção de que uma ação supra-estrutural possa contribuir para mudar esses códigos, e que toda mudança dos códigos comunicacionais comporte a formação de novos contextos culturais, a organização de novos códigos, a reestruturação contínua destes últimos, a evolução histórica das modalidades de comunicação, obedecendo às interrelações dialéticas entre sistema de comunicação e contexto social. Basta pensarmos nas correlações estabelecidas por Henri Pousseur entre o universo da música tonal e uma estética da repetição, do igual, do eterno retorno, de uma concepção periódica e fechada do tempo, que coenvolve e espelha uma ideologia e uma pedagogia conservadoras, próprias de uma dada sociedade, de uma determinada estrutura política e social... [93]

---

(93) HENRI POUSSEUR, *La nuova sensibilità musicale*, in "Incontri musicali", II, 1958.

316 A ESTRUTURA AUSENTE

IV O ENGANO DAS CONSTANTES

IV.1. Estas observações valem para todos os fenômenos em cujo estudo intervenha o emprego de grades estruturais.

Certamente, quem procura homologias pressupõe constâncias. Se, como nos lembra Dumezil [94], é costume dos povos mais variados pensar os deuses por tríades, é bom sabê-lo, e é bom suspeitar que isso corresponde a alguma exigência permanente da mente humana — ou pelo menos da mente que pensa religiosamente. Mas já não seria uma escolha inspirada em critérios de pertinência querer agrupar os povos segundo o número de deuses que tais povos conseguem pensar e não segundo — por exemplo — a atitude de amor ou temor que têm em face deles? É importante individuarmos os comportamentos segundo os quais o "Espírito" obedece a uma norma. Mas por que deveria, por isso mesmo, tornar-se irrelevante individuarmos os comportamentos em que esse "Espírito" viola as normas e propõe outras?

IV.2. Lembra-nos Desmond Morris [95] em seu livro, onde o homem é estudado enquanto ainda e constitutivamente símio, que quando dois primatas se empenham numa luta que põe em jogo todo o potencial de agressividade do qual ambos dispõem, a uma certa altura o mais fraco, quando quer assinalar sua decisão de render-se (e atenuar a agressividade do outro), dispõe-se a rituais de submissão, o mais seguro dos quais é o de oferecer-se em posição sexual.

Nota o mesmo zoólogo que esses rituais de submissão se conservaram até perto de nós, mascarando-se, quando muito, sob forma de rituais de asseio. É o que acontece, por exemplo, quando procuramos apaziguar o guarda ao reclamarmos contra uma multa e, para não o irritarmos, não só admitimos incontinenti estarmos errados, mas, instintivamente nos comportamos como adversário não perigoso (ou coçando o queixo, ou esfregando nervosamente as mãos, ou aparentando gaguejar), reforçamos o fato de que nossa potencial agressividade transformou-se em declaração de fraqueza e oferta de servidão. E é sem dúvida revelador encontrarmos no fundo de um comportamento tão habitual, em filigrana, o esquema ancestral que denuncia no nosso gesto

---

(94) Ver *Jupiter, Mars, Quirinus*, Turim, Einaudi, 1955.
(95) DESMOND MORRIS, *La scimmia nuda*, Milão, Bompiani, 1968.

PENSAMENTO ESTRUTURAL E PENSAMENTO SERIAL 317

a antiga oferta de rendição. A constante reaflora e denuncia a imutabilidade dos nossos instintos primordiais.

Mas — se é importante que no fundo de dois comportamentos tão diversos surja um modelo explicativo único (seja para compreendermos os nossos gestos passados, seja para controlarmos os presentes e projetarmos os futuros) — é, porém, igualmente interessante que o modelo primitivo tenha de tal modo evoluído a ponto de perder toda recognoscibilidade.

Em outras palavras (e para mostrarmos quanto é importante, num discurso sobre os modelos estruturais, darmos às variantes um peso pelo menos semelhante aos das constantes): cada um de nós tem o direito de sentir-se curioso ao saber que o movimento imperceptível das mãos com o qual acompanha a sua urbana contestação ao guarda reflete e substitui o oferecimento do próprio corpo ao inimigo vitorioso; mas, por maior que seja sua paixão estrutural, não deixará de sentir-se igualmente atraído pelo fato de que sua relação com o guarda é agora tão macroscopicamente diversa de um indecoroso amplexo homossexual.

IV.3. Pondo de lado o paradoxo e voltando aos problemas iniciais, não diremos que as objeções apresentadas tenham levado a uma vitória do pensamento serial sobre o pensamento estrutural. No momento em que se procurou mostrar que toda hipostatização da razão estrutural reencontra os seus limites criticistas ante a realidade das técnicas sociais, que modificam as supostas constantes eternas reconhecendo-as como históricas — concomitantemente nos apercebemos de que toda técnica serial deve ser explicada (quanto à sua eficácia comunicativa, e como oposição às técnicas que nega) com base numa metodologia estrutural que dê conta dos parâmetros últimos aos quais formas consumidas e formas inovadoras se referem.

Para que um método estrutural (e ao dizermos "método" antecipamos uma resposta) não se torne uma forma de saber anti-histórico, é mister jamais identificar a Estrutura buscada com uma série dada, vista como manifestação predileta dos universais da comunicação. Eliminado tal equívoco, eis que o método serial surge como a outra face dialética do método estrutural, o pólo do devir oposto ao da permanência. A série não se apresentará, então, como a simples negação da estrutura, mas como a estrutura que duvida de si e se

318 A ESTRUTURA AUSENTE

reconhece como histórica — e não para negar a si mesma a possibilidade de um termo último da pesquisa, mas erigindo a utopia do termo último em *idéia reguladora* de uma investigação em marcha: de modo que toda estrutura sempre procure em si uma base mais sutil, um código ulterior do qual ela se reconheça como mensagem. Numa tensão contínua, num movimento de desconfiança metodológica (um "provando e re-provando", no sentido filológico do movimento), único suscetível de produzir sentido.

V. ESTRUTURA COMO CONSTANTE E HISTÓRIA COMO PROCESSO

V.1. Se a Estrutura se identifica com os mecanismos do espírito, não há mais lugar para o saber histórico. A idéia de um inconsciente estrutural encontrável não só em todos os seres humanos mas em toda época histórica (e que conserve contemporaneamente as características da historicidade e da validade universal) está destinada a gerar soluções contraditórias.

V.2. O mais dramático espetáculo dessas contradições nos é dado pela tentativa extrema de fundir Lévi-Strauss, Lacan e Marx, levada a efeito por Lucien Sébag, em sua obra *Marxisme et Structuralisme* [96].

Aí a lição de Lévi-Strauss, controlada pelos ensinamentos hauridos em Lacan, leva o autor a reconhecer a presença de uma fonte combinatória universal que se subtende a toda cultura histórica; a individuação, realizada por Dumezil, de uma tripartição teológica constantemente presente no pensamento religioso de todos os povos, leva-o a reconhecer "certa ordem... independente da gama das suas realizações", e descobrir o único nível ao qual "o código pode ser obtido" [97]. Por outro lado, se existem "complexos primários", fundamentais em toda civilização, pode-se procurar individuá-los não como estruturas determinantes aquém do homem que as exprime, mas como ato próprio dos grupos humanos que o histórico assume como objeto seu [98]. Neste sentido, poder-se-ia sair das aporias de um estruturalismo idealista e ao mesmo tempo recuperar a riqueza das possibilidades inerentes ao de-

(96) Paris, Payot, 1964.
(97) *Ibidem*, p. 121.
(98) *Ibidem*, p. 123.

senvolvimento histórico: recortar estruturas seria o resultado de uma "operação do espírito" (desta vez, espírito = inteligência indagadora) "que dissolve as formas múltiplas de causalidade, as relações que toda parte do real mantém com outros domínios, para daí extrair as propriedades específicas que são as suas" [99]. Estabelecer-se-ia, então, como possível, uma dúplice leitura do material histórico-social: de um lado, o estudo diacrônico das causas e dos efeitos; do outro, o corte sincrônico de totalidades significantes, que o pesquisador não pretende ver como definitivas, mas unicamente como úteis para explicarem as relações entre diferentes setores da cultura num dado momento; certo, no entanto, de que "esses sistemas, no seu conjunto, podem ser considerados como outras tantas realizações a diferentes níveis de um certo número de operações próprias do espírito humano" (e aqui, "espírito = leis objetivas e inconscientes"). Então seria possível, sem renunciarmos à perspectiva historicista marxista, examinarmos também os mitos, independentemente da sociedade que os produz [100], e como "linguagem que obedece a certas regras que não são dadas conscientemente aos sujeitos e que estes, no entanto, utilizam" [101].

Como se funde o aparecimento dessas estruturas intemporais com a aceitação de uma causalidade histórica? Em certo sentido, através da confiança numa racionalidade da História "como produtora de sentido"; em outras palavras: a racionalidade do processo histórico permitiria que os sistemas que pouco a pouco se concretizam nos vários contextos históricos, sejam simultaneamente redutíveis a regras inconscientes universais e contemporaneamente devidas a um desenvolvimento que, não menos que os sistemas, está a elas sujeito. "A análise marxista supõe sempre a possibilidade permanente de relacionar as linguagens forjadas pelo homem com um lugar de origem a partir do qual se operaria toda verdadeira criação do mundo humano... [102] À ciência histórica corresponde evidentemente a *praxis* própria dos indi-

---

(99) *Ibidem*, p. 125.
(100) Ver in MICHEL FOUCAULT, *Le parole e le cose*, Milão, Rizzoli, 1967, à p. 220, onde, depois de haver mostrado que a diferença entre posição fisiocrática e posição utilitarista no século XVIII, pode ser expressa através da transformação de um único esquema estrutural, observa o A.: "Teria sido talvez mais simples dizer que os fisiocratas representam os latifundiários, e os 'utilitaristas', os comerciantes e empresários... Mas se o fato de pertencer a um grupo social pode sempre explicar que este ou aquele escolheu um sistema de pensamento diferente de um outro, a condição por que tal sistema foi pensado jamais reside na existência do próprio grupo".
(101) SÉBAG, op. cit., p. 127.
(102) *Ibidem*, p. 128.

320 A ESTRUTURA AUSENTE

víduos e dos grupos reconstituídos em toda a riqueza das suas determinações, mas inversamente os sistemas, que tal *praxis* enforma a todos os níveis, podem ser considerados como outros tantos produtos do espírito humano que estrutura a todo momento um dado extremamente diversificado. Eis o que nos cumpre agora compreender"[103].

O objetivo de Sébag é claro: "toda sociedade parece submeter-se a um princípio de organização que nunca é o único concebível, uma realidade que se presta a múltiplas transformações", as diversas mensagens individuadas são compreendidas sob um ângulo funcional e seu significado reproduz os aspectos das realidades sociais correspondentes aos interesses daquela sociedade e daqueles homens [104]; o problema é permitir a compreensão do que chamamos de "pensamento serial" em termos de pensamento estrutural, considerar a totalidade como algo que ultrapassa as estruturas históricas que nela individuo... Mas o projeto vê-se condenado ao fracasso no momento em que a *racionalidade da história,* que devia garantir-me essa possibilidade de acontecimentos e de leituras múltiplas, se resolve na *racionalidade como lógica objetiva que predetermina os fatos e meu modo de enformá-los.*

"O intelecto, no seu emprego como nas leis a que se submete, é tão *real* quanto aquilo sobre que o fazemos refletir: *e sendo real, apresenta-se como objeto desde a origem.* A consciência não é apenas, como escreve Marx, consciência da vida real, mas também do seu ser próprio; e este não é simples presença imediata, intuitiva, do sujeito em si mesmo; define-se como sistema de regras não decalcadas mas adquiridas por e através do uso progressivo da inteligência que se aplica a um universo de objetos. Podem-se dessas regras fazer simples instrumentos porque são elas que permitem organizar o dado, revelar a ordem a ele subjacente; mas inversamente, esse dado não é mais que a matéria na qual o intelecto atinge, para significar, sua própria organização lógica"[105].

O que é essa realidade do intelecto que o torna substancialmente apto para crescer de modo que possa enformar um real que se renova, mas de modo que as formas, embora mutáveis, sempre correspondam à ordem dos dados?

A resposta está num dos trechos já citado de Sébag: é a sua redutibilidade "a um lugar de origem".

(103) *Ibidem,* p. 144.
(104) *Ibidem,* p. 147.
(105) *Ibidem,* p. 148,

PENSAMENTO ESTRUTURAL E PENSAMENTO SERIAL   321

V.3. Ora, é justamente a noção de "lugar de origem" que parece opor-se à noção de processo histórico. Ou melhor, toda temática do "lugar de origem" é temática da História como contínuo devir de eventos que brotam do lugar de origem mas — e até agora a história do pensamento ainda não nos ofereceu resposta diferente —, no momento em que soçobram os esforços envidados para a descoberta do lugar de origem, a própria materialidade do processo histórico se evapora e a filosofia põe-se novamente de cabeça para baixo, plantando bananeira. Todavia, o que mais importa é que o lugar de origem a que se refere Sébag não é o lugar de onde se origina hegelianamente toda cadeia dialética, e sim outro. E se não basta a expressão empregada para denunciar a referência filosófica, valha-nos a nota que lhe está aposta, onde se recorda que o problema da Filosofia não é perguntar "O que é o que é?", e sim "Como pensar aquilo que é?". As cadências estilísticas são heideggerianas mas a influência filosófica vem de Lacan. O último texto filosófico de Sébag intitula-se *Le mythe: code et message* [106]; aí a aspiração de manter a possibilidade de uma dialética e de um processo se anonada no reconhecimento de estruturas definitivamente permanentes do Espírito, em virtude das quais "é o próprio sensível que, dando-se, revela uma organização que o transcende" [107].

O lugar de origem é aquele em que o Ser, mascarando-se, se revela, determinando-se em eventos estruturais, mas escapando a toda estruturação. A estrutura, como objetiva e estável, e o processo, como criador de estruturas sempre novas, explodem — como já devia acontecer em Lévi-Strauss — e em seu lugar, dono da situação, remanesce aquilo que não mais se pode estruturar.

(106) "Les temps modernes", março de 1965.
(107) *Ibidem*, p. 1622.

5. A Estrutura e a Ausência

I. A AUTODESTRUIÇÃO ONTOLÓGICA DA ESTRUTURA

I.1. Se o Código dos Códigos é um termo último em perene recuo à medida que suas mensagens particulares, manifestações em que ele nunca se exaure, vão sendo identificadas pela pesquisa, então a Estrutura se proporá eminentemente como Ausência.

Estrutura é aquilo que ainda não existe. Se existisse, se eu a tivesse individuado, teria entre as mãos apenas um momento intermédio da cadeia que me garante, abaixo daquela, uma estrutura mais elementar e oniexplicativa. A essa altura é mister que eu esteja consciente do interesse que me move. Ou me aproxime de um grupo de fenômenos para compreendê-los melhor mediante a predicação de homologias estruturais que me permitam estabelecer a correlação entre eles: e então a estrutura é um instrumento operacional visando ao discurso sobre o campo concreto dos fenômenos examinados. Ou o que verdadeira e unicamente me interessa é a individuação do Ur-Código, e então os fenômenos de que parti eram simples meios que eu escolhera para fazerem-me vislumbrar, por entre as dobras da investigação, o rosto daquela Realidade Última que constituía o verdadeiro móvel e o verdadeiro fim de minha indagação.

I.2. No primeiro caso, a suspeita de que por baixo dos modelos estruturais que manipulo possam ocultar-se estruturas mais evanescentes, não deve fascinar-me; se eu seguisse o fantasma, perderia de vista os fenômenos de onde

A ESTRUTURA E A AUSÊNCIA   323

parti. Paro a pesquisa no ponto a que cheguei e considero
meus modelos estruturais como instrumentos suficientemente
manipuláveis para permitirem-me determinado discurso. Esse
discurso se correlacionará com outros discursos, e só quando
a retícula das correlações me tiver levantado outros problemas, é que me perguntarei se os modelos iniciais ainda são
válidos ou se devem ser substituídos por outros. Esta correlação entre discursos abrir-se-á a uma série de *modificações* dos
próprios fenômenos, e se a modificação der resultados instáveis, voltarei a propor-me o problema dos modelos de que
parti. Que fique bem claro que escolhi aqueles modelos porque escolhi investigar um campo de fenômenos usando determinado critério de pertinência, e portanto, com base em determinado ponto de vista, que já implicava como preferenciais
certas operações e certos resultados, segundo móveis e critérios de avaliação que a um método estrutural não cabe fundar, podendo ele, quando muito, e como todo instrumento
que me permite dominar os fatos, pôr em crise, criando situações novas, as avaliações e os móveis iniciais. De qualquer
maneira, o Ur-Código estará riscado do jogo das minhas
preocupações de momento.

I.3. No segundo caso, ao contrário, o que possa
acontecer no contexto do campo de partida tem pouquíssimo
peso. Consegui apreender uma determinação do Ur-Código,
e devo prosseguir. Se a falácia universalista tornar-me inábil
e cego, então farei (como vimos) o que toda mente não filosófica faz quando se põe a filosofar: petrificarei uma *série em
estrutura,* e chamarei de Ur-Código o ponto de passagem provisória de uma pesquisa que devia ser levada mais a fundo.
Mas se minha pesquisa nutrir-se de outras malícias filosóficas,
saberei então — como dissemos no início destas páginas —
que a Estrutura só se me revelará através de sua própria ausência progressiva. Tão logo houver reconhecido a ausência
constitutiva do Ur-Código, terei que ter a coragem de afirmar que, enquanto ausente, a estrutura constitutiva de toda
outra estrutura, não está estruturada. Se assim aparecer, é sinal de que por baixo dela ainda existe uma estrutura mais definitiva, *mais ausente,* se é que é permitido exprimir-nos de tal
modo (e é). Nesse caso, *o fim natural de todo cometimento
estrutural ontologicamente conseqüente seria a morte da idéia
de estrutura.* E toda pesquisa das constantes, que se pretenda
estrutural e que consiga manter-se como tal, será pesquisa

324 A ESTRUTURA AUSENTE

falida, mistificada, que se consola com a própria incompletude chamando-a de exaustividade, e se absolve do próprio fracasso definindo-o como Última Etapa. Como tentaremos ver, é nessa aporia que desemboca logicamente o estruturalismo como ontologia e como pesquisa sobre as constantes.

II. LACAN: A LÓGICA DO OUTRO

II.1. Vejamos o que acontece com o pensador que através de uma ambigüidade do discurso, programática, sim, mas nem por isso menos desnorteante, mais corajosamente aprofundou o projeto que, em Lévi-Strauss ou em outros, continua a repropor-se sem denunciar-se com total sinceridade.

Lévi-Strauss afirmara que "os mitos significam o espírito". Mas eis que Jacques Lacan, saltando por cima de toda pesquisa sobre a linguagem, sobre os mitos e sobre os vários acontecimentos mediante os quais o homem comunica, põe-se a estudar a natureza do próprio espírito, e como psicanalista. Seu discurso versa, portanto, sobre o Inconsciente e sua estrutura [108].

Dizem que Lacan reduz o inconsciente a linguagem, mas vejamos que significado assume tal redução. Em Lévi-Strauss ainda se podia pensar na existência de um espírito humano cujas leis se reproduzissem nos comportamentos lingüísticos como nos sociais. Em Lacan, ao contrário, a ordem do simbólico não é constituída pelo homem (ou pelo espírito que constitui o homem) mas *constitui o homem* [109]: "Jusqu'au plus intime de l'organisme humain, cette prise du *symbolique*" atua sob forma da *"insistance* de la chaine signifiante" [110].

---

(108) JACQUES LACAN, *Ecrits*, Paris, Seuil, 1966. Todas as próximas citações de Lacan referir-se-ão exclusivamente a essa obra, e foram conservadas em francês em virtude da função que a ambigüidade lingüística assume no método lacaniano. [Unicamente com o fito de guiar o leitor em meio à intrincada modulação estilística que caracteriza o texto dos *Ecrits*, apresentamos, de todas as citações feitas, as nossas tentativas de tradução. Aliás, o mesmo fizemos com respeito a todas as demais citações deixadas pelo A. no idioma original. (N. da T.)].

(109) LACAN, p. 46.

(110) LACAN, p. 11.

(*) Assim tentamos traduzir as citações de Lacan: "Até o mais íntimo do organismo humano essa investida por parte do *simbólico*"... "insistência da cadeia significante". E mais adiante: "Assim é que, se o homem chega a pensar a ordem simbólica é porque já está, em seu ser, por ela dominado. A ilusão de tê-la formado por um trabalho da consciência provém do fato de que foi por via de uma brecha específica do seu relato imaginário a seu semelhante, que ele pode entrar nessa ordem como sujeito. Essa entrada, contudo, só lhe foi possível através do desfiladeiro radical da fala"... "Na origem, a subjetividade nada acrescenta ao real, salvo uma sintaxe que nele gera a marca significante". (N. da T.)

A ESTRUTURA E A AUSÊNCIA 325

Ordem do simbólico, cadeia significante não são mais que manifestações do inconsciente, através do qual o que nos constitui se revela: sonhos, atos falhos, sintomas e objetos de desejo.

O significante prevalece sobre o sujeito [111]:

"c'est ainsi que si l'homme vient à penser l'ordre symbolique c'est qu'il y est d'abord pris dans son être. L'illusion qu'il l'ait formé par sa conscience, provient de ce que c'est par la voie d'une béance spécifique de sa relation imaginaire à son semblable, qu'il a pu entrer dans cet ordre comme sujet. Mais il n'a pu faire cette entrée que par le défilé radical de la parole"[112]. "La subjectivité à l'origine n'est d'aucun rapport au réel, mais d'une syntaxe qu'y engendre la marque signifiante"[113].

II.2. Para melhor compreendermos esse ponto lacaniano, não podemos deixar de reportá-lo ao exemplo dos três condenados, desenvolvido no ensaio *Le temps logique*. Vejamos esse exemplo. O diretor da prisão avisa três condenados de que pregará às costas de cada um deles um pequeno disco: os discos são cinco, três brancos e dois pretos. Fatalmente dois deles (e os condenados não saberão quais) serão excluídos. Cada condenado verá os discos pregados nas costas dos outros dois, mas não saberá qual é o seu. Terá, no entanto, que deduzi-lo logicamente (não inferi-lo probabilisticamente), e se saindo da sala, chegar ao diretor e declarar qual o seu disco e por qual dedução incontrovertível conseguiu descobri-lo, estará livre.

Dito e feito: o diretor pendura nas costas dos três os três discos brancos. Cada condenado vê dois discos brancos e não sabe se o seu será branco ou preto. O condenado "modelo", que chamaremos de *A* (está claro que nele se resumem os processos mentais dos outros dois, contemporâneos e análogos ao seu), procurará, portanto, chegar a uma conclusão através dos *exempla ficta*; pensa assim: "Se eu tivesse o disco preto, *B* — que vê um disco branco nas costas de *C* — e portanto sabe que o seu pode ser ou branco ou preto, pensaria: '*Se eu também tivesse um disco preto, C, vendo um preto em A e um preto em mim, saberia sem dúvida, que só poderia ter um disco branco e sairia da sala; já que não sai, é sinal de que eu tenho o disco branco e ele está perplexo*'. Chegado

(111) *Ibidem*, p. 39.
(112) *Ibidem*, p. 53.
(113) *Ibidem*, p. 50.

326 A ESTRUTURA AUSENTE

a essa conclusão, *B* então sairia da sala certo de ter o disco branco. Se não o faz é porque eu (*A*) tenho o disco branco, e *B* vê dois discos brancos, ficando com as mesmas perplexidades que me agitam." A esta altura, *A* poderia preparar-se para sair, certo de ter o disco branco. Mas no mesmo momento os outros dois, que teriam feito o mesmo raciocínio, fariam o mesmo.

Ao ver os outros dois saírem, *A* é obrigado a deter-se. De fato, ele pensa que *B* e *C* saem não porque se encontrem na mesma situação, mas porque ele (*A*) tem realmente o disco preto, e os outros dois chegaram às mesmas conclusões que ele, pensando com a cabeça deles, simplesmente antecipara de alguns segundos. Portanto, *A* pára. Mas, como *B* e *C*, seguiram esse mesmo processo lógico, também param. Quando *B* e *C* param, então *A* tem certeza de estar com o disco branco. Se estivesse com o preto, o raciocínio de *B* e *C* não teria sido invalidado pela sua parada, e eles teriam prosseguido sem hesitação; mas como se detiveram, é sinal de que ambos estão na mesma situação que ele, isto é, vêem nas costas alheias dois discos brancos. *A,* portanto, sai, e *B* e *C* saem com ele porque chegaram às mesmas conclusões.

Temos aqui um processo lógico que só se constitui como incontrovertível na medida em que também passam a fazer parte da dedução algumas escansões temporais. Escansões temporais que são essenciais para porem em jogo, na dedução, as possíveis deduções dos outros. Portanto, esse processo lógico só é possível a partir do momento em que o sujeito introduz a dimensão da alteridade. Ele só reconhece a si mesmo na presença do outro e simulando para si próprio o raciocínio alheio, juntando a reação do outro aos dados dos quais deduz. Mas ao mesmo tempo esse reconhecimento de alteridade só pode ocorrer porque (ao menos nos limites do exemplo proposto) todos os três sujeitos, ao se medirem pelos outros que se acham à sua frente, reportam-se a um mecanismo de pensamento que não é de cada um dos outros tomado isoladamente, mas de todos os três, e determina o pensamento de todos os três. É a presença deste Outro com O maiúsculo, que permite a cada um definir sua própria identidade (branco ou preto) medindo-a pela alteridade dos outros.

A parábola pode encontrar substitutivos mais compreensíveis (mas menos elegantes) na mecânica lógica e psicológica do "par ou ímpar", onde, ao dar meus palpites, pro-

A ESTRUTURA E A AUSÊNCIA

327

curo imaginar o que o outro imagina que eu imagine dele, a fim de dizer "par" só se estiver seguro de que ele espera "ímpar", e vice-versa. No momento em que jogo imaginando o que ele imaginará que eu imagine, estamos ambos dentro de uma lógica que nos supera: o Outro [114].

O fato de que tenhamos escrito "mecânica lógica e psicológica" não é casual: o Outro é o lugar psíquico não-individual da lógica que nos determina. "C'est de la structure de la détermination qu'il est ici question" [115]. E para onde quer que nos viremos é sempre com essa estrutura da determinação que deparamos: "l'inconscient est cette partie du discours concret en tant que transindividuel, qui fait défaut à la disposition du sujet pour rétablir la continuité de son discours conscient" [116].*

II.3. A questão geral é: quem fala? [117] Ou ainda: quem pensa por mim? "Quel est donc cet autre à qui je suis plus attaché qu' à moi, puisque au sein le plus assenti de mon identité à moi-même, c'est lui qui m'agite? [118] ** Para que a própria questão da verdade se faça luz é preciso que a linguagem seja aquela linguagem pela qual o inconsciente se afirma como o discurso do Outro, aquele Outro "qu'invoque même mon mensonge pour garant de la vérité dans laquelle il subsiste" [119].

Ora, este Outro que o movimento mesmo da análise nos ordena captar (e na descoberta da sua inatingibilidade, por terrível que seja, reside a única terapia que a psicanálise de Lacan pode conceber) "ce n'est pas cela qui puisse être l'objet d'une connaissance, mais cela, ne le dit-il pas [Freud], qui fait mon être et dont il nous apprend que je témoigne

(114) *Ibidem*, p. 58-59.
(115) *Ibidem*, p. 52.
(116) *Ibidem*, p. 258.
(*) Ainda de Lacan: "É da estrutura da determinação que aqui se trata." ..."O inconsciente é esta parte do discurso concreto visto como transindividual, de que carece a disposição do sujeito para restabelecer a continuidade de seu discurso consciente." (N. da T.)
(**) Ainda de Lacan: "Quem é, pois, esse outro a quem estou ligado mais que a mim, visto que na aceitação mais íntima de minha identidade comigo mesmo, é ele quem me agita?" E adiante: ... "que mesmo a minha mentira invoca como garantia da verdade na qual subsiste." E mais: "... não é aquilo que possa ser objeto de um conhecimento, mas aquilo — não o diz ele (Freud) —, que faz meu ser, e do qual, segundo nos ensina, dou testemunho tanto ou mais através de meus caprichos, minhas aberrações e meus fetiches, quanto de minha personagem vagamente civilizada." (N. da T.)
(117) *Ibidem*, p. 411. Mas é uma pergunta nietzschiana. Ver também FOUCAULT, op. cit., p. 330.
(118) *Ibidem* p. 523-524..
(119) *Ibidem*, p. 524-525.

328 A ESTRUTURA AUSENTE

autant et plus dans mes caprices, dans mes aberrations, dans mes phobies et dans mes fétiches, que dans mon personnage vaguement policé" [120]. Este Outro que preside aos atos falhos e à própria loucura, como aos movimentos de pensamento do sábio (capaz, como vimos, de reconhecer-se por dedução inconfutável dos movimentos de identificação que o sujeito exerce, espelhando-se nos outros) deveria ser o Logos [121]. O Logos (o espírito de Lévi-Strauss), que se manifesta no Inconsciente enquanto discurso do Outro, não será então a cadeia significante, a linguagem nas suas leis constitutivas que se torna a própria estrutura da determinação?

III. LACAN: A ESTRUTURA DA DETERMINAÇÃO

III.1. Mas baseada em que estrutura a linguagem se torna a estrutura da determinação? Resposta: baseada numa estrutura *binária,* apontada pelos lingüistas, de Saussure a Jakobson, aquela mesma que preside à álgebra de Boole (e portanto, à lógica dos computadores eletrônicos), a mesma que rege a Teoria dos jogos.

A cadeia significante * exprime-se por presenças e ausências: o jogo pelo qual o menino, ainda in-fante, sublinha com sílabas alternadas o ocultamento e o desvendamento (*fort-da!*) [122] de um objeto,

"ce jeu par où l'enfant s'exerce à faire disparaitre da sa vue, pour l'y ramener, puis l'oblitérer à nouveau, un objet, au reste indifférent de sa nature, cependant qu'il module cette alternance de syllabes distinctives — ce jeu, dirons-nous, manifeste en ses traits

(120) *Ibidem,* p. 526.
(121) *Ibidem,* p. 526. Ver também p. 642.
(*) "Cadeia significante" ou "cadeia do significante": expressão com que "Jacques Lacan se empenha em nos lembrar — ou em nos fazer ver pela primeira vez — que o inconsciente tal como Freud o concebe, está estruturado como uma linguagem. E que suas operações coincidem com o que Roman Jakobson definiu como metáfora e metonímia." ... "As representações inconscientes são *significantes* enquanto elementos virtuais de um discurso, objeto da interpretação analítica, e constituem-se como uma *cadeia,* pois é sua articulação invisível que apóia os mecanismos que dão origem ao sonho, ao ato falho ou ao sintoma: a *metáfora* (*substituição* do significante recalcado, relegado ao nível de significado, por aquele que o representa) a *metonímia* (*combinação* de significantes onde o discurso manifesto, suprimindo o essencial, compõe sua unidade tranqüilizadora, posto que ilegível)". (Ver CHAIM SAMUEL KATZ, FRANCISCO ANTÔNIO DORIA E LUIZ COSTA LIMA, *Dicionário Crítico de Comunicação,* Rio de Janeiro, Ed. Paz e Terra, 1971, verbete "cadeia do significante", p. 263/4, elaborado pelo Prof. Eginardo Pires). (N. da T.)
(122) Para PAUL RICOEUR, *Della interpretazione,* Milão, Il Saggiatore, 1967, p. 318: "a criança encena o desaparecimento e o aparecimento da mãe na figura simbólica do objeto à sua disposição. Assim o próprio desprazer é dominado por meio da repetição lúdica, da encenação da perda do objeto amado".

A ESTRUTURA E A AUSÊNCIA 329

radicaux la détermination que l'animal humain reçoit de l'ordre symbolique. L'homme littéralement dévoue son temps à déployer l'alternative structurale où la presence et l'absence prennent l'une de l'autre leur appel"[123].*

Uma série que joga com a alternativa fundamental do *sim* e do *não*, uma sucessão de palpites "dont la réalité se répartit strictement 'au hasard' "[124]. Se é em Saussure que Lacan haure a idéia de um sistema onde a natureza dos significantes se delineia por um jogo de diferenças e oposições, é às teorias estatísticas que toma de empréstimo a idéia de uma combinatória cujos resultados podem ser preditos por métodos com base nos quais a aleatoriedade, reconhecida, vê-se aprisionada nas malhas de uma lei. A cadeia significante como subjetividade primordial associa o objeto da Psicanálise ao das outras ciências exatas. O exemplo dos três condenados não nos diz que a verdade de cada um é encontrada num jogo de comensurações psicológicas com o outro. Diz-nos que é individuada só quando nos submetemos à lei combinatória do Outro. Tanto que se os condenados forem três, serão indispensáveis, para que o seu reconhecimento seja exato, dois passos à frente e uma parada; se fossem quatro, os passos à frente seriam três, e duas as paradas; e se cinco, os passos quatro e às paradas três[125]. A estrutura da de-determinação é tal porque está rigidamente determinada.

"Le symptôme se résout tout entier dans une analyse de langage, parce qu'il est lui-même structuré comme un langage, qu'il est langage dont la parole doit être délivrée. C'est à celui qui n'a pas approfondi la nature du langage, que l'expérience d'association sur les nombres pourra montrer d'emblée ce qu'il est essentiel ici de saisir, à savoir la puissance combinatoire qui en agence les équivoques, et pour y reconnaître le ressort propre de l'inconscient"[126].

(123) *Ibidem*, p. 46.
(*) Assim traduzimos as citações de Paul Ricoeur: "este jogo com que a criança se exercita em fazer desaparecer de sua vista um objeto para trazê-lo de volta e depois novamente obliterá-lo, indiferente, de resto, à sua natureza, ao mesmo tempo que modula essa alternância de sílabas distintivas — este jogo, diremos, manifesta em seus traços radicais a determinação que o animal humano recebe da ordem simbólica. O homem passa literalmente o tempo desdobrando a alternativa estrutural onde a presença e a ausência fazem nascer, uma da outra seu respectivo apelo."
E mais adiante: "O sintoma resolve-se inteiramente numa análise de linguagem, porque ele próprio está estruturado como uma linguagem: é linguagem da qual é mister libertar-se a fala. A quem não estudou a fundo a natureza da linguagem é que a experiência de associação com números poderá mostrar de pronto o que é essencial captar, a saber, a potência combinatória que põe ordem nos equívocos, e para aí reconhecer a mola própria do inconsciente." (N. da T.)
(124) *Ibidem*, p. 47.
(125) *Ibidem*, p. 212-213.
(126) *Ibidem*, p. 269.

330 A ESTRUTURA AUSENTE

III.2. Eis por que as próprias leis regulam a interdição universal do incesto e presidem ao jogo dos acasalamentos são ainda as mesmas leis da linguagem. Aquele inconsciente impreciso que no antropólogo ainda não estava claro (e podia ser um transcendental não subjetivo, ou um depósito arquétipo de onde brotavam os mitos e usanças) toma agora o seu nome exato e reconhece seu descobridor (via Lacan) em Freud [127]. Vemos, assim, "comment la formalisation mathématique qui a inspiré la logique de Boole, voire la théorie des ensembles, peut apporter à la science de l'action humaine cette structure du temps intersubjectif, dont la conjecture psychanalitique a besoin pour s'assurer dans sa rigueur" [128] *. Lógica intersubjetiva e temporalidade do sujeito (pensemos nos três condenados e nas escansões temporais que possibilitavam suas deduções) fundamentam a dimensão do inconsciente como discurso do Outro: onde o "de" assume a dúplice função que manifesta quando indica (em latim) o assunto *de que* se fala e quando especifica, nas línguas românicas, *de quem* é o discurso que se ouve [129]. *O Outro, como cadeia significante, fala em nós sobre si.* E fala, como Jakobson mostrou que fala o discurso poético, por uma sucessão de *metáforas* e *metonímias*: metáfora, o sintoma que substitui um símbolo por outro, tornando obscuro o procedimento da remoção; metonímia, o desejo que se dirige para um objeto substitutivo, tornando indecifrável o fim último·de todas as nossas aspirações, aquele pelo qual todo desejo de deslocamento metonímico se revela como desejo do Outro [130]. Daí a importância da cadeia significante; importância que se deve às suas próprias leis e à sua possibilidade de ser enfocada de modo rigoroso, independentemente dos significados a que, num jogo de espelhos continuamente derrisório, remete sem jamais saciar (ao nível do significado possuído) nossa sede de verdade: esta só se apaga com o reconhecimento da própria estrutura da determinação, e com a fruição (como se isto alguma vez fosse possível) das tramas simbólicas em que nos apanha.

(127) *Ibidem*, p. 285 e 868.
(128) *Ibidem*, p. 287. Ver também p. 806: "cet Autre n'est rien que le pur sujet de la stratégie des jeux". [Que assim traduzimos: "este Outro nada mais é que o puro sujeito da estratégia dos jogos". (N. da T.)]
(129) *Ibidem*, p. 814.
(130) *Ibidem* p. 505-515. Ver também p. 622, p. 799 e 852.
(*) Ainda de Paul Ricoeur: ... "como a formalização matemática que inspirou a lógica de Boole, e mesmo a teoria dos conjuntos, pode trazer para a ciência da ação humana essa estrutura do tempo intersubjetivo de que carece a conjetura psicanalítica para firmar-se em seu rigor." (N. da T.)

A ESTRUTURA E A AUSÊNCIA 331

III.3. Não compete a estas páginas estabelecer o que tudo isso pode comportar para o trabalho terapêutico do psicanalista nem até que ponto o lacanismo é, como pretende, a interpretação conseqüente e fiel das idéias de Freud [131]; mas visto que o discurso psicanalítico em Lacan pretende pôr a nu a estrutura geral da determinação, somos obrigados a dizer o que suas conclusões comportam para qualquer pesquisa sobre o universo da comunicação, da Antropologia à Lingüística, do machado do indígena à placa de trânsito. Pois então vejamos. Para começar: toda pesquisa, se conduzida com rigor, deve dar-me sempre e de qualquer modo, sob as variações sobre as quais atua, o mesmo resultado; e reduzir todo discurso aos mecanismos do Outro que o profere. Ora, visto que esses mecanismos já são de antemão conhecidos, a função de toda pesquisa resume-se em verificar a Hipótese por excelência. Concluindo: toda pesquisa revelar-se-á verdadeira e frutífera na medida em que disser *aquilo que já sabíamos*. Não haverá descoberta mais fulgurante, aos lermos estruturalmente o *Édipo Rei*, do que descobrir que Édipo tinha o complexo de Édipo: porque, se se descobrisse alguma coisa mais, este *mais* seria um *a mais*, espécie de carne não suficientemente roída recobrindo o osso da determinação primeira. Esta, a acusação que paira sobre grande parte da crítica literária de base psicanalítica, e Serge Dubrovsky podia voltar essas mesmas objeções contra a psicocrítica de Mauron [132]. Mas embora seja banal mover objeções desse tipo, é mister dizer o que se deve dizer, uma vez que o não dizê-lo ajuda a perder de vista o núcleo da questão.

IV. O CASO LACAN: AS CONSEQÜÊNCIAS NA "NOUVELLE CRITIQUE"

IV.1. Poderíamos, no entanto, perguntar por que uma metodologia de resultados tão esplendidamente calculados pode fascinar parcela tão considerável da "nouvelle critique" francesa, entre cujas páginas o fantasma de Lacan transparece com tanta freqüência [133].

No limite, uma crítica estrutural de derivação lacaniana deveria descobrir em toda obra (falamos aqui em crítica lite-

---

(131) Ver J. LAPLANCHE e J.-B. PONTALIS, *Vocabulaire de La psychanalyse*, Paris, P.U.F., 1967.
(132) Ver *Critica e oggettività*, Padua; Marsilio, 1967, p. 129-147.
(133) Vejam-se ainda os colóquios de Cerisy (*Les chemins actuels de la critique*, aos cuidados de G. Poulet), Paris, Plon, 1967.

332 A ESTRUTURA AUSENTE

rária, mas o discurso poderia ser facilmente transposto aos exercícios de semiologia do relato ou a outros empreendimentos etnológicos e lingüísticos) a combinatória fechada (fechada em suas leis estocásticas constitutivas, embora aberta nos resultados a que pode dar lugar) da cadeia significante que sub-rege todo discurso humano (a esta altura, não mais humano, mas do Outro). Mas, desde que o crítico seja deveras movido pelo desejo frustrante de pôr a nu a combinatória que já conhecia, isso seria possível se a combinatória pudesse ser definida nos termos de uma metalinguagem que a expõe e propõe. Mas que dizer se do discurso do Outro não se pode fazer metalinguagem, nem tampouco falar em código que já não seja o código do Outro [134], se o Lugar da Palavra não pode ser falado, porque quando muito é falado em nós, tanto que Lacan, para evocá-lo, é obrigado a usar uma linguagem não definitória, mas sugestiva, não tanto uma linguagem que fale do Outro explicitamente, mas que o sugira, evoque, faça entrever e, de súbito, o oculte, assim como no enfermo o sintoma alude e oculta, revela e encobre?

A resposta (se não explícita, pelo menos de fato) é esta: na falta da posse definitiva da cadeia significante, a crítica "lacaniana" brinca de fazer jorrar significados eludidos e delusórios, de deslocar de metonímia em metonímia, de metáfora em metáfora, o jogo das reportações e evocações que a linguagem (universal e transubjetiva em toda obra onde ela *se* fala), *a linguagem que não falamos mas que nos fala,* deixa manar de seu jogo de espelhos. E nesse ponto, a obra (e com ela, como dissemos, o fenômeno etnológico, a relação parental, o objeto, o sistema de convenções, os fatos simbólicos), que também repousa sobre uma suposta estrutura determinante, só pode funcionar, valer, ganhar peso aos nossos olhos se for entendida como Vazio gerador de sentido, como Ausência, Vórtice, cavidade só atingível na predicação dos sentidos que faz irromper mas onde não se exaure.

IV.2. Ouçamos, por exemplo, aquele que, entre os mais jovens, nos deu as mais rutilantes aplicações desse princípio crítico — Gérard Genette:

"O gênio, diz Thibaudet de modo um tanto enigmático, é ao mesmo tempo o superlativo do individual e a explosão da individualidade. Se quisermos encontrar o mais esclarecedor comentário

(134) LACAN, p. 807-813.

A ESTRUTURA E A AUSÊNCIA 333

desse paradoxo, teremos que buscá-lo talvez em Maurice Blanchot (e em Jacques Lacan), nesta idéia hoje familiar à literatura, mas cujas conseqüências, por certo, não foram ainda de todo assumidas pela crítica, de que o autor, o artesão de um livro, como também dizia Valéry, *não é, na realidade, ninguém* — ou melhor, de que uma das funções da linguagem, e da literatura como linguagem, é destruir o seu locutor e designá-lo como ausente"[135].

Daí, o primado da "escritura" sobre a linguagem, da escritura que cria para si um espaço autônomo, um tecido de figuras onde o tempo do escritor e o do leitor se mesclam numa decifração contínua, que é decifração de algo que transcende a ambos e ostenta as suas próprias leis de puro significante. Com o que até a própria língua seria uma escritura que (como diz Genette retomando Derrida) "é jogo fundado na diferença pura e na espacialidade, onde o que significa é a relação vazia e não o espaço cheio" [136]. A crítica moderna seria então "uma crítica de criadores sem criações", ou melhor, de criadores cuja criação seria de algum modo aquele "desouvrement" profundo, aquele "vazio central" do qual a crítica desenharia como que a forma oca. Isso porque o que define a escritura em relação ao escritor é que a escritura não é mais um meio de que ele se vale, mas "o lugar mesmo do seu pensamento", porque "não é ele que pensa a sua linguagem mas a sua linguagem que o pensa e o pensa fora de si" [137].

IV.3. Um movimento de pensamento que parte da desaparição do sujeito diante da obra para chegar à desaparição da própria obra, reabsorvida na vida onicompreensiva de uma linguagem que se fala através de mil bocas ao longo dos séculos [138].

É fácil encontrar o gosto do Vazio e do Vórtice na crítica blanchotiana, que antecede de muito a explosão "estrutural-lacaniana". Em Blanchot [139], a teoria aparentemente já se desdobra em todas as suas implicações: o livro como obra de arte não é um tecido de significados unívocos, mas abre-se a toda leitura, como à única e à primeira, qual espaço aberto e indeterminado; "espaço onde, a rigor, nada ainda tem um significado, e para onde, todavia, tudo o que tem um signi-

(135) *Les chemins*, op. cit., p. 227-228.
(136) *Les chemins*, p. 241-246.
(137) *Les chemins*, p. 246.
(138) É o tema a que volta, mas com maior fundamentação historicista, J. P. FAYE, in *Le récit hunique* (Paris, Seuil, 1966).
(139) MAURICE BLANCHOT, *Lo spazio letterario*, Turim, Einaudi, 1967, "La comunicazione".

334 A ESTRUTURA AUSENTE

ficado volta a saltar como que em direção à própria origem."
O "vazio da obra... é a sua presença em si mesma na leitura" e "de algum modo também lembra o vazio que na
gênese assinalava a incompletude da obra, como tensão dos
seus novos movimentos antagônicos". Na leitura, "a obra
volta a encontrar, assim, a sua inquietude, a riqueza de sua
indigência, a insegurança do seu vazio, ao mesmo tempo que
a leitura, unindo-se a essa inquietude e esposando essa indigência, devém aquilo que se assemelha ao desejo, à angústia
e à irreflexão de um movimento de paixão". A obra é a
liberdade violenta pela qual ela se comunica, e pela qual a origem, a profundidade vazia e indecisa da origem, se *comunica*
através dela para formar a decisão plena, a firmeza do *início*."
Contudo, como bem observou Dubrovsky, as palavras de Blanchot não se reduzem a uma metafísica da escritura, a uma
ontologia da cadeia significante autônoma e auto-suficiente na
sua frieza de determinação absolutamente (e de uma vez por
todas) determinada:

"segundo os antípodas da objetividade estruturalista" a compreensão da obra para Blanchot "se funda na apreensão do homem não
como objeto de um saber, mas como sujeito de uma experiência
radical, colhida num movimento reflexivo... Inversamente ao fenômeno de 'polissemia' na crítica formalista, a ambigüidade da linguagem, em Blanchot, não se apóia nas leis de funcionamento de
um sistema simbólico: enuncia o próprio ser do homem; a expressão
lingüística tem um estatuto ontológico... A reflexão de Blanchot
faz mais do que apresentar antinomias: articula-as... A experiência
da linguagem não *traduz* uma experiência metafísica: *é* a própria
experiência... Quando Blanchot escreve que 'a literatura é a experiência pela qual a consciência descobre o próprio ser na sua impo-
tência para perder consciência, no movimento em que, desaparecendo,
arrancando-se à pontualidade de um eu, se reconstitui, além da
inconsciência, numa espontaneidade impessoal...', o desvendamento
do ser na experiência literária reconfirma precisamente o seu desvendamento na experiência fenomenológica, tal como a descreve
Sartre... Para Blanchot, a despersonalização é um *momento dialético*, pelo qual passa todo o uso da linguagem...". Daí por que
"sem dúvida alguma, Blanchot está infinitamente mais próximo de
Sartre, e mesmo de Heidegger e Levinas, do que de Lévi-Strauss e
Barthes[140].

As observações são corretas: entre Blanchot e a nova
crítica embebida de idéias lacanianas passou-se, como mostra
todo o *plaidoyer* de Dubrovsky em *Crítica e objetividade,* de
uma reflexão sobre o sujeito, que se reconhece num movi-

(140) *Les chemins* p. 266 e ss.

A ESTRUTURA E A AUSÊNCIA   335

mento criador de sentido, à descoberta de que a aparente criação de sentidos (que parece coroar o debruçar-se do crítico sobre a margem vazia da obra) só serve para confirmar a nulidade do sujeito e da própria obra em relação à soberana preeminência do Outro que se afirma na textura de todo discurso.

Mas serão, na verdade, os dois movimentos tão divergentes quanto parecem? A realidade mostra não só que Sartre e Heidegger (repondo em jogo Hegel) transparecem através de toda a teoria lacaniana do Outro, mas que também — por baixo da confiança no objetivo desfilar dos significantes — o fato de não se poder deixar de reportar esse desfile a uma Ausência, que o origina, denuncia a penetração da doutrina de Heidegger no próprio cerne do pensamento lacaniano. E obriga a razão estatística da cadeia significante a manifestar-se apenas como a extrema (mas não final) possibilidade de estruturar uma Ausência, que é o próprio Ser como Diferença e se coloca fatalmente aquém de toda tentativa de metodologia estrutural.

V. LACAN: A HIPÓSTASE DA AUSÊNCIA

V.1. Como é possível que do enaltecimento da mais sólida e inconfutável das determinações estruturais, a mecânica estatística da cadeia significante, tenhamos passado à celebração de uma Ausência?

Isso acontece porque a noção de ausência se oculta no discurso de Lacan como hipoteca ontológica que faz com que assumam valor metafórico todas as predicações de diferencialidade e ausência oposicional que o discurso de origem binarista lhe põe à disposição.

E também porque é preciso que se chegue a um entendimento sobre o valor que tem a ausência no sistema binário. É certo que num sistema estruturado, todo elemento vale enquanto não é o outro ou os outros que, evocando, exclui. É certo que o fenômeno fonemático não vale por sua presença corpórea, mas pela valência, em si vazia, que reveste no sistema. Mas no fim das contas, para que o sentido brote, é preciso que um dos termos da oposição se apresente e *exista*. Se não existir, tampouco a ausência do outro será relevada. *A ausência oposicional só vale em presença de uma presença que a torna evidente.* Ou melhor, o espaço

336 A ESTRUTURA AUSENTE

vazio entre duas entidades que não existem só vale se todos os três valores (*sim, não,* e espaço entre os dois) subsistem em tensão. Como bem indicou Ricoeur, estamos aqui diante de uma *dialética* da ausência e da presença. Quando Saussure nega que existam na língua termos positivos, exclui a possibilidade de considerarmos os sons físicos ou as idéias, não as valências em tensão. A ausência de que fala o estruturalista concerne a dois fatos: 1) não importa o que existe em lugar do *sim* ou do *não*; o que importa é que as entidades que lhes revestem a valência estejam indiscutivelmente em tensão; 2) uma vez proferido o *sim* (ou o *não*), a entidade proferida significa pelo fato de talhar-se sobre a ausência da outra. Mas decididamente, nessa mecânica da oposição significativa, o que conta é a ocorrência da possibilidade sistemática de que algo exista diferenciando-se de algo que não existe, e não a Diferença em si, com inicial maiúscula, hipostatizada e feita metáfora de algo estável, aquém da oposição. A ausência estruturalista importa enquanto *algo* não existe, e em seu lugar aparece *algo diferente*. A Ausência de Lacan, ao contrário, parece importar justamente enquanto, surja o que surgir, o que se põe em evidência é a própria Ausência, fazendo evaporar-se fatalmente aquilo que derrisoriamente aparece.

E isso porque o fato de que a cadeia significante possa exprimir-se através da diferença entre o que existe e o que não existe depende do fato de ela nascer de uma *fratura,* de uma *falta,* de um pecado original pelo qual o eu se caracteriza como privação de algo que jamais poderá alcançar, e esse algo, o Outro, efetivamente não existe ou, em todo o caso, é inatingível.

V.2. Em outras palavras: não é porque a cadeia significante opera por presenças e ausências que no universo lacaniano aparece a Ausência. Mas é porque já existe uma Ausência constitutiva que a cadeia significante assume os modos da oposição e da diferença. O Não-Ser não é o resultado de um hiato entre dois termos em oposição: é a origem de toda oposição possível.

"L'inconscient est ce chapitre de mon histoire qui est marqué par un blanc ou occupé par un mensonge[141]... *Fort! Da!* C'est bien déjà dans sa solitude que le désir du petit d'homme est devenu le désir d'un autre, d'un *alter ego* qui le domine et dont l'objet de

(141) LACAN, p. 259.

A ESTRUTURA E A AUSÊNCIA 337

désir est désormais sa propre peine. Que l'enfant s'adresse maintenant à un partenaire imaginaire ou réel, il le verra obéir également à la négativité de son discours et son appel ayant pour effet de le faire se dérober, il cherchera dans une intimation bannissante la provocation du retour qui le ramène à son désir. Ainsi le symbole se manifeste d'abord comme meurtre de la chose, et cette mort constitue dans le sujet l'éternisation de son désir"[142].

O inconsciente é o discurso do Outro; nesse discurso a astúcia metonímica revela que o objeto de todo desejo é o Outro; mas o deslocamento contínuo, que o simbólico cria de objeto para objeto, revela que "ce dont l'amour fait son objet, c'est ce qui manque dans le réel; ce à quoi le désir s'arrête, c'est au rideau derrière quoi ce manque est figuré par le réel" [143].

Assim o sujeito se apercebe de sua própria falta ao ser: "son être est toujours ailleurs" [144]. "Le drame du sujet dans le verbe, c'est qu'il y fait l'épreuve de son manque-à--être" [145]. O papel desempenhado pelo vazio na cadeia significante verifica a estrutura do sujeito como descontinuidade no real. Os "buracos" do sentido é que determinam o seu discurso. O que importa é indicado não pela tensão oposicional, mas pela ausência que em seu seio se delineia [146].

O ponto último (digamos a palavra: O Ser) oferece-se à intuição evocadora como Pura Diferença. O significante é o significante de "un manque dans l'Autre, inhérent à sa fonction même d'être le trésor du signifiant" [147].

_____

(142) LACAN, p. 319. Ver a crítica in RICOEUR, op. cit., p. 418.

(*) Ainda de Paul Ricoeur, interpretando: "O inconsciente é esse capítulo da minha história marcado por um espaço em branco ou ocupado por uma mentira... Duas sílabas se alternam, no jogo infantil de esconder e achar. É já em sua solidão que o desejo do homem-menino se faz desejo de um outro, de um *alter ego* que o domina e cujo objeto de desejo é doravante seu próprio tormento. Quer a criança se dirija agora a um parceiro imaginário ou real, ela o verá obedecer igualmente à negatividade de seu discurso, e como seu apelo tem por efeito pô-lo em fuga ela buscará, numa intimação banidora, a provocação do retorno que o traz de volta ao seu desejo. Destarte, o símbolo se manifesta inicialmente como assassínio da coisa, e essa morte constitui no sujeito a eternização de seu desejo."

E mais adiante: "é do que falta no real que o amor faz seu objeto; o que detém o desejo é a cortina atrás da qual essa falta é figurada pelo real."

E ainda: "seu ser está sempre alhures." ... "O drama do sujeito no verbo é que ele aí passa pela prova de sua falta-ao-ser".

E mais: ..."de uma falta dentro do Outro, inerente à sua própria função de tesouro do significante".

E por fim: ..."não, naturalmente, com as provas da existência de Deus, cujos séculos o matam, mas amando-o." (N. da T.)

(143) LACAN, p. 439. Veja-se todo o ensaio "La direction de la cure".

(144) *Ibidem*, p. 633.

(145) *Ibidem*, p. 655.

(146) *Ibidem*, p. 801.

(147) *Ibidem*, p. 818.

338 A ESTRUTURA AUSENTE

Por conseguinte, visto que o Outro se evapora no momento mesmo em que parece afirmar-se, poderia eu quando muito provar-lhe que existe, "non bien sûr avec les preuves de l'existence de Dieu dont les siècles le tuent, mais en l'aimant". O homem, portanto, salvar-se-ia no devotamento a um nada que o faz *paixão inútil* (será lícito evocar com essa terminologia um universo que Lacan rejeita mas que parece haver-lhe fornecido algumas sugestões?). Mas esse amor ainda seria o do kerigma * cristão, e não responderia ainda à pergunta "Quem sou Eu?". Ao passo que o meu eu se revela na própria falência do amor e da alegria que se seguiria ao desejo realizado:

"Cette jouissance dont le manque fait l'Autre inconsistant, est-elle donc la mienne? L'expérience prouve qu'elle m'est ordinairement interdite, et ceci non pas seulement, comme le croiraient les imbéciles, par un mauvais arrangement de la société, mais je dirais par la faute de l'Autre s'il existait: l'Autre n'existant pas, il ne me reste qu'à prendre la faute sur Je, c'est-à-dire, à croire à ce à quoi l'expérience nous conduit tous, Freud en tête: au péché originel"[148]**.

V.3. Revela, assim, o sujeito o que Lacan chama de "béance" constitutiva: uma abertura, uma divaricação, uma ferida aberta, pela qual o sujeito está no fulcro da diferença.

Spaltung, Entzweiung, as metáforas freudianas complicaem-se nas metáforas lacanianas: *béance, refente, différence, division* [149]. No fundo, a constituição do eu como algo que não é a plenitude do Ser — visto que há pecado original — mas ao mesmo tempo a definição do Ser como algo que nunca é a plenitude de si, mas a Diferença de tudo, porque o pecado original também lhe diz respeito.

Seja. O pecado original é um mito, no fundo oculta bem outras realidades psíquicas: o complexo de castração, a ausência do Nome do Pai... [150] Parece-nos inútil ver através

---

(*) Palavra grega que significa "pregação", "doutrinação". (N. da T.)
(148) *Ibidem*, p. 819-820.
(**) Voltando a Lacan: "Então este gozo, cuja falta torna o Outro inconsistente, é o meu gozo? Prova a experiência que ele me é do ordinário proibido, e isso não apenas, como acreditariam os imbecis, por uma defeituosa organização da sociedade, mas diria eu que por culpa do Outro, se ele existisse: já que o Outro não existe só me resta pôr a culpa no Eu [Je], isto é, acreditar naquilo a que a experiência nos leva a todos, com Freud à frente: o pecado original." (N. da T.).
(149) Sobre esses termos, que voltam continuamente no decorrer dos escritos lacanianos, leiam-se, por exemplo as p. 415, 642, 852-857.
(150) "... Nom-du-Père — c'est-à-dire [le] significant qui dans l'Autre, en tant que lieu du signifiant, est le signifiant de l'Autre en tant que lieu de la loi" (p. 583). [Que assim traduzimos: "... Nome do Pai — isto é o significante que dentro do Outro, como lugar do significante, é o significante do Outro como lugar da lei". (N. da T.)]

A ESTRUTURA E A AUSÊNCIA   339

de que traduções psicanalíticas Lacan oculta uma ontologia
que não pode negar-se como tal, do momento em que nos
leva ao próprio limiar de todas as ontologias, ao problema
do Ser, da sua presença consolatória ou da sua ausência e
Nulidade. Se uma tal visão trágica revoluciona a mensagem
freudiana ou lhe dá foros de verdade, eis um problema que
não cumpre a estas páginas resolver. Mas sua ligação com
ontologias filosóficas reconhecíveis é um fato palmar, e devemos, por conseguinte, sublinhá-la para dela captarmos até as
últimas conseqüências.

VI. LACAN E HEIDEGGER

VI.1. Apesar de não ter o seu nome citado muitas
vezes no curso dos escritos lacanianos, Heidegger aparece
bem mais do que Freud como a raiz que dá origem a toda
a doutrina da Ausência.

Já existe claramente em Heidegger a idéia de um Ser
atingível apenas através da dimensão da linguagem: de uma
linguagem que não está em poder do homem porque não é
o homem que nela se pensa mas ela que se pensa no homem [151]. E é exatamente nos refolhos da linguagem que é
mister colher a relação particular do homem com o ser.

Relação de diferença e divisão. O objeto do pensamento
é a Diferença enquanto tal [152], a diferença como diferença; e
pensar a diferença enquanto tal constitui o ato filosófico por
excelência, o reconhecimento da dependência do homem de
algo que o origina através da própria ausência, jamais se deixando atingir a não ser por intermédio da teologia negativa.
Reconhecer que para Heidegger "o que faz um pensamento
valer... não é o que ele diz, mas o que deixa não dito, fa-
zendo-o todavia vir à luz, evocando-o sem enunciá-lo" [153],
não é mais que repetir o discurso lacaniano.

Quando Heidegger nos lembra que, diante de um texto,
auscultá-lo como manifestação do ser não significa compreender o que diz mas, antes de mais nada, o que não diz e toda-

---

(151) Para os textos heideggerianos, além de *Holderlin e a essência da
poesia*, ver *Brief über der Humanismus, Hunterwegs zur Sprache*. Para uma
interpretação geral das posições heideggerianas em que nos apoiaremos aqui,
veja-se GIANNI VATTIMO, *Essere, storia e linguaggio in Heidegger*, Turim,
Edizioni di "Filosofia", 1963, em especial o c. IV, "Essere e linguaggio".
(152) Ver *Identität und Differenz*. Ver VATTIMO, op. cit., p. 151 e
c. V, em geral.
(153) VATTIMO, op. cit., p. 152.

340   A ESTRUTURA AUSENTE

via evoca, afirma o mesmo que afirma Lacan quando persegue na linguagem as derrisões da metáfora e da metonímia. A pergunta lacaniana ("Quem fala?") é ainda a pergunta heideggeriana, formulada no momento em que se deve definir o que é que chamamos de "pensamento": *quem* nos chama, *quem* nos incita ao pensar? Mas o sujeito desse chamamento não pode ser exaurido numa definição. Diante de um fragmento parmenídeo [154] aparentemente simples (habitualmente interpretado, segundo Heidegger, como "É necessário dizer e pensar que o essente * é") [155], Heidegger joga com todas as suas sutilezas e acrobacias etimológicas para levar o dito a uma explicação mais profunda que quase lhe inverte o sentido usual: "dizer" torna-se um "deixar ser-posto-diante" no sentido de des-cobrir, deixar aparecer, e o "pensar" um "cuidar", um custodiar na fidelidade. A linguagem deixa aparecer algo que o pensamento custodiará e deixará viver sem violentar nem paralisar em definições que o determinem e destruam. E o que se deixou aparecer e foi tomado sob custódia é Aquilo que atrai e deixa ser todo dizer e todo pensar. Mas esse Aquilo constitui-se como Diferença, como o que jamais poderá ser dito, porque está no nascedouro de tudo o que dele será dito, porque a diferença é constitutiva da nossa relação com ele, a Duplicidade do essente * e do Ser. Entre estes — divisão e "béance", "refente" e "Spaltung" — coloca-se o que já Platão (e Heidegger o repete) designava como o χωρισμός, uma *diferença* de lugar que se constitui como Diferença constitutiva [156].

VI.2. E é revelador que o jogo etimológico com que Heidegger inverte a interpretação do dito parmenídeo seja retomado e imitado por Lacan quando se empenha no exame

---

(154) Ver *Was heisst Denken?*, Niemayer, 1954. A interpretação do trecho de Parmênides a que nos referimos nas linhas seguintes, está na parte II, capítulos V-XI.

(*) O "essente" ou "ente" (em alemão *Seiendes*) significa praticamente 'aquilo que é, o existente, tudo o que existe, em contraposição seja ao Ser seja ao *Dasein* [Ser-aqui-presente estar-aí], que é o essente humano. (N. acrescentada pelo A. à ed. bras.)

(155) O fragmento diz (está entre parêntesis a parte que H. não utiliza): χρὴ τὸ λέγειν τε νοεῖν τεὸν ἔμμεναι (ἔστι γὰρ εἶναι) ANGELO

PASQUINELLI (*I Presocratici*, Turim, Einaudi, 1958) traduz: "Para a palavra e o pensamento é preciso que o ser seja". Outras traduções adotadas: "o dizer e o pensar deve ser um ente" (DIELS, *Parm.*): "O que pode ser pensado e dito deve ser" (BURNET); "é necessário dizer e pensar que só o ser é" (*Vors.*).

(156) Ver *Was heisst Denken?*, segunda parte, lições de conexão, agora X-XI.

A ESTRUTURA E A AUSÊNCIA   341

do famoso dito freudiano "Wo Es war, soll Ich werden".
Não mais entendido no sentido consueto ("onde está o *Es*
[isso] deverá estar o Eu")[157], mas em sentido oposto, e buscando um sentido primígeno dos termos que articulam o enunciado: Eu devo aparecer naquele lugar onde o *Es* está como
"lugar de ser", *Kern unseres Wesens*; só poderei encontrar-me
e encontrar a paz se souber que não estou onde habitualmente
estou mas que estou onde habitualmente não estou; devo encontrar aquele lugar de origem, reconhecê-lo, *liegen lassen*,
deixá-lo aparecer e custodiá-lo [158]. E não sem motivo atribui
Lacan ao preceito freudiano um "tom pré-socrático" [159], porque tem presente em seu espírito a operação análoga que
Heidegger realiza sobre um dito efetivamente pré-socrático
e para ele (Lacan) totalmente análogo ao freudiano. Onde
fica o *Es*, ali, como sujeito, devo eu chegar. Para perder-me
n'Ele, obviamente, não para derrubá-lo e instaurar em seu
lugar uma paródia de subjetividade que se reencontra. Devo
custodiar o ser, ou como diria Lacan, devo "assumir a minha
própria causalidade" [160].

E então compreendemos o que Lacan nos quer dizer
quando confessa: "Quand je parle d'Heidegger ou plutôt
quand je le traduis, je m'efforce à laisser à la parole qu'il pro-
fère sa significance souveraine" [161] *.

VI.3. O lacanismo revela-se, portanto, como um caso
de maneirismo heideggeriano. Mas no momento em que Hei-
deger nos ajuda a compreender o sentido que adquirem as
proposições de Lacan, obriga-nos igualmente a levar suas
premissas até as últimas conseqüências. Porque, aceita ou
não a perspectiva heideggeriana, o que está claro em Heidegger é o fato de que o Ser, predicado por diferença, não
pode ser submetido a nenhuma determinação estrutural. Cadeias significantes, leis do símbolo, estruturas — enfim —
no sentido mais lato do termo, aparecem e desaparecem como
manifestações "epocais" do ser, mas não se reduzem a ele,

---

(157) Lacan também traduz, atendo-se ao uso contra o qual polemiza
(*Ecrits*, p. 585): "Le Moi doit déloger le Ça". [Traduzimos: "O Ego deve
desalojar o Id". (N. da T.)]
(158) LACAN, op. cit., p. 417; 518; 563.
(159) *Ibidem*, p. 842 (e também p. 585).
(160) *Ibidem*, p. 865.
(161) *Ibidem*, p. 528.
(*) Ainda de Lacan: "Quando falo de Heidegger, ou antes, quando o
traduzo, esforço-me por deixar à palavra por ele proferida sua significância
soberana." (N. da T.)

342 A ESTRUTURA AUSENTE

que está sempre aquém, é o nascedouro e a Origem delas, fá-las ser, mas não se reduz a elas.

"A verdade do ente (para Heidegger) está no seu descobrir-se como aberto a uma relação com outros que ente não é, e que nunca se deixa reduzir dentro de uma concatenação de fundador-fundado"... "O ser não é mais que a sua história" [162].

"O ser no mundo próprio do homem... é um 'habitar na linguagem'. Pertencer a esse oniabrangente horizonte lingüístico significa para os essentes que o seu ser, enquanto se oferece à compreensão interpretante, é semelhante ao ser próprio da obra de arte e, em geral, dos eventos históricos, isto é, consiste num *Sichdarstellen* cuja essência está em apresentar-se sempre e unicamente na interpretação. O horizonte lingüístico é aquele dentro do qual os eventos históricos isolados (coisas, pessoas, obras) oferecem-se para serem compreendidos, e iluminam-se e atingem o seu *Da*, como diz Gadamer retomando a terminologia heideggeriana, apresentando-se no ser que lhes é próprio. O horizonte como tal nunca é visível, já que toda compreensão se move dentro dele e por ele é possibilitada. Assim entendida, a linguagem acaba se identificando com o próprio ser, ao menos no sentido heideggeriano, que Gadamer parece aceitar, de luz na qual os essentes isolados se fazem presentes, mas que se subtrai à vista justamente no ato de revelar, tornar visível os essentes... O ser, alcançado como o horizonte lingüístico que rege toda possibilidade de relação histórica, é conjuntamente *Sichdarstellen*, vir à luz, e possibilidade de todo particular vir à luz... Não se trata de dissolver o ser na linguagem mas, se possível, de reconhecer a linguagem como *palavra do ser*, onde todo essente se revela e onde o próprio homem está desde sempre colocado"[163].

Daí, a única possibilidade, em Heidegger, de relação com o ser: a atividade hermenêutica, uma explicitação jamais completada, jamais total, um mover-se nas vizinhanças do ser, um fazê-lo falar sem nunca ter a pretensão de exauri-lo no que nos disse, um ver a palavra como "abrir-se do próprio ser", não signo das leis que regulam a natureza do ser, um mover-se, enfim, "permanecendo no idêntico" [164], conservando uma indeterminação que se opõe à fome de rigor própria de toda ciência, e se torna não resposta mas capacidade de ouvir.

(162) Valemo-nos aqui das interpretações de GIANNI VATTIMO, *Poesia e ontologia*, Milão, Mursia, 1967. Ver p. 17-19.

(163) *Ibidem*, p. 175-180.

(164) Ver VATTIMO, *Essere, storia e linguaggio in H.*, op. cit., p. 159 e em especial V, 2.

A ESTRUTURA E A AUSÊNCIA 343

VI.4. Se citamos alguns trechos de uma interpretação heideggeriana que nos parece esclarecer o pensamento do filósofo, não foi para humilhar quem — como nós, aliás — ainda confia na possibilidade de uma predicação que permita, para dados fins, imobilizar a riqueza das determinações possíveis dos eventos que nos cercam, numa definição estrutural. Não é, portanto, nosso intento afirmar que, visto que Heidegger tem razão, predicar estruturas seja um experimento vão. Mas a coerência do pensamento heideggeriano põe a descoberto as aporias de pensamentos que não ostentam a mesma conseqüencialidade radical. Experimento vão será, em todo o caso, predicar estruturas *que se pretendam definitivas*. Porque no momento em que uma estrutura pretender ser a última, reportará a outra coisa, e assim fazendo, em reportações sucessivas, aproará a *algo que não pode mais ser estruturado*. Em Lacan se consumam as aporias do estruturalismo ontológico porque, no momento em que o discurso estrutural é conduzido às últimas conseqüências, o Outro, até então subjugado, escapa ao jugo, colocando-se como Diferença e Ausência; e depois porque, uma vez reconhecidas, Diferença e Ausência já não são mais estruturáveis. No limite da sua dedução conseqüente, o estruturalismo ontológico morre: e nasce uma ontologia pura e simples, sem estruturas de qualquer tipo.

VII. A LIQUIDAÇÃO DO ESTRUTURALISMO (DERRIDA E FOUCAULT)

VII.1. Então importa igualmente reconhecer o ponto a que se chegou, onde quem refletiu sobre os tipos do estruturalismo à luz de uma sensibilidade filosófica ou aceitou celebrar uma inexausta geratividade do ser, que se apresenta através dos discursos nos quais se descobre, mas não pode ser reduzido às suas leis, ou descreveu os eventos epocais em que o ser se manifesta, mostrando os modos pelos quais se estrutura, mas bem sabendo que as estruturas postas em ação só se garantem como *eventos do ser* e não como *sua trama*.

Essas duas atitudes filosóficas parecem-nos presentes em dois liqüidadores do estruturalismo francês depois de Lacan: Derrida e Foucault.

Em Derrida, a oposição que já citamos entre *forma* e *força*, entre a estrutura espacializada e a energia que promana da obra. revela-se como uma oposição entre Apolo e

344 A ESTRUTURA AUSENTE

Dionísio que não reside *na* história, mas está na origem de toda história possível: é a estrutura da historicidade. Mas produz todos os desenvolvimentos exatamente porque é constitutivamente Diferença, afastamento permanente (mais uma vez, *béance*). E nessa contradição, a relação entre Dionísio e a estrutura que o define é uma relação de morte [165].

VII.2. Há algumas páginas famosíssimas (alto exercício de estilo além de finura hermenêutica e sensibilidade metafísica), onde Derrida usa como metáfora-guia um texto escrito por Freud com intentos puramente positivistas. Trata-se de "Freud e a cena da escritura" e dos escritos de Freud sobre a mecânica neurônica da memória e da percepção. Freud procura explicar o registro da lembrança através de uma marca, conservada por certos neurônios, da excitação que os ativou. Essa marca é uma *Bahnung,* e portanto uma "passagem", um "vau" (ainda uma vez: uma ferida, uma cicatriz aberta, uma divaricação, uma *béance,* uma fratura — se se der força ao termo francês *frayage,* que Derrida emprega no particípio latino, indicando que o caminho está *fractus*). A memória seria, portanto, "representada pelas diferenças de *frayage* entre os neurônios". E mais uma vez sua qualidade seria constituída por uma sistema de diferenças e oposições. Daí, Derrida desenvolve sua leitura metafórica: a memória como rastro é pura diferença. "A vida psíquica não é nem a transparência do sentido nem a opacidade da força mas a diferença no trabalho das forças. Bem o sabia Nietzsche" [166]. Também aqui temos, como já em Lacan, uma hipostatização ontológica de um limiar diferencial cujo valor era puramente dialético. Nesse sentido então "a diferença não é uma essência, visto que não é nada, *não é* a vida se o ser é determinado como *ousia,* presença, essência-existência, substância ou su-

---

(165) Só os pensamentos que nos ocorrem enquanto caminhamos têm valor, lembra Nietzsche a Derrida: "L'écriture est l'issue comme descente hors de soi en soi du sens: métaphore-pour-autrui-en-vue-d'autrui-ici-bas métaphore comme possibilité d'autrui ici-bas, métaphore comme métaphysique où l'être doit se cacher si l'on veut que l'autre apparaisse... Car l'autre fraternel n'est pas *d'abord* dans la paix de ce qu'on appelle l'intersubjectivité, mais dans le travail et le peril de l'inter-rogation; il n'est pas d'abord certain dans la paix de la *réponse* où deux affirmations *s'épousent* mais il est appelé dans la nuit par le travail en creux de l'interrogation" (*L'écriture et la différence,* op. cit., p. 49). ⌜Que assim traduzimos: "A escritura é a saída como descida fora de si em si do sentido: metáfora-para-outrem-visando-a-outrem-neste-mundo, metáfora como possibilidade de outrem neste mundo, metáfora como metafísica onde o ser deve ocultar-se se quiser que o outro apareça... Pois o outro fraterno está *primeiro* na paz do que se chama a intersubjetividade, mas no trabalho e no perigo da inter-rogação; não está primeiro certo na paz da *resposta* onde duas afirmações *se casam,* mas é chamado dentro da noite pelo lavrar da interrogação." (N. da T.)⌝

(166) DERRIDA, op. cit., p. 299.

A ESTRUTURA E A AUSÊNCIA345

jeito. É mister pensar a vida como rastro antes de determinar o ser como presença. Essa a única condição para se poder dizer que a vida *é* a morte, que a repetição e o além do princípio de prazer são originais e congenitais àquilo mesmo que transgridem" [167]. Dizer que a diferença é original é destruir o mito da presença contra o qual também Heidegger se bateu, e estabelecer que o que dá origem é a *não-origem* [168]; significa lembrar que o que nos constitui é a falência original, o que nos falta e nos torna vítimas de um desejo sem escopo: "a diferença entre princípio de prazer e princípio de realidade, por exemplo, não é apenas, nem mesmo no início, uma distinção, uma exterioridade, mas a possibilidade original, na vida, do afastamento, da diferença (*Aufschub*) e da economia da morte" [169]. Nascido como falta, cicatriz aberta desde o seu primeiro pôr-se, mordido por um desejo que jamais terá satisfação final, condenado a mascará-lo através do jogo dos disfarces simbólicos, o homem está marcado por aquele erro que o dispõe para a morte, e celebra a constitutividade da morte em cada um dos seus gestos. Nesse sentido, nossa origem escapa ao próprio binarismo, porque o torna possível a partir de nada [170].

VII.3. Em Derrida celebra-se aquilo que, a um nível de menor "agudeza" metafísica, num discurso mais psicanalítico, comentando alguns escritos de Lacan, dizia J.-B. Pontalis: a descoberta freudiana é a de um *descentramento*; e não substitui o centro perdido — daí por que o sujeito se torna pura miragem — por um sujeito absoluto, nem procura reduzir o que se manifesta como enganador a uma Realidade diferente; a consciência se acha intrapolada no trabalho incessante do sentido que, ao invés de impor-se como Realidade determinável, manifesta-se como jogo de vaivéns, subterfúgios, derrisões... "Se a experiência imediata na primeira jogada liberta significações, não diz o que as organiza, não dá o esquema da retícula onde estão presas..." [171] O homem está fundamentalmente capturado numa armadilha sem forma e o analista cura-o, não restituindo a ele o sujeito "verdadeiro" mas mostrando-lhe "que a verdade não está em parte algu-

(167) *Ibidem*, p. 302.
(168) *Ibidem*, p. 303-315. Veja-se aqui como Derrida tenta reduzir a essa noção até o "telos" husserliano.
(169) *Ibidem*, p. 295.
(170) *Ibidem*, p. 339.
(171) J.-B. PONTALIS, *Après Freud*, Paris, Julliard, 1965, p. 52-53.

346 A ESTRUTURA AUSENTE

ma, nem no analisado, nem no analista, nem na relação entre ambos: ela não tem nem lugar nem fórmulas" [172]. "O homem não é imaturo por uma falha da sua organização, mas prematuro por vocação, carência perene, e é nessa *béance* vital que o seu desejo se origina e o vota a uma história feita de vazios, de desenvolvimento desigual, de conflitos" [173]. Por conseguinte, a lição de Freud é uma lição trágica, o otimismo da psicanálise norte-americana, que procura reintegrar um eu fictício nas regras de uma comunidade onde se encontre por vontade própria, é uma traição à lição freudiana: a única terapia analítica é uma educação para a aceitação do nosso ser-para-a--morte. E aqui as conclusões do lacanismo são as mesmas das páginas do *Sein und Zeit* [Ser e Tempo] sobre a "decisão antecipadora". A análise é colocada sob o signo da morte.

É verdade que em seguida a *béance* inicial toma, para o psicanalista, formas fisiologicamente mais reconhecíveis do que em Heidegger, mas isso conta muito pouco em relação às conclusões filosóficas que daí se queiram tirar.

VII.4. O que importa, isto sim, e Derrida o mostra com desesperada argúcia como resultante da sua leitura freudiana, é que, no momento em que aquele tormento inútil que é o sujeito se apercebe de que apenas obedece (quer fale ou escreva) ao jogo de esconder e eludir em que o prende a cadeia simbólica, essa consciência não o põe fora do jogo. Já o tínhamos dito anteriormente: não existe metalinguagem do Outro — e portanto não há fundamento transcendental da relação entre o sujeito e o ser de que fala. Não há nem mesmo para Freud, ele próprio desmascarado (ao articular sua pesquisa através de uma série de metáforas em que se vislumbravam imagens como a escritura, as máquinas mais complexas, o caminhar) pelas citações finais que Derrida extrai da *Traumdeutung* [Interpretação dos sonhos]: através de metáforas e metonímias, ao falar-nos da estrutura neurônica da memória, Freud designava sempre o pênis, o coito, o desejo de união com a mãe.

Aviso, portanto, a quem queira ainda fingir individuar estruturas definitivas: não só, relatando-as, vocês estarão sempre relatando *coisa diferente,* mas também *não conseguirão fundamentá-las,* porque a linguagem que pretende funda-

(172) *Ibidem*, p. 75.
(173) *Ibidem*, p. 80.

A ESTRUTURA E A AUSÊNCIA 347

mentá-las é a mesma cujos erros as estruturas querem desmascarar.

Comprende-se então por que muita crítica de base fenomenológica pode irritar-se e definitivamente levantar — para os liqüidadores do estruturalismo — questões que lhes parecem destituídas de sentido. É o que acontece por exemplo, na polêmica em torno d'*As palavras e as coisas*, de Michel Foucault [174].

VII.5. É certo que em Foucault, a proclamada e subentendida "morte do homem" implica claramente a renúncia à fundação transcendental do sujeito, e portanto a consciência de que, além de certo limite, entre Husserl e Sartre, de um lado, e o filão Nietzsche-Heidegger, do outro, não há coexistência. Mas o curioso em sua obra (contra as impressões de uma primeira leitura) é que, malgrado a escolha Nietzsche--Heidegger implique também a demolição do estruturalismo, o autor, em todo o livro, não parece fazer outra coisa senão elaborar grades estruturais (em contraste com suas sinceras profissões públicas de não-estruturalismo, que o público encara como garridice).

O propósito de Foucault é conhecido: traçar os mapas de uma arqueologia das Ciências Humanas, do Renascimento aos nossos dias, onde faz emergir "*a priori* históricos", o *epistema* de determinada época, "as configurações que deram lugar à várias formas do conhecimento empírico", aquilo que tem possibilitado o aparecimento dos conhecimentos e teorias... [175]

A idéia da semelhança rege o mundo simbólico medieval-renascentista (o Renascimento de Foucault possui muitas das características da Idade Média); a idéia setecentista da representação, apoiada na confiança de um parentesco entre a ordem das coisas e a ordem da linguagem, classifica os seres através da homologia dos seus caracteres visíveis; e as idéias da vida, do trabalho, da linguagem como energia, que no século XIX substituem a gênese pela descrição taxonômica, a vitalidade orgânica pela descritibilidade formal, a atividade pela representação, permitem agora que o ser daquilo que é representado exorbite da sua representação [176]. Surge então

(174) Ver, por éxemplo, as críticas de EZIO MELANDRI, in "Lingua e Stile", II, 1.
(175) MICHEL FOUCAULT, *Le parole e le cose*, op. cit., p. 11-12.
(176) *Ibidem*, p. 259.

348   A ESTRUTURA AUSENTE

a problemática da origem e do fundamento, o homem faz-se
problema para si mesmo como possibilidade de ser coisas na
consciência, e descobre as impossibilidades paralisantes a que
conduz essa sede de fundamentação transcendental. Segue-se
a solução ora aventada pelas Ciências Humanas, que estuda-
rão aqueles campos onde algo que *é diferente do homem* o
atravessa e determina: o campo da Psicologia, numa dialética
entre *função* e *norma*; o da Sociologia, onde se opõem *conflito* e *regra;* e o dos mitos e literaturas, regido por uma oposição entre *significado* e *sistema*: no limite, um jogo dialético
entre *mensagens* e *códigos,* jogo esse cujas regras ditadas pelas
duas ciências cujo objeto se subtende ao das outras — a
Etnologia e a Psicanálise, que estudam justamente os sistemas de determinações profundas, coletivas e individuais, com
base nos quais as outras oposições se estruturam.

Mas Foucault sempre foge de fundamentar as grades que
usa. Vejam, por exemplo, o jogo de oposições ao qual são
reduzidas as diferenças (vistas como permutações) entre utilitaristas e fisiocratas no século XVIII:

"os utilitaristas baseiam na *articulação* das trocas a *atribuição* de
um certo valor às coisas; os fisiocratas explicam através da *experiência*
das riquezas a *circunscrição* progressiva dos valores. Mas para uns
e outros a teoria do valor, como a da estrutura na História Natural,
liga o momento que *atribui* ao que *articula*"[177].

Isto é, nos utilitaristas, a articulação (o jogo das necessidades e utilidades) explica a atribuição (o conferimento de
valor); nos fisiocratas, a atribuição (a existência do valor natural) explica a articulação (o sistema das utilidades). Como
se vê, temos aqui uma estrutura que explica duas posições
ideológicas diferentes com base na mesma matriz combinatória. Essa grade estrutural pode ser considerada pelo leitor
como descoberta no contexto do epistema clássico, e portanto exibida *como dada* pelo pensamento da época examinada.

Mas mais adiante, para explicar a passagem da teoria
clássica do conhecimento à teoria oitocentista, assim se exprime Foucault:

"As condições de possibilidade da experiência são destarte pro-
curadas nas condições de possibilidade do objeto e da sua existência,
enquanto que, na reflexão transcendental, as condições de possibili-

(177) *Ibidem*, p. 226.

A ESTRUTURA E A AUSÊNCIA   349

dade dos objetos da experiência se identificam com as condições de possibilidade da própria experiência"[178].

Também aqui, uma matriz permutacional explica dois diferentes modos de fundamentar a verdade do discurso filosófico. Mas enquanto no primeiro caso a grade podia ser considerada *infra-epistêmica*, revelando-se a quem buscasse a forma subjacente do pensamento da época clássica, aqui a grade, permitindo transpor duas épocas, é claramente *transepistêmica*. Será também ela *dada*, oferecer-se-á à investigação, ou é *posta* e se torna instrumento empregado para explicar os fatos?

Foucault não julga muito importante responder a essa pergunta; assim como não julga importante fundamentar as grades empregadas pelas Ciências Humanas nem dizer explicitamente se as grades fornecidas pela Etnologia e pela Psicanálise têm um estatuto transcendental ou ontológico tal que lhes permita fundamentar as grades das Ciências Humanas. Mesmo interrogado sobre o assunto, Foucault admite que as ditas grades vieram-lhe espontaneamente à cabeça no momento em que interrogava uma situação histórica, tendo sido acolhidas no curso da investigação sem que por isso tivesse ele que preocupar-se com dar-lhes estatuto gnoseológico. E com razão, porque todo o seu livro constitui um ato de acusação contra o pretenso malogro do homem moderno em elaborar a fundamentação transcendental da consciência.

Ora, à luz de tudo o que se disse antes, a resposta parece clara, especialmente se relermos melhor algumas páginas iniciais:

> Existe, portanto, entre o olhar já codificado e o conhecimento reflexivo, uma região mediana que oferece a ordem no seu próprio ser: a ordem surge aí, conforme as culturas e as épocas, contínua e graduada, ou fragmentada e descontínua, ligada ao espaço ou constituída a todo instante pelo impulso do tempo, aparentada com um quadro de variáveis ou definida por sistemas separados de coerências, composta de semelhanças que se sucedem em correspondência com a proximidade delas, ou se respondem especularmente, organizada em torno de diferenças crescentes, etc. Essa região 'mediana', na medida em que manifesta os modos de ser da ordem, pode, portanto, considerar-se como a mais fundamental; anterior às palavras, às percepções, aos gestos julgados aptos para traduzi-la com maior ou menor precisão ou felicidade (eis por que tal experiência da ordem, no seu ser maciço e primeiro, desenvolve constantemente

(178) *Ibidem*, p. 264.

350 A ESTRUTURA AUSENTE

uma função crítica); mais sólida, mais arcaica, menos dúbia, sempre mais 'verdadeira' do que as teorias que tentam dar a tais modos uma forma explícita, uma aplicação exaustiva, um fundamento filosófico. Em toda cultura existe, portanto, entre o emprego do que poderíamos chamar de códigos ordenatórios e as reflexões sobre a ordem, a experiência nua da ordem e dos seus modos de ser"[179].

Substituam agora a noção de "ordem no seu próprio ser" pela de "ser como nascedouro de toda ordem", e terão ainda e novamente a posição heideggeriana. Eis por que Foucault não pode fundamentar as grades estruturais que emprega: porque estas lhe aparecem quando interpreta os eventos epocais do ser como os modos pelos quais o ser se expressou em vários séculos, recognoscíveis pelo parentesco que, dividindo-nos, a ele nos liga, sem que nenhuma grade, originada do ser, o defina de uma vez por todas, nem possa ser fundada em algum mecanismo seu, recognoscível e predicável.

VIII. DO EXTREMO SUBTERFÚGIO DA AUSÊNCIA...

VIII.1. No entanto (Foucault, nisto, é um exemplo ostensivo)[180], as estruturas são continuamente manipuladas *como* para explicarem tudo. O que acontece, portanto, com esse pensamento que parece ter feito as suas escolhas tão claramente e todavia ainda parece agitado por uma contradição permanente entre o que declara e o modo pelo qual opera?

Mais uma vez, a resposta mais lúcida nos parece vir de Derrida, naquele ensaio sobre "La structure, le signe et le jeu dans le discours des sciences humaines" que conclui *L'écriture et la différence*[181].

A lição nietzschiana e heideggeriana revelou aos liqüidadores do estruturalismo que não se pode definir uma presença (uma *ousia*) que exaura o jogo móvel das aparições de uma não-origem sem fundo. Mas mesmo quem chegou perto dessa revelação não se decidiu a renunciar às grades estruturais das quais (positivisticamente, mecanicisticamente, com desesperada empiria) ainda esperava poder servir-se para discorrer sobre as coisas. E o exemplo precípuo dessa con-

---

(179) *Ibidem*, p. 11.
(180) Assim o seu pode parecer *Un positiviste désespéré* (SYLVIE LE BON, in "Les Temps Modernes", janeiro de 1967). Mais abrangente é a leitura que dele faz, *ibidem*, MICHEL AMIOT (*Le relativisme culturaliste de M. F.*)
(181) Traduzido para o italiano na revista "Portico", fevereiro de 1967. Os trechos que se seguem foram extraídos dessa tradução.

A ESTRUTURA E A AUSÊNCIA 351

tradição torna-se, para Derrida, Lévi-Strauss. Na própria análise que fizemos dos textos de Lévi-Strauss estava implícito que esse autor visava, com todo o seu discurso, a conclusões como as que individuamos no lacanismo. Toda a análise dos mitos, além do estudo sobre as relações de parentesco, tende a retransformar os produtos da cultura num dado Original da natureza, dado esse que deveria explicar o porquê das estruturas. Mas mesmo buscando resolver o problema dentro de uma oposição entre natureza e cultura, Lévi--Strauss, quando se encontra ante um fenômeno que parece pertencer às duas ordens, como a interdição universal do incesto, adverte um quê de indeciso, uma opacidade do sistema; não tem a coragem de pensar este algo de original como aquilo que precede toda distinção e a fundamenta, devendo assim ser deixado no impensado, no sentido em que o impensado é aquilo de que ontologicamente devemos estar próximos e onde devemos *habitar,* sem fazê-lo sair da sua elusividade.

No entanto Lévi-Strauss (e também nós o observamos) oscila sempre entre uma pesquisa da estrutura objetiva e a declaração de que as estruturas que emprega são bons artifícios metodológicos, instrumentos de trabalho. É óbvio que para Derrida essa ingenuidade operativista soa como condenação de um cometimento votado desde o início ao malogro. E nós mesmos, levando às últimas conseqüências as posições de um estruturalismo "filosófico", reconhecemos o malogro como constitutivo da operação. Malogro que consiste, sublinha Derrida, em "conservar como instrumento de trabalho uma coisa da qual se discute o valor de verdade" — mas a que, acrescentamos nós, sempre se espera poder atribuir esse valor. Lévi-Strauss percebe que, do seu ponto de vista, não existe "um limite, propriamente dito, da análise mítica, nem uma unidade secreta que se possa colher ao término do trabalho de decomposição. Os temas desdobram-se ao infinito... raios privados de todo fogo que não seja virtual"; o que é natural, pois o discurso mítico, como o do inconsciente, é transposição metonímica contínua, onde um engano remete a outro e todos metaforizam a Ausência do centro. No entanto, insiste Derrida, "não há um livro ou um estudo de Lévi-Strauss que não se proponha como ensaio empírico que outras informações poderiam sempre completar ou pôr em crise". Assim a enumeração dos elementos, que o estruturalista (lingüista ou etnólogo que seja) não pode aperfeiçoar

352 A ESTRUTURA AUSENTE

antes de ter elaborado uma estrutura que os abarque a todos nas suas possibilidades articulatórias, pode ser ou inútil ou impossível. Se for impossível é porque tais elementos são teoricamente ilimitados, e portanto a hipótese estrutural deve antecipar uma totalidade que só o proceder da investigação pode verificar passo a passo; e estaremos diante de uma assunção metodológica. Se for inútil é porque a totalidade não existe como presença mas só como virtualidade; e então não será nem mesmo o caso de elaborarmos estruturas que a presentifiquem. Lévi-Strauss não se decide a escolher entre inutilidade e impossibilidade e age empiricamente, manipulando o que não pertence à empiria. Derrida: "se então a totalização não tem mais sentido, não é porque a infinitude do campo não possa ser coberta por um discurso finito, mas porque a natureza do campo... exclui a totalização: esse campo é, na realidade, o campo de um jogo, isto é, de uma situação infinita no âmbito de um sistema finito" porque "lhe falta algo, isto é, um centro que detenha e fundamente o jogo das substituições". E aqui Derrida volta a Lacan e através de Lacan, mais uma vez, com Heidegger, a Nietzsche.

VIII.2. Compreende-se por que em Lévi-Strauss afigura-se tão trabalhosa a solução do debate entre história e estrutura: é exatamente a recusa ao reconhecimento dessa virtualidade da origem, da qual brota a história que Ela alicerça, e a insistência em procurar novamente o apoio de uma Estrutura que se pretende intemporal, mas não pode ser geradora de história, que levam à neutralização do tempo. E Estrutura é uma Presença que se estende ao longo do tempo sem mudar: a Origem seria, ao contrário, uma ausência que nada tem que ver com o tempo nem com a história, mas exatamente por isso os permite.

"O jogo é a destruição da presença". Ao contrário, "voltada para a presença perdida ou impossível da origem ausente, essa temática estruturalista da imediatidade rompida é, portanto, a face triste, negativa, nostálgica, culpada, russoviana, do pensamento do jogo, do qual a *afirmação* nietzschiana, a afirmação jucunda do jogo e da inocência do devir, a afirmação de um mundo de signos sem erro e sem verdade, sem origem, aberto para uma interpretação ativa, seria a outra face"[182].

(182) DERRIDA, op. cit., p. 16.

A ESTRUTURA E A AUSÊNCIA 353

Derrida bem sabe que pretender hoje resolver o conflito entre as duas tendências é coisa prematura. No fundo, ele justifica a oscilação palmar de Lévi-Strauss e a outra, já mais consciente e malicosa, de Foucault. Mas em todo o caso, nessa distinção e exclusão recíproca das duas possibilidades (cuja compresença é apenas um dos eventos da nossa época, não a garantia de uma mediação), dá cabo definitivamente do estruturalismo como filosofia.

VIII.3. Mas essa oscilação não resolvida não sobrevive mesmo em Lacan? Já não observamos a tentativa de fundar a estrutura da determinação sobre o código binário da cadeia significante e, ao mesmo tempo, a liqüidação de toda estrutura na hipostatização ontológica da ausência, que possibilita o espaço entre duas afirmações em toda comunicação binária?

As afirmações de Derrida sobre o jogo ajudam-nos a resolver essa aparente contradição, fazendo-nos compreender por que, em algumas das suas páginas, Lacan se mostra tão desconfiado em relação à noção de código.

Lembremos o que dissemos sobre o código em A.1.IV: Sobrepõe-se um código à eqüiprobabilidade de uma fonte de informação para, com base em certas regras, reduzir-se a possibilidade de que venha a acontecer *de tudo*. Um código é um sistema de probabilidade que reduz a eqüiprobabilidade original. Um código fonológico escolhe umas poucas dezenas de sons, imobiliza-os num sistema abstrato de oposições e confere-lhes um significado diferencial. Tudo o que for anterior a essa operação é o mundo indiferenciado de todos os sons e de todos os ruídos possíveis, onde toda união é possível. O código intervém para dar um sentido a algo que, na origem, não o tem, promovendo certos elementos desse algo à categoria de significante. Mas à falta de um código, esse algo não codificado que o precede pode produzir infinitas agregações às quais *só depois,* sobrepondo-lhes um código qualquer, poderá ser atribuído um sentido.

E como é que o andamento do não-codificado pode ser descrito ou previsto e mesmo nomeado? Resposta: Através de uma teoria das probabilidades. Mas uma teoria probabilista, seja identificando as leis estatísticas com supostas leis objetivas do caos, seja entendendo-as apenas como instrumentos aceitáveis de previsão, busca pura e simplesmente dizer *de que modo tudo pode acontecer* onde ainda não existe

354 A ESTRUTURA AUSENTE

a marca de um código, e, por conseguinte, de uma estrutura. Ora, a cadeia significante não é estruturada por um código — é o que nos diz Lacan —, mas por leis probabilistas [183]. *Não é, portanto, um código (nem uma estrutura), mas uma Fonte, uma Nascente.* E ocasionalmente (talvez fosse mesmo um acaso, na origem, mas nada teve de ocasional o proveito que Lacan tirou desse acaso), a Fonte e Nascente dos teóricos da informação (que provavelmente jamais refletiram sobre os problemas ontológicos) é denotada com duas palavras que, se usadas com conotações diferentes, servirão às mil maravilhas para indicarem a Origem e a Diferença, o Nascedouro, mas também a Abertura de onde ganham vida todos os eventos. "Fonte" e "Nascente" recordam-nos mitos e metáforas da poesia de Hölderlin, de onde Heidegger extrai sua doutrina da linguagem como voz da origem. "Mas o que dá origem ao rio — ninguém sabe". O mesmo podemos dizer de toda fonte informacional.

O ciclo completou-se, o último resíduo de estruturalidade perdeu-se na definição estatística de uma cadeia significante que é apenas a matriz, indefinível, do puro jogo combinatório no qual Derrida (com Nietzsche) resolvia a verdade e o erro.

Já vimos que a cadeia poderia depois escandir-se por movimentos binários, não porque o código dos lingüistas e fonólogos sobrevivesse como tal; mas unicamente porque uma Fonte como diferença só pode produzir jogos diferenciais. Uma vez reconhecida sua origem lúdica, o Super-homem não tem mais necessidade do Homem de Genebra (nem do que nos convidava a retornar à sabedoria da natureza, nem do que nos ensinava a construir o sistema da cultura).

IX. ... E DO MODO DE CONTESTÁ-LO

IX.1. Se a esta altura, a crítica de arte, a semiologia dos mitos, a análise das estruturas sociais apelam para esse

---

(183) "Cet Autre n'est rien que le pur sujet de la moderne stratégie des jeux, comme tel parfaitement accessible au calcul de la conjecture, pour autant que le sujet réel, pour y régler le sien n'a à y tenir aucun compte d'aucune aberration dite subjective au sens commun, c'est-à-dire psychologique, mais de la seule inscription d'une combinatoire dont l'exhaustion est possible" (*Ecrits*, p. 806). [Que assim traduzimos: "Esse Outro nada mais é que o puro sujeito da moderna estratégia dos jogos, e como tal perfeitamente acessível ao cálculo da conjetura, na medida em que o sujeito real, para acertar o seu próprio por ele, não tenha que levar em conta nenhuma aberração dita subjetiva no sentido comum, isto é, psicológico, mas unicamente a inscrição de uma combinatória exaurível." (N. da T.)]

A ESTRUTURA E A AUSÊNCIA 355

estruturalismo (isto é, para aquele que Derrida e Foucault, depois de Lacan, põem em crise), deveriam ser coerentes. Se toda estrutura nada mais é que um evento do ser, e se o ser fala unicamente se dele nos avizinharmos segundo uma valência afetiva, numa interrogação que não para nunca [184], então toda operação é possível, menos uma: a análise científica da cadeia dos significantes na sua evidência objetiva.

Que objetividade dos significantes é essa, se eles se nos revelam numa interrogação impossível de deter-se num sentido definitivo?

Como poderá a operação crítica pretender reduzir-se (ou promover-se) a uma revelação das formas significantes e do seu funcionamento, prescindindo dos sentidos que esse maquinismo poderia assumir? [185]

Como poderá responder Lévi-Strauss (a quem propõe o problema de uma *estrutura da fruição,* dialeticamente conexo ao de uma estrutura da obra) que a obra deve poder ser interrogada *como um cristal,* fazendo-se abstração da nossa resposta? [186]

Se a Estrutura Última existe, não pode ser predicada, porque não existe metalinguagem que a possa aprisionar; e se a deixamos aparecer por entre as dobras de uma linguagem que a evoca, então ela não é a Última, porque no momento em que aparece, faltam-lhe as características daquilo que é Último, isto é, a capacidade de retrair-se para gerar outras aparições. Todavia, se foi evocada ao invés de definida, então na sua evocação introduziu-se aquela componente afetiva que é essencial para uma relação hermenêutica: por conseguinte, a estrutura não é objetiva, mas *carregada de*

(184) Ver *Was heisst Denken?,* op. cit., 2, IX: o pensamento não é uma "tomada" conceptual, o pensamento que se desenvolve não conhece o conceito que imobiliza, o verdadeiro pensamento "fica pelo caminho". O "Sistema" é um puro achado confortador. Sobre a valência, veja-se a seguir o capítulo "Arte, sentimento, originarietà nell'estetica di H.", in GIANNI VATTIMO, *Poesia e ontologia,* op. cit.

(185) A oscilação entre essa pretensão de objetividade absoluta e a consciência do contínuo preenchimento de sentido, que vigora na leitura da obra, é tema tratado no discurso crítico de ROLAND BARTHES; tanto em *Saggi critici,* op. cit., quanto em *Critique et vérité.* Paris, Seuil, 1966. [Esta última já traduzida para o português por Leyla Perrone-Moysés (*Crítica e verdade,* São Paulo, Editora Perspectiva, 1970. (N. da T.)]

(186) Referimo-nos à entrevista concedida por Lévi-Strauss a Paolo Caruso no "Paese Sera-Libri" de 20-1-67, onde, polemizando com as posições por nós sustentadas em *Obra aberta* acerca da "estrutura da fruição", objeta que o momento da fruição da obra não deve intervir na consideração estrutural da mesma, tendente a vê-la na sua pura estrutura significante. Para a nossa resposta, ver o Prefácio à edição brasileira de *Obra Aberta,* São Paulo, Editora Perspectiva, 2ª ed., 1971 ou à segunda edição italiana (*Opera aperta,* Milão, Bompiani, 1967.

356 A ESTRUTURA AUSENTE

sentido. No momento, porém, em que reintroduzo a dialética da interpretação (e vimos que rejeitá-la e, concomitantemente, pretender uma ontologia estrutural ou um estruturalismo ontológico, constitui uma contradição radical), a confiança de que a estrutura individual seja objetiva depende apenas de uma postulação de tipo místico: isto é, de que o Nascedouro de todo sentido me garanta a legitimidade do sentido que individuei.

IX.2. Se, porém, eu *suspender* essa postulação, *só me restará interpretar a estrutura individuada* (e a atribuição de sentido que comporta) *como modelo cognoscitivo.*

Se sei que a estrutura é um modelo, também sei que, ontologicamente falando, *ela não existe.* Mas se a postulasse como realidade ontológica, deveria concluir que, como estrutura (já o vimos), *ela também não existiria. De qualquer maneira a Estrutura é Ausente.* Só posso celebrá-la como Ausência constitutiva da minha relação com o ser, ou como Ficção. A terceira solução, de continuar a manipulá-la como verdadeira e ao mesmo tempo descritível, é enganosa e mistificatória.

IX.3. Mas não estaremos novamente enveredando por uma série de piedosas contradições que um pensamento ontologicamente conseqüente estaria pronto a desmascarar valendo-se das nossas próprias premissas?

Estas ficções que propomos em troca das predicações de estruturas objetivas são, é claro, *os códigos como situações sociais e tentativas hipotéticas de indicar os mecanismos dos eventos,* e que, como as mensagens, originam-se dos sistemas de regras que a eles presidem. Mas opor ficções, conhecidas como tais, ao reconhecimento viril da impossibilidade de definir uma origem não é fugir à admissão suprema?

Esta, no crepúsculo do estruturalismo, parece cindir-se em duas opções, freqüentemente tão próximas uma da outra que se confundem, outras vezes dramaticamente opostas — quase tanto quanto a aporia entre estrutura e ausência. De um lado, o estruturalismo pode morrer num heideggerismo bastante mais próximo do *Sein und Zeit* que do último Heidegger: a cura (psicanalítica) como libertação do Cuidar (como *Sorge,* preocupação) resolve-se na decisão antecipadora do ser-para-a-morte. Do outro, o heideggerismo encontra de novo sua matriz nietzschiana e a sua descoberta da

A ESTRUTURA E A AUSÊNCIA 357

não-origem provoca a celebração jucunda do jogo que se lhe segue: se "a toda hora o Ser começa" e "em torno de todo Aqui gira a esfera do Lá", se "o Centro está em toda parte" e "Curvo é o atalho da eternidade", então "não se deram nomes e sons às coisas para que o homem se console? É doce loucura o falar: falando, o homem passa dançando sobre todas as coisas. Como é doce a palavra e a mentira dos sons! Os sons fazem dançar nosso amor sobre multicoloridos arco-íris"[187]. Assim é, pois, toda poética tendente a celebrar, na ausência, a possibilidade inexausta do relato que a linguagem faz para si mesma.

Se a admissão suprema for o reconhecimento da ferida que nos assinala do princípio à morte, fugir a ela significa *removê-la*. Se for o reconhecimento do jogo, rejeitá-la será admiti-la: só que a admissão, ao invés de deter-se em si mesma, produz uma poética do jogo, e me leva a arquitetar armadilhas, "papagaios" de empinar, fogos de artifício, dispositivos operacionais manifestamente lúdicos e consolatórios: a ciência, os métodos[188], a Cultura.

IX.4. Mas e se uma dessas armadilhas servisse para construir algo que possa colmar o desejo que nos move? Não é possível, responde-me o pensamento ontológico, tu terias sido apenas vítima do mesmo logro, mais uma vez. Mas e se uma dessas armadilhas conseguisse mudar de um palmo a situação de onde parti? Nada teria acontecido, responde o pensamento ontológico, porque a situação em que de novo te encontras ainda está ao mesmo número de passos do nada. Não terias deslocado de um milímetro sequer a proximidade da morte que te constitui. Quando muito, se no jogo tiveres encontrado a alegria, serás curado na aceitação do eterno retorno.

A coerência dessas respostas é tamanha (e tamanha era a coerência do processo que levou o estruturalismo ontológico a dissolver toda possibilidade de conhecimento objetivo) que só nos restaria aceitá-las. E calar.

Mas só *se* nos decidíssemos a continuar movendo-nos no círculo de deduções implicadas pela pergunta inicial, com o que ainda nos achávamos fora do pensamento, e nele entrávamos. E a pergunta era: "Quem fala?".

(187) *Assim falou Zaratustra*, III, "O convalescente".
(188) "Método: não serve para nada". FLAUBERT, *Dizionario delle idee correnti*).

358 A ESTRUTURA AUSENTE

IX.5. Reparemos: essa pergunta é a primeira, a que constitui todo pensamento, uma vez aceito o pressuposto de que a fazê-la esteja sempre algo que está antes de nós e se revela pensando em nós. Mas para chegarmos a tal admissão, precisamos já haver aceitado a conclusão final a que a pergunta nos conduziu. De outro modo, a pergunta é reconhecida pelo que era, um ato de fé, uma postulação mística. Não que essa pergunta não possa ser feita ou que o homem não seja naturalmente levado a fazê-la. Seria difícil afirmá-lo, já que durante alguns milhares de anos o homem não fez outra coisa. Mas quem o fez? Uma categoria de homens, aqueles a quem o trabalho servil de outros permitia a contemplação do ser, e permitia sentir essa pergunta como a mais urgente entre todas [189].

Levantemos a hipótese de que possa existir uma pergunta mais constitutiva, feita não pelo homem livre (posto nas condições de poder "contemplar") mas *pelo escravo,* que não pode fazê-la para si mesmo, e que acha mais urgente indagar-se, ao invés de "quem fala?", *"quem morre?"* (e daí mover-se não para filosofar, mas para construir um moinho d'água, que lhe permita morrer menos depressa, e libertar-se da moenda a que está preso). [190]

A vizinhança com o ser não é, para o escravo, o parentesco mais radical: antes vem *a vizinhança com o próprio corpo e com o dos outros.* E ao sentir esse outro parentesco, o escravo não sai do ontológico para regredir (ou ficar onde estava, inconsciente) ao ôntico: mas simplesmente se coloca diante do pensamento mediante outra situação pré-categorial, que iguala em dignidade aquela de quem pergunta a si próprio — "quem fala".

Com a pergunta "quem morre?" não entramos abruptamente numa dimensão empírica onde já nenhuma filoso-

---

(189) O primado da contemplação, asseverado na *Metafísica* aristotélica, funda-se naquele equilíbrio da sociedade, que abrange a função do escravo, asseverado na *Política*. Não há outra solução.

(190) Mas o Senhor contemplador não pode aceitar essa solução, tão distante do reto pensamento do Ser: e o hortelão metafísico de que fala Chang Tsê (o episódio é relatado consensualmente por ELÉMIRE ZOLLA, in *Volgarità e dolore*, Milão, Bompiani, 1962, p. 113), a quem lhe propõe usar uma bomba d'água no trabalho de irrigação, responde irado: "Ouvi meu mestre dizer: 'Quem usa máquinas é máquina nas suas obras: quem é máquina nas suas obras adquire um coração de máquina. Mas quem tem coração de máquina perdeu a pura simplicidade. Quem perdeu a pura simplicidade tem o espírito inquieto; no espírito inquieto não mora o Tao'. Não que eu não conheça o vosso aparelho; mas sentiria vergonha de usá-lo". E assim — verdade seja dita — o hortelão gastou, na irrigação braçal, o tempo que uma boa bomba d'água lhe teria propiciado para realizar a Longa Marcha.

fia tenha valor. Partimos, isto sim, de outro pressuposto pré-filosófico para fundarmos outra filosofia.

(Se pode parecer pouco filosófica a suspeita de que a revelação do ser possa valer menos que o sabor de uma maçã, que fique claro, então que aqui nos movemos a um nível de opções pré-categoriais com respeito às quais pode tornar-se legítima a renúncia a toda filosofia que visceralmente nos pareça enganosa).

"Quem morre?". Não será menos cruel do que reduzir o sujeito a um logro, reconhecer que a *minha* morte é mais importante do que as outras? a nossa do que a deles? aquela de quem vive comigo hoje no mundo, do que a daqueles que morreram mil anos atrás? a de todos os homens em todos os tempos, do que a (térmica) dos universos e nebulosas? Que isto fique bem claro: à filosofia do Super-homem, opomos aqui a filosofia dos escravos.

IX.6. Há uma página terrível em *Was heisst Denken?*, ["O que quer dizer pensar?"] de Heidegger, quando ele se pergunta se o homem, ainda tão avesso a pensar o Ser, já estaria preparado metafísicamente para arcar com o domínio da terra através da técnica (visto que o que no nosso tempo mais dá o que pensar, é que ainda não pensamos). Preso nos seus pensamentos demasiado curtos, de raio político e social, o homem afrontou um tremendo conflito só há pouco terminado (Heidegger fala em 1952). E — considerado neste esquecimento do tema principal — o que trouxe o fim do conflito? Nada. A guerra não resolveu nada. Heidegger tem razão, mas não no sentido em que fala. Sua intenção é referir-se ao fato de que as transformações ocorridas no fim do conflito não mudaram de um palmo a relação do homem com o único objeto digno de pensamento [191].

Ora (e envergonha-nos usar de argumento tão demagógico — mas talvez mais vergonhoso seria, por temor à demagogia, renunciar a argumentos dessa natureza), visto que o fim do conflito deteve o massacre (por exemplo) nos seis milhões de judeus, se eu tivesse sido o primeiro do sétimo milhão, o primeiro, portanto, a escapar, por uma unidade, do massacre, devo dizer que para mim o fim do conflito teria sido de uma importância enorme.

(191) Primeira parte, lições de conexão, da VI à VII.

360 A ESTRUTURA AUSENTE

O que nos autoriza a pensar que essa ordem de prioridade seja filosoficamente favorável ao outro?

IX.7. O jogo de deduções que nos levou a reconhecer o impasse de um estruturalismo filosófico tem todas as aparências da legitimidade, e nos pôs diante de alguns resultados inimpugnáveis: é certo que a reflexão estrutural, levada às suas últimas conseqüências, encontra o núcleo profundo de toda interrogação sobre os fundamentos do conhecimento, sobre a definição do lugar do homem no mundo, sobre a própria definição de mundo.

Mas quando o clarão dessa descoberta me dobrar à adoração do nascedouro de onde foi vislumbrado, estarei eu seguro de que o que deixo na sombra não é igualmente radical? Se a lição do viver para a morte me diz o que posso fazer para não ser vítima de falsos escopos, a dialética dos supostos falsos escopos é todavia uma dialética de interrogação e ação que, permitindo-me modificar as coisas, talvez possa permitir a dilação da minha morte ou da aiheia. Reconhecer a presença da morte não significa elaborar uma cultura da morte, mas responder com técnicas de desafio à morte.

Eis as razões por que, no reduzido campo das predicações estruturais, é bem possível que a fundação de minha escolha seja uma espécie de enraizamento afetivo pelo qual, embora os outros em que nos reconhecemos sejam umas das muitas armadilhas da Diferença, o pensamento encontra um consolo que é próprio do homem ao discorrer com eles e sobre eles. A estrutura como hipótese fictícia, na medida em que me oferece instrumentos para mover-me no universo das relações históricas e sociais, satisfaz pelo menos em parte o nosso desejo sem escopo e lhe estabelece limites com os quais, amiúde, o animal homem se tem contentado.

A última suspeita (visto que alguém a agitou) é de que esta decisão me imerja desde o início numa ideologia da técnica como operação modificadora que implique fatalmente uma dialética do domínio e acarrete a minha própria destruição. Nesse caso, realizada a tentativa, eu me encontraria perto da morte, o pensamento ontológico teria vencido a aposta, a pergunta inicial estaria errada: mas pelo menos agora eu o saberia por conta própria, e poderia render-me sem o remorso de não haver tentado.

A ESTRUTURA E A AUSÊNCIA   361

Mas e se eu vencer? Como diz um sábio chinês da última dinastia: "Para adquirirmos conhecimentos, é preciso participar da prática que transforma a realidade. Para conhecermos o gosto de uma pêra, é preciso transformá-la, comendo-a" [192].

---

(192) O "pragmatismo" desse projeto poderá ofender quem julga que o conhecimento, ao seu nível, deva visar continuamente a uma absoluta autonomia conceptual e encontrar em si as condições estruturais da sua própria verificação. É a tese sustentada pelos autores de *Lire le Capital* (ver a tradução italiana, resumida, LOUIS ALTHUSSER e ETIENNE BALIBAR, *Leggere il Capitale*, Milão, Feltrinelli, 1968). Pelo menos é curioso e inquietante ver como autores declaradamente revolucionários e leninistas se inspiram explicitamente, para fundarem sua epistemologia, em Lacan e Foucault. Em sua polêmica anti--historicista, antipragmatista e anti-empirista, *Lire le Capital* procura eliminar toda intervenção histórica que dobre a autodeterminatividade de uma estrutura cognoscitiva, límpida e auto-suficiente como um cristal. Mas para que o conhecimento se determine por si só, e possa todavia conhecer e transformar o mundo cumpre de qualquer modo que o ser seja. E se o Ser é, a transformação dos entes será apenas um epifenômeno cuja superficialidade teria talvez preocupado Marx. Assim, quando se trata de explicar como um conhecimento, que se move ao puro nível das estruturas cognoscitivas, pode em seguida incidir sobre o mundo real. Althusser apóia-se (implicitamente, mas com citações-indícios) no mais alto dos magistérios ontológicos, o de Espinosa. E a filosofia marxista agiria então sobre o mundo porque — enfim — *ordo et connexio idearum idem est ac ordo et connexio rerum* [A ordem e conexão das idéias é igual ã ordem e conexão das coisas] — o que constitui grande e fascinante decisão metafísica, mas nos deixa perplexos sobre a genuinidade revolucionária de semelhante pensamento da Necessidade. Ainda uma vez: *Wo Es war, soll Ich werden*

6. Os Métodos de Semiologia

I. A FICÇÃO OPERACIONAL

I.1. E eis-nos de volta à tese deste estudo. Ausente de uma vez por todas, a estrutura não mais será vista como o termo objetivo de uma pesquisa definitiva, mas como o instrumento hipotético com o qual nos é dado experimentar os fenômenos para conduzi-los a correlações mais vastas.

Lembramos ainda que todo o nosso discurso se originou da possibilidade de predicar estruturas (de reconhecer códigos) *ao nível dos fenômenos de comunicação*. O problema epistemológico do que seja a estrutura de um fenômeno natural por mim predicada acha-se aqui notavelmente facilitado: uma pesquisa semiológica trabalha sobre um fenômeno social como a comunicação e sobre sistemas de convenções culturais como os códigos. Reconhecê-los como códigos representa talvez uma ficção, mas defini-los, em todo o caso, como fenômenos intersubjetivos, baseados na socialidade e na história, é um dado seguro.

Estabelecer se um átomo existe já é ficção operacional que precede as descrições hipotéticas da sua estrutura; mas estabelecer que os homens trocam mensagens entre si é um ponto sólido de onde partir para hipotizar as estruturas que permitem que as mensagens comuniquem.

O salto consiste em passar, através de uma série de ficções descritivas, do universo dos seres humanos que falam ao universo dos modelos comunicacionais.

OS MÉTODOS DA SEMIOLOGIA 363

I.2. Num certo sentido, acontece agora com a Semiologia o que, retomando Foucault em outra chave, acontece com as Ciências Humanas quando procuram consertar uma situação de impasse filosófico, onde o homem se constituía em problema para si mesmo e erigia em objeto primeiro de seu discurso o próprio discurso, a pergunta que fazia ao ser. A essa altura, as Ciências Humanas eliminam o homem do palco da cultura. Porém agora está claro em que sentido — para nós — o eliminam: reduzem sua pesquisa a uma individuação de *códigos culturais* baseadas nos quais estudam o articular-se (redundante ou informativo) de toda *mensagem* — e as variações a que a troca das mensagens no tempo e no espaço, através de um jogo de códigos diversos, submete os próprios sistemas de convenções culturais.

Já vimos que para estudar essa dialética, a Semiologia *hipotiza* códigos como modelos estruturais de possíveis trocas comunicacionais. Essas propostas hipotéticas são prospéticas, parciais, circunstanciais — numa palavra: "históricas". Mas dizer que são históricas implica uma dupla série de problemas. Porque se de um lado cumpre definir em que sentido sua historicidade não as invalida, com vistas num discurso geral sobre a comunicação — do outro, cumpre ver se elas conseguem, embora sendo históricas e aspirando concomitantemente a uma generalidade de emprego — explicar a própria historicidade dos processos de comunicação. Historicidade que ainda não sabemos se é constitutiva da dialética código-mensagem, ou apenas decorrente da impossibilidade (demonstrada nos capítulos precedentes) de apreender o desfilar objetivo dos significantes sem ter que alicerçá-lo numa profundidade que o anula.

II. ESTRUTURA E PROCESSO

II.1. Uma Semiologia operacionalista estabelece o modelo de uma máquina gerativa que é a cadeia da comunicação já examinada em A.1.II. Essa cadeia implica que a mensagem significante, no momento em que chega ao destinatário, esteja *vazia*. Mas sua vacuidade não é a da obra-vórtice, da obra ausente teorizada pela "nouvelle critique": *é a disponibilidade de um aparelho significante ainda não iluminado pelos códigos que escolho para fazer convergir sobre ele.*

364 A ESTRUTURA AUSENTE

Em que sentido o reconheço como aparelho significante? Iluminando-o imediatamente, no momento em que o recebo, com alguns códigos de base. "I vitelli dei romani sono belli": recebo o sinal, e o reporto a um código fonológico; súbito, toma forma um certo desfilar de significantes que, antes mesmo de me dizerem o que significam, anunciam-se-me estruturados de certo modo. Só quando eu fizer convergir sobre a mensagem o código língua latina ou língua italiana, terei começado a nela introduzir uma série de significados denotativos. Mas a mensagem ainda apresenta uma cota de indeterminação e ainda me permite outras escolhas. Se a entender em latim, quem será esse Vitellio conclamado ao combate? E o deus que o guia? O que é um som de guerra na mitologia e na liturgia militar romana? Tuba trombeteante, canto de Tirteu, clangor de espadas? E assim por diante. Pouco a pouco, a mensagem se preenche, mas basta que a situação do receptor mude para que os códigos se exfoliem, irrompendo novos sentidos.

Quais os sentidos aceitáveis? Também a proposta de um código diante de uma mensagem é uma espécie de hipótese estrutural que, apesar de habitualmente espontânea, não deixa por isso de ser menos aventurosa e epistemologicamente interessante. Propor um código é adiantar uma proposta e experimentá-la sobre o resultado. O código proposto faz brotar certos significados, mas será depois confrontado com outros códigos, léxicos, subléxicos, para ver se *aguenta,* em toda a extensão das possibilidades conotativas que a mensagem ostenta. O movimento nasce porque a mensagem (mensagem intencional: uma obra de arte; mensagem inconsciente: uma associação parental) se choca contra o *iceberg* maciço das convenções sociais (os códigos) e das circunstâncias (ver A.2. VI.I-2), que orientam a escolha dos códigos e representam o parâmetro do referente que não intervém para determinar a mensagem mas persegue-a de perto.

II.2. A vacuidade da mensagem não é devida a uma qualidade sua: sua "ausência" (mas esta é claramente e nada mais que uma metáfora) deve-se à presença invasora das convenções que se lhe sobrepõem. Ausente embora, nem por isso a mensagem é transparente: à primeira aproximação, ela nada me revela; é opaca porque esbarra de encontro a códigos que talvez não sejam seus. Meu movimento de fidelidade pode consistir numa série de ensaios operacionais

OS MÉTODOS DA SEMIOLOGIA   365

visando a encontrar os códigos de origem e ver se funcionam aqueles hipotizados como tais. É certo que a aceitabilidade dos códigos propostos é regulada por uma *lógica dos significantes*: mas vimos que até a lógica dos significantes, o reconhecer na mensagem aqueles significantes e não outros, é fruto de uma primeira decodificação. Um ritmo, uma escansão geométrica ou aritmética que regule certas formas e me impeça de atribuir-lhes significados que contrastem com aquela regularidade, já é individuado *presumindo-se-lhe* a estrutura. Dada a série "2, 4, 6, 8", a lógica dos significantes só me poderá tornar previsível o aparecimento subseqüente do "10" se eu sobrepuser à série a hipótese (que pode ser afiançada pelo hábito) de uma progressão "de dois em dois". Dados os números "3, 7, 10", só existirá uma lógica da série se eu previr a regra-código: "o número mediano dará o seguinte por adição do precedente", pelo que o próximo número deveria ser "17". Mas se o código dissesse respeito à série dos números dotados de conotações sacras (trindade, pecados capitais, mandamentos), a série poderia então prosseguir com números diferentes, o último dos quais seria provavelmente *setenta vezes sete* [193].

Quando, portanto, nos entusiasmamos com a "lógica dos significantes" nós de fato nela respeitamos a conseqüencialidade dos códigos contratados. Quando nos inebriamos com o vazio gerador de sentido, defrontamo-nos, ao contrário, com a riqueza histórico-social dos códigos que se chocam e esfacelam de encontro à mensagem, determinando-lhe a vida ao longo do tempo, vida cuja duração pode depender ou da "abertura" prevista pela mensagem ou de uma sua ocasional disponibilidade. Em todo o caso, a cadeia comunicacional implica a dimensão histórica e a explica, ao mesmo tempo que nela se baseia.

Se, portanto, nos foi possível orquestrar uma batalha tão encarniçada entre estrutura e história é porque a estru-

---

(193) Veja-se um texto como *"Les chats" de Charles Baudelaire*, de R. JAKOBSON e C. LÉVI-STRAUSS (in "L' Homme", janeiro-abril de 1962), que deveria representar um modelo de análise estrutural "objetiva". Quanto à análise ser estrutural, não há dúvida, mas o que significa ser objetiva? Se a poesia atinge a dignidade de "objeto absoluto" é precisamente porque a análise de um nível remete à do outro, e todas juntas "se sustêm" (comprova-se aqui a noção de idioleto estético de que falávamos atrás). Ora, aparentemente a atribuição de uma estrutura fonológica e sintática pode parecer uma simples recognição objetiva, mas que dizer quando os autores admitem que "esses fenômenos de distribuição formal têm um fundamento semântico"? Aqui já estamos na leitura conotativa de certos elementos semânticos à luz de dados códigos culturais (exemplo, a relação "Erèbe-ténèbre") e nesse ponto, o próprio reconhecimento de correspondências significantes é individuado segundo-se a pauta das correspondências significadas; como é natural. O objeto é absoluto porque

366 A ESTRUTURA AUSENTE

tura em questão não era considerada um meio de investigação sincrónica sobre fenômenos afetados por uma fundamental historicidade, mas porque já de início a estrutura se apresentava como negação da história, enquanto aspirava a ser fundação do Idêntico.

II.3. O equívoco da objetividade dos significantes pesa também sobre um ramo da Semiologia que deveria ser-lhe imune, isto é, sobre a Semântica como estudo dos significados. Quando uma Semântica Estrutural procura organizar as unidades de significado em sistema, a tentação de pensar que — já que há sistema — há objetividade univocamente individuável, torna-se bastante forte.

Vejamos, por exemplo, as objeções levantadas por Claude Brémond a uma tentativa de Semântica Estrutural como a análise em cartões perfurados dos conceitos do Corão [194].

Observa Brémond que essa pesquisa, efetivamente "desmascarando lugares de atração e repulsão existentes entre noções que pensaríamos em relacionar, faria aparecer constelações inesperadas, inerentes à própria estrutura do texto, se bem que imperceptíveis à leitura mais atenta"; mas que na verdade os autores, fazendo reverberar sobre a mensagem os próprios códigos, teriam sistematizado não as idéias "objetivas" do Corão, mas "as idéias do ocidente científico contemporâneo relativas ao Corão". Brémond opõe a essa iniciativa uma pesquisa objetiva que proceda ao enfoque de um sistema de conceitos "imanente ao texto", inspirando-se não na *codificação* mais cômoda mas na *decodificação* "mais exata". Não é difícil reconhecermos aqui, ainda uma vez, a utopia do desfilar dos significantes: na realidade, não se pode aditar um significante sem já atribuir-lhe, pelo fato de o aditarmos, uma pertinência à luz de um significado implícito; daí por que um pretenso sistema dos "semas" imanente ao texto seria mais uma vez a individuação das idéias de uma parte do ocidente científico contemporâneo a respeito

é explicado como o mecanismo que permite várias leituras, mas é absoluto no sentido de que representa o máximo de objetividade possível dentro de certa perspectiva histórica que era a dos seus leitores — objetividade favorecida pelo fato de que a proximidade histórica permitia aos leitores inferir bastante tranqüilamente os códigos do autor, as modalidades de pronúncia baudelairiana, iguais às do francês moderno, com base nas quais se constituem as rimas, e assim por diante.

(194) M. ALLARD, M. ELZIERE, J. C. GARDIN, F. HOURS. *Analyse conceptuelle du Coran sur cartes perforées*, Paris-Haia, Mouton, 1963; CLAUDE BRÉMOND, *L'analyse conceptuelle du Coran*, in "Communications", 7, 1966.

OS MÉTODOS DA SEMIOLOGIA

daquele texto. Mesmo uma operação rigorosa como a de Hjelmslev, que pretende definir o valor semântico de um termo pela diferença do espaço semântico ocupado por outro termo, presume que ambos os termos já tenham sido entendidos enquanto plenos de significado; de outro modo não vemos como estabelecer que o espaço ocupado pelo francês *bois* seja mais amplo do que o ocupado pelo italiano *bosco* (a não ser já se sabendo que quando digo *bosco,* em italiano, excluo a madeira para queimar e construir). Ora, se a estruturação dos significantes não escapa às suas concretas condições de uso — e se, contudo, a admissão de que o significado seja o uso que dele fazem os falantes não me permite ir além da afirmação geral, a não ser passando por um recenseamento dos usos — conseqüentemente, o recenseamento dos usos deve transformar-se numa proposta de códigos situacionais, que me permitirão em seguida compreender concretamente como, na cadeia comunicacional, uma dada mensagem emitida segundo dados códigos, será interpretada segundo outros códigos, revelando-se, portanto, capaz de suportar significados múltiplos.

II.4.   À semelhança do que acontece com os estudos semânticos, também a pesquisa sobre as grandes cadeias sintagmáticas e sobre as "funções" narrativas pode deixar-se obsessionar depressa demais pela utopia da objetividade do significante. Nesse caso uma releitura da *Poética* de Aristóteles (de que dependem tantos discursos sobre a narratividade) poderia salvar de muitos equívocos.   De fato, um enredo pode ser visto como uma série de *funções,* ou uma *matriz* estruturada de funções em oposição alternativa, mas a individuação dessas funções não pode libertar-se da atribuição preliminar de pertinência (e portanto, de significado) a cada uma delas.   O que significa, por exemplo, que ao personagem tal deve acontecer algo terrível ou lastimável? Significa que deve acontecer algo que (à luz das opiniões comuns correntes numa dada sociedade) suscitará piedade ou terror. Suscita terror o fato de que uma personagem seja induzida a comer, inconscientemente, as carnes do próprio filho? Sim para um grego, e em geral para um ocidental. Mas podemos imaginar um modelo de cultura em que esse comportamento ritual não pareça terrível.   É compreensível que um grego se sentisse movido à piedade diante do fato de Agamenon *dever* imolar Ifigênia, ao passo que para nós, se o fato nos fosse

368 A ESTRUTURA AUSENTE

contado fora do seu contexto original, um indivíduo que por mera superstição aceitasse matar sua filha parecer-nos-ia unicamente asqueroso, e derramaríamos sobre Agamenon não piedade mas desprezo e desejo de punição. A *Poética* não pode ser compreendida sem o recurso à *Retórica*: as funções do enredo só adquirem valor quando comensuradas com os *códigos de valores* de um dado grupo. Não se pode definir um fato como "inesperado" se não conhecemos o sistema de expectativas do destinatário. Assim, mesmo a pesquisa sobre as estruturas narrativas remete a uma definição sócio-histórica dos códigos; pode utilmente desenvolver-se na direção de um discurso sobre as constantes universais da narratividade, mas não deverá erigir as *séries* que encontra em *estruturas* definitivas; ainda que, individuadas as séries, deva assim mesmo perguntar-se se o funcionamento delas repousa sobre constantes fisiopsicológicas.

III. OS UNIVERSAIS DA LINGUAGEM

III.1. Aqui entra em jogo o problema dos universais da linguagem, isto é, daquelas constantes comportamentais que permitem que em toda língua conhecida se encontrem soluções idênticas (o que equivale igualmente a dizer: o problema do por que existe uma base intersubjetiva da comunicação). Charles Osgood sugere que os códigos das várias línguas são como *icebergs* dos quais só conhecemos a pequena parte emersa: por baixo, escondem-se os potenciais comuns ao desenvolvimento das linguagens, os mecanismos universais da metáfora e da sinestesia, ligados a raízes biológicas e psicológicas comuns a todos os homens [195], e Jakobson julga a pesquisa das constantes universais da Semiótica o problema central da Lingüística (e de toda Semiologia) futura [196]. Jakobson é sutil demais para não saber a que objeções epistemológicas se expõe essa pesquisa, porém em outra parte adverte: "Não há dúvida que descrições mais exatas e exaustivas das línguas do mundo completarão, corrigirão e aperfeiçoarão o código das leis gerais. Mas seria errôneo procrastinar a pesquisa dessas leis à espera de uma ulterior ampliação do nosso conhecimento dos fatos... Estou de acordo com Grammont ao acreditar que uma lei que requer

(195) *Language Universals and Psycolinguistics,* in J. H. Greenberg, ed., *Universals of Language,* M. I. T., 1963, p. 322.
(196) *Implications of Language Universals for Linguistics,* in *Universals,* op. cit., p. 276-277.

OS MÉTODOS DA SEMIOLOGIA   369

retificações é mais útil do que a ausência de toda e qualquer lei" [197].

III.2. Certamente — à parte o conhecimento de Jakobson — uma pesquisa dos universais põe em jogo uma temática filosófica ignorada dos lingüistas, o que lhes tem valido a crítica de muitos. Que universais? platônicos? kantianos? biológicos? Por outro lado, seria bastante petulante, sob a alegação de uma abstrata preocupação epistemológica, impedirmos os lingüistas de enfocarem constantes suscetíveis de explicar-nos muitos processos. E é mister distinguir com muito cuidado o problema de uma pesquisa dos universais da comunicação, tal como o colocam os lingüistas, do problema (criticado a propósito do lacanismo) de uma assunção ontológica preliminar a toda pesquisa, que estabelece, de imediato e sem possibilidade de revisão empírica, a presença de uma Condição Absoluta.

Antes de mais nada, os universais da linguagem não são necessariamente, no momento de sua individuação, estruturas universais do espírito. *São fatos.* Dizer que "toda língua que possui vogais anteriores arredondadas tem também as vogais posteriores arredondadas"; que "o significante do plural tende a fazer corresponder à significação de aumento numérico um aumento no comprimento da forma" [198]; ou que "a porcentagem de redundância é, o mais das vezes, constante em todas as línguas conhecidas" [199], não significa dizer, por exemplo, que a estrutura da determinação lingüística depende da falta constitutiva que caracteriza o ser-no-mundo.

Em outras palavras, uma coisa é constatar constantes (operação utilíssima), outra é fundamentá-las filosoficamente de modo tão definitivo que não permita a revisão da constatação.

Então nesse sentido, as pesquisas sobre os universais da comunicação ligam-se às pesquisas sobre as estruturas psicológicas nas suas relações com os nossos fundamentos biológicos [200]; Biologia e Cibernética dão-se aqui as mãos para

---

(197) *Saggi di linguistica generale*, op. cit., p. 50-51. Ver também as observações de LUIGI HEILMANN, no prefácio à edição italiana. Ainda, ÉMILE BENVENISTE, *Le langage et l'expérience humaine*, in *Problèmes du langage*, op. cit.
(198) R. JAKOBSON, *Saggi*, op. cit., p. 50; e *À la recherche de l'essence du langage*, in *Problèmes du langage*, op. cit., p. 30.
(199) *Universals*, op. cit., p. XVII-XVIII do Memorandum introdutório.
(200) Ver, por exemplo, JEAN PIAGET, *Biologie et connaissance*, Paris, Gallimard, 1967; ROSS ASHBY, *Design for a Brain*, Londres, Chapman & Hall, 1952.

370 A ESTRUTURA AUSENTE

identificarem as estruturas físicas que permitem a comunicação [201].

III.3. Mas problemas desse tipo tornam-se urgentes no estudo das línguas naturais, onde se parte de um relativismo reconhecido dos códigos para aproar ao reconhecimento das constantes. Nos outros sistemas de signos a situação é diferente. Veja-se a linguagem dos gestos: habitualmente nunca se duvidou de que fosse instintiva e universal, e custou certo esforço estudá-la como histórica, situacional, convencional. O problema, então, no tocante a esses sistemas, é ainda o de reconhecer-lhes a relatividade e distinguir-lhes os códigos, ligando-os aos seus *backgrounds* sócio-culturais. E nesse caso a hipótese de Whorf, de que o homem seja determinado no seu modo de ver o mundo pelos códigos culturais que lhe regulam a comunicação, permanece válida, embora seja útil reconduzir toda comunicação às supostas e prováveis constantes bio-neuro-psicológicas que a ela presidem.

Naturalmente, a pesquisa semiológica terá que distinguir ulteriormente vários estratos de códigos: uns, que repousam sobre constantes biológicas tais (veja-se o código da percepção) que podemos em muitos casos pôr de lado sua natureza cultural e aceitá-los como manifestações naturais; outros claramente culturais, mas de tal modo arraigados nos hábitos e na memória da espécie ou dos vários grupos, que também eles podem — em dadas situações — ser aceitos como motivados e não arbitrários (como por exemplo, o possível código icônico); e por fim aqueles, claramente sociais e históricos, que como tal devem ser individuados, e às vezes denunciados, antes mesmo de celebrarmos a queda do "dogma saussuriano da arbitrariedade do signo".

IV. A VERIFICAÇÃO PSICOLINGUÍSTICA

IV.1. Negação da objetividade da cadeia significante, insistência na função dos códigos de destinação e atitude empírica em face dos universais da comunicação implicam outro problema: o da Psicologia da recepção. A tradição semio-

---

(201) Ver as observações de V. V. IVANOV, *Rol' semiotiki v kiberneticeskom issledovani celoveka i kollektiva* (Papel da semiótica na investigação cibernética do homem e da realidade), in *Logiceskaja struktura naucogo znanija*, Moscou, 1965 (tradução inédita para o italiano de Remo Faccani).

OS MÉTODOS DA SEMIOLOGIA

lógica estruturalista, fiel até os dias de hoje, ao dogma da descrição sincrônica e objetiva, centralizou sua atenção sobre a mensagem e sobre os códigos. O problema da recepção era relegado à coleção das fraquezas psicológicas, assim como o da emissão era entregue, e com alívio, aos cuidados da Filologia, da Sociologia, das preocupações românticas sobre o processo criador. A simples suspeita de interesse, não pela estrutura do código ou da mensagem mas *pela da fruição*, bastava para invocar excomunhões.

Idêntica falácia encontramos na origem das *análises de conteúdo,* que chegam a apontar como constituintes objetivas da mensagem os significados nela introduzidos pelo pesquisador, com todas as implicações culturais e classistas que sua formação comporta. Em contrapartida toda a nossa impostação procurou pôr em relevo a importância do pólo--destinatário, com seus códigos, o peso da *circunstância de comunicação* e da *ideologia* do destinatário [202].

Assim sendo, toda a discussão sobre a comunicação depara, nos dias de hoje, e a cada passo, com o problema da *Psicolingüística.*

IV.2. Se, como por várias vezes sugerimos, não pode a Semiologia dizer o que acontece com a mensagem uma vez recebida, *pode, porém, a Psicolingüística dizer o que, em dadas situações experimentais, o destinatário reverbera sobre a mensagem;* e destarte fornece à Semiologia os dados para individuar os códigos de destinação, permitindo-lhe, outrossim, elaborar uma casuística de circunstâncias e prever que formulações da mensagem (com todas as variações entre redundância e informação) podem determinar a variação da recepção. E isso como disciplina experimental que "trata diretamente do processo de codificação e decodificação enquanto estes relacionam estados das mensagens com estados dos comunicadores" [203]. A Psicolingüística alia-se, em seguida, a pesquisas de Paralingüística (da qual falaremos),

---

(202) Sobre esses aspectos insiste particularmente F. ROSSI-LANDI, *Significato, comunicazione e parlare comune,* Pádua, Marsílio, 1961, capítulo "A situação comunicacional e a inserção de uma transmissão num contexto".
(203) CH. OSGOOD e TH. A. SEBEOK ed., *Psycholinguistics,* Indiana Un. Press, 1965, p. 4. Esta obra constitui uma das mais completas introduções ao problema, e oferece uma bibliografia que vem de 1954, quando a Psicolingüística se delineava como disciplina autônoma. Para um rápido resumo sobre o tema, ver TATIANA SLAMA-CAZACU, *Essay on Psycholinguistic Methodology and Some of Its Applications,* in "Linguistics", 24. Ver também RENZO TITONE, *Qualche problema epistemologico della psicolinguistica,* in "Lingua e Stile", 3, 1966. Para um resumo em francês, ver AAVV, *Problèmes de Psycho-*

372 A ESTRUTURA AUSENTE

suscitando o problema das entonações, das pausas, do ritmo, das preferências léxicas e sintáticas, da utilização dos meios extralingüísticos de comentário, como a mímica, a gestualidade convencional e assim por diante; esclarece o papel desempenhado pelo *contexto* da mensagem na determinação da resposta interpretativa; induz a reexaminar o problema da afetividade, o impacto das disposições psicofísicas do destinatário (fadiga, tristeza etc.) e obriga a apreciar sumariamente sob o rótulo "circunstância" eventos que a Semiologia não podia teoricamente prever. É compreensível que a experiência psicolingüística (mas deveremos em seguida falar de psico-semiótica em geral) intervenha para esclarecer os processos de comunicação de função estética, emotiva, fática, e assim por diante.

Todo o problema da conotação depende dela: não porque a conotação deva ser reduzida a acontecimento psicológico e não possa ser estruturada em sistema de oposições, mas ao contrário, porque para individuarmos as oposições conotativas possíveis cumpre apoiarmo-nos na experiência psicolingüística que as pôs em evidência, como acontece, por exemplo, com os estudos de Osgood sobre o diferencial semântico [204].

IV.3 Todas essas experiências empíricas concorrem, portanto, para fornecer material à individuação dos códigos. E ao mesmo tempo fornecem verificações que, no pólo destinação, estabelecem em que medida a mensagem correspondia aos códigos que se tinham hipotizado para defini-la.

Mas então esse recurso empírico significa que a construção dos códigos constitui uma *operação indutiva?*

Ora, o procedimento semiológico deveria implicar que o recurso à experiência concreta não contradiz *a postulação de uma arbitrariedade teórico-dedutiva dos códigos.*

-Linguistique, Paris, P.U.F., 1963 (com Piaget, Oléron, Fraisse e outros). Um pioneiro neste campo foi LEV SEMENOVICH VYGOTSKY, *Pensiero e linguaggio,* Florença, Barbera, 1966 (o original russo é de 1934); mas igualmente pioneira é a obra de G. A. MILLER, *Language and Communication,* Nova Iorque, McGrow Hill, 1951; ver também, de Miller, *Psychology and Communication,* Nova Iorque, Basic Books, 1967, bem como os múltiplos estudos que abriram vários caminhos à indagação psicolingüística. Outra antologia orientadora é a de SHELDON ROSENBERG ed., *Directions in Psycholinguistics,* Nova Iorque, Macmillan, 1965. De bases psicolingüísticas é o livro de ROGER BROWN, *Words and Things,* Glencoe, Free Press, 1958.

(204) Ver esta obra fundamental de CH. E. OSGOOD, G. J. SUCI, P. H. TANNENBAUM, *The Measurement of Meaning,* Urbana, Un. of Illinois Press, 1957.

OS MÉTODOS DA SEMIOLOGIA 373

V. A ARBITRARIEDADE DOS CÓDIGOS E A PROVISORIEDADE DO MODELO ESTRUTURAL

V.1. Nos capítulos precedentes acompanhamos o processo de autodestruição de uma "estrutura" que se pretendia objetiva; e decidimos que a resposta a essa atitude consistia em reconhecermos que as estruturas descritas pela Semiologia não são mais que modelos explicativos. Esses modelos serão teóricos, a saber, postulados como os mais cômodos e "elegantes", antecipando-se a um recenseamento empírico e a uma reconstrução indutiva que a vastidão do terreno e a sua diacronicidade tornariam utópicos [205].

Como observava Emmon Bach [206], substituiremos um procedimento baconiano (registro de experiências em *tabulae*) por um modelo kepleriano (hipótese teórica: o mundo poderia ser assim; vejamos agora se essa imagem postulada se aplica à experiência concreta). Como sugere Bach, retomando Popper, "as melhores hipóteses são as menos prováveis": funcionam à distância. Sua forma ideal é a de uma axiomática (a Lingüística chomskiana está chegando a isso; mas as hipóteses estruturais sobre a combinatória que rege todo enredo prosseguem no mesmo caminho). Quaisquer que sejam os caminhos que essa hipótese vier a seguir ao constituir-se, seu ideal epistemológico poderá ainda ser o mesmo da escola glossemática:

"podem-se edificar tais sistemas de modo totalmente arbitrário, como uma espécie de jogo onde tudo corre bem, contanto que sejam observadas as regras estabelecidas... É a escolha dos elementos que decide sobre o aspecto dos sistemas e essa escolha pode ser arbitrária, visto que os ditos sistemas não devem necessariamente ter relações com os objetos do mundo real." Mas isso significa: "a teoria é, de um lado, considerada como um sistema puramente dedutivo sem relações necessárias com objetos reais, e do outro, como um sistema dedutivo capaz de ser utilizado como instrumento

(205) Parece-nos que, na esteira da influência do transformacionalismo enquanto método (se não enquanto implícita filosofia racionalista), ROLAND BARTHES aproximou-se consideravelmente dessa acepção do problema (abandonando a utopia da objetividade absoluta) na *Introduction à l'analyse structurale des récits* (in "Communications", 8, 1966). Colocada diante de milhares de relatos, não podendo inferir-lhes a estrutura mediante uma análise empírica, a metodologia estrutural é obrigada "a conceber primeiramente um modelo hipotético de descrição" e "a descer, em seguida, pouco a pouco, a partir desse modelo, em direção às espécies que dele, a um tempo, se aproximam e afastam". Mas sobre uma retradução exemplarmente operativista--empirista dos métodos lingüísticos e, em particular, do "racionalismo" chomskiano, ver LUIGI ROSIELLO, *Linguistica illuminista*, Bolonha, Mulino, 1967.

(206) *Linguistique structurelle et philosophie des sciences*, in *Problèmes du langage*, op. cit.

374 A ESTRUTURA AUSENTE

de descrição, o que quer dizer que deve representar fatos lingüísticos realmente existentes juntamente com suas relações"[207].

Os modelos do físico nuclear não são de tipo diferente. Os modelos semiológicos deverão, como aqueles, explicar uma estrutura sincrônica e uma processualidade diacrônica dos fenômenos estudados; e como aqueles, *deverão ter a coragem de considerar-se provisórios,* mesmo depois de terem permitido operações concretas coroadas de êxito.

V.2. E eis-nos ante um dos problemas mais urgentes e inquietantes de uma futura Semiologia. Estes modelos pareceram eficazes na medida em que resolviam estruturalmente os fenômenos num sistema de diferenças e oposições. Mas vimos como a tentação de hipostatizar as estruturas individuais dificultava a previsão das novas; e concordamos em que seria interessante individuar, por baixo das estruturas conhecidas, *leis gerativas* que lhes explicassem o devir. Ora, um rigoroso exemplo de metodologia gerativa é o da gramática chomskiana: mas o problema que existe a propósito está em saber *se a metodogia chomskiana não liqüida com o método estrutural* [208]. Pelo menos liqüida com a noção "taxonômica" de um conjunto de elementos, dado e classificado de uma vez por todas, e das suas possibilidades de combinação. A gramática gerativa substitui a taxonomia estruturalista por um sistema de leis capazes de gerar um conjunto infinito de frases, e reconhece para essas frases uma estrutura, mas não individua segundo métodos estruturais as regras gerativas.

Conforme já dissemos, a gramática gerativa permite falar em *estruturas superficiais* (os vários códigos conhecidos), mas quando fala em *estrutura profunda,* na realidade fala de algo que não é mais uma estrutura no sentido estruturalista do termo (examinado na seção D. 1, 2, 3).

Diante desse problema, as atitudes são múltiplas:

a) poder-se-ia dizer que a Semiologia deve pressupor uma dialética entre *mensagem* e *código,* e uma gramática gerativa encontra

(207) HANS CHRISTIAN SØRENSEN, *Fondements épistémologiques de la glossematique,* in "Langages", 6, 1967, p. 10-11 (número único sobre a Glossemática). No tocante a esse aspecto, recomendamos os lúcidos capítulos de L. HJELMSLEV, *Fondamenti della teoria del linguaggio,* op. cit., c. III-V.

(208) Sobre esse argumento, além do ensaio de R. CALBOLI, já citado, consultar: T. TODOROV, *Recherches sémantiques,* in "Langages", 1, 1966, p. 24 e ss.; N. RUWET, introdução ao número de "Langages" sobre a gramática gerativa, já citado; B. POTTIER, *Au-delà du structuralisme en linguistique,* in "Critique", fevereiro, 1967.

OS MÉTODOS DA SEMIOLOGIA

375

essa dialética na relação entre *compétence* e *performance;* mas *não se diz que o código deva ser descrito estruturalmente;* e essa descoberta demonstraria mais uma vez o quanto é útil manter uma atitude flexível e desencantada em face da suposta universalidade dos códigos.

b) poder-se-ia mostrar que a perspectiva chomskiana não exclui uma interpretação estruturalista; a fonologia gerativa, por exemplo, desconhece a existência do fonema como entidade, mas ainda reconhece as oposições fonológicas e as vê, ao menos por ora, como binárias[209]; ademais a própria estrutura das *kernel sentences** e das frases obtidas por transformação destas, em Chomsky, pode ser descrita em termos de disjunções binárias; certas análises de textos poéticos conduzidas segundo módulos gerativos não excluem a aplicação concomitante de critérios estruturalistas e métodos distribuicionalistas[210].

c) poder-se-ia, enfim, afirmar que as correções feitas pelo transformacionalismo ao estruturalismo são irrelevantes e que os métodos estruturais ainda continuam sendo os mais eficazes[211].

V.3. Na fase atual das pesquisas, seria difícil fazer uma escolha: e talvez não passe de uma débil manifestação de empirismo sugerir que o semiólogo deve aplicar o método mais rendoso no ponto onde renda mais, preocupando-se, de momento, com enformar um território de fenômenos e reservando para mais tarde o aperfeiçoamento das conexões; mas a precaução empírica teria dado origem, de qualquer maneira, a um *princípio de complementaridade* que já tem foros de cidadania nos estudos físicos, e que em todo o caso repousa sobre um fato, o de que a *Semiologia por ora se vê, o mais das vezes, na contingência de enfrentar sistemas de comunicação que correspondem ao que Chomsky chama de estruturas superficiais.* O problema das leis gerativas que as tornam possíveis poderá ser enfrentado depois [212].

(209) SANFORD A. SCHANE, Introdução a *La phonologie générative,* número único de "Langages", 8, 1967.

(210) N. RUWET, *L'analyse structurale de la poésie,* in "Linguistics", n. 2; S. LEVIN, *Linguistic structures in Poetry,* Haia, Mouton, 1962. Sobre uma possível "coexistência", ver o recente debate norte-americano, do qual salientamos o trabalho de T. A. SEBEOK, *Linguistics here and now,* in "A.C.L.S. Newsletter", 18 (1), 1967.

(*) Orações-semente, ou orações-núcleo. (N. da T.)

(211) Ver sobretudo SEBASTIAN K. SAUMJAN, *La cybernétique et la langue,* in *Problèmes du langage,* op. cit.; GUSTAV HERDAN, *Quantitative Linguistics or Generative Grammar?,* in "Linguistics", 4; *Principi generali e metodi della linguistica matematica,* in "Il Verri", número especial sobre o estruturalismo linguístico, 24, 1967; C. F. HOCKETT, *Language, Linguistics and Mathematics,* Haia, Mouton, 1967.

(212) Ver como em *Syntactic Structures,* c. III, Chomsky elabora a proposta de uma "linguagem de estados finitos", deduzida dos estudos de Shannon e Weaver e que ele julga simples demais para descrever a gramática da linguagem verbal mas que é ótima para outros sistemas de signos; ver também G. A. MILLER, "Project Grammarama", in *The Psychology of Communication,* op cit.

376 A ESTRUTURA AUSENTE

V.4. Por outro lado, seria inútil esconder que também essa escolha implica um fundo filosófico: uma filosofia da transação, cujos textos podem ser facilmente individuados nas fenomenologias da percepção, mesmo quando estas assumem o aspecto de psicologias da percepção para tornarem-se — como no caso de Piaget — epistemologia genética.

VI. A GÊNESE EPISTEMOLÓGICA DA ESTRUTURA

VI.1. Em *Signes,* Maurice Merleau-Ponty já dedicava, antecipando muitas questões subseqüentes, aos problemas do estruturalismo um dos seus ensaios mais lúcidos: não há dúvida de que estudando a fundo os fenômenos sociais, descobriremos sempre mais e mais que eles são redutíveis a estruturas, e estas a estruturas mais abrangentes. Mas acabaremos destarte com a individuação das *invariantes universais*? "C'est à voir. Rien ne limite dans ce sens la recherche structurale — mais rien aussi ne l'oblige en commençant à postuler qu'il y en ait". Ou seja: no fundo dos sistemas sociais e lingüísticos, delineia-se um pensamento inconsciente, "une anticipation de l'esprit humain, comme si notre science était déjà faite dans les choses, et comme si l'ordre humain de la culture était un second ordre naturel, dominé par d'autres invariantes". Mas mesmo que essa ordem existisse, o universo por ela delineado não substituiria a realidade particular assim como a geometria generalizada não anula a verdade local das relações do espaço euclidiano. Os modelos puros, os diagramas traçados por um método puramente objetivo, são *instrumentos de conhecimento*. O etnólogo ver-se-á obrigado a construir um sistema de referências gerais onde encontrem guarida o pensamento seu e o do indígena: eis um modo de pensar que se nos impõe quando o objeto da pesquisa é *diferente* e exige que nós mesmos nos transformemos para captá-lo. — Eis tudo.

Neste sentido, a atitude de Merleau-Ponty não parece diferenciar-se da de Hjelmslev, já citada, nem da dos pesquisadores da Psicologia Transacional: a experiência da *sala destorcida* me diz que a estrutura é hipotizada a partir de uma situação; que a ação que posso realizar (um *tâtonnement* com o bastão) fornece-nos bases para hipóteses corretivas; que como resultado dessas hipóteses (permanecendo a visão monocular exigida pela experiência), posso movimentar melhor

OS MÉTODOS DA SEMIOLOGIA 377

o bastão mesmo sem saber como é "na realidade" a sala nem se ela se coaduna com a estrutura que lhe supus. Conforme nos lembra a Psicologia Genética, nas próprias raízes da percepção existe uma relação operacional entre modelos hipotéticos e dados brutos [213].

VI.2. A relação de transação, em que se resolve o processo de formação da percepção e da compreensão intelectual, exclui que se capte uma configuração de elementos já dotada de uma organização objetiva própria, recognoscível graças a um fundamental (mas fundado em que?) isomorfismo entre estruturas do objeto e estruturas psicofisiológicas do sujeito. A experiência se realiza num *processo*.

"Como seres humanos, nós captamos apenas os *conjuntos* que têm um sentido para nós como seres humanos. Existe uma infinidade de outros *conjuntos* dos quais jamais saberemos coisa alguma. É óbvio que para nós é impossível experimentar todos os possíveis elementos que existem em toda situação e todas as suas possíveis relações... Por isso, somos obrigados a apelar, de situação em situação, como fator formante da percepção, para a experiência adquirida... Em outras palavras, o que vemos é certamente função de uma média calibrada de nossas outras experiências passadas. Parece, assim, que relacionamos um dado *pattern* de estímulos com experiências passadas, através de uma complexa integração de tipo probabilista... Daí por que as percepções resultantes de tais operações não constituem, de maneira alguma, revelações absolutas "do que está fora", mas representam predições e probabilidades baseadas em experiências adquiridas"[214].

Uma integração de tipo probabilista: disso é que fala Piaget, quando vê a estruturação do dado sensorial como o produto de uma equilibração que depende conjuntamente de fatores inatos e fatores externos, numa interferência contínua de ambos. [215]

Trata-se, em todo o caso, de uma experiência estruturante processual e "aberta", sobre a qual Piaget discorre de

(213) JEAN PIAGET, *Les mécanismes perceptifs*, Paris, PUF, 1961.
(*) Traduzindo, agora, Merleau-Ponty: "É caso de ver. Nada limita, nesse sentido, a pesquisa estrutural — mas também nada a obriga de começo a postular que existam".
E mais adiante: .... "uma antecipação do espírito humano, como se nossa ciência já estivesse feita nas coisas, e como se a ordem humana da cultura fosse uma segunda ordem natural, dominada por outras invariantes." (N. da T.)
(214) J. P. KILPATRIK, *The Nature of Perception*, in *Explorations in Transactional Psychology*, Nova Iorque, Un. Press, 1961 (trad. italiana, *La psicologia transazionale*, Milão, Bompiani, 1967).
(215) PIAGET, *Rapport* ao Simpósio *La Perception*, Paris, PUF, 1955, p. 21.

378 A ESTRUTURA AUSENTE

modo mais completo em sua análise da inteligência. O sujeito inteligente procede por uma série de hipóteses e tentativas, guiado pela experiência, e chega a compor estruturas: mas estas, longe de serem as formas estáticas e pré-formadas dos gestaltistas, são estruturas móveis e reversíveis, submetidas a diferentes possibilidades operatórias [216].

Contudo, também ao nível da percepção, mesmo quando não se tem a reversibilidade das operações intelectuais, surgem regulações diversas que "já esboçam ou anunciam aqueles mecanismos de composição que se tornarão operatórios uma vez possibilitada a reversibilidade integral". Em outras palavras: se ao nível da inteligência se constituem estruturas móveis e variáveis, ao nível da percepção temos processos aleatórios e probabilistas que fazem também da percepção um processo com muitos resultados possíveis [217].

VI.3. Esses resultados do psicólogo e do epistemólogo servem, aqui, para definir de modo aberto e processual aquela resposta definitiva que o metodólogo (Hjelmslev) pedia ao epistemólogo. Além de dizer-nos definitivamente se devemos falar em termos de realismo e de nominalismo, o epistemólogo coloca-nos diante de uma atividade estruturalista contínua, em que as estruturas tomam forma por obra de uma dialética que se repropõe e reequilibra continuamente em aventuras sucessivas.

"Um caráter fundamental da percepção é que ela resulta de um processo *flutuante,* que comporta trocas incessantes entre a disposição do sujeito e a configuração possível do objeto, e que essas configurações do objeto são mais ou menos *estáveis* ou *instáveis* dentro de um sistema temporal-espacial mais ou menos *isolado,* característico do episódio comportamental... A percepção pode ser expressa em termos de probabilidade, a exemplo do que acontece na Termodinâmica ou na teoria da informação"[218].

De fato, o *perceptum* apresentar-se-ia como a configuração sensível, momentaneamente estabilizada, sob a qual se apresenta o reagrupamento mais ou menos redundante das informações úteis que o receptor recolheu no campo estimulante durante sua operação. Isso porque é o próprio campo estimulante que oferece a possibilidade de extrairmos um nú-

(216) Ver toda a *Psicologia dell'intelligenza.*
(217) PIAGET, in *La perception,* op. cit., p. 28.
(218) A. OMBREDANE, *Perception et information,* in *La perception,* op. cit., p. 85-100.

OS MÉTODOS DA SEMIOLOGIA 379

mero indeterminado de modelos com um grau de redundância variável; mesmo se de fato o que os gestaltistas chamam de "forma boa" for, entre todos os modelos, aquele que requer "uma informação mínima e comporta uma redundância máxima". Assim, a boa forma corresponde "ao estado de probabilidade máxima de um conjunto perceptivo flutuante". Mas a esta altura nos apercebemos de que, traduzida em termos de probabilidade estatística, a noção gestáltica de boa forma perde toda conotação de necessidade ontológica e não mais comporta, como seu correlativo, uma estrutura fixa do sistema nervoso do sujeito.

De fato, o campo estimulante de que fala Ombredane, oferece várias possibilidades de reagrupamento redundante, graças à sua indeterminação, e não se opõe à boa forma como um informe não-perceptível se oporia ao que de fato é perceptível e percebido.

Num campo de estímulos, o sujeito individua a forma mais redundante quando a isso é impelido por propósitos particulares, mas não pode igualmente deixar de renunciar às outras operações de coordenação possível que permanecem no fundo. Ombredane acha que operativamente ("e também tipologicamente") poder-se-iam distinguir diversos meios de exploração do campo estimulante:

"Poder-se-ia distinguir o indivíduo que abrevia sua exploração e resolve usar uma estrutura advertida antes de estarem explorados todos os elementos de informação que teria podido recolher; o indivíduo que prolonga sua operação e se proíbe de adotar as estruturas que ela lhe aponta; e o indivíduo que concilia as duas atitudes, seja para confrontar várias decisões possíveis, seja para integrá-las melhor num *perceptum* unitário construído progressivamente. Poder-se-ia ainda acrescentar o indivíduo que desliza de uma estrutura para a outra sem se dar conta das incompatibilidades que elas podem ter entre si, como se vê no caso do onirismo. Se a percepção é um compromisso, existem diversas maneiras de comprometer-se ou de não querer comprometer-se no decorrer de uma pesquisa de informações úteis.

Observações desse teor fazem-nos lembrar as que Merleau-Ponty opunha ao isomorfismo gestáltico, quando, em contraposição, definia a forma (a estrutura) não como um elemento do mundo mas como um *limite* para o qual tende o conhecimento físico, e que esse mesmo conhecimento físico define [219].

(219) *La struttura del comportamento*, op. cit.

380 A ESTRUTURA AUSENTE

O que nos interessa aqui salientar, porém, é que assim como a atividade estruturante surge livre e experimentativa (queremos dizer: inventiva) ao nível da percepção e da inteligência, com maior razão o mesmo deveria ocorrer ao nível da elaboração de modelos epistemológicos aptos para enformar o universo dos produtos culturais.

VII. DO OPERAR COMO SE A ESTRUTURA NÃO EXISTISSE

VII.1. Mas aceitar uma noção de estrutura como *"instrumento prognóstico"* eliminará deveras o pressuposto da existência de comportamentos constantes da mente?

Quando a pesquisa semiológica (vejam-se, por exemplo, as investigações de Semiologia do enredo que parecem individuar com tanta exatidão a recorrência de estruturas constantes da narratividade) nos sugere a presença de constantes, só podemos aceitar essa sugestão e fazê-la frutificar pelo que vale, levando ainda mais adiante a verificação. *Na realidade, o funcionamento constante da mente humana é um pressuposto fecundíssimo para toda pesquisa semiológica.*

VII.2. Elaborar um modelo que sabemos hipotético e experimentativo não exclui a confiança no fato de que os fenômenos concretos enformados apresentem efetivamente as relações evidenciadas. Mas pode-se nutrir a mais absoluta confiança nas realidades das conexões reveladas por um modelo estrutural, sem por isso negar que existam outras possíveis, capazes de surgir só se intencionalmente consideradas sob um ponto de vista diferente. Nem jamais saberei, no momento em que o modelo proposto funciona operacionalmente, quais e quantas outras relações possíveis minha operação terá deixado na sombra.

Enquanto imobilizo a realidade em modelos (e não posso fazer de outra maneira para dominá-la) sei que a realidade me apresenta *também,* e não *somente,* os perfis que individuo. O resultado da minha operação (que se verifica impelindo os fatos para um outro nível de compreensibilidade e, portanto, enriquecendo o meu domínio das coisas e contribuindo para modificar o mundo) não deve necessariamente levar-me a concluir que a realidade se reduz apenas àqueles perfis.

OS MÉTODOS DA SEMIOLOGIA 381

Em conclusão, a *falácia ontológica* da predicação estrutural não consiste em procurar elaborar modelos de constância para aprofundar-lhes depois as diferenciações situacionais (que podem, por sua vez, recolocar em dúvida as constantes). Consiste em eleger as supostas constantes como único objeto e fim último da investigação, meta e não ponto de partida para novas contestações. Não é falácia ontológica ter em mãos uma hipótese sobre o *idêntico* para aproar a um estudo unificado do *diferente*. É falácia ontológica saquear o armazém do *diferente* para aí descobrir, sempre, prontamente e com certeza absoluta, o *Idêntico*.

VII.3. A atitude operacionalista parece-me a mais proveitosa pelo fato de não excluir a possibilidade de outras opções: posso estudar o impulso para transformar os códigos em novas estruturas convencionais da comunicação (e tenho os estudos sobre os mecanismos da invenção e sobre os afastamentos na norma que geram novas instituições); posso estudar como as iniciativas comunicacionais se concretizam em códigos (e tenho a Semiografia como descrição dos sistemas de convenções); e posso estudar a possível matriz transcendental ou ontológica dos códigos (e tenho, nesse caso, uma filosofia da linguagem que pode nutrir-se do estudo semiográfico dos mitos e da grande sintagmática narrativa, ou pesquisar as leis da comunicação nos próprios mecanismos do inconsciente); mas a *pesquisa semiológica*, na sua consideração contínua de uma dialética entre códigos e mensagens, engloba esses interesses e não deve deixar-se absorver por nenhum deles. A hipótese operacionalista revela-se como a mais produtiva na medida em que deixa aberta cada uma dessas escolhas. A assunção empírica deixa-me aberto e sensível às aberrações, às ramificações das normas hipotizadas, por considerá-las provas determinantes para uma revisão total das hipóteses. Leva-me, em suma, a reduzir o *pari* pascaliano a uma forma que agradaria ao Cavalcanti de Boccaccio: na incerteza sobre a existência de um Espírito definido em toda a sua combinatória possível, parece muito mais produtivo, no curso da pesquisa semiológica, "cercare se trovar si potesse che Iddio non fosse"*.

(*) Traduzimos: "tentar se possível seria pensar que Deus não existe. (N. da T.)

E.

A FRONTEIRA SEMIOLÓGICA

1. Um Sistema em Sistematização

1. SEMIOLOGIA E SEMIÓTICAS

1.1. Conquanto impostada por Peirce nos últimos decênios do século passado e postulada por Saussure no início deste (e antes mesmo, prefigurada por Locke) [1], a Semiologia ainda se apresenta como uma disciplina não só em progresso mas em vias de definição no que concerne ao campo específico e à autonomia dos métodos. Tanto que ainda nos é lícito perguntar se não será melhor considerá-la como um território interdisciplinar dentro do qual todos os fenômenos de cultura são examinados sob o prisma obsessivo da comunicação, escolhendo em seguida os instrumentos mais adequados, setor por setor, para dar-se realce à natureza comunicacional do fenômeno examinado.

1.2. Já para começar, existe uma discussão sobre o nome da disciplina em pauta. *Semiótica ou Semiologia?* "Semiologia", afirmam os que têm presente a definição saussuriana [2]; "Semiótica", insistem os que têm em mente a lição

---

(1) Ver FERRUCCIO ROSSI-LANDI, *Note di semiotica. I — Perché 'semiotica'*, in "Nuova Corrente", 41, 1967.

(2) "A língua é um sistema de signos que exprime idéias; e pode ser, por isso, comparada à escrita, ao alfabeto dos surdos-mudos, aos ritos simbólicos, às formas de cortesia, aos sinais militares etc. etc. Ela é apenas o principal desses sistemas. Pode-se então, conceber *uma ciência que estuda a vida dos signos no seio da vida social;* essa ciência constituiria uma parte da Psicologia Social e, conseqüentemente, da Psicologia Geral; nós a chamaremos de *Semiologia* (do grego *semeion* 'signo') e ela nos ensinaria em que consistem os signos e que leis os regem. Como tal ciência ainda não existe, não se pode dizer o que será; tem direito, porém, à existência, e seu lugar já está de antemão determinado. A Lingüística é apenas uma parte dessa ciência geral; as leis que a Semiologia descobrir serão aplicáveis à Lingüística e esta

386 A ESTRUTURA AUSENTE

de Peirce e a Semiótica morrisiana [3]. E acrescentam: poder-se-ia falar em Semiologia se se pensasse numa disciplina geral que estuda os signos e considera os signos lingüísticos apenas como uma província particular; mas Barthes inverteu a definição saussuriana, e entendeu a Semiologia como uma Translingüística que examina todos os sistemas de signos como reportáveis às leis da linguagem [4]. E daí concluem que quem tende para um estudo dos sistemas de signos, não necessariamente dependente da Lingüística (como propusemos neste livro), deve falar em Semiótica [5], termo, aliás, a que hoje se atêm as escolas norte-americana e soviética (e os eslavos em geral). Por outro lado, o fato de Barthes ter dado uma particular acepção à proposta de Saussure não nos impede de voltar a ela, redescobrindo-lhe o sentido original e reutilizando-lhe a terminologia.

Falou-se neste livro em Semiologia e creio que podemos continuar a propor esse termo. Num país como a Itália, onde parte da população chama de "almoço" [*pranzo*] o que a outra parte chama de "jantar" [*cena*], e de "segunda refeição" [*seconda colazione*] o que os outros chamam de "almoço" [*pranzo*], tudo está por definir, até mesmo a hora exata em que nosso interlocutor deverá apresentar-se em nossa casa quando o convidarmos "para o almoço".

Convencionaremos, portanto — e que fique bem clara a convenção que rege o discurso que se segue, — chamar de "Semiologia" uma teoria geral da pesquisa sobre fenômenos de comunicação vistos como elaboração de mensagens com base em códigos convencionados como sistemas de signos; e chamaremos de *"Semióticas"* esses sistemas isolados de signos na medida em que o sejam, e portanto formalizados (se já foram individuados como tais) ou formalizáveis (se ainda estão por individuar onde não se supunha que existisse um código). Em outros casos, dever-se-á reconhecer que a Semiologia evidencia a existência não de Semióticas propriamente ditas mas de *repertórios de símbolos* (chamados por

se achará destarte vinculada a um domínio bem definido no conjunto dos fatos humanos" *Curso*, op. cit., p. 24; para uma primeira bibliografia, ver na ed. italiana a nota 73 de De Mauro).

(3) Ver TOMAS MALDONADO, *Kommunikation und Semiotik*, in "Ulm", 5, 1959 (depois traduzida in G. K. KOENIG, *Analisi del linguaggio architettonico*, op. cit.). Sempre de Maldonado, consulte-se o dicionário de semiótica com base peirciana, *Beitrag zur Terminologie der Semiotik*, Ulm, Korrelat, 1961.

(4) *Elementi di semiologia*, op. cit., introdução.

(5) Ver F. ROSSI-LANDI, *Note di semiotica*, citada, e *Sul linguaggio verbale e non verbale*, in "Nuova Corrente", 37, 1966, p. 7, nota.

UM SISTEMA EM SISTEMATIZAÇÃO 387

alguns de *semias*), que, caso não forem sistematizáveis como Semióticas, terão que ser reduzidos, dadas suas condições de uso, a outras semióticas de base.

1.3. Como se vê, propomos uma definição *empírica e não sistemática,* quando grande é a tentação que se sente de aceitar (sempre com vistas no rol de pesquisas que propomos no capítulo 2 desta seção) a classificação já desde 1943 proposta por Hjelmslev [6].

Segundo Hjelmslev, além das línguas naturais, dever-se--iam individuar outros sistemas de signos (traduzíveis em seguida no sistema da língua natural), e esses sistemas seriam semióticas. As semióticas dividir-se-iam em *denotativas e conotativas.* As primeiras seriam semióticas onde nenhum dos planos (expressão e conteúdo) é uma semiótica; as últimas teriam como plano da expressão (segundo o esquema já proposto em A.2.I.8) uma semiótica denotativa.

A seguir, as semióticas dividir-se-iam em *científicas* e *não científicas.*

Uma Semiologia seria então uma Metasemiótica que tem por objeto uma Semiótica não científica. Uma *Metassemiologia* deveria estudar a terminologia especial da Semiologia. Hjelmslev, porém, propõe também uma *Meta-(semiótica conotativa)* que tem por objeto as semióticas conotativas. Essa classificação, porém, deixa muitas dúvidas por resolver. Por exemplo: existem sistemas, como os jogos, que servem de modelo para as semióticas científicas, mas que Hjelmslev hesita em definir como semióticas; em seguida, pode-se perguntar por que uma Semiologia Geral não deve estudar todas as semióticas, mesmo as científicas (como, de fato, de várias partes se propõe) e as conotativas.

Por fim, segundo Hjelmslev, nas semióticas conotativas intervêm *conotadores* (tons, registros, gestos, etc.), que mais adiante ele vê como pertencentes não à forma da expressão mas à *substância,* e portanto tradicionalmente fora de toda consideração semiológica; tanto que reserva o estudo desses fenômenos materiais à Metassemiologia. Esta surge, assim, de um lado, como a formalização metalingüística dos instru-

(6) *I fondamenti della teoria del linguaggio,* Turim, Einaudi, 1968. Ver 21-23.

388 A ESTRUTURA AUSENTE

mentos da pesquisa semiológica geral (e associa-se às propostas de uma *characteristica universalis* que examinaremos mais adiante), e do outro, aproxima-se das pesquisas de uma disciplina que nos tempos de Hjelmslev ainda não se havia organizado — a *Paralingüística* (com os seus apêndices, provàvelmente independentes, a *Cinésica* e a *Prossêmica,* dos quais trataremos no capítulo 2). E mais. Parte do objeto da Metassemiologia, como estudo da substância e dos fenômenos extralingüísticos, diz respeito à investigação sobre os *universais da linguagem* e à *Psicolingüística,* porém parte desses aspectos (os conotadores, por exemplo), estudáveis pela Paralingüística e pela Psicolingüística, incluir-se-iam tanto na Metassemiologia quanto na *Meta-(semiótica conotativa).* Finalmente, Hjelmslev mantém que na *Meta-(semiótica conotativa)* integrar-se-ão as investigações sobre as realidades extralingüísticas (sociológicas, psicológicas, políticas, religiosas, etc.) que escapariam à análise da Semiologia como ciência das semióticas denotativas; ao passo que hoje, a investigação semântica, que para Hjelmslev devia ser confiada às semióticas denotativas, também se ocupa da sistematização de unidades de significado que são exatamente fatos psicológicos, sociais, religiosos (como se verá no que concerne às pesquisas sôbre os sistemas de modelização do mundo, à tipologia cultural ou ao estudo sobre campos semânticos em civilizações particulares).

I.4. Estas observações não pretendem esvaziar de sentido histórico e operacional a sistematização hjelmsleviana que desempenhou substancial função de esclarecimento. Foi Hjelmslev quem se apercebeu, depois de Saussure, de que "não se encontra nenhuma não-semiótica que não seja componente de uma semiótica e, em última análise, nenhum objeto que não esteja iluminado pelo foco central da teoria lingüística" (*semiológica,* diríamos nós); daí por que "a teoria lingüística chega por necessidade intrínseca a reconhecer não só o sistema lingüístico no seu esquema e no seu emprego, na sua totalidade e individualidade, mas também o homem e a sociedade humana por trás da língua, e toda a esfera dos conhecimentos humanos através da língua"; e foi Hjelmslev quem, como observa Lepschy, propôs à atenção dos lingüistas (e na Semiologia Geral) o problema da existência e eventual identi-

A ESTRUTURA AUSENTE 389

ficação dos elementos pertinentes do conteúdo (e daí todo o problema semiológico dos códigos conotativos de que por várias vezes nos ocupamos). Mas o próprio Lepschy observa que precisamente a distinção entre plano da expressão e plano do conteúdo, que se multiplica através da consideração das semióticas conotativas, ainda está longe de ter produzido resultados definitivos (razão pela qual ele se pergunta se o plano do conteúdo não será ainda o domínio do *contínuo* mais que do *discreto*)[7].

Julgamos, portanto, que, na fase atual da pesquisa semiológica, é impossível definirmos os territórios da pesquisa aprisionando-os no quadro de uma hierarquia definitiva das semióticas e metassemióticas[8], e, recusando-nos a fornecer uma sinopse, procederemos, no capítulo 2 desta seção, a uma resenha empírica dos problemas hoje em pauta. A hipótese totalitária de Hjelmslev vale como incentivo à sistematização teórica desses problemas[9].

II. PROJETO PARA UMA LISTA PROVISÓRIA

II.1. A esta altura podemos tentar um resumo das várias semióticas já individuadas pelos estudiosos. Dado o estado da pesquisa, é claro que não se fará aqui uma siste-

---

(7) Ver a introdução aos *Fondamenti della teoria del linguaggio*, op. cit., p. 135-136 para os trechos de Hjelmslev, e p. XXIII-XXXI para os de Lepschy.

(8) Para a nossa divisão valemo-nos mais de CHRISTIAN METZ, *Les sémiotiques ou sémies*, in "Communications", 7, 1966. Afastamo-nos da nomenclatura proposta por A. J. GREIMAS, *Modelli semiologici*, Urbino, Argalia, 1967, onde, no ensaio "Considerações sobre a teoria da linguagem", define como 'semióticas' as formalizações das ciências naturais e como 'semiologias' as das ciências humanas, esclarecendo ainda que 'se poderia reservar o nome de *semióticas* para as ciências da expressão, utilizando o termo *semiologias*, agora disponível, para as disciplinas do conteúdo" (p. 23).

(9) Como observa TZVETAN TODOROV, "a Semiologia é uma ciência postulada antes de existir. Portanto, suas noções principais não provêm de uma necessidade empírica mas não estabelecidas a *priori*" (*Perspectives sémiologiques*, in "Communications", 7, 1966). Assim fazendo arrisca-se a julgar como inessenciais subdivisões que poderão depois revelar-se de grande importância. Todorov, por exemplo, sustenta que a maioria dos sistemas de comunicação não verbais (Paralingüística) não oferecem grande interesse e se prestam unicamente a uma lexicografia, visto que não possuem uma sintaxe; e assim dá preferência aos estudos lingüísticos, etnolingüísticos, e estéticos. Mas as pesquisas mais recentes estão revelando a existência de sistemas de codificação bastante elaborada mesmo nos mais insuspeitáveis setores. Uma polêmica com os projetos semiológicos é a de GUIDO MORPURGO TAGLIABUE, *L'arte è linguaggio?*, in "Op. Cit.", 11, 1968. A posição do autor, com a qual polemizamos nas páginas introdutórias deste livro, deriva do fato de que ele se preocupa em salvar, contra as atividades *representativas*, as possibilidades *apresentativas* da arte e do real que se "dão" exibindo um sentido sem impor processos sígnicos. O problema é ainda o da "adsência", já examinado.

390 A ESTRUTURA AUSENTE

matização, mas *uma lista* (e uma lista indicativa, sem pretensões de esgotar o assunto). Assim também as notas bibliográficas servirão para exemplificar as pesquisas aqui assinaladas, ou para indicarem fontes bibliográficas disponíveis. Por outro lado, não haveria como reportar a um *corpus* bibliográfico completo, e preferimos sugerir ao leitor a consulta de uma série de boletins bibliográficos, já coordenados em escala internacional e que a intervalos bastante freqüentes assinalam o progresso dessas pesquisas [10].

II.2. Na lista que se segue, *o tamanho dos parágrafos não corresponde à importância dos setores*: detemo-nos mais longamente nos setores menos comumente individuáveis, omitimos a bibliografia para setores já explorados em outras partes do livro; quanto às semióticas reconhecidas, como as línguas naturais, limitamo-nos à simples menção.

Fica entendido que ainda não se tem certeza de em muitos casos lidar com semióticas já organizadas ou com semias. Nem se para todos os territórios devam ser individuados *códigos, subcódigos, léxicos* ou simples *repertórios* [11].

Tal como hoje se apresenta o horizonte da pesquisa, possivelmente teremos que arrolar "verbetes" aparentemente pouco homogêneos para uma classificação coerente: ver-se-á, assim, um tópico sobre a Semântica, quando sabemos que

(10) Além das várias indicações bibliográficas das revistas, lembramos o boletim mimeografado *Sémiologie — Bulletin d'information*, da École Pratique des Hautes Études-CECMAS; esse boletim foi agora absorvido pelo *Social Science Information — Information sur les sciences sociales*, publicado pelo Conselho Internacional das Ciências Sociais, com o concurso da Unesco e da École Pratique des Hautes Études (editado pela Mouton). No nº VI. 2/3, uma bibliografia semiótica para o período 1964-1965. Depois desse período, a atualização é assegurada pelo LLBA *(Language and Language Behavior Abstracts)* a cargo da Universidade de Michigan e publicado por Appleton-Century-Crofts e Mouton. Ver também ALDO ROSSI, *Semiologia a Kazimierz sulla Vistola*, in "Paragone", 202, 1966 e em geral toda a atividade de informação e atualização sobre os temas semiológicos que Rossi desenvolve nessa revista.

(11) Várias classificações foram propostas: a seção semiolingüística do Laboratoire d'Anthropologie sociale de l'École Pratique des Hautes Études et du Collège de France distingue entre: 1. Teoria semiótica (generalidades, dimensão diacrônica, metalinguagens científicas); 2. Lingüística (semântica, gramática, fonética e fonologia); 3) Semiótica das formas e dos objetos literários (semiótica literária, poética, estruturas narrativas); 4) Semióticas diversas. Os soviéticos de Tartu distinguem dos estudos lingüísticos os sistemas de modelização secundária, que se apóiam no sistema denotativo primário da língua (ver *Trudy po znakovym sistemam*, II, Tartu, 1965, citado por JULIA KRISTEVA, *L'expansion de la sémiotique*, in "Inform. sur les sc. soc.", VI, 5. Em *Approaches to semiotics*, op. cit., p. 232), ERVING GOFFMAN propõe distinguir entre: 1. "detective model", que seriam *índices;* 2. códigos semânticos: 3. sistemas de comunicação em sentido estrito; 4. relações sociais: 5. fenômenos de interação entre dois falantes.

AS SEMIÓTICAS   391

para cada Semiótica indicada há um nível semântico a individuar; mas não se pode deixar de citar uma série de pesquisas já agora autônomas como as pesquisas semânticas — que precederam muitas das individuações semiológicas subseqüentes [12].

(12) Além de vários outros textos alternadamente citados, a resenha que se segue valer-se-á particularmente dos mencionados *Approaches to Semiotics* (Mouton, 1964) que doravante será citado diretamente no texto como *App.* e mais o número da página. Outras coletâneas decisivas para nossa casuística são: *Strukturno-tipologičeskie issledovanija* (Pesquisas de tipologia estrutural), Moscou, 1962 — daqui em diante citado como *Strukt.* — veja-se o levantamento realizado por GIAN LUIGI BRAVO in "Marcatre" 16/18; com uma antologia de textos de A. ZOLKOVSKI e J. CHEGLOV (*Sulla possibiltà di una poetica strutturale*), B. A. USPENSKI (*Sulla semeiotica dell'arte*) e A. K. ZOLKOVSKI (*Dell'amplificazione*), e a nossa nota introdutória *Una mutazione genetica;* e *Simpozium po strukturnomu izuchniju znakovych sistem* (Simpósio sobre o estudo estrutural dos sistemas de signos), Moscou, 1962 — daqui em diante citado como *Simp.* — cujo resumo crítico, de autoria de G. L. BRAVO pode ser consultado in "Marcatre", 8/10, com um texto de Cheglov. Sobre essas coletâneas soviéticas existem referências repetidas de VITTORIO STRADA ("Questo e altro", 6-7, 1962; "Strumenti critici", 2, 1967 etc.) e TZVETAN TODOROV. No que diz respeito ao material variado que será citado em seguida agradecemos a Remo Faccani que atualmente cuida de coligi-lo.

2. As Semióticas

I. CÓDIGOS CONSIDERADOS "NATURAIS"

ZOOSSEMIÓTICA: os sistemas de comunicação entre os animais são estudados como um aspecto da Etologia. P. ex., as novas descobertas sobre a comunicação entre as abelhas parecem pôr em crise as noções adquiridas acerca dos significados da proverbial "dança" desses insetos. O estudo zoossemiótico pode contribuir para a individuação de universais da comunicação, mas poderia levar à revisão do conceito de inteligência animal e a individuar processos de convencionalização elementar [13].

SINAIS OLFATIVOS: quando mais não seja, bastaria o *código dos perfumes* (fresco, sensual, viril, etc.) para estabelecer a existência de possibilidades comunicativas. A tradição poética (v. Baudelaire) dá-nos algumas indicações. Se os *perfumes artificiais* têm, antes de mais nada, valor conotativo, como os acima lembrados, já os *odores* têm claramente um valor denotativo; nesse caso poderiam ser catalogados como "índices" (cheiro de queimado), mas segundo os estudos de Prossêmica de Hall, já citados, em muitas civilizações se atribui aos odores pessoais um valor de significação social que vai além da comunicação indicial.

---

(13) Ver as pesquisas de T. A. SEBEOK (como a comunicação ao congresso semiológico de Kazimierz sobre o qual informa Aldo Rossi no já citado relatório in 'Paragone", 22, 1966); sempre de Sebeok, ver *Aspects of Animal Communication*, in "Etc.", 24, 1967 e *La communication chez les animaux*, in "Revue Int. de Sc. Sociales", 19, 1967 (com distinções entre zoopragmática, zoossemântica e zoossintaxe). Citamos ainda H. e M. FRINGIS, *Animal Communication*, Nova Iorque, Blaisdell, 1964.

AS SEMIÓTICAS   393

COMUNICAÇÃO TÁTIL: fundamental para a primeira experiência do mundo exterior na criança, predetermina, segundo alguns, a compreensão subseqüente das mensagens verbais. Incluem-se neste setor os estudos da *modificação da pele* através de práticas higiênicas, perfumes, ungüentos; a experiência tátil influencia igualmente a escolha do *vestuário;* quando a comunicação tátil se convencionaliza, estabelecem--se ulteriormente tabus já incluídos nos códigos prossêmicos examinados em C.6.III. Fazem parte das *mensagens táteis codificadas* o beijo, o abraço, a bofetada, na medida em que não representam estímulos mas estilizações [14].

CÓDIGOS DO GOSTO: além das implícitas diferenças nas preferências de gosto de uma civilização para a outra, com as possibilidades de sistemas oposicionais que regulam a acasalabilidade de sabores diversos, podem ser individuadas convenções sobre a composição das refeições até as regras de arrumação da mesa; o mesmo se pode dizer no tocante às bebidas; abre-se, em seguida, o campo dos sistemas conotativos e sinestésicos (o "sabor forte"; ou as transposições metafóricas das denominações de sabor a outros domínios, como "amor doce"). Sobre os sistemas semânticos impostados no terreno do gosto, distinguem-se, naturalmente, as pesquisas de Lévi-Strauss em *Le cru et le cuit* e *Du miel aux cendres.*

II. PARALINGÜÍSTICA

Define-se como "Paralingüística" *o estudo dos traços supra-segmentais (os tons de voz) e das variantes facultativas que corroboram a comunicação lingüística e se apresentam como sistematizáveis e convencionalizados* (ou que, reconhecidos como "naturais" são de algum modo sistematizáveis). Trata-se de fenômenos que se tornaram objeto de estudo mais preciso, em virtude dos novos sistemas de registro, que permitem analisar até mesmo as variações menos perceptíveis à observação direta. Comumente se associa à Paralingüística também a *Cinésica,* entendida como *estudo dos gestos e dos movimentos corporais de valor significante convencional.* Mas tende-se agora, gradativamente, a separar os dois setores.

---

(14) Ver L. K. FRANK, *Comunicazione tattile,* in *Comunicazione di massa, Florença,* La Nuova Italia, 1966.

Stankiewicz, que em *App.* dedica ao assunto o já citado ensaio *Problems of emotive language* [15], pergunta-se se também os signos paralingüísticos são unidades pré-fabricadas como as do código lingüístico, e se não seriam, esses fenômenos, aspectos da mensagem, e portanto, variações individuais que o falante introduz para colorir a comunicação impostada sobre as regras do código lingüístico.

Admite, contudo, que o falante disponha de artifícios formais para a coloração da mensagem, e a esta altura é natural que perguntemos se não têm razão os que procuram *codificar* esses artifícios. Desde Bühler, que foi o primeiro a enfocar os aspectos emotivos da linguagem, mas sem distinguir entre fenômenos emotivos, determinados pelo contexto, e *artifícios emotivos, previstos pelo código,* passando-se pelos estudos de Karcevski sobre as interjeições como subsistema dotado de precisas particularidades lingüísticas, chega-se às pesquisas de McQuown, Pike, Hockett, Smith, Trager, Hall, Sebeok, Wells, Hayes, Mahl, Schulze [16], às de Fonagy, já citadas, e ao afluxo de experiências psicológicas, clínicas e antropológicas sobre o assunto. Como observa Mahl, quando as pessoas individuam *certos tipos de tosse* alusivos, já estão falando de um comportamento paralingüístico institucionalizado. Este código pode ser tão importante quanto o lingüístico (*App.,* 133).

Uma vez aceito esse programa de pesquisa, pode-se tentar uma lista dos possíveis campos de investigação. Sem esquecermos que para alguns estudiosos o conhecimento dos códigos paralingüísticos não só parece útil para o aprendizado das línguas e dos costumes estrangeiros mas também para evitar qüiproquós nos relacionamentos entre civilizações diferentes, quando o recurso ao simples código denotativo da língua induz a captar de modo aberrante (amiúde com gravíssimas conseqüências humanas, políticas, sociais) todos os níveis conotativos da mensagem [17].

SEMEIÓTICA MÉDICA: deve-se dividir este setor em duas zonas diversas: de um lado, temos o sistema de *índices* natu-

---

(15) Com uma bibliografia de 136 títulos. Ver em geral todo o *App.*
(16) Ver in *App.* os ensaios de F. MAHL e G. SCHULZE com bibl. de 274 títulos e o de Haves (com bibliografia de 84 títulos).
(17) Quanto a esse aspecto, ver in *App.*, p. 218-220, as conclusões de La Barre; ver, também sob forma mais paradoxal e divulgativa, vários aspectos de STUART CHASE, *Il potere delle parole,* Milão, Bompiani, 1966, e em geral no tocante aos aspectos da linguagem em relação aos problemas da compreensão social — toda a polêmica da General Semantics. Em especial ALFRED

AS SEMIÓTICAS

rais através dos quais o médico individua o *sintoma* (mas visto que para a comunidade médica *certos* sintomas se exprimem através de *certos* índices, já se tem, a nível do grupo médico, um sistema de convenções); do outro, o sistema de expressões lingüísticas através do qual pacientes de grupos ou civilizações diferentes *costumam* denunciar verbal ou cinesicamente um sintoma [18].

PARALINGÜÍSTICA PROPRIAMENTE DITA: Trager [19] subdivide todos os ruídos destituídos de estrutura lingüística propriamente dita em:

A. *Tipo de voz:* dependente do sexo, da idade, da saúde, do lugar do falante etc. Estudam-se diversos tons de voz empregados pela mesma pessoa em diferentes circunstâncias. Ostwald (*App.*, 235) aponta pesquisas sobre as diversidades das modulações sonoras emitidas de boca fechada ao telefone, em diferentes horas do dia, relacionadas com variações do sódio e do potássio no sangue. Pesquisas desse tipo concernem às bases biológicas da comunicação e fazem parte de pesquisas de semeiótica médica. De fato, para Trager, o tipo de voz não se enquadra na paralinguagem.

B. *Paralinguagem:* onde se distinguem:

a) qualidades vocais: por exemplo, a altura dos sons, o tipo de controle dos lábios ou da glote, o peso ou a leveza da respiração, o controle articulatório, a ressonância, o tempo, etc.

b) vocalizações: onde se distinguem:

b.1. caracterizadores vocais (p. ex.: riso, sufocado ou reprimido, choro, lamúria, soluço, sussurro, berro, grito sufocado, resmungo, gemido, lamento, uivo, arroto, quebra da voz, bocejo...)

KORZYBSKI, *Science and Sanity:* An *Introduction to Non-Aristotelian Systems and General Semantics*, International Non-Aristotelian Library Publishing, 1933. Para uma crítica à General Semantics sob o ângulo da filosofia semântica, ver ADAM SCHAFF, *Introdução à Semântica* op. cit., e FRANCESCO BARONE, *La semantica generale*, in "Archivo di Filosofia", número especial "La semantica", Roma, Bocca, 1955.

(18) Ver in *App.*, o estudo de P. E. OSTWALD com bibl. de 97 títulos. A esses estudos ligam-se de modo mais amplo os interesses psicopatológicos centrados na linguagem, entre os quais sobressai o célebre estudo de Jakobson sobre os dois tipos de afasia (*Lingüística e comunicação*, op. cit.). Ver, neste campo, SERGIO PIRO, *il linguaggio schizofrenico*, Milão, Feltrinelli, 1967 (a bibliografia contém mais de mil títulos, mas não é específica e compreende citações das mais variadas procedências, de Croce a Grimm e a Einstein); ver também G. MACCAGNANI ed., *Psicopatologia dell'espressione*, Imola, Galeati, 1966; e os capítulos "Histerismo e linguagem" in T. S. SZASZ, *Il mito della malattia mentale*, Milão, Saggiatore, 1967. Ver também os estudos de FERDINANDO BARISON sobre arte e esquizofrenia (v. bibl. completa in Piro, op. cit.) e L. BERTUCELLI *Arte e schizofrenia*, in "Psichiatria", 2, 1965 (na esteira dos estudos de Barison).

(19) GEORGE L. TRAGER, *Paralanguage: A First Approximation*, in DELL HYMES ed., *Language in Culture and Society*, Nova Iorque, Harper and Row, 1964 (a coletânea inteira é importante).

396 A ESTRUTURA AUSENTE

b.2. qualificadores vocais (p. ex.: intensidade e altura do som).

b.3. segredos vocais: é o complexo dos sons que, mais do que modular as emissões fonéticas, acompanham-nas, como as nasalizações, as inspirações, os grunhidos, os "hum" de comentário e interjeição, os ruídos da língua e dos lábios (que, diga-se de passagem, foram muito bem codificados por aquele tipo de transcrição dramática dos ruídos isolados, entendidos como signos, que são as expressões verbais das estórias em quadrinhos...)

LINGUAGENS PERCUTIDAS E ASSOBIADAS: a suspeita de que os "tons" tenham valor convencional aumenta quando se passa ao exame, já realizado pelos antropólogos, dos vários sistemas de sinalização por intermédio de assobios, pífaros, flautas e tambores. Weston La Barre (*App.*, 212 e ss.) arrola uma série de sistemas sígnicos como a linguagem assobiada e a conversa por xilofones dos chins birmanos; a percussão sobre raízes de árvores dos Kwoma; a linguagem de boca fechada do Chekiang; o iodelei alpino; as comunicações referenciais em código assobiado dos achantis (o sujeito consegue comunicar o lugar onde se deve procurar um objeto); a linguagem assobiada dos habitantes das Canárias que modulam não os fonemas paralingüísticos mas autênticos fonemas do espanhol falado; a linguagem percutida no tambor da África Ocidental, que reproduz traços tonemáticos da linguagem falada em dois tons básicos do tambor, também realizando, porém, comunicações estritamente convencionalizadas, enquanto que os Eues do Togo chegaram mesmo a convencionalizar frases inteiras (mas aí já estamos diante de sistemas de transcrição semelhantes aos nossos códigos telegráficos); ou os sinais com o corno de quatro tons, que transmitem não o equivalente melódico dos tons supra-segmentais, mas autênticas unidades diferenciais abstratas.

III. CINÉSICA E PROSSÊMICA

As observações feitas com relação à Paralingüística valem também para a Cinésica: estaremos diante de artifícios do falante para condimentar emocionalmente a mensagem ou de artifícios previstos pelo código? Os estudiosos dessa disciplina, que surge agora notavelmente formalizada também

AS SEMIÓTICAS 397

como sistema de notação escrita, já falam em autênticos códigos [20].

Como diz Birdwhistell: "quando as pessoas emitem sons e escutam, movimentam-se e olham, tocam e sentem, emitem e recebem odores, etc., todas essas coisas se combinam de várias maneiras a fim de participar do sistema comunicacional, e não será estranho postular que essas modalidades podem ser estruturadas analogicamente: apreendidas sistematicamente, poderão ser sistematicamente modelizadas — ou pelo menos é o que se pode tentar fazer... Se os senhores examinarem um *corpus* de dados, por exemplo, os filmes com o prefeito Fiorello La Guardia quando fala italiano, iídiche ou inglês americano: os seus modelos de movimento mudam de modo tão sistemático que, eliminando-se a parte sonora, poderão os senhores saber em que língua está ele falando" (*App.*, 178).

A questão de saber se a Cinésica não é mais que uma forma de paralinguagem está superada pela hipótese (na verdade, bastante romântica) de *que uma linguagem gestual teria precedido a linguagem articulada*. Mas a verdadeira razão pela qual a distinção se estabelece é que a Cinésica parece ter encontrado sua própria autonomia em relação ao objeto e aos instrumentos. Birdwhistell elaborou agora um sistema de notação dos movimentos corporais que atinge momentos de extrema precisão, assim como impostou uma nomenclatura dos traços pertinentes e das configurações sintagmáticas gestuais a que já nos referimos ao falarmos do código cinematográfico (ver *App.*, 159).

Quanto aos territórios da investigação cinésica, eis alguns ecos de uma resenha sugerida por La Barre (*App.*, 190-220): a *linguagem gestual* muda dos monges de clausura, a linguagem dos surdos-mudos, dos mercadores indianos, dos persas, dos ciganos, dos ladrões, dos pregoeiros de tabaco; os *movimentos rituais das mãos* dos sacerdotes budistas e hindus; as comunicações dos pescadores patanis; a cinésica oriental e mediterrânica, onde grande parte é ocupada pela *gestualidade napolitana* (é preciso não esquecer que a cinésica napolitana,

---

(20) Para a bibliografia, consultar in *App.* os estudos de La Barre e Hayes. Notas sobre uma bibliografia italiana in ALDO ROSSI, *Le nuove frontiere della semiologia*, in "Paragone", 212, 1967, § 2.1. Aí se relata até mesmo o plano de pesquisa comunicado privadamente por Greimas e Metz aos estudiosos para uma investigação completa sobre a gestualidade: da Etnossemiologia à Patologia, à transcrevibilidade, aos estudos de sistemas pré-constituídos no filme, na estória em quadrinhos, nos quadros até a transcodificação lingüística do gesto nas obras literárias.

398 A ESTRUTURA AUSENTE

através do histórico gesto de Sraffa,* está miticamente na base das questões wittgensteinianas sobre o significado...); os *gestos estilizados* das figuras da pintura maia, utilizados para decifrar sua linguagem escrita, assim como o estudo da gestualidade grega, tal como aparece na pintura dos vasos, pode fornecer esclarecimentos sobre o período estudado (enquanto que o estudo da gestualidade partenopéia pode remeter a costumes cinésicos da Magna Grécia, e aí esclarecer a cinésica ática). A Cinésica estuda igualmente a *gestualidade teatral ritualizada*, nos teatros clássicos orientais, na *mímica*, na *dança* [21].

Os *estilos de andar*, que variam de uma cultura para a outra, e de cultura para cultura conotam um *ethos* diferente; os *estilos de posição ereta*, onde a codificação se torna mais rigorosa, (mas também mais variável) nas variações militares do *em guarda*! e nos estilos quase litúrgicos dos *passos de parada*.

Elementos da paralinguagem, as várias modalidades do *riso*, do *sorriso*, do *choro* são também elementos de uma cinésica, e um estudo da sua variabilidade cultural (nos modos, como no significado conotado) pode libertar o fenômeno do cômico de muitos mistérios filosóficos que o deprimem. No limite, a pesquisa das cinésicas altamente culturalizadas (já nos referimos em outro capítulo aos estudos de Mauss sobre as *técnicas do corpo*) chega ao estudo das *posições defecatórias*, da *micção* e do *coito* (bem como da posição dos hálux no momento do espasmo — determinada não só por motivos fisiológicos, mas variável de uma cultura para a outra, como mostram vários exemplos de escultura erótica antiga).

Acrescentem-se os estudos sobre o *movimento da cabeça* (a relatividade cultural dos acenos para "sim" e "não" é universalmente reconhecida), e ainda sobre os *gestos de agrade-*

(*) Piero Sraffa, economista italiano, professor em Cambridge e autor de um pequeno tratado fundamental — *Produzione di merci a mezzo di merci* — faz agora parte da lenda wittgensteiniana. Conta-se que certo dia, num trem, ouvindo Wittgenstein falar-lhe em "significado", Sraffa, como bom napolitano, fez aquele gesto típico, difícil de descrever mas bastante expressivo, ao perguntar: "e allora quale e il significato di questo?" ["então qual o significado disto?"] Daí em diante — dizem — Wittgenstein entrou em crise sobre o conceito de significado. Note-se que o referido episódio ocorreu depois do *Tractatus* mas antes das *Pesquisas Filosóficas* (N. acrescentada pelo A. à ed. bras.).

(21) In *App.* La Barre redescobre o estudo de A. DE JORIO, *La mimica degli antichi investigata nel gestire*, Nápoles, 1832. Sobre a gestualidade ritualizada, no teatro, nas cerimônias e na pantomina, ver T. V. CIV'JAN, T. M. NIKOLAEVA, D. M. SEGAL e Z. M. VOLOSKAIA, *Žestóvaja kommunikacia i ee mesto sredi drugich sistem čeloveceskogo obščenija* (A comunicação gestual e o seu lugar entre os outros sistemas da comunicação humana), in *Strukt.* (trad. inédita para o italiano de Remo Faccani). Consultar também J. GUILHOT, *La dynamique de l'expression et de la communication*, Haia, Mouton, 1962.

AS SEMIÓTICAS   399

cimento e o *beijo* (historicamente comum às civilizações greco-romana, germânica e semítica mas — ao que parece —
estranho à civilização céltica; carregado, em todo o caso, de
significados diversos em muitas civilizações orientais). Semas
cinésicos como *mostrar a língua* adquirem denotações opostas
na China Meridional ou na Itália; os *gestos de desprezo* (de
que é tão rica a cinésica italiana) estão tão codificados quanto
pelo menos os *acenos* (onde o mesmo gesto para um latino-
-americano significa "venha cá" e para um norte-americano
"vá embora"). Os *gestos de cortesia* são dos mais codificados, ao passo que os *atos motores convencionalizados* variam
de tal modo no tempo que tornam de compreensão difícil, ou
ridícula, a cinésica do filme mudo até para um ocidental.
Os *gestos de conversação*, que pontuam ou substituem frases
inteiras, unem-se aos *grandes gestos oratórios*. Existem estudos sobre a diferença de gestualidade numa conversa entre
um italiano e um judeu norte-americano, ao mesmo tempo
que se é incentivado a examinar o valor convencional de
gestos simbólicos (oferendas, presentes), chegando-se mesmo
à gestualidade dos *esportes* (estilos de lance no *baseball*,
modos de conduta na canotagem) e aos estilos de *tiro ao arco*
que, juntamente com os gestos na *cerimônia do chá*, constituem um dos fundamentos da etiquêta zen. Enfim, os vários
significados do *assobio* e da *vaia* (aplauso, desprezo, etc.)
e as *modalidades no beber* e *no comer*.

Em cada um desses casos, como em tudo o que diz respeito à paralinguagem, poder-se-ia observar — sem sombra
de dúvida — que mesmo que gestos e tons de voz não tivessem valor institucionalizado formalizável, deveriam em todo
o caso ser interpretados como sinais convencionais que orientam o destinatário para o código conotativo adequado à decodificação da mensagem lingüística; e portanto, sua função de
sinalizadores de código seria, de qualquer maneira, de extrema importância semiológica.

Cumpriria dedicar-se um capítulo à parte à *Prossêmica*,
mas esse assunto já foi por nós ventilado a propósito dos códigos arquitetônicos em C.6.II.

Quanto à *etiqueta*, julgam alguns autores (como Birdwhistell, *App.*, 230) que ela exorbita dos domínios da Cinésica, visto que ali entram em jogo outros elementos verbais
ou visuais.

400 A ESTRUTURA AUSENTE

IV. OS CÓDIGOS MUSICAIS

Em geral o problema da música vem à baila quando se trata de verificar as possibilidades de codificar os tonemas. Ostwald (*App.*, 176) recorda que a notação musical atual nasce de antigas notações dos gestos e da notação neumática, que registrava concomitantemente fenômenos cinésicos e paralingüísticos. Em todo o caso, podem-se individuar no campo musical:

SEMIÓTICAS FORMALIZADAS: as várias escalas e gramáticas musicais, os *modos* clássicos, os sistemas de atração [22]. Inclui-se aí o estudo da sintagmática musical, harmonia, contraponto, etc., podendo-se acrescentar hoje os novos sistemas de notação empregados pela música contemporânea, parte idioletais, parte fundados em notações aparentemente icônicas mas que repousam sobre referências culturais que as convencionalizam.

SISTEMAS ONOMATOPAICOS: desde os da linguagem verbal até os *repertórios de onomatopéias* das estórias em quadrinhos.

SISTEMAS CONOTATIVOS: toda a tradição pitagórica confiava a cada *modo* a conotação de um *ethos* (no caso, tratava-se igualmente da estimulação de um comportamento), como também observa La Barre (*App., 208*). A conotação de um *ethos* encontra-se em tradições musicais como a chinesa clássica e a indiana. Quanto à conotatividade de grandes cadeias sintagmáticas musicais, pode-se aceitá-la mesmo no que diz respeito à música moderna, embora vigore acertadamente a advertência sobre a necessidade de as frases musicais não serem consideradas como dotadas de valor semântico. Mas é difícil negar a certas músicas estereotipadas conotações institucionalizadas: é o caso da música *thrilling* (trilha musical), da música "pastoral" ou "marcial"; assim como há, em seguida, músicas tão ligadas a ideologias precisas que passam a assumir valor conotativo indiscutível (a Marselhesa, a Internacional).

---

(22) Ver o minucioso estudo de M. M. LANGLEBEN, *K opisaniju sistemy notnoj zapisi* (Descrição do sistema da notação musical), in *Trudy po znakovym sistemam*, Tartu, 1965 (tradução inédita para o italiano de Remo Faccani).

AS SEMIÓTICAS   401

Sistemas denotativos: os sinais militares musicais, por ex., a tal ponto denotam um comando (em guarda, descanso, hasteamento da bandeira, rancho, silêncio, despertar, carga) que quem não lhes aprende a denotação exata incorre em sanções. Esses mesmos sinais assumem, depois, valores conotativos do tipo "coragem", "Pátria", "guerra", "valor", e assim por diante. La Barre (*App.*, 210) cita o sistema de conversação realizado por meio da flauta pentatonal, em uso entre os aborígenes da América do Sul.

Conotações estilísticas: nesse sentido, uma música reconhecível como setecentista conota um *ethos* reconhecível, um *rock* conota "modernidade", um ritmo binário tem conotações diferentes de um ritmo em três por quatro, conforme o contexto e a circunstância. Podem-se igualmente estudar os vários *estilos do canto* através dos séculos e nas várias culturas.

V. LINGUAGENS FORMALIZADAS

Parte-se aqui do estudo das estruturas matemáticas [23] para chegar às várias *línguas artificiais,* como acontece com a Química e a Lógica, até as semióticas em sentido greimasiano, como formalizações dos conteúdos das várias Ciências Naturais. Incluem-se neste artigo todas as linguagens inventadas (por ex., o lincos, como linguagem interespacial) [24], os alfabetos como o Morse ou o código booliano para computadores eletrônicos; como também o problema de uma *Metassemiologia* [25], já aventado, aliás, em E.1.I.3.

(23) Ver GIOVANNI VAILATI, *La grammatica dell'algebra,* 1909, ensaio reimpresso in "Nuova Corrente", 38, 1967; MARC BARBUT, *Sur le sens du mot structure en mathématiques,* in "Les Temps Modernes", e em geral todas as pesquisas sobre a axiomática, os sistemas simbólicos, a aplicação da álgebra das classes aos sistemas de signo como in LUIS PRIETO, *Messages et signaux,* op. cit. Sob esse título enquadram-se, de direito, todas as pesquisas do neopositivismo lógico sobre as linguagens formalizadas. Veja-se ainda M. GROSS e A. LENTIN, *Notions sur les grammaires formelles,* Paris, Gauthier-Villars, 1967; JACQUES BERTIN, *Sémiologie graphique,* Mouton e Gauthier-Villars, 1967, que estuda as condições ótimas da informação gráfica nos mapas geográficos e topográficos e em vários tipos de diagramas.

(24) Ver HANS FREUDENTHAL *Lincos: Design of a Language for a Cosmic Intercourse,* Amsterdã, 1960. Mas vejam-se também as objeções levantadas a esse livro por ROBERT M. W. DIXON na resenha crítica de "Linguistics", 5, onde se observa que mesmo as fórmulas matemáticas, consideradas pelo autor como "universais", são abstrações de modelos sintáticos indo-europeus, e que por isso só podem ser compreendidas por quem já conheça os códigos de certas linguagens naturais.

(25) É a exigência de uma linguagem hiperformalizada formada de *signos vazios,* própria para descrever todas as semióticas possíveis. Sobre esse projeto de muitos semiólogos modernos, ver JULIA KRISTEVA, *L'expansion de la*

402 A ESTRUTURA AUSENTE

VI. LINGUAS ESCRITAS, ALFABETOS DESCONHECIDOS, CÓDIGOS SECRETOS

O estudo das línguas escritas separa-se do das línguas naturais entendidas como verbais, estando mais ligado ao problema da decifração dos alfabetos desconhecidos e das mensagens secretas baseadas em criptocódigos. Mas também diz respeito aos valores conotativos da denotação alfabética escrita ou impressa, como mostrou Marshall McLuhan, e ao problema mais geral da escrita [26].

VII. LINGUAS NATURAIS

Este é o território da Lingüística propriamente dita e da Etnolingüística, no qual não nos deteremos. Será preferível indicar como os objetivos da pesquisa semiológica se especificam em direção aos léxicos e subcódigos: dos estereótipos da linguagem a todo o sistema *retórico,* a que já dedicamos alguns capítulos deste livro, e pouco a pouco até as convenções lingüísticas particulares — *léxicos especializados* (políticos, técnicos, jurídicos — todo um setor de grande importância para o estudo das comunicações de massa) e mesmo até o estudo de *léxicos de grupo* (pregões de mascates, línguas secretas e jargões, linguagem coloquial [27]). Por fim, os usos retóricos da linguagem cotidiana visando a construir

sémiotique, op. cit.: baseando-se nas pesquisas do russo Linzbach, ela prevê uma axiomática pela qual "a Semiótica se construirá então a partir do cadaver da Lingüística, morte já prevista por Linzbach, e com a qual a Lingüística se conformará depois de haver preparado o terreno para a Semiótica, demonstrando o isomorfismo das práticas semióticas com os outros complexos do nosso universo". A Semiótica propor-se-ia então como um ponto de encontro axiomatizado de todos os conhecimentos possíveis, arte e ciência incluídas. Tal projeto é desenvolvido por Kristeva em *Pour une sémiologie des paragrammes,* in "Tel Quel", 29, 1967 (onde não nos parece que a formalização exasperada do discurso poético dê resultados satisfatórios) e in *Distance et anti-représentation,* "Tel Quel", 32, 1968, onde introduz LINNART MALL, e seu trabalho. *Une approche possible du Sunyavada* cujo estudo do "sujeito zerológico" e da noção de "vazio" em antigos textos budistas lembra curiosamente o "vazio" lacaniano. Mas cabe salientar que todo esse programa axiomático faz a Semiótica recuar até a *characteristica universalis* de Leibniz, e de Leibniz até as *artes combinatoriae* da baixa Idade Média, e a Lullo (ver, para uma resenha desta corrente, PAOLO ROSSI, *Clavis Universalis — Arti mnemoniche e logica combinatoria da Lullo a Leibniz,* Milão, Ricciardi, 1960). E isso dizemos não para fazermos as costumeiras descobertas do filósofo que enganosamente se compraz desmascarando os "grandes retornos", mas para insistirmos numa herança histórica a que os estudiosos semiológicos se deverão apegar conscientemente se quiserem evitar esforços inúteis e adquirir experiências preciosas.

(26) MARSHALL MCLUHAN, *The Gutenberg Galaxy,* Un. of Toronto Press, 1962; JACQUES DERRIDA, *De la Grammatologie,* Paris, Ed. de Minuit. 1967.

(27) Ver os diversos estudos soviéticos in *Simp.,* os estudos de Bogatyrev sobre linguagem coloquial e linguagens do canto, etc.

AS SEMIÓTICAS   403

mensagens aos vários níveis semânticos, como acontece nos
quebra-cabeças e *enigmas* ou nas *palavras-cruzadas* [28].

VIII. COMUNICAÇÕES VISUAIS

A esse vasto domínio consagramos duas seções do nosso
livro. Basta lembrarmos aqui os temas já tratados e indicarmos as pesquisas em curso em outros setores:

SINALÉTICA DE ALTA CONVENCIONALIZAÇÃO: bandeiri-
nhas navais, placas de trânsito, divisas militares, possíveis alfabetos universais baseados em símbolos visuais de aceitação
comum.

SISTEMAS CROMÁTICOS: desde as tentativas poéticas de
associar às cores sinestesias precisas até os sistemas ligados
aos fatos cromáticos junto às comunidades primitivas, e mesmo até os valores conotativos das cores nas sociedades ocidentais (preto-luto, branco-luto, branco-núpcias, vermelho-
-revolução, preto-fidalguia, etc.)

INDUMENTÁRIA: as investigações de Barthes sobre a
moda, que concernem apenas à expressão verbal dos modelos,
não cobrem todo o campo das pesquisas sobre a indumentária
como comunicação, cujo ponto máximo de formalização é
atingido pelas *divisas militares* e pelos *hábitos e paramentos
eclesiásticos.*

SISTEMAS VISUAIS-VERBAIS: aqui, o panorama é imenso.
Vai do *cinema* e da *televisão,* como códigos de comunicação
denotativa (sendo que cinema e TV também se enquadram
como capítulos de um estudo sobre a grande sintagmática
narrativa), às *estórias em quadrinhos,* à *publicidade,* aos sistemas de *papel-moeda,* aos *rébus,* às semióticas das *cartas
de jogo,* das cartas de adivinhação e de todos os *jogos* em

---

(28) Sobre as palavras-cruzadas, ver A. J. GREIMAS in *Modelli semiologici,* op. cit. ("La scrittura cruciverbista"); sobre os quebra-cabeças, ver JULIAN
KRZYZANOWSKI, *La poétique de l'énigme,* in *Poetics,* op. cit., e J. L. BORGES.
Le Kenningar, in *Storia dell'eternità,* Milão, Saggiatore, 1962; ver também as
nossas observações sobre os *riddles* e sua representação joyciana in *Le poetiche
di Joyce,* Milão, Bompiani, 2ª ed., 1966. Nessa linha inserem-se na problemática
semiológica os estudos sobre os *trocadilhos* e *anedotas,* partindo-se daí para
o problema do *cômico* em geral. Ver, entre os primeiros exemplos, VIOLETTE
MORIN, *L'histoire drôle,* in "Communications", 8, e nossa comunicação ainda
inédita ao convênio de Urbino sobre a semiologia do enredo (1967), de que dá
notícia ALDO ROSSI, no já citado artigo de "Paragone", 212.

404 A ESTRUTURA AUSENTE

geral (xadrez, damas, dominó, etc.); tem-se depois o estudo dos *mapas geográficos e topográficos* e das suas condições ótimas de denotação, a que se acrescenta o estudo dos *diagramas* e dos *projetos arquitetônicos,* para chegar-se às *notações corográficas* e ao sistema simbólico da *Astrologia* (várias indicações in *Simp.* e *Strukt.*)

Outros sistemas: incluímos neste artigo pesquisas já tratadas alhures, como o estudo dos *códigos icônicos, iconológicos, estilísticos;* o estudo do *design* e da *Arquitetura;* etc.

IX. SEMÂNTICA

Como dissemos, o estudo dos níveis semânticos interessa a todos os sistemas já arrolados, mas é difícil ignorar o *corpus* de pesquisas etiquetadas com o rótulo de "Semântica" e cumpre considerar seus problemas isoladamente.

Com a Semântica temos, antes de mais nada, um terreno de investigação cuja existência se procurou negar ou de outras vezes impor, na tentativa de a ela reduzir toda a pesquisa semiológica. Tais estudos, genericamente indicados como Semântica, deram lugar, no curso de toda a história da filosofia, a um sem número de discussões e sistematizações, levando, nos últimos dois séculos, ao que De Mauro chamava de "o medo do significado" [29].

De Carnap a Quine, de Wittgenstein à escola analítica inglesa, de Croce e Calogero ou a Pagliaro, a reflexão *filosófica* sobre o significado encontrou o seu próprio caminho: as idéias do significado como criação contínua dos falantes, ou como média dos usos na comunidade de quem fala a linguagem cotidiana, as reflexões sobre extensão e intenção, e assim por diante, eis uma série de temas em que nos perguntamos até que ponto a Semiologia poderia intervir trazendo outros métodos de análise.

(29) Ver T. DE MAURO, *Introduzione alla semantica,* op. cit., p. 79. O vasto capítulo da Semântica Filosófica é mais amplo que o dos estudos semiológicos, e demandaria um discurso à parte. Em todo o caso, sobretudo com vistas à Metassemiologia, os semiólogos atuais deverão escudar-se mais do que agora o fazem (a observação, porém, diz respeito aos franceses e não aos soviéticos) nas experiências do Círculo de Viena, na Sintaxe Lógica de Carnap, na corrente dos lógicos eslavos (Tarski, por exemplo, se bem que, pelo menos a partir da corrente glossemática, essas indicações tenham de qualquer modo chegado até os lingüistas, e embora a Semiótica morrisiana introduza diretamente nos estudos sobre a comunicação as experiências da Enciclopédia da Ciência Unificada (para não falarmos na influência de Peirce).

AS SEMIÓTICAS 405

Por outro lado, no terreno *lingüístico* propriamente dito, passamos da Semântica hjelmsleviana, rigorosamente axiomatizada, à *análise distribucional* das recorrências estatísticas, e daí ao desenvolvimento das várias teorias dos *campos semânticos*, em que se baseou o estruturalismo para elaborar a *análise componencial*, a *análise sêmica*, a *análise em fatores semânticos*[30]. A Semântica estrutural, elaborando a noção de "sema", procurou isolar unidades de significado e organizá-las num sistema de oposições que deveria dar conta do seu funcionamento significativo. Nesse sentido, não só agiu sobre os códigos das cores, as categorias religiosas, as taxonomias clássicas, os sistemas de valores, como procurou isolar sistemas de semas dentro da obra de um artista, ou mesmo elaborar o sistema de conceitos morais, biológicos, educativos que presidem a um sistema religioso, como na citada análise em cartões perfurados dos conceitos do Corão.

Quanto ao triunfo de uma Semântica estrutural com bases transformacionais, note-se que ela tende a estabelecer as *categorias semânticas*, os *diferenciadores* e as *restrições seletivas* de um termo considerado isoladamente, os quais permitem que ele se articule com alguns termos apenas e não outros[31].

(30) Veja-se, como ótima iniciação, o já citado fascículo de "Langages" sobre a comunicação as experiências da Enciclopédia da Ciência Unificada (para TODOROV. Quando à corrente distribucionalista iniciada por Z. HARRIS (*Methods in structural Linguistics*, Chicago, 1951), ver nesse fascículo o ensaio de J. APRESJAN, *Analyse distributionnelle des significations et champs sémantiques structurés*, que apareceu originalmente em russo, e onde se retoma o conceito de campos semânticos e se estuda (seguindo Harris) a distribuição de um elemento semântico como "a soma de todos os contextos nos quais é encontrado, isto é, a soma de todas as posições — diferentes — de um elemento em relação aos outros". O estudo de Apresjan trabalha a um nível de abstração maior que o de F. G. LOUNSBURY, que no mesmo fascículo estuda estruturalmente os termos de parentesco segundo métodos de análise componencial. Apresjan vê os campos semânticos como uma espécie de função proposicional de lugares vazios, preenchíveis posteriormente com elementos concretos significativos; estuda, portanto, modelos estruturais de conbinações semânticas: Lounsbury, ao contrário, examina constelações de unidades de significado individuadas — no caso particular, os termos de parentesco. Unidades de significado são as de A. J. GREIMAS, *Sémantique structurale*, Paris, Larousse, 1966, onde são elaborados sistemas de *semas*. Note-se que "Sema" não é aqui entendido no sentido por nós adotado na seção B (como signo não-lingüístico que corresponde a um enunciado na língua) mas como *unidade de significado*. Em Greimas, essas unidades de significado são postas em jogo, por exemplo, no interior de uma obra narrativa como a de Bernanos (complicando-se com uma retomada estrutural do esquema das funções narrativas de Propp em termos de uma "analyse actantielle"). Sobre os desenvolvimentos do método greimasiano, ver J.-C. COQUET, *Questions de sémantique structurale*, in "Critique", janeiro de 1968. Veja-se também a semântica de PRIETO (o já citado *Principes de noologie*, ora em tradução italiana, *Principi di noologia*, Roma, Ubaldini, 1968, onde aparece a noção de "noema").

(31) J. A. KATZ e J. A. FODOR, "The structure of Semantic Theory", ora in *The Structure of Language*, Prentice Hall, 1964, onde se acha a explanação de Todorov, que também nela se inspira para o ensaio *Les anomalies sémantiques* (in "Langages", op. cit.), estudo que abrange os territórios da Poética e da Retórica.

406 A ESTRUTURA AUSENTE

X. AS ESTRUTURAS DO ENREDO

Um dos setores da análise semântica é o das estruturas narrativas ou grandes cadeias sintagmáticas. Desde as primeiras tentativas — clássicas e beneméritas — de Propp, até as integrações que delas realizou Lévi-Strauss, passou-se, com as escolas de Barthes e Greimas, a um autêntico estudo organizado da *Semiologia do enredo* (que não concerne apenas à narrativa escrita, mas ao relato oral, ao enredo fílmico, à estória em quadrinhos, etc.)[32]. A opinião inicial, sob muitos aspectos aceitável, de que pesquisas do gênero só podem desenvolver-se sobre os enredos mais simples, unidimensionais, como os das fábulas e estórias populares, parece em vias de superação graças ao empenho de quem está trabalhando sobre o *Decameron* e as *Ligações Perigosas,* como Todorov, sobre a obra dannunziana, como Rossi, sobre o *Pinóquio,* como Fabbri, etc.[33]

Naturalmente os resultados mais controláveis ainda são aqueles concernentes ao patrimônio etnológico tradicional (mitos, lendas, fábulas)[34] e aos romances policiais que se apóiam principalmente no enredo [35]. E também aqui a con-

(32) Sobre esse tema, partimos de W. J. A. PROPP, *Morfologia della fiaba,* Turim, Einaudi, 1966, para passarmos às pesquisas de GREIMAS in *Sémantique structurale,* op. cit., e aos estudos de C. METZ sobre a grande sintagmática do filme (ver *Le cinéma: langue ou langage?,* já citado; e *La grande syntagmatique du film narratif,* in "Communications", 8, 1966). Para a narrativa, v. C. BRÉMOND, *Le message narratif,* in "Communications" 4, e *La logique des possibles narratifs,* in "Communications", 8; no mesmo número, o nosso estudo *James Bond: une combinatoire narrative* e o estudo de Greimas sobre o conto mítico, agora em *Modelli semiologici,* op. cit., bem como o ensaio de R. BARTHES, *Introduction à l'analyse structurale des récits.* Vejam-se, ainda, ibidem, os estudos de G. GENETTE, J. GRITTI, V. MORIN, T. TODOROV. Deste último, v. o volume *Littérature et signification,* Paris, Larousse, 1967. Cumpre ainda citar a esplêndida leitura de Sade que nos oferece BARTHES em *L'arbre du crime,* in "Tel Quel", 28, 1967. Toda a equipe de "Tel Quel" trabalha, sob a chefia de Philippe Sollers, com muita sensibilidade para as estruturas narrativas, mas estamos aí mais diante de *leituras críticas,* prenhes de humores semiológicos, do que de autênticas análises formais dos textos.

(33) Ver A. ROSSI, artigo citado, in "Paragone", 212.

(34) Para o estudo dos mitos e do folclore, além de Lévi-Strauss, lembramos os trabalhos da escola norte-americana de inspiração estruturalista. Ver, antes de mais nada, "Communictions", 8, e conseqüentemente, P. MARANDA, *Recherches structurales en mythologie aux États-Unis,* in "Informations sur les sciences sociales", VI, 5, com bibl. de 86 títulos. Entre esses estudiosos, cumpre citar particularmente AIAN DUNDES, que nos seus estudos sobre o folclore indiano e africano se baseia nos métodos de Propp. Ver a propósito C. BRÉMOND, *Postérité américaine de Propp,* in "Communications", 9, 1968.

(35) J. CHEGLOV, *Per la costruzione di un modello strutturale delle novelle di Sherlock Holmes,* in "Marcatre", 8/10; AAVV, *Il caso Bond,* Milão, Bompiani, 1965; os estudos de J. LOTMAN sobre a noção de início e fim em literatura (*Tezisi dokladov vo Vtoroj letnei shkole po vtoričnyn modelirujuščim sistemam,* Tartu, 1966). I. REVZIN e O. G. KARPINSKAIA, *Semioticeskij analiz rannich p'es Ionesko,* ónde se relacionam todos os artifícios dramáticos de Ionesco com uma utilização paradoxal e intencional dos modelos da Semiologia); I. REVZIN, *Semiologia del detective,* in *Programa i tesizy dokladov v letnej škole po vtoričnym modelirujuščim,* Tartu, 1964.

AS SEMIÓTICAS 407

tribuição das escolas eslavas, dos velhos formalistas aos novos semióticos, foi determinante [36].

XI CÓDIGOS CULTURAIS

Eis-nos diante de sistemas de *comportamentos* e *valores* que tradicionalmente não são considerados sob o aspecto da comunicação. Inventariemos:

ETIQUETA: não só como sistema gestual mas como sistema de convenções, tabus, hierarquias, etc.

SISTEMAS DE MODELIZAÇÃO DO MUNDO: sob essa denominação os semiólogos soviéticos enquadram mitos, lendas, teologias primitivas e tradicionais que fornecem um quadro unitário para comunicar a visão global do mundo de uma comunidade [37].

TIPOLOGIA DAS CULTURAS: é um capítulo sobre o qual muito insiste a Semiologia soviética (vejam-se em especial os escritos de Iuri M. Lotman) [38]. A Semiologia pode colaborar para o estudo de uma cultura, tanto no sentido diacrônico quanto no sincrônico, petrificando-a numa Semiótica autônoma: Só para darmos um exemplo: toda pesquisa

(36) Ver V. CHKLOVSKI, *Teoria della prosa*, op. cit.; B. M. EICHENBAUM, *Come è stato fatto "Il capotto" di Gogol*, in "Il Corpo", 2, 1965; os ensaios de *Théorie de la prose*, cit, e em especial *Thématique*, de BORIS TOMACHEVSKI. Veja-se, também, sobre a obra de Bakhtin: JULIA KRISTEVA, *Bakhtine, le mot, le dialogue et le roman*, in "Critique", abril de 1967. Outro capítulo seria ainda o das técnicas narrativas no romance contemporâneo; mesmo esse é independente dos interesses semiológicos, mas contribui com não poucos elementos de descoberta e investigação; consultar, para uma resenha inicial, WARREN BEACH, *Tecnica del romanzo novecentesco*, Milão, Bompiani, 1948, e U. ECO, *Le poetiche di Joyce*, Milão, Bompiani, 1966 (2ª ed.) [Também sobre Joyce, e igualmente de autoria de UMBERTO ECO, publicou-se recentemente seu ensaio "Sobre uma noção joyciana", in *Joyce e o romance moderno*, trad. bras. de T. C. Netto, São Paulo, Edit. Documentos, 1969; Michel Butor e Italo Svevo são os dois outros ensaístas que colaboram no mesmo volume. (N. da T.)]

(37) Encontramos muitas indicações a propósito em *Strukt.* e em *Simp.* bem como em outras coletâneas soviéticas; citamos o estudo de IVANOV e TOPOROV sobre o sistema semiótico dos Cheti. Dos mesmos autores, v. *Slavianskie jazykovye modelirujuščie semiotičeskie sistemy*, Moscou, 1965, sobre a visão do mundo própria dos antigos eslavos, onde se estudam os diversos níveis do sistema religioso, e se elabora uma lista de universais semânticos, estruturados em oposições binárias, que se encontrariam em todas as mitologias (v. a resenha crítica de T. Todorov in "L'homme", abril-junho, de 1966).

(38) De J. LOTMAN, além do já citado *Metodi esatti nella scienza letteraria sovietica*, vejam-se *Problèmes de la typologie des cultures*, in "Inf. sur les sc. soc.", VI, 2/3 e o estudo sobre a concepção do espaço geográfico nos textos russos da Idade Média, in *Trudy po znakovym sistemam*, II, Tartu, 1965 (citado por Kristeva in "Inf. sur les sc. soc.", VI, 5). E ainda, *Sur la délimitation linguistique et littéraire de la notion de structure*, in "Linguistics", 6, 1964, (onde, malgrado o título, a parte central é dedicada à tipologia das culturas).

408   A ESTRUTURA AUSENTE

filológica se enriquece com uma tipologia que proceda à descrição dos sistemas de códigos em relação aos quais, numa dada cultura, foi emitida determinada mensagem. É certo que uma tipologia das culturas já existia antes do florescer dos interesses semiológicos; mas o objetivo da pesquisa semiológica não consiste tanto em reconhecer que na Idade Média existia um código da mentalidade cavalheiresca, quanto em resolver esse "código" (ainda definido como tal por metáfora) numa semiótica rigorosa, capaz de mostrar-se homóloga a outras semióticas através de regras de transformação [39].

MODELOS DE ORGANIZAÇÃO SOCIAL: poder-se-iam indicar como exemplos típicos os estudos sobre as organizações de parentesco, mas o problema concerne também à organização global das sociedades avançadas. Nesse sentido, cabe neste capítulo a inserção das perspectivas semiológicas no sistema filosófico marxista. Inserção que — sob esse ângulo — não diz respeito tanto às discussões sobre a aceitabilidade das perspectivas semiológicas num horizonte marxista [40], ou às discussões sobre a relação entre método sincrônico estrutural e perspectivas históricas, quanto às tentativas como a de Rossi-Landi para interpretarem-se semioticamente as categorias do *Capital* (poder-se-ia falar numa semiótica da "mercadoria") [41].

XII. CÓDIGOS E MENSAGENS ESTÉTICAS

Já ficou visto, em A.2., que tipo de esclarecimento o ponto de vista metodológico pode trazer para os problemas da Estética e como pode dar vida até mesmo a uma disciplina específica como a "Poética" [42]. Pode-se chegar, agora, a esta-

(39) Era esse, de fato, o projeto, que impostamos ainda sem fazer referência às experiências semiológicas, de *Obra aberta como* estudo dos modelos de Poética enquanto homólogos a outros modelos das ciências contemporâneas. Vejam-se as especificações no Prefácio. À tipologia das culturas podemos também adscrever *Le parole e le cose*, de M. FOUCAULT, op. cit.

(40) A esse propósito, além de SCHAFF e REZNIKOV, já citados, veja-se para enriquecimento da investigação, HENRI LEFEBVRE, *Le langage et la société*, Paris, NRF, 1966; ao passo que para a discussão da problemática estrutural à luz de um marxismo muito próximo da cultura fenomenológica, ver KAREL KOSIC, *Dialettica del concreto*, Milão, Bompiani, 1965.

(41) *Sul linguaggio verbale e non verbale*, V. também *Il linguaggio come lavoro e come mercato*, in "Nuova Corrente", 36, 1965; *Lavorando all'omologia del produrre*, in "Nuovi Argomenti", 6, 1967; e *Per un uso marxiano di Wittgenstein*, in "Nuovi Argomenti", I, 1966.

(42) Está claro que a "Poética" dos estruturalistas não é o programa artístico explícito ou implícito teorizado pelos estetas italianos, como Pareyson ou Anceschi. Como poderia uma pesquisa semiológica recuperar essa segunda noção de "Poética"? Respondemos: estudando o programa do artista como código de emissão.

belecer uma distinção entre uma Semiologia que se ocupa da Estética (sobretudo para extrair da análise de obras de arte confirmações e comprovações dos seus axiomas) e uma *Estética semiológica,* isto é, uma Estética que se apresenta como estudo da arte enquanto processo comunicacional.

Se a Estética é a Filosofia que especifica sua atenção sobre os problemas da arte e do belo, o campo dos estudos estéticos supera o dos interesses semiológicos, e uma Estética semiológica é *só uma* das possibilidades da Estética; mas não há dúvida de que constitui hoje uma das suas possibilidades mais fecundas; ao mesmo tempo, a consideração semiológica pode igualmente propiciar esclarecimentos a quem enfrente o problema da arte sob outros ângulos filosóficos (ontologia da arte, teoria das formas, definição do processo criativo, relações entre arte e natureza, entre formatividade artística e formatividade natural, entre arte e sociedade, etc.).

A Semiologia também dá mostras hoje de recuperar algumas noções da Estética tradicional revendo-as à luz de seus próprios problemas. Definições estruturais do estilo reencontram, por exemplo, a idéia kantiana de finalidade sem escopo, ao mesmo tempo que ainda está por reconsiderar a função do *canal* na obra de arte, para retomar-se sob outra luz a temática da "matéria" artística e sua influência sobre o processo de produção da obra. O canal, como puro veículo do sinal, só interessa à Semiologia quando apresenta interferência do ruído; mas se na mensagem "lápide", o mármore serve para veicular uma série de sinais alfabéticos (e o ruído intervém como corrosão, musgo, pátina do tempo), no caso de uma estátua, o canal "pedra" passa a constituir a forma da mensagem, determina-lhe a ambigüidade, compartilha de sua auto-reflexividade, e resolve em sinal, e portanto em mensagem, as várias formas de ruído (que se tornam conotações de antigüidade, classicidade, e assim por diante). O mesmo se pode dizer do canal "página" que, puramente instrumental num horário de trem, torna-se essencial, precisamente enquanto espaço branco, num texto de Mallarmé ou de Cummings. Provavelmente a técnica do canal visto como "matéria" deverá ser enquadrada no exame dos níveis inferiores da mensagem estética — níveis que a matéria como substância da expressão (em sentido hjelmsleviano) passa a constituir.

Do mesmo modo dever-se-á reconsiderar a noção ambígua de *"medium"* — encontrada em expressões como "os

410   A ESTRUTURA AUSENTE

meios artísticos", os *"mass media"*, ou em locuções polivalentes e felizes como "o *medium* é a mensagem"[43]. Também aqui podemos antecipar uma pesquisa estética que retraduza alternadamente o mitológico *"medium"* pelas noções de canal, sinal, forma da mensagem, código, conforme as acepções.

XIII. AS COMUNICAÇÕES DE MASSA

Tudo quanto se disse já encaminhou a problemática semiológica para o campo das comunicações de massa. E aqui é preciso esclarecer que as conexões são historicamente mais estreitas do que à primeira vista possam aparecer.

Se observarmos a seqüência de eventos que levou à saturação de interesses semiológicos na França e na Itália, teremos que reconhecer que tais interesses tiveram início em ambientes interessados nas comunicações de massa. Poderemos, portanto, observar que a problemática das comunicações de massa, nascida em âmbito sociológico, particularmente nos Estados Unidos, e em âmbito sócio-filosófico dentro da Escola de Francforte (Adorno, Horkheimer, Benjamin, etc.), a um dado momento fez nascer a exigência de um embasamento semiológico dos seus problemas e princípios.

Perguntamo-nos, de fato, — visto que entre os meios de comunicação de massa se enumeram o cinema, a imprensa, a televisão, o rádio, os semanários ilustrados a cores, as estórias em quadrinhos, a publicidade, as várias técnicas de propaganda, a música ligeira, a literatura popular, e assim por diante — se cada um dos setores das comunicações de massa já não será objeto de pesquisas específicas e se, em geral, as pesquisas sobre as comunicações de massa não consistirão em aplicar o método de uma disciplina qualquer (Psicologia, Sociologia, Pedagogia, Estilística, etc.) a um desses meios de comunicação, às suas técnicas, ao seu efeito.

Em contrapartida, se até hoje os estudos sobre as comunicações de massa têm recorrido, com extrema ductilidade, aos métodos mais díspares, devem eles caracterizar-se, todavia, pela *unidade do seu objeto*.

O estudo das comunicações de massa existe como disciplina não quando examina a técnica ou os efeitos de um "gênero" particular (romance policial ou estória em quadri-

---

(43) Ver nossa crítica a MARSHALL MCLUHAN in "Quindici", 5, 1967; e nossa comunicação ao congresso "Vision 67", publicada in "Marcatre", 37.

AS SEMIÓTICAS   411

nhos, canção ou filme) com um método qualquer de investigação: mas quando estabelece que todos esses gêneros, no âmbito de uma sociedade industrial, têm uma característica comum.

As teorias e análises das comunicações de massa aplicam-se de fato a diversos "gêneros" de comunicação na medida em que temos: 1) *uma sociedade de tipo industrial, na aparência, suficientemente nivelada, mas, na realidade, rica de diferenças e contrastes;* 2) *canais de comunicação que permitem atingir não grupos determinados, mas uma esfera indefinida de receptores em diferentes situações sociológicas;* 3) *grupos produtores que elaboram e emitem mensagens determinadas através de meios industriais.*

Quando se verificam essas três condições, as diferenças de natureza e efeito dos vários modos de comunicação (cinema ou jornal, televisão ou estória em quadrinhos) recuam para segundo plano face ao emergir de estruturas e efeitos comuns.

Um estudo das comunicações de massa pode analisar em profundidade as técnicas particulares de um meio, e estudá-las seguindo os métodos mais díspares; *mas seu fim principal será sempre o de evidenciar aqueles aspectos que unem o fenômeno estudado aos outros fenômenos de comunicação de massa.*

O estudo das comunicações de massa propõe a si mesmo um objeto unitário na medida em que postula que a industrialização da comunicação muda não só as condições de recepção e emissão da mensagem mas (e neste aparente paradoxo se apóia a metodologia desses estudos) *o próprio sentido da mensagem* (quer dizer, aquele bloco de significados que todos acreditávamos, e junto, o autor, fizessem parte inalterável da mensagem, independentemente dos seus modos de difusão).

Mas, ao individuar com tanta exatidão o seu objeto, o estudo das comunicações de massa é obrigado a individuar também o seu método específico. A fim de estudarmos as comunicações de massa e reunirmos materiais adequados ao aprofundamento unitário dos seus vários objetos, podemos e devemos recorrer (*através do trabalho interdisciplinar*) a métodos díspares, da Psicologia à Sociologia e à Estilística *mas só poderemos impostar um estudo unitário dos fenômenos se considerarmos as teorias e análises das comunicações de massa*

412   A ESTRUTURA AUSENTE

como um dos capítulos, e dos mais importantes, de uma Semiologia geral [44].

XIV. CÓDIGOS RETÓRICOS E CÓDIGOS IDEOLÓGICOS

Chegamos, enfim, ao *estudo das ideologias,* especialmente se implícitas, *através dos comportamentos sígnicos* (códigos e idioletos) nos quais se revelam sendo por eles conotadas. Estão nascendo estudos sobre a linguagem religiosa e teológica [45]; no âmbito dos estudos de comunicações de massa empreendem-se pesquisas, hoje numerosíssimas, sobre a linguagem política. Jean-Pierre Faye tentou uma desmistificação de certa linguagem heideggeriana reportando-a a estilemas prefixados da retórica nazista [46]; e Marcuse cita, como exemplo de inserção ativa da Filosofia na desmistificação da sociedade repressiva, uma análise dos modos de linguagem. Naturalmente, ele desconfia de uma pesquisa do tipo analítico inglês, onde se estuda uma linguagem comum desarraigada das circunstâncias históricas que a tornam ambígua, contraditória e problemática; e parece inclinar-se para uma análise que se desenvolva *dentro* da situação estudada, como numa forma de hermenêutica desmistificadora; tem esse sentido os seus apelos a pesquisas como a de Karl Krauss, que "demonstrou como uma análise 'interna' do discurso e do documento escrito, da pontuação e até mesmo dos erros tipográficos pode revelar todo um sistema moral e político"; e tal análise não necessita de uma metalinguagem. Mas a metalinguagem contra a qual se bate Marcuse é um conjunto de regras lógicas entendidas no sentido neopositivista mais restrito, e cujo fim último é a expressão tautológica. Em contrapartida, chama ele a atenção para a necessidade de uma operação "metalingüística" capaz de retraduzir os termos da linguagem-objeto de modo a mostrar sua dependência em relação a circunstâncias e ideologias que os determinam.

(44) Uma bibliografia sobre as comunicações de massa pode ser encontrada em nosso *Apocalípticos e Integrados.* Aqui apenas indicamos três textos onde se podem localizar informações acerca das contribuições da investigação semiológica para uma ciência das comunicações de massa: PAOLO FABBRI, *Le comunicazioni di massa in Francia,* in "Rassegna italiana di sociologia", I, 1966; PIER PAOLO GIGLIOLI, *La sociologia delle comunicazioni di massa in Italia,* ibidem; GILBERTO TINACCI MANNELLI, *Le grandi comunicazioni,* Università di Firenze, 1966 (capítulo IV).

(45) Ver, por ex., J. A. HUTCHINSON, *Language and Faith: Studies in Sign, Symbol and Meaning,* Filadélfia, The Westminster Press, 1963; D. CRYSTAL, *Linguistic, Language and Religion,* Hawthorn Books, Nova Iorque, 1965.

(46) J.-P. FAYE, *Langages totalitaires,* in "Cahiers Int. de Sociologie", XXXVI, 1964, 1; Ver, ademais, AAVV, *Language of Politics, Studies in Quantitative Semantics,* M.I.T., 1965.

OS LIMITES DA SEMIOLOGIA E O HORIZONTE DA "PRÁXIS" 413

Sua matriz romântica, seu moralismo "radical" e — positivamente — seu esteticismo anticientífico não lhe permitem distinguir entre formalização e elaboração de modelos cognoscitivos que — para se tornarem operantes — devem ser rigorosos, e só assim podem permitir a passagem do "desdém" à contestação incontestável.

Destarte, é mister que o projeto marcusiano se converta naquele outro, proposto nestas páginas, se quiser verificar uma hipótese como esta: "certo discurso, um artigo de jornal ou mesmo uma comunicação privada são feitos por certo indivíduo que é o porta-voz (autorizado ou não) de um grupo particular (profissional, residencial, político, intelectual) numa dada sociedade. Um grupo desse tipo tem os seus próprios valores, objetivos, *códigos de pensamento* (o grifo é nosso) e de comportamento, que entram — aceitos e contrastados —, com vários graus de consciência e clareza, na comunicação individual. Assim sendo, esta última "individualiza" um sistema supra-individual de significado, o qual constitui uma dimensão de discurso diferente da comunicação individual, mas que todavia com ela se funde. Tal sistema supra-individual faz parte, por sua vez, de um extenso, onipresente domínio de significado, que foi desenvolvido, e normalmente 'fechado' pelo sistema social dentro do qual e de onde tem origem a comunicação" [47].

---

(47) HERBERT MARCUSE, *L'uomo a una dimensione*, Turim, Einaudi, 1967, p. 205-211. Para um estudo sobre as relações entre códigos comunicacionais, ideologia e fenômenos de mercado, ver nossa tentativa de individuar as três séries homólogas da estrutura narrativa, da estrutura da distribuição comercial e da estrutura da ideologia do autor n'*Os mistérios de Paris*, de SUE, no estudo *Eugène Sue, il socialismo e la consolazione*, prefaciando a edição Sugar dos *Mistérios*, Milão, 1966; e depois retomado com um enquadramento metodológico mais preciso em *Retórica e ideologia n' "Os Mistérios de Paris" de Eugène Sue*, in "Rev. int. des sciences sociales", XIX, 4, 1967, incluído na edição brasileira de *Apocalípticos e Integrados* (São Paulo, Editora Perspectiva, 1970, p. 181-208). Sobre as relações entre estrutura narrativa e posições ideológicas, ver também os nossos estudos "O mito do Superman" e "Leitura de Steve Canyon", *Apocalípticos e Integrados*, op. cit.

3. Os Limites da Semiologia e o Horizonte da "Praxis"

I. A esta altura poder-se-ia pensar que a utopia semiológica, oscilando entre uma exigência de rigor e formalização e uma abertura para o concreto processo histórico, envolve-se numa contradição que a torna inexeqüível.

De fato, no decorrer de todo este livro, delinearam-se duas linhas de discurso:

a) de um lado, o apelo a uma descrição das semióticas isoladas como sistemas "fechados", rigorosamente estruturados, vistos em corte sincrônico;

b) do outro, a proposta do modelo comunicacional de um processo "aberto", onde a mensagem varia conforme os códigos, os códigos são postos em pauta conforme as ideologias e circunstâncias, e todo o sistema dos signos se reestrutura continuamente com base na experiência de decodificação que o processo institui como *semiosi in progress*.

Mas na realidade os dois aspectos não se opõem como uma opção científica concreta contra uma opção filosófica genérica; um implica o outro e o institui na sua validade. Não podemos ignorar o caráter processual dos fenômenos de comunicação. Já vimos: ignorá-lo significa condescender com utopias elegantes mas ingênuas. É inútil crer na estabilidade das estruturas e na objetividade das séries significantes onde tais utopias desembocam, se no momento em em que definimos essas séries estamos *no processo* e individuamos como definitiva *uma fase do processo*. Definir o modelo comunicacional de um processo aberto implica uma perspectiva de totalidade que também considere — num universo

OS LIMITES DA SEMIOLOGIA E O HORIZONTE DA "PRAXIS" 415

visto *sub specie communicationis* — aqueles elementos que interferem com a comunicação e, embora não sendo a ela redutíveis, determinam-lhe as modalidades.

Mas essa perspectiva não vai além de uma definição geral das *condições da totalidade*. E todo discurso que implique a totalidade das perspectivas corre o risco de limitar-se a declarações gerais pelo temor de descer a análises particulares que desmantelem a homogeneidade do panorama. Assim, a totalidade permanece apenas "asseverada" e a filosofia perpetra um dos seus crimes mais consuetos, que consiste em não dizer nada pela pressa de tudo dizer. Se quisermos saber o que de fato acontece dentro dessa perspectiva de totalidade do processo comunicativo, *precisamos descer* à análise das suas fases. Então a totalidade do processo se decompõe — de perspectiva "aberta" que era — nos universos "fechados" das semióticas que individua. O processo é asseverado, mas não verificado. As semióticas que entram no processo, analisadas num dado momento da sua constituição, são verificadas mas não "asseveradas": isto é, não são hipostatizadas como definitivas, precisamente porque a perspectiva do processo, com base na pesquisa, desvia o pesquisador de atitudes filosoficamente arrojadas (e para outras tão ingênuas quanto as de quem queria asseverar a totalidade sem verificar-lhe as fases).

Portanto, à organização de universos fechados corresponde a consciência da abertura do processo que os engloba e reestrutura; mas esse processo só pode ser individuado como sucessão de universos fechados e formalizados.

II. Lembremos, todavia, que o trabalho descritivo que leva a hipotizar os códigos (e por conseguinte os sistemas de convenções integrados sobre os quais uma sociedade se mantém) de maneira nenhuma transforma a pesquisa em justificação do *statu quo*. Na verdade, todas as investigações sobre os usos lingüísticos têm sido acusadas de reduzirem o pensamento a uma dimensão única, a da compreensibilidade unívoca, e eliminarem o ambíguo, o ainda não-dito, e conseqüentemente o possível e o contraditório. Nesse sentido, com efeito, a análise comunicacional, favorecendo a linearidade e a inconfutabilidade do uso comum, pode constituir (ainda que a ilação seja temerária e genérica) uma forma de técnica pacificatória e conservadora.

Mas — e nós já o dissemos — a pesquisa sobre os códigos não visa a definir as condições ótimas de integração, e sim a descobrir as condições de uma sociedade de comunicantes num dado ponto.

A cadeia comunicacional implica, porém, uma dialética código-mensagem que a pesquisa semiológica não só justifica mas — na medida em que difunde a consciência do processo — promove de contínuo. Daí por que a Semiologia, erigindo pequenos "sistemas", não pode resolver-se num Sistema. E daí por que o subtítulo do nosso livro não fala em "sistema semiológico" mas em "pesquisa semiológica". Porque o mostrar que uma solução comunicacional já está codificada (e reflete um universo ideológico constituído) abre o caminho a nova tentativa comunicacional que obriga o código a reestruturar-se. O procedimento operacional da pesquisa semiológica não se resolve fatalmente na ideologia do operacionalismo segundo a qual os nomes se reduzem a um significado único, que corresponde à única operação possível efetuável sobre coisas domináveis de um só modo e com um único fim.

Se "com todo o seu explorar, distinguir e esclarecer ambigüidades e obscuridades, o neopositivismo não tem interesse pela grande e geral ambigüidade e obscuridade do universo estabelecido da experiência" [48], já a perspectiva semiológica que propomos visa, justamente, a fundar as possibilidades de existência dessa processualidade dos sentidos, e a definir o modo de incrementá-la e promovê-la onde se torne produtiva (como suspeita fecunda de que tudo possa ser diferente do que aparece e do que foi dito), mesmo que amiúde possa ser útil o procedimento inverso de aclarar os instrumentos para reduzir a ambigüidade, quando esta se torna técnica de domínio, confusão mistificadora.

Destarte, se uma técnica da análise lingüística pôde surgir como técnica de domínio, onde "a linguagem multidimensional se reduz a uma linguagem unidimensional, em que significados diferentes e contraditórios não mais penetram e são mantidos à parte, e a dimensão histórico-explosiva do significado é reduzida ao silêncio" [49], uma pesquisa semiológica que leve em conta a dialética código-mensagem, o descompasso contínuo dos códigos, a conexão entre universo

(48) H. MARCUSE, op. cit., p. 195.
(49) *Ibidem*, p. 210.

OS LIMITES DA SEMIOLOGIA E O HORIZONTE DA "PRAXIS" 417

retórico e universo ideológico, a presença maciça das circunstâncias reais que orientam a escolha dos códigos e a leitura das mensagens, torna-se fatalmente — nem jamais pensamos em escondê-lo — uma pesquisa motivada, prospética não objetiva (se por objetividade se entende transparência absoluta de uma verdade maciça que nos precede), e assume uma tarefa terapêutica, desde que "todo o universo da linguagem comum tende a coagular-se num universo totalmente manipulado e doutrinado" [50].

III. Ao submetermos as semióticas fechadas à processualidade do modelo aberto, favorecemos (e cada vez mais, à medida que os capítulos deste livro, integrando-se e esclarecendo-se reciprocamente, se sucediam) um elemento extra-semiológico como a *circunstância* (A.1.VI.2.).

Muitas vezes se repetiu que a Semiologia não nos induz tanto a usar um *texto* para entendermos o *contexto,* quanto a buscarmos o contexto como elemento estrutural do texto; e o nexo que estabelecemos entre universo dos signos e universo das ideologias (só cognoscíveis semiologicamente quando se traduzem em códigos) pareceu-nos o modo melhor de fundar essa relação entre dois níveis de experiência freqüentemente encadeados a recíprocas sujeições. Mas cumpre lembrar que o que de hábito se define como "contexto" (real, externo — não o contexto formal da mensagem) divide-se em *ideologias,* das quais já falamos, e *circunstâncias de comunicação.* As ideologias resolvem-se em signos ou então não são comunicadas (e portanto não existem). Mas nem todas as circunstâncias se resolvem em signos. Há uma margem última da circunstância em que esta se subtrai à órbita dos códigos e mensagens e lhes prega uma peça. É onde e quando a mensagem (com todas as conotações que lhe permitem reenglobar ideologias e circunstâncias iniciais) *vai cair* numa circunstância de destinação não prevista. Até que essa "queda" da mensagem não se torne norma — e então a circunstância implicará convencionalmente códigos de recepção recognoscíveis e homologáveis —, a circunstância irromperá para conturbar a vida dos signos e se apresentará como resíduo não resolvido.

Neste sentido, no nosso discurso, a circunstância foi-se cada vez mais configurando como o complexo de fatores bio-

(50) *Ibidem,* p. 211.

418 A ESTRUTURA AUSENTE

lógicos, o contexto dos acontecimentos econômicos, dos eventos e das interferências externas que se modelam como a cornija ineliminável de toda relação comunicacional. Quase como a presença da "realidade" (se nos permitirem essa locução ambígua) que flete e modula os movimentos não autônomos dos processos de significação. Quando Alice propõe: "a questão é saber se você pode permitir que as palavras signifiquem coisas tão diferentes", eis a resposta de Humpty-Dumpty: "a questão é saber quem deve ser o patrão".

Uma vez aceita tal perspectiva, poderíamos perguntar se o processo da comunicação é capaz de dominar as circunstâncias em que ocorre.

A experiência da comunicação, que é a experiência da cultura, permite-nos responder positivamente, pelo menos na medida em que a circunstância, entendida como base "real" da comunicação, também se traduz de contínuo num universo de signos, e é por meio dele individuada, avaliada, contestada, enquanto que por seu lado a comunicação, em sua dimensão pragmática, produz comportamentos que concorrem para modificar as circunstâncias.

IV. Mas há um aspecto semiologicamente mais interessante, segundo o qual a circunstância pode tornar-se elemento intencional da comunicação. Se a circunstância concorre para a individuação dos códigos mediante os quais se efetua a decodificação das mensagens, então a Semiologia pode ensinar-nos que, *mais do que modificar as mensagens, ou controlar as fontes de emissão, pode-se alterar um processo comunicativo agindo sobre as circunstâncias em que a mensagem será recebida.*

Esse é um aspecto "revolucionário" da consciência semiológica, tanto mais importante quanto (numa era em que as comunicações de massa se apresentam amiúde como a manifestação de um domínio que reforça o controle social através da planificação da transmissão de mensagens), nos lugares mesmos onde parece impossível alterarem-se as modalidades da emissão ou a forma das mensagens, continua possível (como numa ideal "guerrilha" semiológica) modificarem-se as circunstâncias à luz das quais os destinatários escolherão os seus próprios códigos de leitura.

A vida dos signos manifesta-se lábil, sujeita à corrosão das denotações e conotações sob o impulso de circunstâncias

OS LIMITES DA SEMIOLOGIA E O HORIZONTE DA "PRAXIS" 419

que esvaziam seu poder significador de origem; basta lembrarmos um sema visual provocatório como a sigla do movimento pelo desarmamento atômico, tão escandalosa quando aparecia nas primeiras lapelas daqueles que contestavam as lógicas da *escalation*, e a seguir gradativamente submetida a novas codificações conotativas à medida que o símbolo aparecia comercializado nas lojas e até mesmo nos super-mercados (com o mote consumitivo: "faça compras não faça guerra"). No entanto, bastou que *em dadas circunstâncias* o sema aparecesse em cartazes de quem estava impedindo o recrutamento de soldados para uma guerra de opressão para que, *pelo menos naquela circunstância* (e em outras análogas), não mais se afigurasse neutro ou neutralizado, mas readquirisse as conotações mais agressivas e temíveis.

Contra uma engenharia da comunicação que se esforça por redundar as mensagens a fim de assegurar-lhes a recepção segundo os planos preestabelecidos, delineia-se a possibilidade de uma tática da decodificação que *institua* circunstâncias diferentes para decodificações diferentes, permanecendo inalterada a mensagem como forma significante (que isso, porém, não induza ao otimismo: o mesmo procedimento serve tanto para a contestação quanto para o restabelecimento de um domínio).

Se essa energia pragmática da consciência semiológica mostra que até mesmo uma disciplina descritiva pode traduzir-se em projeto ativo, ao mesmo tempo induz à suspeita de que o mundo visto *sub specie communicationis* não seja o mundo todo, e ao temor de que o universo da comunicação seja apenas a tênue superestrutura de algo que acontece por trás da comunicação. Mas essa tênue superestrutura nos institui de tal modo em cada um dos nossos comportamentos, que intencioná-la como modalidade do nosso ser-na-circunstância não é emprêsa fácil. A comunicação engloba todos os atos da *praxis*, no sentido de que a própria *praxis* é comunicação global, é instituição de cultura e, portanto, de relações sociais. É o homem que se assenhoreia do mundo e permite que a natureza se transforme continuamente em cultura. Mas para que se possam interpretar os sistemas de ações como sistemas de signos é mister que os sistemas isolados de signos se insiram no contexto global dos sistemas de ações; cada um deles como um dos capítulos (nunca de per si o mais importante e resolutivo) da *praxis* como comunicação.

Índice dos Autores

Abernathy, R., 63.
Adorno, T. W., 83, 410.
Alexander, C., 242.
Allard, M., 366.
Alonso, D., 58.
Althusser, L., 253, 361.
Amiot, M., 350.
Anceschi, L., 276, 408.
Antal, L., 21, 235.
Antonioni, M., 142, 144.
Apresjan, J., 404, 405.
Argan, G. C., 214, 221, 224, 270, 276.
Aristóteles, 53, 73, 74, 79, 158, 164, 201, 254, 255, 256, 367.
Arman, 154.
Arnheim, R., 104.
Ashby, R., 3, 369.
Assunto, R., 224.
Attneave, F., 63.
Auerbach, E., 58.
Avalle, D. S., 269, 273, 276.

Bach, E., 373.
Bachelard, G., 163.
Bakhtin, M., 406.
Baldinger, K., 23.
Balibar, E., 361.
Bally, C., 27.
Barbut, M., 401
Barghini, C., 54.
Barilli, R., 73, 87.
Barison, F., 395.
Barone, F., 394.

Barthes, R., 3, 26, 27, 39, 46, 118, 133, 158, 161, 190, 214, 231, 264, 265, 275, 334, 355, 373, 386, 403, 405, 406.
Battisti, E., 79.
Baudelaire, C., 55, 271, 365, 391
Bayer, R., 117.
Beach, W., 407.
Benedict, R., 5.
Benjamin, W., 225, 410.
Bense, M., 18, 25, 57, 62, 195.
Benveniste, E., 369.
Bergson, H., 208.
Berne, E., 52.
Bertin, J., 401.
Bertucelli, L., 395.
Bettetini, G. F., 151.
Bettini, S., 188, 221.
Binswanger, L., 253.
Birdwhistell, R., 143, 397, 399.
Birkhoff, 62.
Blanchot, M., 333, 334.
Bloomfield, L., 21, 22.
Bobbio, N., 73.
Boccaccio, G., 381.
Bohr, N., 255, 256, 293.
Bogatyrev, P., 402.
Bolinger, D. L., 119.
Bonomi, A., 289, 291, 295.
Bonsiepe, G., 81, 159, 162.
Bontempelli, M., 163.
Boole, G., 12, 328, 330.
Borges, J. L., 403.
Bosco, N., 25.

422 A ESTRUTURA AUSENTE

Bottero, M., 242.
Botticelli, S., 154.
Boulez, P., 265, 266, 302, 303, 308.
Braga, G., 4.
Brandi, C., 188, 195, 278.
Bravo, G. L., 270, 391.
Brémond, C., 133, 270, 366, 406.
Bridgman, P., 284, 285.
Broch, H., 79.
Brodey, W., 235.
Brondal, V., 31.
Brown, R., 372.
Bühler, K., 394.
Burchiello, 86.
Butor, M., 265, 266.

Calboli, G., 70, 313, 374.
Calogero, G., 404.
Calvesi, M., 154.
Cantineau, J., 33.
Cantoni, R., 5, 83.
Canziani, F., 110.
Cargnello, D., 253.
Carnap, R., 23, 52, 404.
Caruso, P., 237, 261, 355.
Cassirer, E., 252.
Castagnotto, U., 161, 163.
Chamie, M., 62.
Chang Tsê, 358.
Charbonnier, C., 123.
Chase, S., 222, 394.
Chatman, S., 55, 59.
Cheglov, J., 391, 406.
Cherry, C., 4, 13, 15.
Chklovski, V., 70, 407.
Choay, F., 188.
Chomsky, N., 31, 286, 287, 313, 375.
Church, A., 23.
Civ'jan, T. V., 398.
Claudel, P., 280.
Coleridge, S. T., 252.
Constable, J., 108.
Contini, G. F., 271, 276.
Coons, E., 63.
Coquet, J. C., 405.
Corti, M., 235, 270, 271, 273, 276.
Coseriu, E., 23.
Cremonini, 314.
Croce, B., 51, 68, 395, 404.

Crystal, D., 412.
Cummings, E. E., 409.
Curi, F., 87 .
Curtius, E. R., 73.

Dante, 52, 211.
Daumier, H., 111.
De Benedetti, A., 161
De Bruyne, E., 73.
De Campos, A., 62.
De Campos, H., 62.
De Fusco, R., 81, 203, 218, 224.
De Jorio, A., 398.
Della Volpe, G., 53, 54, 64, 65, 69, 276.
De Mauro, T., 5, 21, 24, 385, 404.
De Robertis, G., 276.
Derrida J., 277, 278, 280, 281, 291, 295, 333, 343, 344, 345, 346, 350, 351, 352, 353, 354, 355, 402.
Devoto, G., 63.
Dexter, L. A., 87.
Dilthey, W., 252.
Disney, W., 111.
Dixon, R., 401.
Dolezel, L., 59.
Dorfles, G., 55, 79, 188, 210, 221, 229.
Dorson, R. M., 59.
Dubrowsky, S., 331, 334.
Dubuffet, J., 152.
Dumezil, 265, 316, 318.
Dundes, A., 406.
Dürer, A., 110.
Durkheim, E., 290.

Eichenbaum, B. M., 407.
Elzière, M., 366.
Empson, W., 58.
Erlich, V., 70.
Espinosa, B., 361.

Fabbri, P., 406, 412.
Faccani, R., 59, 370, 390, 398, 400.
Fautrier, 152.
Faye, J.-P., 333, 412.
Flaubert, G., 357.
Fleming, I., 281.
Focillon, H., 253.

ÍNDICE DOS AUTORES CITADOS

Fodor, J. A., 405.
Folena, G., 161.
Fonagy, I., 63, 65, 116, 394.
Formaggio, D., 61, 81, 314.
Fortini, F., 299.
Foucault, M., 266, 319, 327, 343, 347, 348, 349, 350, 355, 361, 363, 408.
Fraisse, P., 372.
Frank, L., 143, 393.
Frankl, P., 205.
Frege, G., 23.
Freud, S., 331, 338, 339, 344, 346.
Freudenthal, H., 401.
Fringis, H. e M., 392.

Gadamer, 342.
Galileu, 314.
Galliot, M., 161.
Gamberini, I., 228, 229.
Gardin, J. C., 366.
Garin, E., 73.
Garroni, E., 33, 47, 48, 61.
Gebsattel, von V. E., 253.
Genette, G., 46, 74, 273, 274, 276, 332, 333, 406.
Gerbner, G., 87.
Geymonat, L., 23.
Giannelli, G. L., 229.
Giglioli, P. P., 412.
Giuliani, A., 87.
Goffman, E., 390.
Goldmann, L., 87, 262, 263.
Goldstein, K., 253.
Gombrich, E., 108, 109, 110.
Goudot-Perrot, A., 4.
Goya, F., 111.
Grammont, 368.
Grassi, C., 161.
Greenberg, J. H., 286.
Gregotti, V., 221, 235, 237, 243.
Greimas, A. J., 33, 270, 389, 397, 403, 405.
Gritti, J., 406.
Gross, M., 401.
Guglielmi, A., 87.
Guglielmi, G., 276.
Guilbaud, G. T., 14, 15.
Guilhot, J., 398.
Guiraud, P., 21, 29, 33.
Guzenhauser, R., 62.

Hall, E. T., 143, 235, 236, 237, 238, 239, 392, 394.
Harris, Z., 405.
Hartley, R. V. L., 15.
Hayes, F., 394, 397.
Hegel, G. W. F., 335.
Heger, K., 23.
Heidegger, M., 334, 335, 339, 340, 341, 342, 343, 345, 346, 347, 352, 354, 356, 359.
Heilmann, L., 369.
Herdan, G., 375.
Hjelmslev, L., 31, 34, 66, 252, 259, 260, 265, 266, 285, 287, 367, 374, 376, 378, 387, 388, 389.
Hockett, C. F., 375, 394.
Holderlin, F., 339, 354.
Honnecourt, de V., 110.
Horkheimer, M., 83, 410.
Hours, F., 366.
Hugo, V., 170.
Humboldt, von W., 30.
Husserl, E., 282, 283, 347.
Hutchinson, J. A., 412.
Huysmans, J. K., 206.
Hymes, D. H., 59, 395.

Ionesco, E., 406.
Ivanov, V. V., 370, 407.
Jacovitti, B., 87, 111.
Jakobson, R., 4, 12, 51, 52, 54, 55, 67, 116, 119, 159, 260, 270, 271, 280, 287, 328, 330, 365, 368, 369, 395.
Johns, J., 154.
Joyce, J., 76, 402.
Jung, K., 297.

Kant, E., 52, 269.
Kaplan, A., 61.
Karcevski, 394.
Kardiner, A., 5.
Karpinskaia, O. G., 406.
Katz, J. A., 405.
Kilpatrick, J. P., 377.
Kluckhohn, C., 5.
Koenig, G. K., 194, 195, 197, 200, 202, 217, 220, 221, 229, 386.
Kolmogorov, A. N., 66.
Kondratov, M., 66.

424 A ESTRUTURA AUSENTE

Korzybski, A., 394.
Kosic, K., 408.
Kraehenbuehl, D., 63.
Krampen, M., 121.
Krauss, K., 412.
Kreuzer, H., 62.
Kriek, 252.
Kristeva, J., 390, 401, 402, 407.
Kroeber, A. L., 252.
Krzyzanowski, J., 403.

La Barre, W., 65, 394, 396, 397, 398, 400, 401.
Lacan, J., 38, 41, 42, 81, 253, 254, 283, 300, 318, 321, 324, 329, 330, 331, 332, 333, 335, 337, 338, 339, 340, 341, 343, 344, 345, 352, 353, 354, 355, 361.
Laere, van F., 41.
Lalande, A., 254.
Lalo, C., 253.
Landar, H., 222.
Langer, S., 188, 252.
Langleben, M. M., 400.
Laplanche, J., 331.
Lausberg, H., 76, 158, 160.
Le Bon, S., 350.
Le Corbusier, 203, 230, 244.
Lecoy de la Marche, R. A., 206.
Lefebvre, H., 253, 408.
Leibniz, G., 402.
Lênin, V. U., 22.
Lenneberg, E. H., 313.
Lentin, A., 401.
Lepschy, G., 4, 12, 31, 388, 389.
Levin, S., 55, 375.
Levinas, E., 334.
Lévi-Strauss, C., 32, 38, 55, 122, 123, 124, 125, 143, 151, 154, 211, 232, 237, 254, 255, 261, 264, 266, 267, 268, 270, 271, 283, 284, 287, 288, 289, 290, 291, 293, 295, 296, 297, 298, 299, 300, 302, 303, 305, 306, 307, 308, 310, 311, 313, 314, 315, 318, 321, 324, 328, 334, 351, 352, 353, 355, 365, 393, 406.
Lichtenstein, R., 154. 209, 211.
Linzbach, J., 402.
Locke, J., 385.

Lotman, J., 63, 406, 407.
Lousbury, F. G., 405.
Lucci, C., 229.
Lullo, R., 402.
Lynch, K., 203, 242.

Maccagnani, G., 395.
Mahl, F., 394.
Maldonado, T., 386.
Mall, L., 402.
Mallarmé, S., 409.
Mannheim, K., 83.
Manzoni, A., 132.
Maranda, P., 406.
Marcuse, H., 412, 413, 416.
Marino, G., 160.
Markov, A. A., 49.
Martinet, A., 4, 32, 122.
Marx, K., 253, 318, 320, 361.
Matoré, G., 29.
Mauron, C., 275, 331.
Mauss, M., 143, 290, 296, 297, 299, 398.
Maxwell, 14.
Mayenowa, M. R., 62.
McKeon, R., 73.
McLuhan, M., 402, 410.
McQuown, L. A., 393.
Melandri, E., 347.
Menna, F., 224.
Merleau-Ponty, M., 253, 255, 281, 376, 379.
Merton, R. K., 74.
Metz, C., 102, 115, 118, 133, 134, 140, 141, 146, 151, 389, 397, 406.
Meyer, L. B., 63.
Migliorini, B., 164.
Miller, G., 4, 372, 375.
Minkowsky, E., 253.
Moles, A. A., 4, 53, 61.
Mondrian, P., 218, 219, 265.
Morin, V., 403, 406.
Morpurgo-Tagliabue, G., 53, 73, 81, 389.
Morris, C., 61, 100, 101, 194.
Morris, D., 194, 316.
Munari, B., 113, 224.

Nietzsche, F., 213, 344, 347, 352, 354.
Nikolaeva, T. M., 398.

ÍNDICE DOS AUTORES CITADOS

Ogden, C. K., 21, 23, 24, 25, 234, 240.
Olbrechts-Tyteca, L., 73.
Oléron, V., 372.
Ombredane, A., 378, 379.
Onck van, A., 229.
Osgood, C., 368, 371, 372.
Ostwald, P. F., 395, 400.

Paci, E., 253, 254, 267, 268, 269.
Pagliaro, A., 404.
Pagnini, M., 276.
Panofsky, E., 71, 79, 134, 206, 272.
Pareyson, L., 53, 58, 59, 61, 71, 253, 408.
Parmênides, 340.
Pascal, B., 262, 263.
Pasolini, P. P., 103. 139. 140, 141, 142, 143, 145, 146, 151.
Pasquinelli, Alberto, 23.
Pasquinelli, Angelo, 340.
Pavel, T., 59.
Peirce, C. S., 25, 93, 99, 191, 195, 217, 385, 386, 403.
Perelman, C., 73, 75, 77, 158, 160.
Piaget, J., 102, 119, 264, 266, 369, 372, 376, 377, 378.
Pierce, J. R., 3.
Pignatari, D., 62.
Pignotti, L., 161.
Pike, K., 394.
Piro, S., 395.
Pittenger, R. E., 143.
Platão, 255, 350.
Plebe, A., 73.
Pollock, J., 152.
Pontalis, J.-B., 331, 345.
Popper, K., 373.
Pottier, B., 23, 374.
Pouillon, J., 303, 304.
Poulet, G., 266, 273, 275, 331.
Pousseur, H., 307, 315.
Prieto, L., 127, 128, 130, 401, 405.
Propp, W. J., 133, 265, 266, 270, 272, 406.
Proust, M., 58, 280.

Quine, W. V. O., 21, 23, 404.

Racine, J., 263.
Raffa, P., 54, 61.
Rafael, 264, 266.
Raimondi, E., 276.
Rameau, J. P., 305.
Rapaport, A., 15.
Rauschenberg, R., 154.
Read, H., 104.
Renzi, E., 268.
Revzin, I., 406.
Reznikov, L. O., 22, 234, 408.
Richard, J. P., 275.
Richards, I. A., 21, 23, 24, 25, 59, 194, 234, 240.
Ricoeur, P., 273, 274, 296, 328, 329, 336, 337.
Riegl, A., 79.
Robbe Grillet, A., 263, 264.
Robins, R. H., 115.
Rosenberg, S., 372.
Rosiello, L., 31, 272, 373.
Rossi, A., 390, 392, 396, 403, 407.
Rossi, P., 73, 402.
Rossi-Landi, F., 100, 194, 371, 385, 386, 408.
Rostagni, A., 73.
Rostello, Luigi, 263.
Rousset, J., 277, 280.
Russel, B., 23, 52.
Ruwet, N., 31, 39, 55, 114, 307, 313, 374, 375.

Sabatini, F., 161, 164.
Sandri, G., 260, 313.
Sanguinetti, E., 87.
Saporta, S., 59.
Sartre, J.-P., 281, 282, 334, 335, 347.
Saumjan, S. K., 4, 375.
Saussure, de F., 24, 31, 43, 254, 258, 265, 266, 296, 328, 329, 336, 385, 386, 388.
Saxl, F., 79.
Scalia, G., 61, 62.
Schaeffer, P., 124, 309.
Shaff., A., 21, 22, 23, 395, 408.
Schane, S. A., 375.
Scheler, M., 252.
Schiaffini, A., 71.
Schoenberg, A., 307.
Schulz, C. N., 188, 219.

426 A ESTRUTURA AUSENTE

Schulze, G., 394.
Sébag, L., 253, 318, 319, 320, 321.
Sebeok, T. A., 59, 63, 119, 371, 375, 392, 394.
Segal, D. M., 398.
Segre, C., 27, 59, 263, 269, 275, 276.
Seitz, P., 121.
Shannon, C. E., 13, 15, 49, 375.
Slama-Cazacu, T., 371.
Slukin, W., 3.
Smith, A. G., 13, 143.
Smith, H. L., 143, 396.
Sollers, P., 406.
Sorensen, H. C., 374.
Spadolini, P. L., 229.
Sperber, H., 29.
Spitzer, L., 58, 71.
Spranger, E., 252.
Stahl, V., 63.
Stalin, J. V., 221.
Stankiewicz, E., 63, 66, 67, 119, 394.
Starobinski, J., 269, 275, 283.
Stefanini, L., 253.
Stein, G., 56.
Stevenson, C., 74.
Stockhausen, K., 306.
Strada, V., 391.
Straus, E., 253.
Suci, G. J., 372.
Suci, E., 413.
Suger, 205.
Sullivan, L., 203.
Swiners, J. L., 159.
Sychra, A., 63.
Szasz, T. S., 395.

Tannenbaum, P., 372.
Tarski, A., 52, 404.
Tentori, T., 5.
Terracini, B., 58.
Thibaudet, A., 332.
Tinacci-Mannelli, G., 412.

Titone, R., 371.
Todorov, T., 59, 133, 374, 389, 391, 404, 405, 406, 407.
Tomachevski, B., 407.
Toporov, V. N., 66, 407.
Trager, G. L., 394, 395.
Trier, J., 29.
Trubetskoi, N. S., 33, 66, 260, 265.
Tullio-Altan, C., 5, 299.

Uccello, P., 270.
Ullmann, S., 21, 23.
Uspenski, B. A., 391.

Vailati, G., 401.
Valéry, P., 333.
Valesio, P., 119, 276.
Van Den Berg, J. H., 253.
Van Der Rohe, M., 239.
Vasoli, C., 73.
Vattimo, G., 256, 339, 342, 355.
Veblen, T., 298.
Vico, 188.
Vygotsky, L. S., 372.
Voloskaia, Z. M., 398.

Warren, A., 59.
Weaver, W., 6, 13, 375.
Weinberg, J., 52.
Weinrich, U., 23.
Wellek, R., 59, 253, 275.
Wells, 393.
White, D. M., 87.
Whitehead, A. N., 252.
Whorf, B. L., 222, 370.
Wiener, N., 13.
Wittgenstein, L., 52, 394, 408.
Wools, 152.

Zareckij, A., 59.
Zevi, B., 218, 234.
Zolkovski, A., 391.
Zolla, E., 358.

ESTÉTICA NA PERSPECTIVA

Obra Aberta
  Umberto Eco [D004]
Apocalípticos e Integrados
  Umberto Eco [D019]
Pequena Estética
  Max Bense [D030]
Estética e História
  Bernard Berenson [D062]
O Kitsch
  Abraham Moles [D068]
A Estética do Objetivo
  Aldo Tagliaferri [D143]
A Ironia e o Irônico
  D. C. Muecke [D250]
A Estrutura Ausente
  Umberto Eco [E006]
As Formas do Conteúdo
  Umberto Eco [E025]
Filosofia da Nova Música
  Theodor Adorno [E026]
Sentimento e Forma
  Susanne K. Langer [E044]

A Visão Existenciadora
  Evaldo Coutinho [E051]
O Convívio Alegórico
  Evaldo Coutinho [E070]
Ser e Estar em Nós
  Evaldo Coutinho [E074]
A Subordinação ao Nosso Existir
  Evaldo Coutinho [E078]
A Testemunha Participante
  Evaldo Coutinho [E084]
A Procura da Lucidez em Artaud
  Vera Lúcia Gonçalves
  Felício [E148]
O Fragmento e a Síntese
  Jorge Anthonio e Silva [E195]
Monstrutivismo: Reta e Curva das
  Vanguardas
  Lucio Agra [E281]
Estética da Contradição
  João Ricardo C. Moderno [E313]
A Arte Poética
  Nicolas Boileau-Despréaux [EL34]

COLEÇÃO ESTUDOS
(Últimos Lançamentos)

325. *Psicanálise e Teoria Literária: O Tempo Lógico e as Rodas da Escritura e da Leitura,* Philippe Willemart
326. *Os Ensinamentos da Loucura: A Clínica de Dostoiévski,* Heitor O´Dwyer de Macedo
327. *A Mais Alemã das Artes,* Pamela Potter
328. *A Pessoa Humana e Singularidade em Edith Stein,* Francesco Allieri
329. *A Dança do Agit-Prop,* Eugenia Casini Ropa
330. *Luxo & Design,* Giovanni Cutolo
331. *Arte e Política no Brasil,* André Egg, Artur Freitas e Rosane Kaminski (orgs.)
332. *Teatro Hip-Hop,* Roberta Estrela D'Alva
333. *O Soldado Nu: Raízes da Dança Butô,* Éden Peretta
334. *Ética, Responsabilidade e Juízo em Hannah Arendt,* Bethania Assy
335. *Alegoria em Jogo: A Encenação Como Prática Pedagógica,* Joaquim Gama
336. *Jorge Andrade: Um Dramaturgo no Espaço Tempo,* Carlos Antônio Rahal
337. *Nova Economia Política dos Serviços,* Anita Kon
338. *Arqueologia da Política,* Paulo Butti de Lima
339. *Campo Feito de Sonhos,* Sônia Machado de Azevedo
340. *A Presença de Duns Escoto no Pensamento de Edith Stein: A Questão da Individualidade,* Francesco Alfieri
341. *Os Miseráveis Entram em Cena: Brasil, 1950-1970,* Marina de Oliveira
342. *Antígona, Intriga e Enigma,* Kathrin H. Rosenfield
343. *Teatro: A Redescoberta do Estilo e Outros Escritos,* Michel Saint-Denis
344. *Isto Não É um Ator,* Melissa Ferreira
345. *Música Errante,* Rogério Costa
346. *O Terceiro Tempo do Trauma,* Eugênio Canesin Dal Molin
347. *Machado e Shakespeare: Intertextualidade,* Adriana da Costa Teles
348. *A Poética do Drama Moderno,* Jean-Pierre Sarrazac
349. *A Escola Francesa de Goegrafia,* Vincent Beurdoulay
350. *Educação, uma Herança Sem Testamento,* José Sérgio Fonseca de Carvalho
351. *Autoescrituras Performativas,* Janaina Fontes Leite
353. *As Paixões na Narrativa,* Hermes Leal

Este livro foi impresso na cidade Cotia,
nas oficinas da Meta Brasil, para a Editora Perspectiva.